中央编译局文库编辑委员会

主　　任：贾高建
委　　员：贾高建　俞可平　魏海生　陈和平　柴方国　杨金海
　　　　　王学东　何增科　季正聚　郗卫东　张文成　曹荣湘
　　　　　卿学民　刘明清　薛晓源

中央编译出版社文库编辑中心编辑小组

刘明清　薛晓源　谭　洁　尹承东　董　巍　贾宇琰　冯　章
苗永姝　邓　彤　侯天保　盛菊艳　李媛媛　薛迎春　董　妍

国家"十二五"重点图书

国际共产主义运动历史文献

第41卷

主 编 王学东
副主编 戴隆斌（常务） 童建挺

共产国际执行委员会第六次扩大全会文献（1）

本卷主编 吕瑞林 戴隆斌

中央编译出版社
Central Compilation & Translation Press

《国际共产主义运动历史文献》顾问委员会

贾高建　俞可平　顾锦屏　高　放　张中云　殷叙彝　胡文建
宋洪训　顾家庆　洪肇龙　沈志华　杨光远

《国际共产主义运动历史文献》编辑委员会

主　　编：王学东
副 主 编：戴隆斌（常务）　童建挺
编　　委：（以姓氏笔画为序）
　　　　　王　瑾　吕瑞林　邢艳琦　许宝友　张文成　张文红
　　　　　陈新明　林德山　胡振良　姚　颖　彭萍萍　薛晓源

参加本卷译校工作的有

秦德芬　齐春子　王文郁　伊阳明　蒋素琴　杨永红　亓成章　孔庆风
宋献澎　马贵凡　范建中　侯静娜　戴隆斌　杨志超　孙士明

参加本卷编辑出版工作的有

薛迎春　苗永姝　薛晓源

丛书编务统筹

苗永姝　李媛媛　董　妍

总　序

　　国际共产主义运动，是由以马克思主义为指导的无产阶级政党领导的国际性的无产阶级革命运动，其宗旨是推翻资产阶级统治和一切剥削制度，建立和发展社会主义制度，进而最终实现人的彻底解放，建立共产主义社会。

　　国际共产主义运动迄今已有一百六十多年的历史。19世纪40年代，马克思、恩格斯在创立科学社会主义理论的同时，努力把它与当时西欧无产阶级的革命实践相结合，于1847年6月创建了第一个国际性的无产阶级政党——共产主义者同盟，亲自拟定并于1848年2月公开发表了同盟纲领《共产党宣言》。这标志着国际共产主义运动的兴起。

　　自从共产主义者同盟建立以来，历经第一国际（国际工人协会）、第二国际、第三国际（共产国际），国际共产主义运动由小到大、由弱到强，从西方推进到东方、从欧洲扩展到全球，终于突破资本主义链条上一个又一个薄弱环节，取得了社会主义由一国到多国的胜利。二战后社会主义阵营的建立、民族解放运动的胜利进军、社会主义国家革命与建设的重大成就，为国际共产主义运动史书写了辉煌的篇章。20世纪末，由于东欧剧变、苏联解体，国际共产主义运动遭遇了严重挫折。但是，历史并没有因此而终结。由《共产党宣言》奠基的国际共产主义运动仍在曲折中前进。各资本主义国家中的共产党、工人党仍在不断探索无产阶级取得解放的道路；中国等社会主义国家仍继续高举社会主义伟大旗帜，为完善社会主义、最终实现共产主义而不懈奋斗。

国际共产主义运动一百六十多年跌宕起伏的发展历程，积累了卷帙浩繁的文献档案，留下了丰富的历史遗产。深入发掘和充分利用这些文献档案，对于我们准确地了解和把握国际共产主义运动的发展进程及各个时期的特点，科学地研究和总结国际共产主义运动丰富且宝贵的经验教训，具有极其重要的意义。特别是无产阶级国际组织，作为国际共产主义运动的重要载体，其文献档案对于国际共产主义运动史研究更是具有特殊的重要意义。

早在1984年春，中国国际共产主义运动史学会就发起编辑出版《国际共产主义运动史文献》。当时由中共中央编译局、中国社会科学院马列主义毛泽东思想研究所和近代史研究所、中共中央党校和中国人民大学等单位共同组建了编辑委员会。编委会商定：这套文献主要收编共产主义者同盟、第一国际、第二国际、第三国际、共产党和工人党情报局这五个国际组织已发表的全部文献档案，包括历次代表大会、代表会议和其他重要会议的记录、决议和有关文件；收编材料力求齐全；凡外国有选编完整的版本者，根据外国版本翻译；凡文件散见于外国不同出版物者，尽力搜集完整，组织力量统一编译；文件完全按照原件翻译，译文力求准确，不作修改删节，以便读者根据完整、准确的第一手材料了解这些国际组织的历史。在当时代管全国哲学社会科学基金的中国社会科学院科研局的资助下，经过编辑委员会、编译工作者和中国人民大学出版社的共同努力，这套文献于1986年开始陆续出版，截至1997年共出版了21卷。

到上世纪末，文献的编辑出版工作遇到了巨大困难。首先是编委会发生了重大变故，主编林基洲、副主编王颖和校纪英相继谢世；其次是出版经费难以为继。为继续出版这套文集，中国国际共产主义运动史学会多方努力，组成以会长顾锦屏为主编的新编委会，从全国哲学社会科学规划办公室争取到一笔资助，于1999—2001年又出版了两卷。此后，因缺乏经费，编辑出版工作完全陷于停顿。

2010年，在中共中央编译局和中国国际共产主义运动史学会的鼎力支持下，中央编译出版社以这套文献申报国家出版基金项目，获得立项资助。中共中央编译局对此项目高度重视，在国家出版基金资助的基础上，给予了相应的资金支持，组建了新编委会，成立了专门机构负责文献整理和编辑工作，并将这套文献纳入"中央编译局文库"出版规划。

经新编委会研究决定，这套文献定名为《国际共产主义运动历史文献》，在其前身《国际共产主义运动史文献》的基础上重新编辑出版。通过进一步广泛搜集资料和适当改变编辑方式，新《文献》的资料更详尽、收文更齐全。例如，在原《文献》的某些卷次中，对已出版的马克思主义经典著作中译本只列目录，不收正文，而新《文献》则全部依据最新的中译本收录，以方便读者查阅。此外，《国际共产主义运动历史文献》扩大了文献资料的搜集和选材范围，采用开放式结构，规模暂定60卷，约2500万字。

中共中央编译局和中国国际共产主义运动史学会对这套文献的编辑出版工作给予了强有力的支持，中央编译出版社为这套文献的立项和出版做了大量艰苦细致的工作，文献的前两任编委会和编译工作者在十分困难的条件下为这套文献奠定了良好的基础，中国人民大学出版社为这套文献的重新编辑出版提供了帮助，在此一并表示衷心感谢。

《国际共产主义运动历史文献》

编辑委员会

2011年12月20日

编辑说明

共产国际执行委员会第六次扩大全会于 1926 年 2 月 17 日—3 月 15 日在莫斯科举行。此次扩大全会共举行会议 20 次。参加全会的有来自 32 个国家的代表 130 人。全会议程如下：（1）共产国际执行委员会工作报告；（2）英国共产党工作报告；（3）关于共产党人在工会运动中的任务的报告；（4）关于第二次组织会议工作总结的报告；（5）德国问题委员会的报告；（6）其他各委员会的报告。

全会主要讨论了运动的当前任务、工会问题以及德、法、美、英、中、捷等国问题，并通过了相应的文件和决议。通过了《国际共产主义运动的当前问题》提纲，进一步肯定上一次全会对世界形势的估计，认为资本主义的稳定只是暂时的和相对的，并不表明它已渡过腐朽、没落阶段。全会根据最近时期广大社会民主党工人表现的团结愿望，要求各支部响应社会民主党工人争取统一的努力，认真执行统一战线策略。针对社会民主党首领的破坏，坚持以往政策，不与社会民主党上层结成议会联盟，不与之合并。全会关于中国问题的决议，高度评价了中国五卅运动和省港大罢工，认为这是全国革命运动的转折点；中国共产党及其领导的工人阶级已成为民主群众运动的领导力量；革命武装力量的任务是坚决打击封建军阀集团，成为反对外国帝国主义者、维护民族独立的中流砥柱。决议指出，国民党是工人、农民、知识分子和城市、民主派的革命联盟，广州政府已经成为中国人民争取独立的先锋队和今后在国内进行革命民主建设的榜样。

《共产国际执行委员会第六次扩大全会文献》分两卷出版，收录的内容包括两个部分：（1）共产国际执行委员会第六次扩大全会会议记录；（2）共产国际执行委员会第六次扩大全会会议提纲和决议。本次会议的文献材料译自莫斯科—列宁格勒国家出版社1927年出版的《共产国际执行委员会第六次扩大全会速记报告》（Шестой расширенный пленум Исполкома Коминтерна（17 февраля – 15 марта 1926 г.）. Стенографический отчет. Государственное Издательство Москва – Ленинград. 1927）。

本卷的部分内容曾刊译于生活·读书·新知三联书店1965年出版的《共产国际文件汇编》（第二册）和中国社会科学出版社1981年出版的《共产国际有关中国革命的文献资料（1919—1928）》中。本卷主编在编译过程中借鉴了上述两文献的相关成果。

本卷主编依据中央编译局编译马克思主义经典著作的标准重新统一了人名、地名、组织机构名、报刊名等专用名，并对书中个别译文进行了重新校订。书中除译者加的译者注外，主编加的注释标明为编者注，未标明者为原书注释。

本卷的内容包括：共产国际执行委员会第六次扩大全会第一次会议至第十三次会议记录。

目 录

共产国际执行委员会第六次扩大全会会议记录

（1926年2月17日—3月3日） ………………………………………… 1

第一次会议（1926年2月17日晚） …………………………………… 3
    季诺维也夫致开幕词 ………………………………………………… 3
    选举主席团 …………………………………………………………… 11
    通过资格审查委员会报告 …………………………………………… 11
    选举各委员会 ………………………………………………………… 12
    东方各革命党致贺词 ………………………………………………… 12

第二次会议（1926年2月20日） ……………………………………… 15
    选举德国和日本问题委员会 ………………………………………… 15
    邓恩宣读美国代表团向被监禁的英国委员的致敬电 ……………… 15
    季诺维也夫作执行委员会总结报告 ………………………………… 16

第三次会议（1926年2月22日） ……………………………………… 83
    讨论执行委员会的总结报告 ………………………………………… 83

第四次会议（1926年2月22日） ……………………………………… 126
    讨论执行委员会的总结报告（续） ………………………………… 126
    致苏联红军建军八周年的贺信 ……………………………………… 151

第五次会议（1926年2月23日）·················· 153
　　讨论执行委员会的总结报告（续）·············· 153
第六次会议（1926年2月24日）·················· 179
　　讨论执行委员会的工作报告（续）·············· 179
第七次会议（1926年2月24日）·················· 224
　　讨论执行委员会的工作报告（续）·············· 224
　　抗议不列颠帝国主义在中国的进攻·············· 262
第八次会议（1926年2月25日）·················· 265
　　讨论执行委员会的总结报告（续）·············· 265
　　向格鲁吉亚劳动群众表示祝贺·················· 299
　　多姆斯基和捷克代表团的声明·················· 300
第九次会议（1926年2月25日晚）················ 302
　　讨论执行委员会的总结报告（续）·············· 302
第十次会议（1926年2月26日）·················· 363
　　弗格森作关于英国党的总结报告················ 363
第十一次会议（1926年3月1日）················· 379
　　洛佐夫斯基作关于共产党人在工会运动中的
　　　最迫切任务的报告·························· 379
第十二次会议（1926年3月2日）················· 432
　　讨论洛佐夫斯基的报告························ 432
第十三次会议（1926年3月3日）················· 470
　　格施克代表德国代表团就克拉拉·蔡特金的讲话发表声明······ 470
　　讨论洛佐夫斯基的报告（续）·················· 470
　　格施克宣读多姆斯基的声明···················· 501

共产国际执行委员会
第六次扩大全会会议记录

(1926年2月17日—3月3日)

第一次会议

(1926年2月17日晚)

季诺维也夫致开幕词

我代表主席团宣布:共产国际执行委员会扩大全会第三次会议①开幕。

不久以前,由于执行委员会成员伏龙芝同志的逝世,我们遭受了损失。他是俄国革命的,当然也是共产国际的最勇敢和最卓越的领袖之一。

光荣和荣誉属于伏龙芝!

自从1925年3月召开执行委员会最后一次扩大全会以来,已经差不多有整整一年了。可以确有把握地说,这一年是共产国际历史上不平凡的一年。在这一年里,我们的一些支部度过了为共产党的存在而斗争的非常艰难的岁月。

同时,在这一年里,在许多国家,我们取得了重大成就,学会了运用统一战线的策略,没有犯大的错误。

例如,如果把我们兄弟的**德国党**目前的情况同它上次扩大全会

---

① 原文如此,应为第六次。——译者注

（1925年3月）结束时的情况作一比较，那么，应当承认，德国的同志们已经成功地克服了自己党内的一次最深刻的危机。

我们不得不指出，1925年4月，德国党由于受极左思潮的影响，在总统选举过程中犯了严重的错误，这不仅对德国党而且对整个共产国际都是一次挫折。现在，这一错误已经被克服。

最近，针对给原房产主赔偿的问题，我们的党领导德国无产阶级进行了群众运动，这成为党学习正确运用统一战线策略的最好证明。

我认为，在过去的一年里，我们兄弟**英国**党和**中国**党取得了当前历史条件下最大的成绩。

在这里，我们会听取**英国**共产党的报告。至少，他们的讲话将谈到错误。英国的同志们将给我们讲到，作为最大资本主义国家里的比较年轻的党，尽管它面临着各种困难，还没有学会领导群众运动，但毕竟对运动有着决定性的影响。

此外，我已经说过，应当指出**中国共产党**的成绩。这个年轻的党已经对具有世界历史意义的中国革命运动产生了决定性的影响。中国共产党同国民党这个民族革命政党密切合作。在最近的一年里，中国共产党的党员数量增加了两倍，而国民党增加了六倍。

我认为，这两个比较年轻的共产党，在这一年里完成了巨大的历史性的工作。最近，可以期望它们做出更大的成绩。这两个党证明，共产国际不仅牢牢扎根于西欧，而且牢牢扎根于一些像中国这样具有最伟大的世界意义的国家中。

在这一时期，**捷克斯洛伐克党**得到了巩固，并且完全克服了危机，在共产国际执行委员会上次扩大全会上，捷克党已经深深感到这一危机的来临。这个党实际上已经显示出自己是忠于我们国际的真正的无产阶级政党。捷克斯洛伐克党可以期望得到整个共产国际的全力支持和深切同情。

法国共产党在许多方面进行了有效的反对摩洛哥战争的斗争。法国的社会党人再一次证明，在这一时期，他们什么也没有学会，他们同1914年一样，仍然是社会爱国主义者。而法国共产党已经显示出自己是唯一的真正的无产阶级政党，它从一开始就进行了反对摩洛哥战争的英勇斗争。摩洛哥战争只是未来大战的一次小演习。这一事件证明，第二国际仍然是资产阶级的帮凶，而以法国共产党为代表的共产国际则表明，它是反对帝国主义战争的唯一堡垒。

我们有根据认为，在不久的将来，法国共产党在争取广大工人群众方面能够，而且一定会取得巨大的成绩。在这次全会上，我们将详细研究法国问题。

在**意大利**，我们的党在上届党代表大会上通过了应当彻底消灭极左危险的决定。在法西斯恐怖的危险状态下，意大利党已经成长为一个统一和坚强的无产阶级政党，并且已经走上了使自己成为意大利最强有力的工人政党的道路，因为几乎在一切最重要的无产阶级集中的地区，即使没有取得工人阶级的绝对多数支持，意大利党也获得了相对多数支持。

在最近几年里，我们的**保加利亚**党深受白色恐怖之苦。被灿科夫制度所害，党失去了整整一代革命战士。但是，我们可以看到，保加利亚党正在克服这一异常困难时期所带来的严重后果。保加利亚共产党在自己的旗帜下又开始把保加利亚的工人重新集结起来，这一事实就是最好的证明。

在最近几年里，**波兰**共产党经历了严重的极左危机，现在，波兰党已经克服了这一危机，我们希望是彻底地克服了。当前，她的处境非常困难，地位却至关重要。如果有一个国家在最近可能产生直接革命形势的话，那么，这个国家就是波兰。在那里，失业者不断增加，失业群众的奋起反抗行动不仅没有停止，而且越来越频繁。因此，我们的波兰党现在正处于特别关键的地位。执行委员会相信，波兰党在度过困难时期并克服了党内危机后，正满怀信心地走上实现自己至关重要的历史任务的道路。

其次，同志们，我们许多支部在向群众贯彻统一的世界工会运动思想方面，也取得了重大成绩。

我们可以看到，世界各国工人阶级正在掀起对苏联和共产国际的新的深切同情的热潮，这股热潮还在加强。

最后，我还想强调指出，在我看来，**农民国际**还是一个年轻的组织，还有不少缺点，但是，在最近的一年里，农民国际取得了初步的，当然，至今还是不大的成绩。在某些国家里，农民国际确实已经成功地处理好了同农民运动的关系。因此，我要强调指出，一些最重要的党，包括德国、捷克、瑞典、挪威、波兰等国的党，终于开始在农民中做工作了，而且可以说，还是有成绩的。

在这一年里，有的党经历了一些严重危机，但是，十分清楚，这些危机大多数是同这些党**成长中**的缺点相联系的。在这方面，我们认为，捷克斯洛伐克党是一个最好的例子。还在一年以前，许多人认为，捷克斯洛伐克党在同共产国际的关系上采取了错误的路线，由于这一错误，党面临瓦解的危险。在不到一年的时间里，一些事件的发展过程明显地证明，我们的策略是完全正确的。党得到了巩固，已经成为捷克斯洛伐克有决定意义的无产阶级政党。而布勃尼克现在在哪里呢？布勃尼克已经被扔进了垃圾箱，捷克斯洛伐克共产党在共产国际的帮助下克服了**右**的倾向，走上了康庄大道。

在这次全会上，我们将讨论**法国**党内的类似的情况。我决不是想以此说明，法国党现在正经历着一年前捷克斯洛伐克党所遇到的严重危机。法国党内存在的困难，同捷克斯洛伐克的同志已经克服的困难有着类似的性质。但是，我相信，我们能够更容易地克服法国党的右倾危险，并且帮助法国党迈出决定性的一步。

在这一时期，我们付出了巨大的牺牲代价。国际支援革命战士协会作了1925年5月1日—12月25日这一期间的总结报告。下面，列举这一报告的某些数字：在38个国家中，我们有40456名同志被逮捕，其中，13287人受伤，4553人被杀害或被折磨致死。仅在保加利亚一个国家，被打死、被绞死和被折磨致死的就超过了1000人。

这些数字表明，我们的事业和我们的斗争要求我们作出多么大的和多么不可估量的牺牲。但是，我们知道，无论过去还是现在，我们的同志随处都在以奋不顾身的精神为共产主义理想而斗争。在英国，几乎所有中央委员会的成员都被关在监狱中。我们以世界革命司令部的名义，向我们的英国同志和我们在德国、波兰、保加利亚、中国以及在一切对革命力量进行疯狂反扑的国家中进行忘我斗争的同志们，致以诚挚和热情的敬礼。

在这次全会上，我们将讨论一系列问题。我认为，这其中最重要的是**关于工人阶级的统一问题**，以及与此有关的、在当前历史阶段正确运用统一战线策略的任务问题。工会的问题，同样会起重要作用。关于我们在新大陆开展工人运动的问题，以及东方日益发展的革命运动，我们将详细地讨论。我们对这些问题应当给予极大关注的时刻已经到来了。

其次，在这次全会上，我们将全面讨论资本主义的"稳定"问题。在1925年的上次扩大全会上，"稳定"一词成为全会的特点。资产阶级和社会民主党兴高采烈地抓住这个词，背离了我们对它的总的评价。当时，我们说的是**相对的、暂时的和局部的稳定**。但是，资产阶级和社会民主党不再提这些最本质的规定，他们只喜欢"稳定"一词。我认为，在这次全会上，我们完全有理由不那么强调"稳定"一词，并且要更有信心地强调这种"稳定"是"**暂时的**"、"**相对的**"、"**脆弱的**"、"**靠不住的**"。

在上次扩大全会上，我们经常提到"稳定"一词，我们还顺便提到另一个词——"**布尔什维克化**"。关于这一提法，资产阶级和社会民主党过去和现在都是不愿意听到的。我认为，布尔什维克化的口号多年来在我们党的工作中已经起到并将继续起着重大的作用。

在这里，我们将详细讨论执行委员会主席团根据我们的工作提出的提纲。现在，我只想谈谈这个提纲中的两个问题。这两个问题涉及我们本身、我们内部的生活和我们内部的制度。我想特别强调提纲第四章第18条的重要性，这一条讲到：

党内民主

"共产国际认为，在许多共产党内，至今还缺乏基本的最低限度的党内民主。最近这个时期的许多党内危机，都是由于缺乏党内民主而趋于尖锐的。对民主集中制这个原则的解释，往往过于机械。因此，下层群众的主动性便受到束缚，同时，党内也很难培养出新的领导干部。中央委员会有时脱离党员群众。在这个基础上，这种或那种偏向就很容易形成宗派，从而具有特别的危险。

共产党只能建立在民主集中制原则之上。然而，在运用民主集中制时，不仅要**自上而下**地进行领导和下达指示，而且要使我们党的全体党员群众的意志和意见能够真正自由地**自下而上**地得到反映。

民主集中制不仅是纪律，而是纪律加上领导机关真正地由选举产生，加上在党内对一切问题（除了采取直接行动的时候，这时候问题已经事先加以解决）进行自由讨论，加上普通党员的真正的首创精神。

由于这一切，共产国际执行委员会扩大会议再一次坚决要求那些远没有使党内生活正常化的共产国际支部，实现党内生活的'正常化'。"①

---

① 参见《国际共产主义运动历史文献》中央编译出版社 2013 年版第 42 卷收录的《国际共产主义运动的当前问题（根据季诺维也夫同志报告拟定的提纲）》第四部分"共产国际的任务"第 20 条。——编者注

这一条非常重要，它不应当停留在纸面上。工人党员应当关心这一点。到了完全和彻底地实现这些提法的时候了。我们应当成为**在真正的党内民主的基础上**工作的布尔什维克党。

其次，提请大家注意第25条关于共产国际执行委员会本身的工作：

共产国际执行委员会的工作

"共产国际执行委员会的组织工作应当加强和系统化。共产国际应当比过去更加大力吸收实力最强的支部来参加对共产国际的直接领导（参见书记处拟定的草案）。这不仅是一个组织问题，而且是一个深刻的政治问题。尽可能使各国年轻的共产党的领导人积极参加共产国际的各项工作乃是使这些共产党更快地和更正常地成长的一个条件，也是使这些党能够成为领导本国具有决定意义的革命事件的力量的前提。"①

重要的是，在这一条里，有些内容我们还没有谈到，应当在讨论以后讲得更全面。应当认真地，也就是坦率和彻底地讨论一下这个问题。

我们许多党已经有了六七年的工作经验，他们经历了许多危机，克服了一切严重障碍，从内部得到了巩固。现在，他们应当开始比以往更多独立地开展活动，应当更加积极地参加共产国际的各项工作。主要的是，在解决涉及他们党的问题时，他们应当运用自己的政治经验，应当具有更大的积极性和主动性。换句话说，共产党应当表现出比以往更大的政治独立性。

共产国际同以前一样，应当是集中制的党。联共（布）是具有最丰

---

① 参见《国际共产主义运动历史文献》中央编译出版社2013年版第42卷收录的《国际共产主义运动的当前问题（根据季诺维也夫同志报告拟定的提纲）》第四部分"共产国际的任务"第27条。——编者注

富的历史经验的党,在其他国家的无产阶级革命还没有取得胜利之前,任何时候都应当保持联共(布)对这个国家共产党的影响。但是,这种影响的形式应当有所变化。每一个国家的共产党都应该根据自己的政治经验独立地解决自己的问题,尤其是有关本国党的领导机关的选拔问题。

  作为主席团的工作人员,无论何时,我们都要意识到,在这方面必须有重大改变。应当改变领导的性质。在你们的支持下,我们一定能做到这一点。

  同志们!还有一件事。你们对最近资产阶级和社会民主党的报刊上广泛散布的流言飞语是有所耳闻的,这些报刊一般都非常注意有关共产国际的消息,并且特别注意探听有关这次扩大全会的工作情况。这些报刊散布谣言说,共产国际改变了路线,共产国际背离了列宁主义。严肃的共产党人对于这一切奇谈怪论,除了蔑视以外,不可能有别的态度。我坚信,在我们的共同努力下,我们这次扩大全会的工作,从会议开始直到会议结束,从会议的第一分钟直到会议的最后一分钟,都将斥责这些奇谈怪论。共产国际现在和将来都始终如一:它是一个世界性的组织,是无产阶级的有觉悟的先锋队,是在**马克思列宁主义**的基础上进行斗争的先锋队。共产国际既不会采取右倾政策也不会采取极左政策。作为列宁建立的一个国际组织,它将继续秉持当初建立时所具有的特性,它将继续执行五次代表大会和历次扩大全会所形成的路线。

  列宁离开我们已经两年多了,在这段时间里,共产国际和所有无产阶级战士不得不接受这一现实。但是,共产国际不顾一切艰难险阻,无论过去还是将来,都将一贯忠于列宁主义。这一次,我们的全部工作也证实了这一点。我怀着这一信念向全体出席会议的同志致敬,并且以他们的名义高呼:**共产国际万岁!**(暴风雨般的掌声)

选举主席团

安贝尔-德罗宣布主席团和书记处候选人名单。一致选举：

主席团：

季诺维也夫、斯大林、布哈林、台尔曼、塞马尔、格施克、什麦拉尔、杰纳利、弗格森、克雷姆、桑博恩、多尔西、基尔布姆、片山潜、克拉拉·蔡特金、罗易、曼努伊尔斯基、武约维奇、加亚什、费尔迪、博古茨基、季米特洛夫、苏方①、塞马温。

书记处：

库西宁、安贝尔-德罗、屈内、皮亚特尼茨基、雅各布、科恩布卢姆、诺伊拉特、布劳恩、佩珀。

确定日程和程序。

通过资格审查委员会报告

安贝尔-德罗代表临时资格审查委员会作报告。共产国际执行委员会43名委员中23人出席会议，他们都有表决权。共产国际执行委员会27名候补委员中14人出席会议，其中5人替补未到会的共产国际执行委员会委员的名额，他们有表决权，其余9人有发言权。除共产国际执行委员会委员外，还有93人代表32个党出席全会。其中49人有表决权，44人有发言权。表决权的分配方案如下：

德国、法国、捷克斯洛伐克、意大利和青年国际各**三票**；美国、英国、挪威、保加利亚、波兰和乌克兰各**两票**；其余的支部各有**一票**。

---

① 即蔡和森。——编者注

选举各委员会

选举以下委员会:
1. 政治委员会
2. 工会委员会
3. 东方委员会
4. 英国委员会
5. 法国委员会
6. 美国委员会
7. 斯堪的纳维亚委员会
8. 资格审查委员会
9. 群众工作委员会
10. 共产国际执行委员会工作改组问题委员会

东方各革命党致贺词

苏方(中国):

同志们!我代表 1 万名中国共产党员和共青团员向共产国际执行委员会全会表示祝贺。(掌声)

同志们!中国共产党坚信,在共产国际的领导下,在欧洲工人和农民的支持下,中国人民必将给世界帝国主义以决定性的打击。同志们,世界帝国主义伸出它的魔爪,掠夺和摧残着中国人民,我们准备并必将给它以致命的打击。

欧洲工人同东方和殖民地劳动群众团结万岁!

共产国际万岁!

世界革命万岁!

胡汉民（国民党中央委员、粤军司令）：

我以中国人民、中国工人和农民的名义，对允许我出席这次国际代表会议表示感谢。

只有一种世界革命，而中国革命就是它的一部分。（暴风雨般的掌声）

我们伟大领袖孙中山的学说与马克思列宁主义在根本问题上是相一致的。现在，第二国际得不到任何人的信任。最近，在中国，第三国际的影响大大增强了。不仅是知识分子，而且最广大的工农群众以及整个无产阶级，都投入到中国革命运动中来。

国民党的口号是：为了民众！这就是说，政权应由工农来掌握。

我们这些口号是与共产国际的政策相一致的。共产国际是革命的大本营，是革命的总司令部。（掌声）

我作为国民党的领导人之一，在这里初次与世界革命领袖们会面。世界革命的战士们，我觉得我是你们的战友，我向共产国际致敬。

全世界无产阶级团结万岁！

为世界革命的胜利而奋斗！

共产国际万岁！

全世界共产党万岁！（暴风雨般的掌声）

扎丹巴（蒙古人民革命党主席）：

同志们！我代表蒙古人民革命党和蒙古青年革命联盟，向聚集在这里的东西方被压迫民族的优秀代表致以敬礼。（掌声）

蒙古的劳动人民只有在世界革命运动和共产国际的支持下，才能冲破几百年来偏见的束缚，才能挣脱国内外敌人剥削和压迫的枷锁。

我们的组织不是共产主义的组织。但是，它们领导着蒙古的劳动人民，并在共产国际和青年共产国际的思想指导下进行工作。

同志们！一年来，民族解放运动在东方被压迫民族，特别是400万中国人民中日益高涨。我国同这个国家是近邻。我们的党、我们青年革命联盟宣布,将支持这些反对世界帝国主义的解放运动。

我以蒙古劳动人民、蒙古人民党和蒙古青年联盟的名义向全世界劳动者呼吁:支持东方民族解放运动和全世界被压迫民族的劳动者。

共产国际万岁!

东方的民族解放斗争万岁!

世界革命万岁!(暴风雨般的掌声)

布朗(英国):

我谨代表英国共产党中央委员会和共产国际执行委员会,对东方国家的代表们能够参加这里的会议,表示由衷的喜悦。作为一名英国共产党党员,我可以真诚地告诉大家,英国代表团能够在这次会议上见到中国共产党的代表,感到十分欣慰。

我想告诉我们的中国同志们,去年,英国共产党开展了一些极其重要的运动,其中之一就是"不许干涉中国!"的运动。这个运动开展得如此成功,致使英国工联斯卡伯勒代表大会不得不一致通过决议,抗议英帝国主义分子在中国的所作所为。并要求英国军队全部撤离中国。

我代表英国表团声明:只要我们的斗争还没有取得较之决议所规定的尤为巨大的成果时,只要英国军队尚未撤离中国,而且只要我们的中国同志为摆脱英帝国主义桎梏而进行的斗争仍处于困难状态时,我们的党一定要把斗争继续进行下去。

我再说一次,能在这里见到中国同志,我们非常高兴。在西方工人的支持下,中国人民团结一致,迟早必将埋葬英帝国主义和世界帝国主义。(全体鼓掌)

(休会)

第二次会议

(1926年2月20日)

主席：格施克

选举德国和日本问题委员会

主席格施克：

书记处提请全会批准德意志共产党代表团关于建立德国问题委员会的建议。

其次，提议建立日本问题委员会。

两个提议被通过，确定委员会成员。

邓恩宣读美国代表团向被监禁的英国委员的致敬电

我代表美国代表团提议向被监禁的英国同志们致电，电文如下：

"在资本主义监狱中受尽折磨未能出席会议的执行委员会的委员们：

共产国际扩大全会主席团向未能出席会议的主席团成员——正在受刑的英国共产党的代表和全世界其他被监禁的共产党员致以敬礼。主席团满意地指出：英国共产党虽然失去了自己的领导同志，但仍然在共产主义的旗帜下坚强地工作，为推翻资本主义而积聚工人阶级的力量。执行委员会坚信，尽管监狱的高墙隔断了您们同工人的联系，但您们对他们的影响现在比过去任何时候都更强大。"

（这一建议被一致通过）

季诺维也夫作执行委员会总结报告

一、序　言

同志们！执行委员会的书面总结已经在这里发给你们了，总结中使用的许多事实材料都来自于我的报告内容。此外，经执行委员会主席团讨论并一致同意的提纲也发给你们了。因此，你们对那些与我的报告题目有关的内容所涉及的材料已经多少熟悉了，从这一角度可以认为，我的任务将因此而稍微减轻一些。所以，我打算只限于引用少量最必要的数字和事实。

大家都记得，在第五次代表大会上，我们提出资本主义国家"民主和平主义时代"的暂时到来。可以大胆地说，1924年就是在这种情况下度过的。1925年是资本主义"**稳定**"时期中的一年，共产国际执行委员会上一次扩大全会就是在这年年初举行的。1926年已经是**动摇时期了**，稳定已经不再那么牢固。我认为，这一时期这种特征的加强将是我们这次全会所面临的时代特点。虽然资本主义的稳定是不牢固的，完全是有条件的，但是，我们革命者的首要职责是不应当夸大这一情况，不能因此而作出不正确的结论。

我想把弗拉基米尔·伊里奇下面的这一段话作为自己报告的基础：

"对于一个真正的革命者来说，最大的危险，甚至也许是唯一的危险，就是夸大革命作用，忘记了恰当地和有效地运用革命方法的限度和条件。……要是真正的革命者失去清醒的头脑，异想天开地以为'伟大的、胜利的、世界性的'革命在任何情况下、在任何活动领域都一定能够而且应该用革命方式来完成一切任务，那他们就会毁灭，而且一定会毁灭（是指他们的事业由于内因而不是由于外因而失败）。"①

我们不应当忘记这些话，特别是在今天，在我们完全有根据地谈论资本主义的稳定是非常不巩固的时候。这次全会预设的某些工作内容，我认为，其主要之点是**工人阶级统一**的思想，即工会统一的思想。在这一点上，我还要向你们提起列宁所作的著名论述，他指出："必须善于在每个特定时机找出链条上的特殊环节，必须全力抓住这个环节，以便抓住整个链条并切实地准备过渡到下一个环节。"② 我认为，当前这一"环节"就是**工人阶级的首先是工会部门的统一**的口号。

关于革命发展的两种前景

同志们，正如你们所知，从第五次代表大会起，我们的工作总是面临着两种可能的发展前景。如果说在第三次代表大会上已经多多少少涉及这个问题，那么，本次代表大会有关这方面的决议则将非常重要，并且具有特别迫切和现实的意义（我在报告的第二部分中还要涉及这一点）。可以认为，从第三次代表大会起，特别是从第五次代表大会起，我们在全部工作中都估计到可能会有两种发展前景。这一问题应该怎样理解呢？这指的是发展速度问题上的两种前景（在某种程度上也包括**无产阶级革命发展路线的**），但绝不是指无产阶级革命的必然性。我们始终是无产阶级的革命者。我们坚信，无产阶级专政已提到历史的日程上

---

① 《列宁选集》中文第3版第4卷第612页。——编者注
② 《列宁选集》中文第3版第4卷第614页。——编者注

来了。历史发展的每一个阶段都证明，我们是正义的，我们的无产阶级革命的方针是正确的。我们认为，我们这一代人注定要经历无产阶级的世界规模的胜利。在这个意义上说，我们只有**一种**前途，这是绝对不能动摇的。但是，就无产阶级革命的速度、期限——对于每一个党，这些都是非常重要的因素——而言，我们在自己的工作中应当估计到两种发展前景的可能性；我已指出，这其中也包括发展路线的前景问题。在第五次世界代表大会上，这一问题已经十分清楚，并且已经被讲清楚了。

关于革命发展的速度

在第五次代表大会的决议中，我们已经指出，共产国际在这一历史阶段应当估计到可能有两种发展前景：1. 革命冲突的时机**迅速**成熟，无产阶级革命可能在三至五年内取胜；2. 时机成熟**缓慢**，世界革命迅速发展的前景被**拖延**下去。

同志们，显然，在我们的斗争和工作中可能有两种前景，这将带来不利的方面：有时这会被看成是折中主义，会被解读成是共产国际在最重要问题上缺乏坚定的路线。有时我们宁肯把争取令人不太满意的前景作为出发点，只要这是唯一的前景——这一点从我们每个人的主观情绪来看是可以理解的。两种发展前景的存在，实际上不是由于我们的折中主义，也不是由于共产国际缺乏远见，而是由共产国际所经历的世界历史发展过程决定的。同志们，我提醒大家注意，早在共产国际成立以前，布尔什维主义和列宁领导的布尔什维克党的历史中就有类似的情况，当时不得不承认有两种前景。1905 年革命以后，布尔什维克没有怀疑俄国第二次革命的必然性。他们坚信，1905 年革命失败以后，第二次革命必定会发生，因为第一次没有解决革命任务，并且革命的力量仍然存在。但是，关于第二次革命的速度和期限——革命是在两年以后还是在十年以后发生，在1905年以后的很长一段时期里，对于这个问题曾估计到可能有**两种**前景。

当时，也曾有人企图把布尔什维克的立场解释成是一种折中主义。但这不是折中主义，而是历史的辩证法，是马克思列宁主义的方针；布尔什维克总结全部情况，作出结论，在第二次革命发展的速度方面，暂时不得不认为有着两种前景。但是，这一情况决没有使布尔什维克党的策略成为机会主义的或缺乏坚定性的策略。

现在，我们正经历着类似的情况，而不同的只是世界范围的情况比起一国范围的情况要复杂得多，在世界帝国主义大战之后，在俄国革命胜利之后，特别是在各国一系列革命失败之后，情况非常复杂，要在今天事先预料世界规模的速度和发展路线就困难得多。

现在，正是我们能够更加客观和冷静地分析我们诸多失败的原因和教训的时候，这些失败包括：1923年在德国的失败，在保加利亚的两次失败，以及最近在雷瓦尔的失败，这一时期遭受了上述一系列的失败，这是共产主义运动发展中非常艰难的时期。我们应当作为革命者，而不是作为历史学家去对待这些事件。1905年的失败是1906年、1907年、1908年以及后来一段时期中列宁主义研究的对象。在刚遭受失败之后，我们还缺乏冷静和沉着地分析这些事件的经验和客观态度。

同志们，现在，我们总结德国斗争失败的教训，这也是整个中欧斗争失败的教训，应当指出，在这些教训中，首当其冲的是**必须争取群众**的问题。在这个报告中，我不可能专门去谈这些教训，这应当是单独研究的课题。我暂且只能限于呼吁共产国际尽可能地注意这些事件，并且认真思考这些事件，因为，一方面，我们面临着争取工人阶级大多数的任务；另一方面，还面临着建立工人和农民之间正确关系的任务。

现在，我再来谈谈前面涉及的两种发展前景的问题。如果这时有人向我提出，是不是应当抛弃这个观点，是不是由于资本主义不可靠的稳定而只有一种前景。对此，我的回答是：**不是的**。在革命的速度**问题**上，我们仍然不得不考虑到可能有两种发展前景（而在路线问题上尤其如此），我力求在进一步分析当前状况的基础上说明这一必要性。

关于革命发展的路线问题

首先谈谈路线问题。起初，我们大概过多地注意中欧问题。可以说，当时有点"醉心于"德国了。我们认为，在俄国以后，无产阶级革命一定会轮到德国。在1925年的上次扩大全会上，我们更多地注意英国，多少忽视了德国革命的前景。1923年末，德国资本主义的状况极端困难，接下来是1924—1925年的转折时期，这一时期是由于暂时的稳定原因造成的，而且这一变化非常明显。因此，1925年初，在我们的扩大全会上，我们对德国革命形势的成熟程度多少抱有怀疑的态度。现在，经济和政治的困难重新笼罩着德国和中欧。毋庸置疑，在巴尔干，资本主义比较稳定，但是，与此同时，巴尔干现在也可能是资本主义最大突发事件的策源地。

现在，产生了新的非常重要的因素，这就是大大出乎人们意料的**中国革命运动的出现**。同志们，由此你们可以看到，即使一般地评价无产阶级革命形势和确定无产阶级革命地理路线都是多么的困难。若要概括全世界范围内的形势，我们应当指出，看来首先是在**欧洲**，其次是在**东方**，革命已经提到日程上来了。但是，我们要注意到，欧洲革命同东方民族革命的高涨之间有着密切的联系。这两个过程是互相紧密地交织在一起，并且平行发展的。只有在一定条件下，才可以把它们分别看待。再次是美洲。1. **欧洲**；2. **东方**；3. **美洲**。然而，同志们，无论在欧洲、在东方、还是在美洲都应当区分不同，找到各自最明显的特点；尤其是在美洲，依我看，南美洲的国家应当起着更重大的作用。这就是我们关于可能临近的革命发展路线的看法。同志们,我认为,在这里应当估计到各种可能性和各种前景。共产国际的成长及其成熟无疑应当表现在善于预见和估计到无产阶级革命的一切可能的发展方式,并且由此而得出必要的现实结论。

欧洲和东方

不久前,英国工党主席、铁路职工联合会总书记克伦普写了一篇论文,他提出一项"卓越的"计划。克伦普提出:共产国际的分裂会带来什么样后果,莫斯科和阿姆斯特丹的斗争是为了什么?难道在两个国际之间不能进行和平谈判和**瓜分大陆**,也就是把欧洲交给阿姆斯特丹国际,它在欧洲拥有多数。阿姆斯特丹是"第一"国际。莫斯科就算是"第二"国际。既然莫斯科同亚洲各国人十分接近,它的思想和理论在很大程度上充满亚洲精神,那么,为什么不可以使莫斯科成为莫斯科—亚洲国际的驻地呢?按照克伦普的意见,这样和睦地分开就能解决莫斯科和阿姆斯特丹之间的争论。"第三"国际就算是在美国,美国工人联合会可算是"第三"国际。克伦普说什么美国工人联合会取得了"辉煌的成果",因为美国工人联合会扶持了墨西哥工会运动。克伦普又进一步发挥他的真正"卓越的"计划,他说:我们认为,这样互相划分"势力范围"就可以结束当代工人运动的分裂状况。在这个十分幼稚的建议中充满了英国改良主义领袖的"智慧"。在我们的全会上驳斥了这个"卓越的"计划是不必要的。十分清楚,我们力求在莫斯科建立的不是莫斯科—亚洲的国际,而是**全世界**的国际,历史发展的全部进程将使我们易于完成这一任务。

一些直接代表资产阶级说话的先生们比这位克伦普理解得更好,把事情想象得更清楚。

例如，不久前，美国政界的一名高级官员曾这样评价我们苏维埃的宪法。

按照他的意见，"苏联的新宪法以它的作者而著名，它不是个别的历史事实，而是实现一定政策的步骤。为了体现这一点，改变了苏联国徽，根据第七十条之规定，苏联国徽由置于地球之上的镰刀和锤子组成，同时某些国家涂上红颜色，意味着红色要扩展到世界每个角落。"

这真是一个伟大的发现！

这位高级官员的结论是："所说的不是个别苏维埃俄国的拥护者反对美国制度的宣传，而是苏维埃政府关于建立社会主义国际联盟的果断决定的公开声明，**所有国家**或早或迟都应当不仅在理论上而且在事实上加入这个联盟。"

看来这位资产者对局势了解得比克伦普多少好些。

我想引用沙桑先生发表在《两个世界评论》杂志二月号上题目为《亚洲的动员》一文。

"布尔什维主义无法依靠武力拿下欧洲堡垒，而企图包围它，靠内部的变节来夺取它。它无耻地同欧洲一切反对派相勾结。在东方，没有比第三国际更大的民族主义组织了。在阶级利益同民族利益相一致的借口下，布尔什维主义支持民族英雄和东方的资产阶级，而在俄国对新的资产阶级——农民作让步。

欧洲和亚洲之间'牢不可破的桥梁'，共产国际引为骄傲的唯一产儿，这就是野蛮人向欧洲文明进攻的道路。麦加成了著名的'农夫的梵蒂冈'，在那里，殖民地人民的一切要求和奢望都得到反映。"

看来，沙桑先生聊以自慰的是，我们布尔什维克把自己全部注意力转向东方。因此，这一问题具有迫切性，我们的一切敌人，其中包括英国改良主义的领袖都在加倍地研究这一问题。

我们应当年年作些修正，把注意力时而引向中欧，时而引向西方，时而引向英国，时而引向东方，以及按相反的次序转移注意力。有一点是清楚的，即共产国际愈来愈成为世界性的组织，尽管在运动的速度方面存在两种前景，但在无产阶级革命的必然性问题上，共产国际始终毫不动摇地坚持以往的立场。

二、关于资本主义的"稳定"

孟什维克—资产阶级对"稳定"的评价

一年以前，这一问题是怎样提出的：我们刚一提出"稳定"一词，第二国际以及德国社会民主党的先生们就开始在柏林散发传单，欣喜若狂地向全世界宣告："莫斯科决定放弃革命，放弃无产阶级专政。"事实上，我们连想都没有这样想过。当然，我们任何时候也没有放弃过无产阶级革命。我们只是认为，资本主义状况下的某些稳定，虽然是相对的、脆弱的稳定，但毕竟是稳定，这是符合真实情况的，而且至今在有些地方依然如此。

在这个问题上，我们同社会民主主义者之间，譬如说我们同考茨基、希法亭、奥托·鲍威尔一派之间的区别是什么呢？这完全不是我们否认这个或那个国家存在资本主义暂时和相对稳定的迹象。不是的，我们看到了这些迹象，我们现在和将来都将公开指出这些迹象。我们有足够的力量，我们不致陷于幻想；我们有足够的力量，我们敢于正视危险；我们有足够的力量，可以对敌人及其力量作出恰当的估量。那么，区别是什么呢？同志们，真正的区别就在于：社会民主党人认为，稳定不是某种相对的、暂时的稳定，他们把稳定看做资本主义的一个崭新的历史时代,他们认为资本主义还将存在一个很长的时期。"的确,资本主义发生过战争,但是,现在,资本主义已经恢复常态,而且可能在战争后变得更强大;资本主义的存在,如果不是一百年,也将是整整几十年",——这就是社会民主党人的心情。

也许有人会指责我夸大其词。根本不是!当然,像鲍威尔和希法亭这样狡猾的狐狸不会这样直截了当地说,然而,使我们感兴趣的,与其说是这些狡猾狐狸的"科学分析",还不如说是社会民主党人日常的宣传和第二国际实际工作的方法。他们是以什么方式把自己的思想传播给无产阶级的呢?他们自己是怎样处理这一问题的呢?1925年12月16日,发表在捷克斯洛伐克《人民权利报》上的一篇文章是很有代表性的。捷克斯洛伐克(但愿捷克同志能原谅我们)毕竟是略有地方色彩的国家。捷克在第二国际中不起主要作用。更有趣的是,在那里,可以看到社会民主党人是怎样解释鲍威尔和考茨基的论点的。他们对稳定是怎样想的呢?下面,就是一个社会民主党人论文中的简短摘录:

"因此,由于某些无法理解的原因,在俄国,至今对欧洲的错误观点仍占上风,在那里,直到现在还认为,欧洲的经济制度近于崩溃,在欧洲,正在进行反对俄国的阴谋,并且正在策划建立反对俄国的联盟,一些欧洲国家已经发生激烈动荡,它们的崩溃只是时间问题。但是,如果采取的一系列措施,如道威斯计划的实施和德国、波兰、奥地利的财政支持取得成功,难道这不是德国、法国和英国共产党人的失败吗?既然事情发展到洛迦诺那里,既然事情发展到达成关于欧洲贷款给美国的协议,那么,所有这些都是**欧洲在整整一世纪中准备过新生活**的征兆。"

总之,欧洲,资本主义的欧洲,正在安排整个新世纪的事情!奥托·鲍威尔和希法亭所想的,正是带有地方色彩的捷克社会民主党人所说的！社会民主党人所进行的宣传，与其说是围绕奥托·鲍威尔和希法亭的巧妙"科学"的提法在兜圈子，不如说实际是在很大程度上围绕关于资本主义新的繁荣的世纪这一简单提法在兜圈子。

把资产阶级卓有远见的说法同这些观点相比较，那是很有趣的。就拿著名的英国自由主义经济学家凯恩斯的论文来说吧。他绝对不会成为布尔什维克。不久以前，我荣幸地同他作了交谈。我不得不相信，他对布尔什维主义的看法是极其荒谬的。但是，他还是思考了英国和世界经济中的某些问题。最近，凯恩斯在1926年2月6日出版的《国家文艺杂志》中发表了一篇论文，文中写道：

"同英国一样，'合理的'财政政策也窒息着德国。我认为，除非发生政治冲突，否则，就不可能摆脱这种政策。德国的大实业家们，有的出于对宁静生活的依恋，有的出于同外国财政集团保持良好关系的愿望，甘愿与道威斯的全权代表真诚合作。但是，服从于翻译机构指示的德国政府得不到选民支持的时刻就会到来。这种情况一旦发生，那么，同盟者将用什么来威胁德国人民，使他们发生恐慌呢？西方列强降低生活水平的做法对于中欧资本主义工业的发展并不是那么有利的因素；在东方，这么做将会为骚乱的爆发提供力量，从而破坏他们所期望结果的可能性。当前，德国是欧洲经济的危险源。"

请看，凯恩斯是怎样估计形势的。他认为，不仅在德国，而且几乎在整个欧洲都存在着致命的危险。他还认为，只有斩断政治纽结，问题才有可能得到解决。

我们同社会民主党人的区别，绝不是下面这种情况：似乎我们否认某些国家资本主义暂时的、一时的、相对的、短期的和脆弱的稳定。我们看到这种稳定，指出这种稳定，而且将按照实际情况来说明这种稳定。我们同社会民主党人的区别在于，我们仍然像过去那样预见到资本主义的灭亡。我们的结论仍然是：**资本主义一定要灭亡**，无产阶级专政经过一个不很长的时期必然来到！社会民主党人得出另外一种结论。他们预言，资本主义在几十年内，甚至在整整一百年内还将得到发展，还会在一个新的持久的时代中存在。

评价"稳定"的正确标准

有的同志指出，在1925年的会议上，我们没有十分明确地阐明"稳定"的实质。确实是这样。现在提交给大家的提纲中，我们也不能肯定这个概念已经表述得十分明确了。我们愿意和全体同志一道把这个概念表述确切，表述完整。但是，现在，应当明确地指出，当我们谈到稳定时，谈话内容指的是什么，评判标准又是什么。

当我们谈到世界资本主义的恢复过程时，我们应当说明我们把当今时代同什么时代相比较？我们是以战前的1913—1914年为出发点，还是以1919—1920年，即战争结束的那两年——资产阶级必须克服最严重困难的时期——为出发点？这两个时期应当区别开来，以便确切描述"稳定"的概念。必须涉及这两个时期。如果以战前时期，即以1913年或1914年初为出发点，那么，可以断言，除了美国以外，没有一个资本主义国家百分之百地完全达到战前水平。今天，资本主义已经相当接近这个水平，但毕竟还没有达到。同志们，同时还必须指出，从1913年起，人口增长了。在所谓"正常时期"，生产力的增长应适应人口增长的速度。但是，如果以1920年——即战争结束时期为出发点，那么，可以说，在许多资本主义国家中都出现了相对的稳定。

世界经济是非常复杂的现象，它的状况是不能用不同历史时期的简单数字作比较评价的。如果我们以1913年和1914年世界煤炭的开采量为例，那么，一目了然，情况非常顺利，1924年煤炭的开采量比战前增加了2400万吨。但是，大家都知道，不仅是英国的煤炭工业，而且英国的整个国民经济都存在着难以想象的严酷危机，其他国家在煤炭问题上也遇到了困难。这是怎么回事呢？问题就在于，在全球范围内，明显地发生了生产力的某种重新配置（这可以从世界煤炭的出口量由19150万吨下降到14670万吨的数字中看出来）。显然，许多煤炭输入国开始靠本国的煤炭或取代煤炭的其他能源作为动力。由于战争破坏了国际间的经济联系，迫使许多国家在燃料和机械方面更加节约，并且使用次煤、泥炭和石油等能源。用于运送煤炭的船只所占航运船只的比例在战前是87%，而现在不超过65%。

由于欧洲的分裂状况以及欧洲的种种关税限制和保护关税政策，由于通货尚不稳定和尚未调整的债务，因此，不能把资本主义的恢复过程看做简单的直线运动。如果我们再考虑到，世界经济的重心在向美国转移，英联邦的帝国中央集权体制正在瓦解，最后，战争在东方引起了声势浩大的反帝运动，那么，我们就会明白，"稳定的过程"对于资本主义并非是轻而易举的事。稳定要求有庞大的开支和某些方面巨大的牺牲。那么，靠牺牲谁的利益来实现资本主义无论如何也不能达到的这种"稳定"、这种新的巩固和"平衡"呢？这大部分是**靠牺牲工人群众和广大劳动阶层**的利益来进行的。

牺牲劳动者利益的"稳定"

在提纲中，我们已经指出稳定的两个主要来源：

1. 对劳动者的残酷剥削。
2. 所谓的美国"援助"。

资产阶级的稳定，在不同的国家中是依靠不同的方法达到的。应当看到这些方法的差别：**德国的方法**是靠所谓的"生产合理化"，即生产的托拉斯化和与此相伴的破产过程；在这里，稳定主要是靠牺牲工人群众的利益达到的，它引起了解雇、失业、价格上涨、税收增加等。另一种是**英国的方法**，稳定有利于财政资本，而不顾工业的利益，它从外汇结算着手，紧缩通货，指望英镑"压倒"美元，可是，这种方法造成了出口减少和工人失业，进而引起了工资的下降，归根结底也是牺牲劳动者的利益。凯恩斯也非常有声有色地谈到这一点。我过去引用过，而且今后还将不止一次地引用他在《丘吉尔先生的经济成果》一书中的话：

"我们的问题在于降低货币工资，从而降低生活资料的价值，目的是在不受其他因素影响的条件下，使实际工资保持或接近过去的水平。

采取什么样的措施才能达到这种限制信贷的结果呢？

除了有计划地增大失业比例外，没有任何别的办法。在这样的场合下，限制信贷的目标是减少对企业主在原有价格和工资水平的基础上进行管理所需的财政贷款。如果在强硬措施的压力下，工人不同意采取强制降低货币工资的做法，那么，限制信贷的政策只能达到一个目的——无限制地加剧失业现象。

这就是所谓的'健全'政策。这种政策是由于下述轻率决策造成的，这一轻率决策要求英镑与黄金之间维持等价兑换水平。"

在强硬措施的压力下，工人应当接受降低工资的条件。这就是英国的方法。

法国的方法略有不同之处，这是一种通货膨胀的方法。这种方法对无产阶级的打击不像对小资产阶级的打击那样严重，但是，即便在法国，归根到底，稳定也是靠牺牲劳动者的利益达到的。

最后，**美国**实现稳定的方法是靠征收高额的贷款利息。摩根的贷款就是明显的例子，如果偿还的贷款是属于美国政府的，那么，为了维护债务人的支付能力，贷款的利息几乎降到零。去年，意大利的借款就是这样，意大利政府由于战争的债务而要支付给美国的利息比起它要缴给摩根的只是为了实现"稳定"而借的一亿美元贷款的利息要低得多。换句话说，美国对于欧洲"实现稳定"方面的"慷慨"，完全靠的是牺牲美国小资产阶级、工人阶级和小农场主的利益。

今天的"稳定"是靠牺牲谁的利益来实现的，这一问题也可以从税收方面得到解释。同战前相比，去年，英国的税收是258%，美国是195%，法国是293%，日本是192%，等等。

为了使资本主义暂时"稳定"的真正轮廓勾画得比较完整，还应当再公布一些更实质性的证据。

首先是失业问题。在欧洲，有500万失业者，这是非常重要的事实。在他们中间，大多数人的失业是经常性的。每一个孩子都知道，在英国，到处是经常性的失业；十分清楚，现在，德国的情况也是这样。下面引用的失业数字可能都是被低估的，但还是完全可信的。在德国，经常性的失业可能固定在100万—150万人的规模上。

以下是一些主要国家的失业人数：

德国……………………………………	250万人
英国……………………………………	150万人
波兰……………………………………	40万人
奥地利…………………………………	20万人
捷克斯洛伐克…………………………	10万人

工资问题是另一个极其重要的因素。

在个别国家，官方统计的数字是过高的；虽然一些工会组织在研究这一问题，但他们的统计只限于某些范围的工人——往往是国家的个别地区，如此一来，结果是得不到任何一个国家的确切材料。因此，必须指出，下面引用的材料只是近似的数字。

世界主要国家实际工资的变动

以1913年为100

年份	美国	英国	法国（煤矿工人每班工资）	德国	意大利	巴尔干（罗马尼亚、保加利亚）
1923年平均每月	116.8	97.1	97.3	62.2	—	这些国家的工资在1925年都没有超过战前的50%
1924年平均每月	126.8	97.3	96.3	71.2	97.7	
1925年平均每月	128.1	99.1	91.7	75.1	89.7	

总共500万人失业，工资低水平，税收压力加大，欧洲对美国的债务增加，等等，这就是"稳定的代价"。我们完全可以说，像现在这样的稳定，甚至在它促使资本主义制度局部巩固（并且只是暂时地）的时候，也是借助于那些实际上同时使局势革命化的方法达到的。

如果我们以一些最主要的国家为例，简单地分析一下我们在这里最初提出"稳定"以来的一段时期，那么，我们可以看到，甚至在英国这样的欧洲先进国家，情况也在每况愈下。在最近的几个月里，确实可以在经济曲线总体下降的背景下看到某些好转，但是，在1925—1926年，英国的整个形势是在继续恶化的。

目前形势的一个新特点是，危机已经蔓延到另外一个国家，而且还是一个战胜国——这就是**法国**，它正经历着持续的、始终无法解脱的、严重的社会政治危机和财政危机。

最近，德国的情况发生急剧变化，去年，那里的情况似乎还很顺利。许多转折是突如其来的，但实际上应该是意料之中的。在那里，同样遇到了严重的危机，大批企业倒闭和严重的失业，这还只是刚刚开始显示出道威斯计划的后果。在德国，道威斯的身手还没有完全施展开。它只是刚刚崭露头角。但是，在今年，德国已经开始感觉到道威斯计划带来的后果了。这是第三个国家。第四个国家是**波兰**，那里的经济几乎全面崩溃。而波兰是一个非常重要的国家，因为这是英国、法国和美国势力相互交织的中心，这是一个重要的地方，德国和俄国的发展进程都取决于它。

三、个别资本主义国家

美　国

战前，美国和德国之间的对抗是矛盾的主要方面，现在，矛盾的主要方面转换成了美国和英国之间的对抗。但是，不应当像往常那样，把事情说成似乎欧洲同美国相比是无足轻重的。不是这样。之所以不是，是因为欧洲的人口是美国人口的三倍多。欧洲有3.5亿人，其中有1亿多工人，而美国只有1.15亿人。仅这一点就足以说明问题。对这种对抗性不应估计过高，但是，也不能忽视。

现在，美国把大量资本输入欧洲，这一事实不容忽视。虽然美国在输出资本，但资本输出数据本身并不能解决问题。我记得列宁在《帝国主义是资本主义发展的最高阶段》一书中曾引用了大量战前欧洲资本输出的数据，这些数据中有的比今天美国输出的数据要大得多。现在，开始出现相反的现象。发生这样的急剧变化，有十年就足够了。但是，不应当低估这一事实。首先，不能忘记，英美之间正在产生矛盾，并且这一矛盾愈来愈起着决定性的作用。

我引用一些数字。美国国民收入每年是600亿美元。1924年，在97.2亿美元的世界黄金储备中，有45.45亿美元，即将近一半是属于美国的。现在，如果没有弄错的话，美国已经占到60％。整个欧洲都在向美国贷款，现在，美国可以摆阔气了，靠提供贷款明目张胆地强迫别人接受自己的政治指令。不久以前比利时的贷款就是一个十分明显的例子，在比利时，美国明目张胆地强迫王德威尔得及其政府接受自己的政治条件：裁减军队、紧缩预算和对这一贷款的最优惠的条件。

在世界重要物质资料生产中，美国占很大的比例：煤炭开采占43.3%，生铁占47.6%，钢占49.3%，石油占70.9%，棉花占50%，等等。当然，不能认为美国经济已经取得了绝对的主宰地位。不是的，在战后年代，随着工业危机和工业高涨的迅速交替出现了曲线波动。在最近的三年中，美国上述物资在世界生产总比例中的份额在下降（煤炭下降8%，生铁下降16%，钢下降12%，等等）。而且，这个比例还有更进一步下降的可能。但是，美国仍然占很大的比例。稳定的欧洲，稳定的世界经济是美国所需要的。否则，尽管美国拥有各种财富，也将感到自己事业的不十分稳定。换句话说，世界资本主义在稳定方面成效甚微，这将从另一方面打击美国，可能不是那么严重，但毕竟是打击。这也反映在生产的波动，国际贸易，国际间的协议和债务方面，以及资本输出的问题上。

美国只是整个世界资本主义中心的一个环节（虽然是最强大的一环）。因此，世界资本主义的病态归结到一点，就是缺乏真正的稳定。这种病态将使美国的霸权地位发生重大变化。

最后，还应当指出，在美国已经出现新的农业危机的征兆，以及由此引起的对工党有利的运动。工人上层的状况不坏，但是，很大一部分非熟练工人的生活并不美满。例如，请你们读一读珀塞尔的文章，他写了美国旅游记。在美国，他从看到的诸多现象中断定，工人阶级的大多数处境十分困难。广大非熟练工人生活得很拮据。一方面，需要看到美国现在处于霸权地位这一事实；另一方面，也需要看到美英之间的矛盾是矛盾的主要方面这一事实，需要正视这些事实，这一事实将直接影响我们今后的决定。

英　国

我们转到**英国**。英国完全是另一种情况。在国际市场上，英国失去了领先地位，这是事实。我遇见过这样一位地位很高的人。他叫乔治·哈维，他是美国前任驻英大使；现在，他是美国很有影响的经济杂志之一《北美评论》的编辑。他于1925年底在该杂志上发表的《英国的危机状况》一文中，对英国的经济状况作了这样的评价：

"英国作为商品生产者的时代已经过去了。现在，英国只能履行'经纪人'或原料生产者与成品工厂买主之间的工业经纪人的职能，况且，英国同其他国家的竞争愈来愈困难了，因为它不得不考虑到运输方面的巨大费用。"

其次，哈维引用英国工业联合会管理局主席艾伦·斯米塔在英国报纸上的声明，其中写道：

"因此，我们已走到这种地步，以致必须考虑到清理我们的国家财产，开始靠资本生活。如果不及时采取一些使对外贸易活跃起来的措施，那么，我们将陷入国家破产的境地。"

如果连英国资本家也开始谈论清理国家财产和国家破产的问题，这就足以证明，英国资本主义发展的曲线在急剧下降。

哈维在文章的结尾呼吁美国帮助自己的祖先盎格鲁-撒克逊民族。

他说："如果说我们应当帮助全世界，那我们首先应当考虑到英国。为了种族的共同性，美国应当把英国问题摆在仅次于本国问题的第二位。"

但是，美国是怎样帮助自己的盎格鲁-撒克逊姐妹的呢，这可以看一看英国领地之一——加拿大的例子，近来，加拿大几乎不再是英国的领地了。我在上届执行委员会的会议上已经谈到这一点。这里，我只引用两个关于美国和英国在加拿大投资的数字。

在**战前**14 年的时间里（1900—1913 年），外国资本在加拿大的投资数如下：

英国	1753118000 美元
美国	627794000 美元
比例	3∶1

"其余"国家投资较少，总共是 162715000 美元。

现在，英国和美国在加拿大的投资几乎相等，两个国家的投资都在 25 亿美元左右，即比例变为 1。

这两个国家**投资的性质**是不同的。英国在加拿大的投资人属于食利者（只获取利息的有价证券的持有者），而美国的投资者属于企业主，不仅获取利息，而且获取企业利润。

我们目睹了美国的"盎格鲁–撒克逊们"积极参与分裂不列颠帝国的过程。盎格鲁撒克逊利益的共同性愈来愈值得怀疑，帮助"祖先"盎格鲁撒克逊民族的漂亮词句并没有阻止严重经济动荡的到来。

但是，不应当认为，在非常短的时期内——经过几个月——英国就会发生革命。今天，主要的问题是，一年以前还不明显的发展趋势，现在完全明显地表现出来了。同时，必须强调的是，英国资产阶级是保守的，他们始终醉心于策划反对苏联的战争。大家都知道发表在英国杂志《双周评论》2 月号上奥格尔先生所写的那篇文章。据说，这位奥格尔同英国外交大臣张伯伦先生关系密切。他写道：

"如果苏联不利用现在给予他们的机会，不利用加入欧洲人民统一体的机会；如果苏联放弃证明自己具有取得世界承认的愿望，那么，苏联将不可避免地被从欧洲民族中驱逐出去，**这种愚蠢行为将使苏联成为维护和平力量的防御对象，而防御措施将是非和平的。**"

这几乎是最后通牒的口气。

什么样的措施叫做"非和平"的措施呢？我认为，这就是战争措施。所有的英国工人都会听到这些话！他们必须懂得，英国资产阶级在面对同矿工的冲突时已是束手无策了，而今，它却又在重新策划反对苏联，只差没有采取战争行动了。我认为，如果我们想成为世界性的国际，那现在我们首先应当了解这两个国家工人阶级状况的根本区别……

工人运动"美国化"的尝试

在英国，我们看到，工人阶级是朝着有利于革命方向发展的。而在美国，工人阶级的发展则具有反动的性质。下面两个文件是最好的证明，其中一个文件证实英国工人运动走上了革命化的道路。我这里指的是在斯卡伯勒举行的代表大会上通过的关于帝国主义的决议。决议中提出的口号是："英帝国的一切民族享有自决权，包括完全脱离帝国的权利。"[①] 为了评价这一事实的意义，应当对英国工人运动有个起码的了解。我们大家都知道，英国长期流传着所谓"工人帝国主义"的说法。

[①] 工联代表大会认为，英国政府对于非不列颠民族的统治是一种资本主义剥削形式，英国资产阶级用这种形式保障自己的利益，靠的是：1. 廉价的原料来源；2. 剥削廉价的和无组织的劳动力，利用这些劳动力的竞争压低英国工人提高生活水平的诉求。

大会声明坚决反对帝国主义，并且提出：1. 支持英帝国各部门中为维护自己利益而参加工联和政党的人；2. 支持英帝国各民族的自决权，包括完全脱离帝国的权利。

决议以 3082000 票赞成、79000 票反对获得通过。

(《每日先驱报》，1925 年 9 月 14 日)

英国资本主义从殖民地获得的超额利润是培育工人贵族的基础,既然我们面前摆着工会代表大会通过的决议,而且完全是列宁主义者的口气,那么,这就证明,英国工人运动的发展走上了革命的道路。

第二个文件是关于美国的。这个文件绝妙地揭示出当代美国工人运动的基本状况。这个文件就是美国劳工联合会1925年10月在大西洋城召开的代表会议上通过的致美国全体工人的号召书。号召书写道:

"美国劳工联合会一贯坚决维护民主,维护人民依靠自己的政治机构管理和支配自身命运的权利。

美国劳工联合会以绝对的激情反对专制、官僚主义和专政,不管它们具有暴力性质还是慈善的性质。

美国劳工联合会最坚决地反对在存在着民主的地方,在人民有可能靠宪法赋予她们的权力来改变自己政府的地方,采取暴力手段进行革命和变革。

美国劳工联合会谴责共产主义哲学,这是苏联政府的标志,是苏联制度和政治的基础。

美国劳工联合会反对共产主义的哲学和教义,反对在苏联这一不幸的和受压迫的国家中存在专政。

美国劳工联合会宣布,自己的敌对态度不是防御性的,而是具有最坚决的和进攻的性质的。

美国劳工联合会要求美国政府采取不承认苏维埃制度的立场。美国劳工联合会为美国政府的勇敢,为美国政府坚持民主的基本原则,为美国政府不受外交阴谋的影响,为美国政府不受资本主义剥削的影响而向它致敬。

美国劳工联合会将始终反对在美国和西半球进行任何形式的共产主义宣传,并且为墨西哥工人组织同意在这方面同我们共同协作而感到自豪。

美国劳工联合会宣布,其机构或工作原则都是以民主为基础的,专制和民主不可能是一致的。在敌人面前投降,这就是同敌人握手言欢。

美国劳工联合会提出,在今后要采取相应的措施以保卫自己的权益不受侵犯,反对借鉴把人引入歧途的、腐败的和具有破坏性的共产主义信条,要竭力摆脱这些信条对共和国民主制度的影响。美国劳工联合会支持美国,支持民主的美国,我们希望全世界都能认识这一点。"

这一号召以美国劳工联合会全体代表大会的名义获得通过。同志们,我认为这是最好的例子,它充分说明"工人"领袖们如何狡猾地企图以民主、"纯粹的理想主义"、人民参加管理和支配自己命运的权利等"高尚"哲学来掩盖他们的假仁假义和背叛行为。现在,美国是改良主义的乐土。"美国的"方法开始移植到欧洲的土壤上。我感到,西欧的同志们还没有完全认识到这种"美国化"将会起到什么样的作用。在德国,我们已经看到,德国社会民主党正在促使美国同苏联对抗。在德国,已经开始推行工人银行及诸如此类的机构。在那里提出了福特主义的口号,德国社会民主党以此来代替马克思主义。目前,这种情况还只是发生在德国。但是,同志们,我们应当懂得,不久的将来,这种"美国化"的过程将会进一步发展。随着工人运动的发展,这种移植所谓的美国方法的企图将在所有国家中发生。对美帝国主义的宣传将与对苏联的宣传针锋相对。同志们,不应当低估这一点,因为种种迹象说明,这些先生们可能把自己的这些货色传遍整个欧洲。

在美国,确实存在庞大的工人银行(有40家银行,2亿美元的资本),但是,这些银行完全依赖于大资产阶级的银行并且有组织地同他们发生业务上的联系。有人企图把这种现象说成是工人运动的新时代。在这个新时代里,资本家和工人为实现股份公司经营上的利益而联合起来,这样,在没有任何社会动荡的前提下就能把人类引上新的道路。于是,几乎在美国劳工联合会的每一期机关报上,都用整版的篇幅登载洛克菲勒石油托拉斯的带有醒目标题的《谁是标准石油公司的财产拥有者》的宣传稿。

回答是:"就是49000名股东,其中14000名是职员;工人、职员、寡妇、孤儿依靠自己的积蓄占有少量的股份,在这些人中间,也可能有您的送奶人或您的洗衣工。"

在文章结尾中说:"这就是资本主义!这叫做资本主义吗?"

这应当叫做"社会主义"。例如,在美国劳工联合会的机关报上,我们可以看到工人银行的宣传口号。"掌握这一银行证券的人管理着世界。如果工人把自己的积蓄存入这些银行,他们就能自己管理世界。"现在,这些工人银行是所有学术界的研究题目。

今年1月3日的《纽约世界报》上登载了弗·邦的一篇非常奇特的文章,文章题目是《工人们开始更多地注意银行,较少地关心投票箱》。

他写道:"例如,我们注意到工人银行的发展。仅仅一个铁路司机联合会就掌握着16个银行。其中一个主要的银行在俄亥俄州的克利夫兰,去年年底,该银行拥有2300万美元的存款。这家银行贷款给贝尔格霍尔茨市的矿工联合会用以建立矿工消费合作社。结果110名矿工为自己的矿支付了27万美元,股票在这些矿工中平均分配。《美国劳动年鉴》在关于这个矿工消费合作社的业绩短评中写道:'在两个月中,共开采煤炭14000吨,销售收入为25000美元。由于煤炭质量好,并且为上市做了周密的准备工作,因此,这些煤炭就比较容易地在价格高于往常价格的情况下,在克利夫兰市场上找到销路。随着对煤炭需求量的增长和煤炭产量的增加,工人数量也增加了。每一个新参加工作的人都成为了合作社的成员,并且也有了自己的一部分股票,现在,每人的股票价值达到2500美元。扣除抵偿本息外,按联合会的工资标准,每人每周的工资达到30—50美元。'"

根据这一事例,邦得出如下结论:

"马克思主义的社会主义不适用于美国的条件。马克思主义宣传,'科学的事实'是'工人阶级和资本家之间不可能有任何共同之处',当这个或那个阶级尚未被消灭的时候,他们之间应当进行阶级的战争。此外,由于工人没有财产,他们也没有祖国。马克思主义者的口号是:'全世界无产者,联合起来!你们除了自己的锁链以外,没有什么可失去的……'

简要地概括一下,可以说,我们的工人得出了结论,政权过渡到他们手中还不能保障他们改善自己的经济地位,因为美国的政治制度不适用于对经济企业的这种管理模式。工人和小农场主发现,贝尔格霍尔茨市矿工的道路才是唯一正确的道路。"

在欧洲大陆,首先是在德国,也开始出现对工人银行的向往。现在,德国社会民主党正在企图利用伯恩施坦关于小资本家的理论。在美国,工会同资本主义的联合是非常明显的,各联合会的领袖们已经开始公开谈论"门罗主义"在工人运动中的运用。雇佣者和工人广泛混合的联盟已经出现。这一运动开始具有全面持久的性质。

通过工人以小股东的身份参加来消灭资本主义!这是故调重弹了!请回顾一下,考茨基还是一个马克思主义者的时候所写的反对伯恩施坦的著作,以及希法亭和罗莎·卢森堡写的有关这一"理论"的著作。也许应该及时编写一本有关这一问题的汇编,以便重新回忆这一切。

如果说在英国,我们是工人阶级革命化的见证人——这种革命化是由于客观形势造成的;如果说在英国,工人贵族发展的前提条件已经消失;那么,在美国,我们看到的是完全相反的现象。

美国的劳工联合会是什么样的组织呢?从本质上说,这是工人贵族的组织。在美国,有400多万熟练工人,而美国劳工联合会只有280万会员,这其中还包括一定数量的非熟练工人。也就是说,在3000万工人中,只有250万有组织的工人。显然,这是工人贵族的精华,正如佩珀同志正确指出的那样,**这是工人贵族中的贵族**。

这就是美国改良主义的社会基础。

当英国工人贵族昌盛的客观前提正在消失的时候,在美国,有利于工人贵族繁荣的条件正在建立和巩固。这些新的美国方法正在向其他国家移植,而我们应当估计到这一情况。

现在,我们是世界的国际。工人运动的范围越来越大。西欧的工人正在派代表团到苏联来。社会民主党人则派自己的领袖到美国去。社会民主党的工会代表团已经到过美国,他们找到了同美国工会的共同语言。德国工人运动的一名有影响的人物塔尔诺在美国劳工联合会的代表大会上声称:"布尔什维主义对于饥饿和绝望的人来说,是一种好的宗教。"当然,美国的代表们,那些"吃得肥胖"的联合会领袖们(在那里是这样称呼他们的)是同意这种说法的。在《纽约时报》上,你们可以读到关于美国工人阶级进入了新时代的说法。"这个国家的工会正式结束了不负责任的斗争方法……并且已为同企业主合作解决对双方有利的工业问题扫清了道路。"因此,当这些新方法在德国刚刚开始发展的时候,在美国已经是常见现象了,在美国,我们无疑面临着一个很长的工人贵族及其思想体系繁荣发展的时期。

我认为,我们所有的党现在对研究这一新的思想体系都很感兴趣。今天在美国所谈论的,将是明天在捷克斯洛伐克、在德国等地会谈到内容。如果我们现在愿意弄清楚改良主义的本质是什么;如果我们愿意深入到它的灵魂深处,看清它隐蔽的实质,弄清它的内在含义;那么,我们就应当研究美国工人运动的思想体系。

法　国

我们来看一下法国。我已经讲过,去年政治形势中的新因素是,法国这样的战胜国陷入了危机,这并不像某些同志认为的那样仅仅是财政的危机。这是经济和政治的危机,因而也是社会的危机。

法国危机的根源在于法国战后的经济。危机的起源是法国在占领鲁尔期间实行的冒险主义政策。法国曾经是总债权人，现在，却变成了债务人，它应当把充当欧洲政治领袖的角色让给其他更强大的资本主义国家。这些原因首先在法国国内情况中反映出来，它们表明，危机不仅仅是财政方面的。

另一方面，我们认为，下述观点是错误的：今天，法国的情况可以同德国1923年10月的情况相比较。这是过于乐观的不切实际的估计。我们不能没有运动节律的概念，应该到现实中去观察情况。在我看来，现在，法国的情况非常有利于无产阶级开始发挥领导作用。

现在，在法国，大资产阶级同小资产阶级之间，特别是大资产阶级同农民之间的斗争正在激化。由于通货膨胀和沉重的赋税，农民和靠少量利息生活的人的5/6的收入被剥夺了，这就是他们现在的处境。如果我们能够采取明智的行动，那么，工人运动就会得到进一步发展的强大动力。因此，我在自己的发言中讲过，法国党正经历着这样的时刻：如果它实行正确的路线，就能向前迈进一大步；法国党不仅能够实现对整个工人阶级的领导，而且还能够对城市小资产阶级和农民的广大阶层产生影响。资产阶级是没有出路的。

我这里有一封凯恩斯先生的信。他把自己看成是一个拥有拯救全世界资产阶级政府的发明专利的人。凯恩斯给法国财政部长写了一封有关法国法郎的信。这是一封有趣的信。他说：我怎样帮助你们度过危机呢？最好的手段是没收资本。但这是不公正的，这哪有正义可言呢，等等。减少工资也许是个好办法，但是，这可能导致危机。最好的措施是提高必需产品的价格。这是比较容易实行的。我建议财政部长采取这一办法。法国资产阶级正准备而且已经实行这种办法了。我们党应当预见和估计到这一点，如果党及时预见并指出这一点，那么，群众是会听党的意见的。

除了那些势必引起危机尖锐化的手段以外，法国资产阶级没有办法摆脱危机。即使法国资产阶级愿意——它当然愿意这样做，因为它的债务负担太大了——同美国合作，但是，这一措施对资产阶级来说还是不够的。我认为，现在，法国危机的速度还是缓慢的，它很快就会以较快的速度发展起来。十分清楚，如果法国党能够组织和引导广大群众，那么，半年以后，我们就可以谈论法国形势的尖锐化和我们党的成就了。这个国家不久以前还是某些资产阶级的天堂，现在，表面上还是这样；但是，必须看到，这个国家已经处在危机加剧的门槛上了，这将响应英国的逐渐革命化。

当大资产阶级不采用通货膨胀的办法时，危机就会在法国尖锐爆发。他们不会不采用通货膨胀的办法的，因为这对资产阶级是有利的。通货膨胀使法国资产阶级从销售危机中解脱出来，并且为大资本提供了以小资产阶级的破产而得到发展的可能性。大资产阶级竭力抓住这块令人垂涎的肥肉，这最多也只能维持几个月，最后，在它不得不让位的时候，真正的危机就会显现出来。

法国有自己特殊的情况。在存在着财政和政治危机的条件下，法国几乎没有失业现象。就连战后头几年流入法国的200万外国工人也有谋生之处。在危机不断发展又不采用通货膨胀办法的情况下，为了挽救局面，资产阶级就不得不压缩工业生产，这200万外国工人将先被裁掉。

因此，这就给我们党又提出了一项重要的任务。必须使这200万工人置于党的影响之下；可惜，我们党在这方面做得很少。半年以后，他们将流入西班牙、意大利、波兰和一些最贫困的、客观上处于革命形势的国家。如果我们是真正的国际，我们就应当善于教育这200万工人。对于我们来说，他们可能成为200万各国无产阶级革命的宣传员和组织者。

当前法国的情况为共产主义工人运动的发展创造了十分有利的客观

条件。代表左翼联盟的小资产阶级政府向全体居民表明，它是怎样争夺小资产阶级分子的，是怎样成为议会愚弄选民的典型例子的。如果说在美国我们应当研究改良主义的话，那么，在法国，我们就应当研究由"典型"的资产阶级共和主义者白里安们和赫里欧领导的小资产阶级政党的腐败过程和叛卖本质。在那里，我们应当以"左翼联盟"的例子向全世界的工人说明，如果领导权实际掌握在大资产阶级手中，那么"左翼"联盟会是一什么组织。我们应当在全世界无产阶级面前揭穿任何一个白里安的"民主主义"。

法国工人阶级没有牢固**组织的**传统。法国没有大的政党和强大的工会，但是，法国工人阶级具有革命斗争的伟大传统。列宁同志曾不止一次地讲过——那时，我们就生活在法国——法国工人随时都会采取革命行动，"虽然自己没有察觉到"。法国的组织传统是弱的。在法国，我们只把10%的工人组织到了工会中来。这是有愧的，但是，我们应当至少组织起25%的工人的时刻毕竟到来了。尽管法国工人缺乏组织传统，但那里有革命传统，同时，在危机必然加剧的情况下，可以对法国寄予很大的希望。

德　国

下面谈**德国**问题。现在，有些人企图把德国当前的形势同它1923年的情况作比较。当然，这也是过高估计了当前形势的尖锐程度。但是，同志们，应当指出，如果在1925年3月，在共产国际执行委员会第五次扩大会议上向我们提出，1926年2月德国的形势是否可能达到我们今天所看到的那样的尖锐程度，当时，谁也不会作肯定的回答。要知道，我们都认为，相对的稳定会保持二三年，某些极左派的代表甚至认为还会有十年。（肖勒姆喊道："是谁？"）这是马斯洛夫说的。他说过至少要等待十年。我们曾估计有二三年的相对稳定期。但是，资本主义的矛盾是如此的大，尽管它有很大的弹性，对这一点，德国资本主义不能否认：它是富有弹性的，它从凡尔赛和约，从1918年德国革命，多少也从我们的革命中学到了很多东西。但是，我们毕竟看到，德国情况的恶化已经超出了我们的预料。我认为，如果我们过高估计德国革命发展的速度，那对我们来说是最大的危险。同志们，我认为，在德国，还没有直接革命的形势。绝对没有！我们不能幻想。因此，对极左派决不能让步。要同它作斗争！正是在这种情况下，人们容易过高估计，可能张皇失措，甚至**毁坏党**，尽管他们不愿如此。这就是"极左"的危险。我认为，对这种危险是大家都清楚的。现在，德国的经常性失业人口在100万—150万人的规模。即使就在今年，也可能是在1926年春天，德国能暂时摆脱这样严重的危机；即使德国能解决议会危机——虽然我没有看到，议会危机可能采取什么样的措施来解决，他们将怎样摆脱这种困境，德国的情况对我们党的工作来说还是很有利的，这是不久以前我们不能想象的。

我们应当把所有有利于我们的事都说成是革命的成就，但是，要保持冷静，并且要清醒地估计到，不排除德国资本主义形势好转的可能性。十分清楚，美国不会让德国听天由命。如果德国在不久的将来注定要再现1923年10月的形势，那么，你们难道会认为，美国真会对有它大量投资的德国的命运漠不关心吗？另一方面也是清楚的，不管美国的愿望如何，欧洲正在**革命化**。一方面，美国促使欧洲实现"稳定"，这是带引号的；另一方面，美国又使欧洲革命化，这是不带引号的。考虑到这两个过程的节拍，我们就可以肯定地说，起初，美国并不关心德国的命运，美国企图通过一次或两次行动来解救德国。但是，也必须考虑到，不应当低估如下现象：同1925年相比，德国现在的形势是更加革命化了。

东 方

现在，我不打算再多谈其他国家的问题。仅仅还有几句关于**东方的话要说**。我们深信不疑，我们在东方取得了很大的成绩。这是千真万确的。我已经说过，我们应当把一半的注意力放到东方问题上，因为我们是一个世界性的政党，是一个世界性的国际。可是，在这方面，也有"左"的夸张说法。一位中国革命家在其国内战斗激烈之际来到我们这里，他自认为是代表全中国人民来讲话的，对此，我并不感到惊奇。实际上完全不是这么回事。

南美国家将是而且应当是我们的立足点。关于这个问题，我只讲几句话。十分清楚，豢养工人贵族和控制整个欧洲的北美合众国，不仅靠殖民地、半殖民地和欧洲的超额利润，而且靠南美国家来养肥自己。我们还不习惯把南美国家看做被压迫国家，但实际上，他们的作用正是这样。

自然，我们无须用幻想来自我安慰，也无须沾沾自喜，忘乎所以。我们的成就是极其伟大的。在东方建立的那种友好关系，是第一国际——马克思国际——做梦也没敢想过的。国民党有40万党员，历史的"明天"将使它在全中国掌权，而国民党在思想上表示和我们一致，这就是巨大的成就。过去，无产阶级革命家对于这一点是连想都不敢想的。这时，为此而沾沾自喜、忘乎所以并不稀奇。但是，共产国际不应被任何幻想所束缚。苏联建设社会主义的成就，它在当代工人运动中的作用，它在整个工人阶级中的威望——所有这一切，都是巨大的成就，在这种情况下，当然很容易使人沾沾自喜、忘乎所以。我们应当把东方人民日益高涨的运动也列入这些成就中。

请想一想，我们面前还有多么艰巨的工作，在东方，我们毕竟才刚刚迈出了第一步。如果说到具有世界历史意义的最新因素的话，那就是我们时代的民族革命运动与无产阶级革命运动的联合，这也是对列宁主义正确性的最好证明。这两股革命洪流的汇合，可以保证我们获得胜利。

在东方工人运动方面，我们也取得了初步的成就。在东方，正在广泛地进行工业化过程。这一过程具有巨大的历史意义。如果我们赶在那里的资产阶级成长和壮大**之前**就能够成功地把殖民地人民争取到社会主义方面来，就把殖民地人民领导起来，那么，在那里，我们就能避免经过资本主义阶段。但是，历史上也并不排除另外一种前景。因此，在东方各国，我们应当特别重视建立工人阶级的组织核心问题。

日本的情况暂时是各国工人运动中最差的。我们应当在日本采取措施开展群众运动。这样的可能性是有的。我们应当千方百计地利用这种可能性。

纵观当前的世界形势，我们没有夸大其词，我们十分冷静，我们没有任何过高的估计，应当承认，去年我们所作的分析是正确的。

当时，我们从两种前景的可能性出发，制定了自己的既适合于革命发展速度较慢的，又适合于发展速度较快的策略。当然，在个别场合下，我们不得不从较慢发展的前景出发，采取灵活的策略，以便在出现速度加快的情况下能够作出必要的修正。整个事件的进程证明，我们基本上是正确的。在英国、法国、德国和波兰的发展，在巴尔干、在中欧、在东方以及在苏联的发展，驳倒了我们反对派的全部观点，证明我们的分析是正确的，悲观的论调是没有任何根据的。

美国的工人运动大概在许多年内还将处于困难之中。美国新的改良主义方法将传入欧洲。对于这一点必须有所估计。

总而言之，对下述情况我要有所准备：在一些国家中，我们将从暂时的历史性的防御状态逐渐转入进攻状态。

四、为工人运动的统一和发展作斗争

列宁对共产国际的遗训之一

现在，谈谈报告的策略部分。请容许我这一次也把列宁同志的话作为指导原则。这些话是关于这一问题的最好的序言。列宁同志在第三次国际代表大会上说：

"谁不懂得我们应当在那里争取工人阶级的大多数，谁就会被共产主义运动所淘汰；谁在三年的大革命中没有学会这个本事，那他永远学不到任何东西。"①

我认为，现在提起这些话是完全适宜的。同志们，我已经讲过，"工人阶级的统一"，即争取工人阶级大多数的口号，现在是链条中最重要的"环节"。我想起麦克斯·阿德勒为列宁逝世而写的刊登在《斗争》上的一篇文章。在这篇文章中，麦克斯·阿德勒对列宁作了公正的评价，他公开宣称，真正的社会主义精神只存在于布尔什维主义中，在第二国际中占统治地位的是改良主义和官僚主义等，但是，他认为，列宁犯的最大错误是对世界无产阶级革命力量的过高估计。阿德勒在文章中讲到这一"错误"时说：

"这种错误首先在于对世界无产阶级革命力量的过高估计，由于对国际环境的错误认识，他认为全世界无产阶级都准备好了；不过，受俄国无产阶级革命胜利和其他国家无产阶级因战争而造成的波动，产生这种想法的不只是他一个人。"

---

① 《列宁全集》中文第 2 版第 42 卷第 29 页。——编者注

假如这种指责是正确的，那就意味着，第三国际赖以建立的基础是完全错误的。但是，这种指责是不正确的。接着麦克斯·阿德勒作了以下声明（此时此刻我对他的声明更感兴趣）：

"这是列宁的严重错误，由于这些错误使社会主义运动至今仍受到损害，但是，如果列宁不是长期患病和过早逝世的话，他是能够克服这些错误的。"

列宁是这样的人，他能够使全世界无产阶级重新统一起来，他能够引导无产阶级走上正确的道路。同志们，我认为，现在，同样的任务正摆在共产国际的面前。这一任务传给了共产国际，我们要把它扛起来。

在一段时期内，共产国际不得不为共产党自身的存在作斗争。我们无法做到和社会民主党的区分。

现在，我们进入了一个新阶段，我们担负起恢复全世界无产阶级统一的任务。这一任务比我们过去已经解决的任务更为重大。在共产国际工作的第一阶段，我们的任务是把各国工人阶级和工人政党中的少数优秀革命分子集中起来，建立独立的政党，哪怕是通过从已经存在的政党中分裂出来的办法。现在，摆在我们面前的更重要的任务是恢复全世界无产阶级的统一。但是，这种统一是建立在什么样的基础上的呢？问题就在于此。我认为，我们正在进入这样一个时期，我们一定会在自己的基础上，在共产主义的基础上恢复世界无产阶级的统一。统一战线恰好是恢复世界工人阶级真正统一的策略，这是整个工人阶级联合起来的策略，当然，这里的工人阶级不包括异己的、在社会革命发生时仍亦步亦趋追随资产阶级的那部分人。统一战线策略是在反对资产阶级的革命斗争的基础上恢复工人阶级统一的策略。

派工人代表团到苏联去

最近，在我们中间经常有人谈论所谓的工人运动的"新现象"。应当指出，有时候，我们会错误地把反复出现的"旧现象"称做"新现象"。不过，有一点是毫无疑问的。那就是我们应当仔细研究在工人运动中，在欧洲的每一角落，在世界的每一角落出现了什么样的新事物。不久前，佩珀同志在自己的文章和报告中首先作了这种尝试，我认为，这种尝试是非常成功的。

我们应当严肃地、认真地对待一切新事物，并加以分析。但是，不应当夸大其词。如果认为新的第二半国际马上就会成立，社会民主党的左翼现在比过去任何时候都强大，那将是错误的。派代表团到苏联去，可以说是新现象。这在很大程度上是新鲜事。不错，在1919年的时候，曾经有一个英国的代表团到过我国，但是，这种情况在此后很长一段时期中断了。现在，又重新有代表团来我国了。这是新事物，它意义重大。它之所以意义重大，是因为这一活动大体上不为社会民主党领袖们所接受。早在1925年8月的法国劳动总联合会代表大会上，茹奥在谈到派代表团到苏联去的问题时指出："我了解俄国革命，我也宽恕这一革命，但是，不值得派代表团到那里去，因为从旅行中，代表团只能得出苏维埃制度没有前途的结论"。可见，茹奥在1925年8月就蛮横无理地表示"宽恕俄国革命"，并提出不需要派代表团去访问苏联，代表团的这种访问只能得出苏维埃制度没有前途的结论。

现在，情况发生了变化。这种活动是新鲜事，并且十分重要。虽然它尚处于萌芽状态中，但必将获得进一步发展。它必定会成为新形式。最近，还有一些农民代表团要到苏联来。我们甚至接到德国的通知，连警察都要派自己的代表团到这里来。我们给他们的答复是：没有什么不可以的，但要稍微晚些，暂时等一等。还存在着另外一种可能性，即从苏联派代表团到欧洲去。我曾经引用过《人民权利报》上的一篇文章中的话：

"最好对最近形成的欧洲的工人代表团和知识分子代表团到苏联去的方式作某些补充。欧洲国家的社会党人也邀请苏联代表团到欧洲去,这是必要的。俄国的同志们,无论是工人还是知识分子的代表,都应当亲眼看一看,现在的欧洲是个什么样子,那里有多少像俄国那样能被引为骄傲的制度,有多少能引发革命成绩的制度,工人的状况和他们的政治权利如何,首先是欧洲和全世界的经济和政治形势如何。"

好吧,我们等待相应的邀请。为什么不呢?在这篇文章中也邀请了我本人。捷克社会民主党人写道:

"尤其是季诺维也夫先生,如果他来访问捷克斯洛伐克的话,我们是可以接受的。这样,我们就能够让他看看,他的支部的革命性;让他看看,在我们这种情况下,反革命力量是多么无足轻重;让他看看,我们正在做什么,我们还可以做什么。"

总之,同志们,事情已经发展到了个别邀请的地步。万事开头难。我正等待着社会民主党人发出新的邀请。我认为,我们无产阶级并不反对派自己的代表团到欧洲去,以便在那里说明俄国革命的内容和意义。还是在这篇文章中,捷克社会民主党的诸位先生把捷克资产阶级国家当做自己的国家加以维护。他们说:派代表团到俄国去说明了什么呢?这些代表团根据自己的观光将得出什么样的结论呢?在捷克斯洛伐克,也有同苏联一样的制度,甚至比苏联的更好。他们称资产阶级国家是自己的国家。

据我看,有利于派遣代表团的活动暂时还处于萌芽状态。这个活动将发展为完全另外的一些形式。但是,这些代表团已经是某种新事物了,这是当今时代不同凡响的征兆。

其次,英俄工会联合委员会的成立也是一种新事物。这一具有重要意义的事实同世界资本主义的状况有着密切的联系。如果在英国没有帝国主义的没落和工人贵族的衰败,也就不会有工人运动的革命化,那么,这个委员会的建立就是不可思议的。我们在联共(布)第十四次代表大会上曾经讲过,现在,共产国际在自己的工作中采取了两种方法:旧的方法(扶植共产国际各支部和各国共产党)和新的方法(派遣代表团到苏联来和建立英俄委员会),我们这样做是正确的。

关于第二国际中的左翼反对派

第二国际中形成的左翼反对派,完全不是第三种新因素,但是,它却被理解为新因素。过去也有过这种情况。表现当前反对派新因素的主要是它的工会特征。我不能肯定,今天的左派比过去的第二半国际更加强大。从政治上讲,第二半国际从一开始就是流产儿,因为在社会党国际和共产国际之间不可能有中间组织。但是,第二半国际最初是一种群众运动。只要请大家回忆一下德国独立社会党的情况就足以说明这个问题,这个党曾经拥有50万党员并且在选举中得到了几百万张选票。在法国,也有像第二半国际似的广泛运动。今天,第二国际中各党的左派比当时第二半国际的力量弱很多。把这些左派组织同第二半国际作比较是站不住脚的,因为第二半国际未必能复活。以巴拉巴诺娃和施泰因贝格的天才都不能把它重新建立起来。这样的事情在历史上就不会重演了。因此,左翼反对派所能发展的新形式,所能走的新道路,在我看来,首先是走工会的道路。这是当前形势的非常规特点。这一特点证实了今天的反对派是相当接近无产阶级的。因为,改良主义工会尽管有极其消极的方面,但它毕竟是群众性的组织,毕竟是无产阶级某些阶层的喉舌。根据这些,我们可以得出如下结论:我们必须敏锐地注意在相关社会民主党中形成的反对派。

在这方面,奥托·鲍威尔的发言最令人感兴趣。我想,他关于苏联的讲话大家都是知道的。这一讲话非常特殊且不同寻常。大概需要更进一步了解奥利地的社会民主党：首先，这个党是有力量的；其次，这是一个狡猾的反革命政党。与英国的改良主义领袖不同，不能把奥地利党的领袖看成傻子。他们是一群老奸巨猾的家伙。这个重要的群众性政党是第二国际中最灵活和最善变的党。奥托·鲍威尔是第二国际左翼中最著名的人物，因此，他的发言有一定的代表性。十分清楚，鲍威尔关于苏联的讲话是在奥地利社会民主党的工人的压力下作出的。从他的每一句话中都可以感觉到这一点。鲍威尔的讲话是甜言蜜语，像牛奶、像杏仁奶汁。但是，我们不会忘记，这位左翼领袖在第二国际马塞代表大会上曾经提出过一项决议，在决议中写到：

"共产国际散布幻想，好像它能够用红军锋利的刺刀给工人带来自由。共产国际主张这样的见解：为了取得世界革命的胜利就要发动新的世界大战。共产国际支持亚洲和非洲的革命运动，共产国际希望依靠这些国家能够通过战争给帝国主义以致命的打击。"

同志们，这意味着什么？要知道这完全是恶意中伤。资产阶级要的是什么？战争！洛迦诺公约的用意是什么？预备新的战争！国际联盟的用意是什么？还是预备战争！工人群众最忧虑的是什么？战争！农民群众最忧虑的是什么？战争！工人阶级最渴望的是什么？和平！社会民主党中最坏的一部分人怀疑共产国际是什么？是"赤色帝国主义"。苏联政府最大的吸引力是什么？是它的和平政策。我们最有力的方面是我们反对战争的斗争。我们是能够为制止战争而认真进行斗争的唯一组织！鲍威尔对这一切知道得很清楚，但是，他极力要把工人的思想搅乱，送给他们一剂对我们来说是有害的、对他们来说是最有效的毒药。鲍威尔的这一论点是最卑鄙、最狠毒和最背信弃义的；他捧上一杯杏仁奶汁，但就在这杯杏仁奶汁里注入了足够剂量的剧毒药品。因此，这就是过去社会运动中的普通一员、当前社会民主党左翼的最优秀最著名领袖人物强加于我们的指控。谢德曼和王得威尔德等人已经一无所有了,难道他们没有了资产阶级支付给他们的薪水还可以生活下去吗,在社会主义运动中他们已是死人了。奥托·鲍威尔还多少有些社会主义信念的残余。因此,他自认为是真正了解俄国革命的人,是可以同工人携手并进的人,"甚至"预备在一定条件下访问俄国的人。请想一想吧,对俄国来说,这是多么大的荣幸!听说劳合-乔治先生也准备尽快访问俄国。其实,奥托·鲍威尔干的是社会民主党右翼的勾当,干的是资产阶级的勾当,他是在给奥格尔先生的磨盘添水。在马塞代表大会上,奥托·鲍威尔是为奥格尔之流最坏的军国主义者和帝国主义者效劳。

德国社会民主党的左翼同以往相比是大大地削弱了。法国社会民主党左翼现在大概是最强大的。法国有自己的鲍威尔——这就是孔佩尔-莫雷尔。但是,对法国左翼的情绪也不能估计过高。法国人善于辞令,他们所说的一切听起来要比德国人所说的漂亮得多。听了孔佩尔-莫雷尔的讲话,可能真的以为他再过五分钟就要成为共产党员了;难怪在法国社会党代表大会上人们对他叫喊:"好吧,去找共产党人吧。"然而,孔佩尔-莫雷尔起着什么样的客观作用呢?他真的拥护激进政策吗?完全不是。要知道,在代表大会上争论的仅仅是允许**多大比例**的社会党人参加资产阶级政府;左派只是用"左"的词句来阻挡工人退出社会党。他们说:我们的党是民族联盟的反对者,是社会主义政策的拥护者,等等。这就是他们的客观作用。

我并不想以此说明法国社会党内部左翼形成的事实本身是没有意义的,真正的实质不在于孔佩尔-莫雷尔或奥托·鲍威尔先生的巧计,而在于群众的向左转。我在提纲中已经指出群众向左转的原因;我想,在这里就没有再重复的必要了。

改良主义幻想的再现

我认为，工人运动中的改良主义幻想有自己的周期性，在一定程度上，这种周期性同资本主义发展中的经济危机相类似。我不敢断言，今天在相当程度上已经摆脱了改良主义影响的无产阶级中的某些阶层是否已经永远摆脱了它的影响。再犯改良主义错误是有可能的，甚至是不可避免的。回顾工人运动的历史，你们可以发现，1907—1917年是改良主义最泛滥的十年。我之所以举出1907年为例，是因为在这一年召开了第二国际斯图加特代表大会。在这次代表大会上，右翼实际上取得了完全胜利。当时，我们对这一点还不理解，但现在已经清楚了。斯图加特代表大会通过了一些关于殖民地问题的左的决议（而且是以勉强多数并在日本人的支持下通过的），这次代表大会事实上标志着第二国际中右翼的完全胜利。从1907—1917年，即俄国革命开始前这一段时间，是公开的和隐蔽的、右派的和中派的改良主义最泛滥的十年。

后来，大约在1917—1920年，进入了工人运动中改良主义幻想低落的时期。这是群众不幸最严重和群众为反对战争而进行暴动最剧烈的三四年。这是俄国革命的吸引力发挥最大作用的时期，当时，我们大家深信，战胜资本主义的世界性胜利已经指日可待了。

在这以后是1921—1925年工人运动中改良主义幻想再现的第二个周期。大家看到，这一周期已不是十年，而总共只有四年。传染性也不是那么大了。瘟疫没有在整个工人阶级中传播开来，因为我们已经有了共产国际，有了俄国革命的胜利，我重复说一下，这次瘟疫不像1917年那样有致命的危害，但改良主义幻想再现的新周期还是存在的。

我认为，现在，我们正处在改良主义幻想开始退潮的新时期。1925年和1926年标志着当代工人运动新周期的开始。如果认为左派力量的加强多少超过了第二半国际，那是错误的，但也不应当低估这一现象。这并不意味着，那些已被我们争取过来，投票赞成我们的阶层已经最终同我们牢固地联系在一起了。没有，我认为，改良主义幻想的新周期大概会更短一些，因为有了历史经验的积累，因为群众不仅在本国范围内，而且在国际层面汲取历史经验。

毋庸置疑，现在，当德国**第三次**临近革命形势的时候，增长了经验的群众不会在多大程度上受改良主义幻想的影响。但是，改良主义幻想短时期再次泛滥是完全有可能的；这一定会在美国发生，甚至也可能在欧洲发生。

统一战线反对者的破产

我们应从同一前景的角度来对待工人运动中的旧因素和新因素。可以大胆地说，以往的一年没有白白度过，我们的策略尽管有错误，但基本上是正确的，促进了这些新因素的发展，促进了敌人队伍的分化，同时也促进了我们自身的团结，虽然这还不够迅速。

在对待统一战线的策略问题上，应当考虑到这一前景。我已经说过，统一战线策略不是我们斗争过程中的一段插曲，这是我们在整个时期的策略，这一时期直至我们在最重要的国家中争取到无产阶级大多数为止。我想根据共产国际的文件回忆一下统一战线的历史。据我看，早就应当有同志写一本关于统一战线策略历史的小册子，书中应当指出我们的错误和成绩，并且应当列举出有利于这一运动的理由和我们应尽的努力。统一战线问题在1922年时第一次摆到我们面前，一开始，反对我们策略的不仅有极左派，而且还有右派，现在谁还记得这些？这是很不寻常的事情！在1922年时谁反对这一策略呢？起初是苏瓦林，但他很快就退却了；后来弗罗萨尔坚决反对这一策略；当时，法国党的中央委员会从左的方面批评统一战线策略,指责它是叛变行为。大家还记得罗伯托同志是怎样代表意大利党反对这一策略的吗？我不知道他现在在哪里,最好能向意大利的同志们打听一下,他现在同哪个派别有接触,是否还在党内。（座位上有人回答：他还在党内,但没有同任何一派接触！）

当时,罗伯托同志代表意大利党博尔迪加中央委员会反对统一战线策略,从"左"的方面批评它。当时的情况就是这样。这是不是偶然发生的呢？我不这样认为。特兰美尔当时还是共产国际的成员,他也反对统一战线策略和工农政府的口号,这也是从"左"的方面来反对。我们大家都知道,特兰美尔现在在哪里。

所有这一切都是事实。这并不妨碍博尔迪加回忆特兰美尔现在在哪里。

以弗罗萨尔为首的《人道报》长期反对统一战线策略,企图把事情说成似乎可以同社会民主党握手言欢的样子。

反对修正第五次代表大会的决议

尽管有各种障碍和困难,统一战线的策略还是占了上风,但是,不能说这一策略已经最终巩固下来了,因为我们现在还必须继续克服各种性质的重大障碍。历史略微有些重演。

第三次代表大会具有极为重大的意义。这次代表大会标志着巨大转折,是共产国际历史上两个不同时期的分界线。在第三次代表大会之前,我们大家都深信,只需经过一二年无产阶级的胜利就能到来。列宁也深信这一胜利即将来临。第三次代表大会在这方面是一个转折。在这次代表大会上,我们确信,事情不会进行得这么快。对这一点,列宁认识得可能更早些。

但是，决不能由此而得出，我们应当"修正"此后第四次代表大会和第五次代表大会作出的决议。这两次代表大会，恰好同第三次代表大会一样，都是共产国际历史上最重要的阶段。"修正"这些会议作出的决议是错误的。如果可以作修改的话，那也只是某些细节的修改。在我们的提纲中，把对第四次代表大会和第五次代表大会决议的修正称做**取消主义**。我们坚持这一观点。第四次代表大会和第五次代表大会所忽略的许多问题，将在第六次代表大会上得到补充。第五次代表大会的决议在实质上是完全正确的。

往往提出这样的问题：我们对社会民主党的评价是否正确？我认为是正确的。有些人把事情说成是似乎第五次代表大会在法西斯主义和社会民主党之间划了等号。假如第五次代表大会是这样做的，那它就是对布尔什维主义做了庸俗的解释。但是，第五次代表大会没有这样做，决议中是这样写的：

"在美国，建立资产阶级（小资产阶级）'第三'党之声甚嚣尘上。在欧洲，社会民主党在一定意义上已经成了资产阶级的'第三党'。这一点在英国看得特别清楚。那里除了过去一直是和平轮流执政的两个资产阶级正统政党以外，现在，工党也已成为执政的一个因素，它实际上执行着接近资产阶级某一翼的政策。毫无疑问，英国工党中那些变节的社会领袖们今后若干年内定将在不同情况下继续参加英国资产阶级的政权。

在法国、英国和许多其他国家，第二国际的领袖们正在起着资产阶级内阁大臣的作用，并在实际上成为'民主'资产阶级的一个党团的首领，这一点也是毋庸置疑的。

社会民主党早已从工人运动的右翼转变为资产阶级的左翼了，在有些地方则已成了法西斯主义的一翼。正因为如此，'法西斯主义已战胜社会民主党'的说法，从历史上来看是错误的。法西斯主义和社会民主党（这里指的是它们的领导阶层）只不过是现代资本主义的左右手而已，这个资本主义已经受挫于第一次世界大战和劳动人民反对资本主义的最初战斗。"

这是另一回事。当然，如果忘记辩证法，如果第五次代表大会关于社会民主党的说法只是对它的上层是正确的，如果在法西斯主义和社会民主党之间直接画等号，那这就是重大的错误。但是，第五次代表大会没有犯这样的错误。谁把这一错误强加于第五次代表大会，他就是在庸俗地解释第五次代表大会的决议。无论是右派，还是左派都犯了庸俗化的错误。其实，第五次代表大会作出的决议过去是而且现在也是绝对正确的，因为有些国家的社会民主党的领袖已经同法西斯分子勾结在一起了。难道不是这样吗？例如，在保加利亚，社会民主党人公开参加灿科夫的联盟。在匈牙利，难道社会民主党人同法西斯分子没有勾结吗？请问：现在，应该怎样看待法国社会党的右翼？它的真正作用是什么？我再重复一下，第五次代表大会作出的决议是绝对正确的，1925年一年的情况就是第五次代表大会观点的证明。

德国的情况变化最大。就是现在，德国社会民主党的部分上层领导还在给过去的房产主赔偿这样一些基本问题上极力为资产阶级效劳，难道不是这样吗？问题是，应该不应该给占有不动产的王公贵族献上20亿马克。同志们，你们怎么想，难道尊敬的资产阶级共和党人不能出来反对赔偿吗？在这种场合，连共和党人都会完全支持工人阶级，然而，在同所谓的社会民主党打交道时，却不得不进行斗争，争取他们公开表示反对赔偿王室财产。通过这件事，你们说，难道德国社会民主党的上层不是本国资产阶级的一翼吗？

如果王位没有被推翻，如果傀儡还在位，我倒还可以理解社会民主党先生们的行为；但是，既然傀儡已被赶走，王位已被推翻，连他们也认为，凭什么给这些贵族余孽赔偿财产？难道在存在着庞大失业队伍的时候，只是因为提出了赔偿的"法律"根据，就应当慷慨地给他们10

亿马克吗？对此该如何评价？难道这些人不是德国资产阶级最坏的分子吗？

第五次代表大会言过其实的错误在哪里？我以前曾经讲到过美国。那些也是社会党人的先生们曾经宣称，为了美国政府不承认苏联向它致敬。他们公开表示反对当前的工人运动。难道他们不是资产阶级的第三党吗？第五次代表大会对社会民主党所作的评价过去和现在都是正确的，而且我们没有任何理由去改变它。在上一次代表大会上，列宁对社会民主党作过更加尖锐的评价。

今天，佩珀同志给了我一份《前进报》，上面登载了施坦普费尔在德国国会上关于法西斯主义问题的发言，施坦普费尔说：

"这是各国法西斯主义悲剧的厄运，法西斯都在为自己寻找领袖。但没能找到。如果法西斯需要领袖，那么，只要任何一个社会党人还没有发疯的话，法西斯就应当等待。"

就是这样。说得真是圆滑。但我不知道他们中间谁更疯狂，是墨索里尼，还是那些现在要给威廉之流10亿马克的社会民主党人。墨索里尼还没有失去"王室的房产"，他完全自由地安排自己的事情。在这段引文中可以听到施坦普费尔的弦外之音，就是法西斯主义和社会民主党领袖在这样的问题上已不是彼此隔得那么远。这是相互关联的同一现象。

如果有人说，共产国际对社会民主党的基本评价是错误的，那么，他就是走上了邪路，应当像对待取消派那样同他作斗争。对社会民主党的评价过去是而且现在仍然是正确的，我们绝对没有任何理由去改变它。

第三个错误是提出不能接受的条件，这不是领袖不能接受——这倒是无关紧要的——而是我们想吸引过来的社会民主党工人中最先进的部分不能接受。法国和美国就为我们提供了很多这样的例子。在法国，摩洛哥和叙利亚问题就是非常引人注目的例子。我们有些法国的同志发言说:"我们反对战争,我们主张撤退,因此,同社会党人的工人建立统一战线的条件是,要求他们立即承认我们的反对同里夫军队互相残杀口号,等等!我们主张必须变摩洛哥战争为国内战争。"在《反潮流》——我也是此书作者之一——一书中由伊里奇提出并在许多文章中具体论述过的口号——"变帝国主义战争为国内战争",这就是提出上述口号的理由。就是说,应当把列宁的口号运用于摩洛哥战争。他们忘记了现在法国的摩洛哥战争同1914—1918年世界大战之间的"小"差别。反对互相残杀口号本身是正确的。当然,应当号召为别国的事情而交战的军队不要互相残杀。但是,不应当把这一口号**作为**同暂时具有社会爱国主义情绪的拥护改良主义者的工人建立统一战线的**条件**。

在美国,我们也有很有意思的例子——这就是和教育工会联盟有关的事。我并不是说,这只是美国同志的过错。在派别斗争激烈的时候,有人说,这是福斯特一个人的过错。我认为,首先,我们大家在这件事上都有责任;其次,情况是这样的:美国党内大多数人的压力有时迫使福斯特和其他美国工会活动家尽快向左转,这是错误的。我不想弄清,究竟是谁犯了这一错误。但事实是,我们在美国应当贯彻统一战线策略的工会组织(联盟)现在在形式上也有一个同共产党**一样的纲领**,即无产阶级专政和支持工人政党。这就是说,承认无产阶级专政在一定程度上也是统一战线的条件。仅仅21项条件是不够的。

五、贯彻统一战线策略中的错误和成就

极右派的主要错误

在这里,我曾经讲过在贯彻统一战线策略中所犯错误的问题。这些

错误确实很大。哪些错误是最主要的呢？我打算一一列举出来，有以下一些错误：

最严重的一个错误是形式主义地理解整个策略，在某些同志看来，统一战线策略就是写两三封公开信，至于信写得是好还是坏，那是次要的事情。信写了，就万事大吉了。不必等待回音。

第二个错误是过火揭发的做法。他们想要揭露社会民主党的领袖，但这事做得有点过头，反而暴露出自己本身的无能。特别是鲁特同志领导的德国就为我们提供了这样的例子。请大家回忆一下兴登堡选举的事。(肖勒姆：说得对，说得对!)

如果肖勒姆同志也承认"说得对"，那就是说这确实是对的。兴登堡选举的时候，我们正在开扩大全会。应当客观地说，来这里参加会议的同志，包括鲁特同志在内，很快就接受了我们对这些错误的告诫。后来，同志们回到德国。兴登堡已选完了。选举结束后的第二天，德国共产党中央委员会给社会民主党人写了一封公开信，信中宣称："我们早就提出了建议，但知道你们不会这样做；工人阶级也看到，社会民主党的领袖们是多么反动；换句话说，我们是在完全确信你们是坏蛋的情况下向你们提出建议的。"这是典型的过火揭露的做法。如果你们确实相信这一点——我也确信这一点，在正式书信中就没必要提这一点。如果你们责骂他们，那就使他们更容易摆脱困难。

第五种错误①，就是对工党问题理解的不正确。这个毛病根深蒂固。早在第二次代表大会上，列宁同志就已经对某些宣传退出工党的英国同志进行了应有的斗争。这实际上是一场论证统一战线策略正确性的斗争。英国人当时反对这一策略。我记得其他国家的同志支持这一意见——这其中包括塞拉蒂，大概还有博尔迪加。如果英国同志不参加工

---

① 应该是第三种。——译者注

党,那我们在英国能不能达到今天这样的成就呢?今天我们已经扎下根来,所以右派想把我们从工党里清除出去。我们对他们而言是危险人物,围绕这一问题还在进行斗争。现在,这一问题在挪威以另一种形式提出来。谁不善于正确运用统一战线策略,谁就会主张反对工党。

另一方面,我们遇到这样一种倾向。有些同志认为,如果维护工党,那就应当取消共产党。我不知道在这两种倾向中哪一种更坏,很可能两种倾向一样坏。如果共产党按照这第二种观点行动,那么,共产党人只能是工党的左尾巴。我们不应当容忍这两种错误,而应当同它们作斗争。

对以往的错误还存在着某些心理上的残余。比如,在争取没收房产主财产运动期间,有一个社会民主党的工人跑来并建议一起行动,而共产党员却回答说:"你是社会民主党人,我不同你握手。"如果我们采取同社会民主党人吵架的做法——就像在柏林发生过的那样,那么,我们就不可能建立起统一战线。不,这是不容许的。

我们中间有些人常常抽象地提出问题:怎样贯彻统一战线策略,是"自上而下",还是"自下而上"。有的同志说:"自下而上是对的,自上而下是错的。"这都是极左派特意杜撰出来的,目的是为了削弱和取消统一战线策略。第五次世界代表大会在这一问题上作了明确回答。会议指出:自下而上地建立统一战线始终是必要的,但下述情况除外:部分受社会民主党愚弄的工人站在街垒后面,手持武器正在进行直接战争。在其余场合下,始终要自下而上地贯彻统一战线。当然,根据具体情况,我们完全允许自下而上地,同时也允许自上而下地贯彻统一战线。但是,应当牢牢记住,第五次代表大会反对的是仅仅主张自上而下地(也就是议会联合地方式)贯彻"统一战线"。

极左的词句和妥协的行为

这些极左错误在贯彻统一战线策略过程中都犯过。也犯过右的错误。1923年萨克森人的政策就是右倾错误的典型例子。他们把统一战线说成是同社会民主党建立直接的政治联盟。萨克森人的试验，给德国共产党和德国工人阶级带来了足够多的沉痛教训，也使我们以后避免再犯类似的错误。我们不容许今后再重复这样的试验。

最近，在德国党的生活又出现了一个例子，我指的是关于蔡茨的事。这是一个基层地方组织所犯的错误。但就是这个基层地方组织的错误，很可以说明极左派的特点。不能忽视基层地方组织，因为有时候它们把错误暴露得非常明显。至于说到上层，那就是另外一回事了。要知道，那都是些训练有素的议员。他们善于辞令，说起话来天花乱坠。但是，听一听基层地方组织说的话吧，他们说得最清楚，他们的话往往也最能说明某些极左派别的本质。我认为，蔡茨事件就是最有说服力的例子。这个例子比起最近几周和最近几天极左派的一些冗长宣言更有说服力。我对这些宣言不大感兴趣；我希望在实际行动上尽快消除极左弊病，那样，这些宣言就再也用不着了。共产国际不需要右的或极左的倾向。这一左一右都毫无用处。如果两种倾向都没有，那就最好不过了。但是，目前在德国，极左危险还是十分严重的。我们要同它们斗争到底。

总之，蔡茨的例子比许多宣言更使人感兴趣。在蔡茨，极左派领导的组织决定同社会民主党人结成统一战线，并签字保证共产党人和社会民主党人应当完全停止互相之间的斗争，包括言论的、行动的以及任何其他形式的。这意味着什么呢？这很像1923年的"萨克森"做法。在我看来，应当判明病因所在并坚决消灭它。研究和克服在运用统一战线策略中犯极左和右倾错误的时候早已到来了。

统一战线的成绩

现在,谈谈统一战线的成绩。我们是不是取得了成绩?是的,取得了,而且是很显著的成绩。

我认为,首先是在英国我们取得了最大的成绩。英国党执行的策略是真正的统一战线策略。

在德国,也取得了成绩。大家都知道,在德国,德国党深入到群众中,发起了大规模的游行和运动。

在比利时,也取得了成绩。比利时和奥地利一样,引起人们极大的兴趣。在比利时,我们有一个第二国际最强有力和最重要的党,这并非因为那里有王得威尔德先生阁下的统治,而是因为几乎所有的工人都被组织在这个党内。我们的党是小党,但很团结,它在工会的统一和政治方面获得了一些初步的重要成果。

在斯堪的纳维亚国家,特别是在瑞典,我们也获得了成绩。你们知道哥德堡的代表会议。这是占无产阶级大多数的组成部分在共产主义旗帜下真正集合起来的前奏。在瑞典,曾经是我们党的病根的霍格伦脓疮已经破裂,党清除了不健康成分,现在,正在争取广大群众的支持。霍格伦现在在哪儿呢?基尔布姆同志告诉我,霍格伦在编辑选集,你们猜猜是谁的选集?是布兰亭的!霍格伦是干这种工作的合适的人选。正如基尔布姆同志说的,斯特伦"叔叔"(霍格伦的朋友)建立了一个反对苏维埃俄国的委员会。这就是这些先生的命运。

我想说一说,在另一种社会环境中,在工人阶级不占社会多数的环境中,中国党同样特别努力地实行统一战线的策略。

最后,必须再次提到的成就是派代表团到苏联去和建立英俄委员会，关于这些我在前面已经谈过了。

我认为，我们现在所处的环境，并非只是对错误进行无休止的批评，并以此来表示愤慨。我们也有重大成就。这说明统一战线策略是正确的，只是需要看到并克服各种障碍和困难。前进的方向是正确的。我们具备进一步贯彻统一战线的一切客观条件。

争取群众的斗争

提纲中指出，正是在相对稳定的时期，我们应当善于成为工人阶级的主要（如果不是唯一政党的话）政党。这是不是可能的呢？我认为，是可能的。捷克党的例子就是一个证明。一年以前，在我们捷克党内存在着危机，受危机的影响，有些捷克同志说，在我们这个时代不可能采取统一战线策略，不可能既是不可调和的布尔什维克，又是群众性政党。有些同志曾这样提出问题，或者是布尔什维克化，那我们将成为小党；或者做一个群众性大党，那就要把布尔什维克化撇在一边。不少人认为，布尔什维克化的原则是好的，但这事在今天还不合时宜。我们提出的口号就是**"通过布尔什维克化成为群众性政党"**，因为布尔什维主义不同于任何宗派主义。我们说，恰恰因为有明智的布尔什维克化，我们才能成为工人群众的党。捷克斯洛伐克的例子证明我们的观点是完全正确的。捷克斯洛伐克党正在成为捷克斯洛伐克工人阶级的主要政党。为什么有这样的可能呢？因为社会民主党愈来愈不再是工人阶级的党了。

保尔·弗勒利希同志在他的关于德国社会民主党的著作中引用了非常有趣的资料。[1]

---

[1] 保尔·弗勒利希《社会民主党目前的地位》国际出版社 1925 年版第 10—12 页。

1925年3月，84.4万人中有1200名党的领导官员，7000名工会官员，600名中央和地方议员，6500名市政管理人员，3万名公社管理人员，1500名市长，2890名市政局管理人员，等等。调查材料说明，在政府机关和工人组织的机关中有5万多名社会民主党党员。除此以外，社会民主党内还有10万名小商人和小房产主（不是工人的妻子），1万名啤酒店店主，7万名中下层官员，以及10万名技术人员和商业部门的职员。调查材料说明，在现在的社会民主党人中有35万知识分子和小资产阶级分子，有50万无产者。但是，尽管在德国社会民主党的成分构成中无产阶级占多数，而在党和工会机关中起决定作用的都是小资产阶级。

前几天，我从瓦尔加同志那里得到了一份关于不来梅的有趣专题材料，这是一份关于不来梅社会民主党的详细调查，当然，这只是一个地方组织的调查材料，但它是最好的组织。那里的情况是这样的。

统计只包括了8643名党员中的7465人，有1178人记入"职业不明"的栏目。主要类别如下：

1. 独立从事手工业——大部分是手工业者（如面包师、理发师、皮鞋匠、裁缝等）；还有101名小吃店的店主 …………… 274
2. 独立从事商业（小商小贩）………………………… 65
3. 职员、自由职业者 ………………………………… 950
   其中：
   国家职员 ………………………………………… 307
   私人职员 ………………………………………… 162
   匠人 ……………………………………………… 92
   店员 ……………………………………………… 84
   铁路职工 ………………………………………… 83

　　　　工会和党组织的工作人员⋯⋯⋯⋯⋯⋯⋯⋯⋯⋯⋯⋯　　71
　　　　工程师和技术人员⋯⋯⋯⋯⋯⋯⋯⋯⋯⋯⋯⋯⋯⋯　　46
　4. 房产主⋯⋯⋯⋯⋯⋯⋯⋯⋯⋯⋯⋯⋯⋯⋯⋯⋯⋯⋯　1356
　5. 其他职业⋯⋯⋯⋯⋯⋯⋯⋯⋯⋯⋯⋯⋯⋯⋯⋯⋯⋯　　37
　6. 熟练工人⋯⋯⋯⋯⋯⋯⋯⋯⋯⋯⋯⋯⋯⋯⋯⋯⋯⋯　3336
　7. 非熟练工人⋯⋯⋯⋯⋯⋯⋯⋯⋯⋯⋯⋯⋯⋯⋯⋯⋯　1447

　　　　　　　　　　　　　总计⋯⋯⋯⋯⋯⋯　7465

如果把前五类看成属于小资产阶级，那么，就得出以下数据：

小资产阶级成分⋯⋯⋯⋯⋯⋯⋯⋯⋯⋯⋯　2682（35.8%）
熟练工人⋯⋯⋯⋯⋯⋯⋯⋯⋯⋯⋯⋯⋯⋯　3336（44.6%）
非熟练工人⋯⋯⋯⋯⋯⋯⋯⋯⋯⋯⋯⋯⋯　1447（19.3%）

　　我们在其他一些国家也发现同样的过程：社会民主党正在成为工人贵族的党，它愈来愈融化在小资产阶级群众里。在美国，这一过程特别明显，在欧洲也有同样的现象。

　　社会民主党的领袖们干出如此不成体统的事情，甚至把10亿马克送给过去的王公贵族，在这种情况下，依靠明智地实行统一战线策略，**我们就有可能**争取到工人阶级的大多数。如果我们不能做到这一点，那我们就是蠢人。在社会民主党已经丧失了50%的工人，而在精神上丧失得更多的情况下，我们就有很大成功机会。当然，在选举中他们还是得到许多选票，但是，我们背后有日益成长和日益巩固的苏联，有共产国际，我们是唯一真心诚意地力求组织**工人阶级**而不是组织工人贵族的政党，我们应当成为真正群众性的无产阶级政党。

　　为此，最迫切的任务是要有成效地实行统一战线策略。不久前，在最重要的政党中——比如德国——还发生了关于柏林市议会选举联合名单的争论。中央委员会的策略是绝对正确的。失业队伍的增长,工资的下降,工人群众总体物质状况的恶化,社会民主党的蜕化和变节,这一切给统一战线策略的实施带来了有利形势。如果在这种形势下,我们不能争取到工人阶级的大多数。那我们就是愚蠢和无能的人,或者是我们犯有绝对不可容忍的错误。

最重要的一个问题是没收王室贵族财产的问题。极左派认为,这仅仅是个议会问题。现在,谁还相信这一点呢!大家都明白,这是深入群众的途径,这样的途径在我们这里并不多,因为许多途径已经被社会民主党都给堵死了,现在,那些行得通的并有可能接近社会民主党工人的途径对我们来说至关重要,必须尽可能加以利用。

六、反对极左的和右的倾向

德国的极左倾向

近几年来,某些党内的极左倾向又有些复发,例如,在德国、波兰,在某种程度上也包括意大利、法国、挪威。最明显的例子是德国和波兰,在这些地方极左病症特别明显。在我看来,极左错误出现在这样的过渡时刻,绝不是偶然的现象。已经十分清楚了,1925年在一定程度上是过渡性的一年,例如,在稳定问题、工人运动左翼的发展问题、改良主义幻想低落的问题上。在一些国家中,我们的影响开始扩大,可以感觉到稳定并不是那么有力。这正是极左倾向复发的有利时机,它发作起来非常严重。不能认为,在极左的阵营中没有感觉到一定的准备性和组织性。无论如何,波兰和德国的极左派之间是互相配合和串通一气的。一些波兰同志总是"及时地"出现在柏林,去为"波兰的"极左观点辩护。我不认为极左派向共产国际路线进攻是感情用事。在一定程度上，它是有组织的。这在波兰表现得尤为突出，波兰党的极左中央同时反对法国党、德国党、保加利亚党，可以说是反对整个共产国际。我们必须同它作斗争。我们已经行动起来了。

现在的情况怎样呢？在这个大厅里有各种各样的极左派的著名代表，我们衷心地欢迎他们。这里有博尔迪加、鲁特·费舍、罗森贝格、肖勒姆和多姆斯基，他们将要发言，我们会作出答复。我不准备对事情作预测。我们可能会听到新的理论。我以极大的兴趣注意来自德国极左派的最新消息。从这些消息中可以看到，极左派正开始分裂。我们这样说并非幸灾乐祸。他们总是我们国际的同志嘛。要知道，我们不想采取好像我们是在同阶级敌人打交道的政策。那些严肃地和真心诚意地放弃自己错误的同志，只要他们愿意按共产国际的政治路线和政策行事，我想他们还是可以在中央委员会的领导下工作的。但是，这必须以行动而不是以宣言来作证明。对于其他人，就只有**斗争到底**。我想，在这个问题上已经完全清楚了。总之，这种极左疾病的复发是近年来共产国际生活中最严重的事件之一。我们应当同它作斗争，而且也作了斗争。

同志们，你们知道，在我们的提纲中讲到，法国的右倾思潮和德国的极左思潮都极为严重。当前，反对德国极左倾向和反对法国右倾的斗争决定着共产国际的方向。不应忘记，正是统一战线策略的成就有时会增加右倾的危险性。我们所支持的德国中央委员会的领导已经意识到，在不久的将来，当我们实现广泛的统一战线的时候，不可避免地会产生右的危险。在许多国家里出现了右的危险。在法国，这是主要危险。在意大利部分同志身上有危险痕迹，他们中间有些人甚至在党的代表大会上维护那种国家超越阶级之上的理论。在挪威和荷兰也存在着右倾危险，在那里，像怀恩科普和拉文施泰因这样的一些领导人采取了令人不能容忍的立场。拉文施泰因通过资产阶级报纸攻击荷兰共产党。在罗马尼亚，我们也可以看到右倾错误，在那里，错误要归因于党的著名领导人克里斯泰斯库。

我们也应当估计到这些危险。我们知道，在德国这样的国家中出现类似的情绪是完全可能的。

因此，同志们，在这一问题上，我们的策略依然如故：无论对右倾、还是对极左，我们都决不让步。我们应该了解各个支部的情况，并自问一下，在德国、法国和意大利，哪一种危险是最紧迫的；根据危险的程度，首先对其给予打击，并彻底粉碎它。

我认为，在共产国际的提纲中，我们坚持了正确的路线。显然，我们不可能一一列举。但我们列举了主要的：德国的极左危险和法国的右倾危险。有人会说，你们忘记了巴尔干；关于青年共产国际、关于妇女问题你们只字未提；你们对挪威的注意太少了，等等。但是，我们不可能详细论述所有这些问题，我们只能谈最能说明当前形势特点的最重要的因素，并拟定总的路线。我认为，这一路线指出了法国的右倾危险和德国的极左危险。

最近几天传来了一些新闻。据说罗森贝格和肖勒姆开始准备和我们搞联合了；我们得到了韦伯和其他同志的声明，说肖勒姆已经不是极左派了。对此，我们暂时还不相信。要再看一看，全会以后工作将怎样开展，但到目前为止情况还是那样，德国的极左危险还是最严重的，这一点，目前还是可信的。近来，我感到，在德国甚至还存在着产生类似极左派党的危险，关于这一点，在共产国际执行委员会主席会议上我也讲到过。我不知道，我是否夸大了这种危险。如果是夸大了，那最好。在当前情况下，极左派的党必将被扫进历史的故纸堆，但它的存在可能给我们的事业带来损害。

在德国党内还出现过另外一些病症。大家大概还记得舍恩兰克的文章和他被开除的事。有时人们会说，一个人无足轻重。但是，蔡茨的事呢，这不是个人问题。有些同志说舍恩兰克是个诚实的青年，他不会叛变。我们中间谁也没有这样说过，但他是一个懂得要说什么和能表达别人在想什么的人。党中央开除了他，但有一位同志，也就是肖勒姆同志当时投了弃权票。（肖勒姆喊道："出于对中央的不信任。"）我不知道，从什么观点出发，才可以对开除承认自己是社会民主党同情者的党员的党中央产生不信任。奇怪的是，恰好就是在这个时刻肖勒姆同志认为有必要对党中央表示不信任。（肖勒姆喊道："这发生在共产国际执行委员会信件的时候。"）共产国际执行委员会的信是共产国际的一份很好的文件。（肖勒姆喊道："我没发现。"）如果您对这一点也不承认，如果在不久的将来在这一点上还说服不了您，那么，您就无可救药了。您想过没有，如果没有这封信，德国党还能不能进一步顺利地发展？我不是说几封信就能够创造历史，但在那种场合，在当时形势下，我们取得了很多成就，这封信证明自己百分之百是正确的。

法国的右倾危险

尽管右派哀叹法国党的崩溃和灭亡，但党的状况在客观上还是顺利的。法国右派叫喊，法国共产党"正在灭亡"。他们简直是在重复1910年俄国取消派说过的话。我们的敌人是会更好地评价形势的。

一位在巴黎政界很有声望和权威的人士对法国共产党及其工作作了这样的评价：

"共产主义最近在法国取得了显著的和无可争辩的成就。

除了至今在街头存在过的混乱状况外，在我们军队和警察队伍中已经开始出现明显的瓦解征兆。共产党人极力利用国家所遭受的一切灾祸来进行损害法国及其威信的宣传。

为什么共产党人会获得这些成就呢？

因为,他们在国内找到了最有利于暴动的土壤。执政党各个集团之间的矛盾、最严重的财政危机、中下层居民由于新税收而引起不满情绪的增长,主要的是,为维护自己在非洲和地中海的利益,法国在摩洛哥进行的顽固的和流血的冒险行为已经持续了数月之久,这些都为共产党的反政府宣传提供了丰富的材料和有利的形势。法国的共产党人和居住在法国的意大利共产党人利用摩洛哥战争在国内和战场上进行反对军国主义的政治宣传。这种政治宣传取得了很大成功。在街上传来为摩洛哥独立和摩洛哥领袖们的'乌拉'声。军队中开小差人的越来越多,而拒绝作战或拒绝开赴前线的事越来越普遍。8月2日举行了坚决反对战争的总罢工。大规模的开小差已发展到在以往的任何一次战争中都没有出现过的程度。甚至还出现了整个部队倒向敌对一方的事件。与此同时,在布列斯特发生了罢工和一些舰艇官兵的叛变事件。布尔什维主义已经开始渗入到社会行政和民政机关中,尤其是邮政和银行工作人员中。"

这就是我们的阶级敌人,可以说是善于观察的敌人所讲的。认为他对我们有好感是绝对不可思议。右倾反对派并不是铁板一块,他们对形势的判断各不相同。我们在提纲中已经指出,在右倾反对派队伍中我们看到有三种流派。

第一种是过去的工团主义者,他们正在完成由共产主义向改良主义倒退的"发展"。对此简直没有办法。我记得,当初,罗斯默提出他要入党时,我与一位罗斯默的朋友打赌,我坚信,罗斯默入不了党。打赌结果是我输了。罗斯默入了党,一年半刚过,他实际上已脱党了。他是个十足的工团主义者,不能成为共产党员。我们要前进,右派却要我们后退。

第二种倾向是苏瓦林。这个流派的特征在很多方面都类似布勃尼克分子,他们充满了反共和反动情绪。我不想以此说明,苏瓦林的个人品德也像布勃尼克一样。布勃尼克直接将自己出卖给资产阶级。关于苏瓦林,我不想这么说。但这个集团的客观作用是一样的,即瓦解共产党。

第三集团（洛里欧）是相反地朝着社会民主党的方向发展。有位同志告诉我，洛里欧关于共产国际的观点是值得注意的。按照洛里欧同志的意见，当俄国革命处于危险的时候，我们外国革命者应当不惜任何代价来捍卫它。这时，我们的外国社会主义者通过了二十一条，这是列宁主义的原则；我们认为这么做是对的，因为俄国革命对我们来说是神圣的，而俄国革命处于危急之中。但是，在俄国革命得到巩固的时候，就开始了利用绝对自由批评权利来重新审查这一切的时期。

我手头没有文件来证实这些话。或许他们不相信，洛里欧同志如果愿意的话，也可以反驳。根据我对洛里欧的了解，他有类似的主张是完全可能的。按照洛里欧的观点，在俄国革命危险的时候，列宁主义是正确的，但在危险被克服以后，就不正确了。一般来说，这就是相反地朝着社会民主党的方向发展。当然，应当尽一切可能使洛里欧集团重新纳入共产国际的轨道，并极力消除他的不健康情绪。如果这一点也达不到，那就没有办法了。

在法国右派中也有一些好的工人，他们对党的制度不满，有的还反对党中央。坦率地讲，那里的集中制过于机械，党内民主太少了。一些工人支持反对派，仅仅是对这一情节的反对。我高兴地告诉大家，法共中央在1925年12月的代表会议上承认了自己的这些错误。对德国来说，最初不得不通过从莫斯科写公开信的方式。在法国，党中央的同志自己作出了这样的结论，并且自己写了信。当然，这要好得多。我认为，党中央认识了自己的错误，这是最重要的，这样，党会将反对派中的一些优秀分子重新争取过来。

右派的根本路线

现在，我谈谈这个反对派的原则性问题。首先，右倾反对派反对在基层生产组织支部的基础上改组党。当然，你们都知道，有一封由250名右派人士签名发给共产国际执行委员会的信。我们就从反对派在组织问题上的观点说起。

他们在自己的宣言中武断地说：

"现在，法国的支部不可能成为党的基础。谁对此坚持相反的意见，这就是没有考虑到国内经济和现代大资本主义国家的结构；谁对此坚持相反的意见，就意味着在关于社会力量的真正关系上受了欺骗，这些社会力量会造成党的迅速的和彻底的灭亡。但是，光靠这些因素是无法证明党的新制度的。裙带关系很容易渗入党的支部，此外，支部遇到了诸多内部困难，这些困难能够导致它们的灭亡。我们坚信这样的经验：支部的存在取决于支部书记的能力和稳定性。

但是，很难在同一个地方找到足够数量的能够使已经涣散的支部的政治生活活跃起来的支部书记。正因为如此，同志们局限于处理日常事务、散发传单、审理他们所属工厂的感兴趣的问题。有时，他们也听取区代表的报告，但要求区代表快点讲，因为工作地点都离家很远，每个人都急着回家。一些最重要的问题讨论得都非常草率。往往没有作出任何决定就散会了。没有对党员进行过教育，因为在这种条件下不可能进行教育活动。增加宣传员的数量是毫无意义的，因为结果会是一样。支部将进一步瓦解，因此，没有谁能使支部的工作恢复生机。为了拯救党，需要坚决地抛弃过去多年来沿用的方法。党中央提议发展机构，同时要建立'街道支部'和'分区组织'。这都是臆想，让这些臆想见鬼去吧！它们不仅于事无补，反而只会增加祸害。

在这封信中，我们没有要求详细讨论党的组织问题，我们只限于声明，需要及早地恢复地区支部，这是党的组织基础，而决不是撤销工厂支部，甚至力求扩大工厂支部的组织网……"

大家可以根据刚刚结束的共产国际执行委员会组织会议的精神，自己去评价国外支部建立工厂支部的经验。在第五次代表大会上，这个问题被第一次实质性提出，从那时起，我们在这方面做了大量的工作，这些工作证明我们是正确的。在执行这一制度的过程中，我们作了某些必要的修正，但制度本身是正确的。意大利的极左派也同法国的右派一样，反对这一制度。为什么呢？每个人都明白，工厂和建立在工厂中的支部是我们的基础，但右派和极左派都在反对这一点。

更有趣的是，右派在这个宣言中关于政治问题的提法和论述，尤其是有关摩洛哥战争的。

他们写道：

"党中央想方设法强迫大家接受从摩洛哥撤退和进行联欢的思想，可是，在目前条件下，这是行不通的，这只能是一句空话……

其实，为什么不讲一讲尼斯、萨瓦伊岛、科西嘉的撤退呢！到目前为止，撤退口号只能导致反摩洛哥战争统一战线策略的失败，失败结果马上就要出现了。"

但愿在这一"历史性"文件上签字的同志们能原谅我，可是，除了把这种观点称做社会爱国主义的观点以外，我不可能再对其作任何别的评价。（呼声："正确！"）如果他们如此心地善良地谈论尼斯和其他地方的割让问题，谈论应当附和资产阶级的政策，那么，他们简直就是地地道道的社会爱国主义者。这就意味着：资产阶级所做的，就是我们的法律，这暴露了他们是地道的妥协主义的耳目。这只能使我更加愤慨。

尽管有各种各样的错误，我们党还是大胆地反对战争，这时，为资产阶级效劳并写信反对共产国际的反对派用如此嘲笑和轻蔑的口吻说："为什么我们不要求尼斯和其他地方撤退？"这就是社会爱国主义的语言。

法国党的中央委员会可能犯有各种错误，但它任何时候都没有对社会民主党的原则作过让步。

"二百五十人团"的反党政策

我念一念信的结尾:"党在窒息,党在死亡,与此同时,社会主义党由于有10万党员而在复苏,并且重新获得在图尔分裂后失去的影响。资本主义得到巩固和稳定,并且满怀信心地展望未来。"

这样说来,我们党在死亡,社会主义党在成长,资本主义满怀信心地迎接未来。应当指出,我前面刚提到的那位权威人士,对法国形势的了解比洛里欧要好些。

当然,必须尽一切努力,把反对派中一些好同志和无产者争取团结到党的方面来,但对右倾必须斗争到底。如果我们在这方面作出让步,那么,除了招牌以外,共产国际就什么也留不下了。党应当善于进行实际工作,组织广泛的讨论,同时又要反对右翼和提出纪律问题。要知道,在法国党内就有过真正的反抗。曾印发了由250人签名的反党宣言、传单等。不服从中央机关的决议,反对派中很多党员认同被开除出党的罗斯默和苏瓦林之流所出版的有明显反党倾向杂志的观点。这里有一位反对派的工人。我问他,你怎么可以拥护这些东西,怎么可以容忍这样一些信,怎么可以同苏瓦林合作。有些人说,没有看,就签名了。这是可能的,常有这样的事发生。但现在请谈一谈。这意味着什么?他们是在把你们拉回到社会民主党那里去。有些人似乎开始从左的方面批评党,企图利用党的每一个错误,并且要把它的全部生活引上错误的轨道。可是,在党重新找到了深入工人阶级的道路,同他们更加紧密地团结起来,成为法国无产阶级情绪的唯一代表后,他们却说党正在死亡。俄国的布尔什维克对这些调子并不陌生。孟什维克过去总是这样断言,但他们以自己政治上的灭亡告终了。现在,在法国,这样叫嚣的人是一些政治僵尸,而法国党,同德国党一样,尽管它犯了各种错误,仍然在大踏步前进。

我并不想以此说明，在法国党内一切都很顺利；我们将建立委员会，关于这一点我们会详细谈，这里我暂且不讲了。在法国，也有某些极左危险的表现。特别是在上次中央委员会的扩大会议上，这一问题表现得非常严重，需要研究这种现象。情况特别严重：一些派别在事实上犯了极左类型的错误，却不认为自己是极左派。我主要指的是工会方面的工作。在提纲中我们讲过，在法国，为了实现工会领域的统一战线策略，工作做得并不是很好。这在客观上意味着什么呢？这是一种对统一战线策略不理解的倾向。必须克服组织制度上的缺点，必须与党内不良现象作斗争，必须在工会领域夺回极左派所占领的阵地。

我们首先应当最坚决地反对法国的右倾反对派，如果我们党对法国右倾反对派作出原则性让步，那么，这个党就不成其为共产党了。

七、结束语

工会问题

关于我们的任务，在提纲中有单独的章节作阐述。我就不在这里重复了，因为这些任务总的来说已经指出了。

我想，对于一些个别规章问题应当阐述得更清楚些。

应当建议所有代表大会的专门委员会在个别规章基础上拟定各自一定时期内的行动纲领。这些纲领必须和执行委员会联合制定。首先，我们必须把注意力集中在工会工作上。在德国问题的决议中已经指出，应当把75%的注意力用于工会问题。在国际范围内也应当这样讲，使其成为贯彻统一战线策略的推动力量。

在这里，我想对是否允许俄国工会单独加入阿姆斯特丹国际问题说几句。我反对仅仅在一国范围内提出关于俄国工会加入阿姆斯特丹国际的可能性问题。这很明显是一个国际问题,这个问题不能只从法国、德国、英国、美国或俄国的角度去解决。如果存在着国际性问题的话(**完完全全**的国际性问题),那么,这个问题就是。如果俄国工会加入阿姆斯特丹国际,那么,对其他国家——无论是大国还是小国——再加入阿姆斯特丹国际来说,可能就更容易了。可是,如果在国际范围对共产国际提出这个问题,那么,在任何时候都谈不上俄国工会单独加入阿姆斯特丹国际的问题。我们应当重申联共(布)中央委员会关于这一问题所阐明的观点和我们提纲中所写的内容。

关于青年问题

关于青年问题,我还要说几句。青年组织犯了一些和党一样的错误,也取得了和它同样的一些成就。可以指出,这些成就包括成功运用统一战线策略,由于四个青年代表团访问苏联进一步巩固了阵地,维也纳独立社会主义青年组织脱离社会民主党倒向我们,等等。至于英国共青团,刊登在《每日邮报》上的评论是对它最好的赞扬。

"为了在孩子们中间进行宣传,受到专门训练的共青团员们深入到公园、街头、儿童游艺场。当孩子们有点儿疲倦时,共青团员们就建议说:'咱们要不要学一首新歌?'孩子们一开始有点犹豫,还有些不好意思,但最终一起唱起了《红旗歌》、《国际歌》或别的革命歌曲。"

如果我们英国的共青团员们确实在这样广泛地开展工作,那么,我们应当把这作为共青团的成就给予祝贺,并祝贺我们年轻的英国同志。

意大利青年以前跟着极左派走,现在,他们已经赞同共产国际的路线了。

目前,共青团的任务首先是要在工会中正确运用统一战线策略,以便将广大的青年工人吸引到自己的队伍中来。

然后,我们希望青年共产国际:少一些一般性的纲要,多接近青年的日常生活和事务!

关于党内民主和共产国际的领导

我还想就机关内问题扼要地讲几句。在关于今后的领导问题和内部制度问题的第一次讲话中,我已经多少对这一点有所涉及。

关于党内制度问题,我们有专门的提纲——论党的民主化。我认为这个问题是十分清楚的。工人党员应当努力实现真正的党内民主。

至于说到共产国际的领导,我想就这一问题讲得稍微具体些。大家知道,在联共(布)第十四次党代会上,曾公开提出在更大程度上吸收国外支部代表参加共产国际实际领导的问题,并认为在这方面现在应当比过去有所加强。我认为,这个问题提得对,而且必须完成这个任务。目前需要做的是,把最优秀的力量派到国际的领导机构。事实上,不仅没有派去最优秀的力量,甚至根本就没有派人。有时候派去的是像卡茨这样的人。我认为,现在,我们的决定不应当再停留在纸面上。共产国际应该采取更加集体化性质的领导。任务在发展,任务是艰巨和复杂。只有在集体领导的基础上,只有当优秀分子在这里干上半年,而不是短暂的时间,这些任务才有可能得到解决。

要有更大的独立性!

还有一个问题,我们在上次全会上对捷克党讲过,要帮助捷克党确定政治路线,而其余的一切都应当由捷克党自己去做。捷克的左派应当亲自到群众中去。在莫斯科有坚强的后盾,但是,不能永远指靠这种支持。这促使捷克左派通过自己的努力扎根于群众之中,并努力争取群众。现在，我们应当对所有的党说："要有更大的独立性！"几乎每一个党都有自己丰富的经验、成就和错误。现在，必须更独立一些，而不仅仅是等待莫斯科说些什么。我这些话同某些极左派和右派所持的反莫斯科观点毫无共同之处，他们实质上是否定无产阶级专政的。极左派或右派的类似情绪受到资产阶级和社会民主党的热烈欢迎。我们知道，某些人产生这种情绪，是因为受了根深蒂固的民族感情的影响，列宁经常告诫我们要警惕这种危险。但是，也有这样一些议论，说俄国是一个农民的、落后的国家，等等，难道由它来领导共产国际？我们已经说过，当无产阶级革命在另一个大国取得第二次胜利的时候，我们将讨论是否按另一种方式进行组织工作，在这之前，必须保证第一个无产阶级专政国家的党在共产国际中的最大的影响。必须与这些情绪作斗争，并给予坚决的反击。在这个问题上，没有任何的回旋余地。

但是，应当增强各国党的自信和独立的精神。他们应当自己来选择自己的领导人。共产国际经常处于这样的状况，党代表大会召开后的第二天，我们就解散某一个中央委员会，并任命另一个中央委员会。当然，如果特殊环境要求这样做，那是没有办法的。但是，在比较正常的情况下，**不应当这样做**。应该这样来组织工作，领导干部真正从自己党内产生，党自己选出优秀的力量担任领导干部。必须造就新一代的领导人。在这方面，每个党都应当投入更多的精力。

如果在三四年以前我们提出这样的建议，那简直就是空话。为什么呢？因为当时各个党还很弱小，他们还患有种种幼稚病。现在，情况变了，各个党都巩固和发展起来了，他们过去经受了而且现在还在经受着一系列的危机。**这就要求在党内有更多的民主，在共产国际实行更多的集体领导原则，各国党在选择自己的领导人和制定政治路线时有更大的独立性！** 与此同时，共产国际仍然是**集中的、世界性的、列宁主义的党**。没有这样的组织，我们就不可能完成我们面临的任务，这一点是很清楚的。

虽然我们经常强调第三次世界代表大会的意义，但是，在任何情况下都不应当认为我们会对第四次或第五次代表大会作修正。我们的口号，也就是列宁所提出的口号："到群众中去！"这一口号不是在任何时候都能得到正确理解，这一口号有时被解释得过于机械。许多同志认为，到群众中去，就意味着对工人们说："参加共产党吧。"不是的，问题不是那么简单。这个口号要求我们通过各种途径，在所有迂回曲折的道路上，即通过工会、合作社、青年组织、非党组织、体育和文化等组织来**寻找群众**。我们应当寻找和学会找到这些群众，基尔布姆同志曾在一个委员会上讲过，在瑞典，一些同志有这样一种情绪，关于这一点甚至编成了谚语，说什么，谁若是三天内没有成为共产党员，就应当"唾弃他"。如果在那种场合还说如此过火的话，那必须予以反击。谁若三天内能成为共产党员，那他就是一文不值的。

到群众中去！争取工人的统一！

时间，我们是有的。现在，我们所需要的是争取群众的耐心和本领。

有些同志认为，如果通过曲折迂回的途径争取群众，那就意味着应当参加阿姆斯特丹国际，也意味着承认我们对社会民主党的评价是错误的。如果你不承认这一点，那么，你就成了"极左情绪的俘虏"。提纲已经给我们指出了国际无产阶级工人运动的要点。一系列改进我们工作的方法已被找到，能够使我们深入群众的形式也已被找到。前几次代表大会，尤其是列宁直接领导的几次代表大会所指出的基本道路已被我们具体化了。

只有我们，只有我们的共产党，只有拥有第一个工人国家作后盾的共产国际,才是争取工人运动统一的唯一真正的捍卫者。只有我们能够在共产国际的基础上,在工人阶级利益和伟大任务的基础上,担负起联合国际工人阶级的任务。

现在,有些地方的左倾改良主义者提出第三国际和第二国际的联合问题。我们已经收到英国独立工人党向我们提出的类似这种联合的信。当然,我们不会回避这封信,而是要详细地作答复。我们将写一封能对英国工人阶级有教育意义的信。对于是否存在第二国际和第三国际联合的可能性这个问题本身,我们一刻也不用考虑就可以回答:"不可能!"共产党是工人阶级在解放斗争中最重要的武器。对于工人阶级来说,具有头等意义的事是创建独立的共产党,哪怕创建的这个党很小。尽管共产党很弱小,尽管它会犯很多错误(这些错误我们会改正),但它是为了工人阶级的自由解放而斗争的唯一的历史推动力。因此,在国际联合问题上,我们坚决地回答:"不可能!"这种联合,无论是在国际范围内,还是在一国局部范围内都是不允许发生的。当前,我们的主要任务是——在列宁主义基础上、在共产国际基础上实现工人阶级的团结一致;尽管在目前情况下我们还不能迅速把工人阶级的大多数团结到我们周围,但是,共产党最终一定能团结起工人阶级的大多数并把他们从资本主义的桎梏下解放出来。(代表们从座位上站起来鼓掌,暴风雨般的掌声经久不息。)

(会议休会)

第三次会议

(1926年2月22日)

主席：什麦拉尔

讨论执行委员会的总结报告

诺伊拉特（捷克斯洛伐克）：

同志们！捷克代表团完全同意提纲中所提出的党的策略问题和对政治形势的分析。这一提纲符合第五次世界代表大会的实际的和原则性的决议精神，捷克代表团对此表示热烈祝贺。我们认为，第三次、第四次和第五次世界代表大会的最重要的决定使各国支部更易于接近广大群众，使它们有可能争取到工人阶级的大多数。在第三次和第五次世界代表大会期间，共产国际中大多数支部之所以不能切实有效地执行这些决定，我们认为，这首先是由于右派分子对大多数共产国际支部领导机关的影响。恰恰是在第五次世界代表大会上通过的决议才使我们有可能在共产国际中坚决地、顺利地开展反对右派分子的斗争。我先谈谈捷克共产党的经验。在第五次世界代表大会与这次扩大全会之间，拥护共产党的无产阶级粉碎了捷克共产党的右翼并根除了取消派分子。捷克共产党在取得这一胜利后才得以顺利实现和贯彻历次共产国际代表大会所作的决定。如果没有第五次世界代表大会的决议，布勒尼克分子至今还会留在我们党内，资产阶级的奸细至今还会留在我们队伍中。

我们完全同意策略提纲的提法,尤其是有关法国和德国的部分。但我们认为,除了专门提到的共产国际的这些支部外,还应全面地指出共产国际大多数支部中所存在的右倾危险。共产国际应警惕右倾危险(不管捷克共产党当前形势如何),这是根据对欧洲形势所作的客观估计得出的结论。这是因为,恰恰是由于一贯地、正确地、因而也是顺利地贯彻了统一战线的策略,也造成了再次产生右倾危险的可能性。因为我们的影响在越来越多的群众中扩大,连那些充满民主和平主义和议会主义偏见的无产阶级都转向我们一边来了。我们同他们一起阻挡了他们小资产阶级社会民主主义领导人的全部人马的去路。

只有在反对右倾危险的斗争中,或者更正确地说,只有将反对右倾危险的斗争提到首要地位,我们才能克服社会民主主义幻想的遗毒。

欧洲,主要是法国、德国和英国,还有捷克斯洛伐克(不算是最后一个)的客观情况,对革命的发展和共产党的成长壮大极其有利。我们认为,德国、法国以及捷克斯洛伐克的议会危机是资产阶级反对共产党斗争极端尖锐化的征兆。我还想再简单地谈谈捷克斯洛伐克的经验,虽然季诺维也夫同志正确地指出捷克共产党带有地方的性质。瓦尔加同志走得更远,他在这次的报告中闭口不谈捷克斯洛伐克。(笑声)在捷克斯洛伐克,资本主义的稳定性有点不明显。经济危机带有持续性,由于纺织工业的危机,当前经济危机又极其尖锐起来。国民议会的选举是以联合党遭到惨败而告终的。当前,他们仅以九票之数占绝对优势。联合政府的危急情况为捷克国家最大的勒索者——地主、银行、宗教界和高级官吏们所利用。宗教界要求把神甫的薪俸提高到不少于6000万。银行要求减少税款6000万。地主要求为他们增加粮食税,而高级官吏渴望靠压榨成千上万低收入的小职员来提高他们的薪俸。此外,经济危机促使一些庞大的有影响的经济联合组织向政府施加强大的压力,迫使政府承认苏联。不错,贝奈斯部长至今还在摇摆不定。现在,还说不清楚,他在这个问题上主要是受谁的影响,受法国影响还是受英国影响;但是,直到最近,他还准备支持敌视苏联的欧洲反革命潮流。可是,贝奈斯政府为了执行协约国外交家的要求和指示,就像着了魔一样把目光一直盯着伦敦和巴黎,而看不到一个重要的行动——**捷克无产阶级的大多数人与俄国的无产阶级结为弟兄**。贝奈斯最多不过推迟几天承认苏联而已,但他终究不能回避这一点。这不仅仅是由于有经济危机,也是由于有无产阶级广大群众的压力。

严重的政治形势和经济形势促使捷克政府与少数民族的资产阶级寻求一致,走上民族调和的道路。在这方面,执政的捷克资产阶级只是碰到一些无足轻重的困难:在民族问题上,德国资产阶级政党将乖乖地交出武装。

斯洛伐克资产阶级也准备作出让步。对于政府来说,与德国资产阶级达成协议不如与斯洛伐克资产阶级达成协议更为重要。政府要维持一种捷克斯洛伐克在国家占多数的虚假现象。首先,经济危机和政治危机的后果是什么呢?其次,捷克资产阶级所力求达到的民族调和的后果又是什么呢?经济危机和政治危机的结果是:不仅使广大的非党的和社会民主党的工人阶层革命化,而且也使小资产阶级和农民群众革命化。由于实行民族调和,广大的小资产阶级群众和具有民族情绪的少数民族的工人群众越来越坚信,**一切资产阶级政党和社会民主党的两个部分都背叛了争取自治权的斗争**;坚信在捷克斯洛伐克,捷克共产党是能同捷克有阶级觉悟的无产阶级结成亲密联盟,并为争取少数民族自决权而继续坚决斗争的唯一的政党。但是,民族调和还会招致另一个非常危险的后果。民族调和等于大国的资产阶级同少数民族的资产阶级的协调一致。其主要目的是**广泛地组织反对革命运动和共产党的斗争**。在这种情况下,捷克共产党尤其需要有坚定的、明确的和统一的领导。现在的党中央就是这样的领导。然而,我们一刻也不会忘记,这个坚定的统一的领导是在同右倾危险进行坚决斗争的过程中才成熟起来的,这样的领导只能在克服了右倾危险和在内部粉碎了右翼之后才可能形成的。我们认为有必要指出这一点,即使是因为我们最近已经弄清楚:那些受到孤立的、相当孤立的右派分子根据他们至今还保密的一些主意,把苏联最近发生的一些重大事件故意说成是对第五次世界代表大会决议作了右的修改。这些家伙我们要消灭掉。但是,我们认为,有必要提醒注意这样一个事实:右派分子中有人企图挽回他们旧日的影响。

我们认为,策略提纲中对国际形势的估计是完全正确的。我们也承认当前各地反对极左派的斗争是正确的、必要的。捷克共产党不想忽视和贬低这个斗争的必要性,但我们认为有必要强调指出:在当前,在现在的国际形势下,决不能忽视同右派分子斗争的必要性,当前,威胁共产国际的主要危险正是来自右的方面。**危险来自右面,共产国际的敌人站在右面。**(掌声)

主席什麦拉尔:

下面由肖勒姆同志发言。德国代表团向主席团提出建议——多给肖勒姆同志半小时。有反对意见吗?没有。

肖勒姆(德国):

同志们!我决不是想为季诺维也夫同志的报告作补充报告。我只是想消除误会,说明过去的分歧,**并想谈一谈将来的协同工作,因为我们希望这次扩大全会能够使协同工作成为可能。**

季诺维也夫同志对共产国际的发展阐述得非常正确。**季诺维也夫同志所描述的远景规划与我们在德国共产党的各次讨论会上所描述的远景规划是完全一致的。**但是,由于季诺维也夫同志已经指出,说有一位极左派的领袖在1925年3月曾描绘了一幅资本主义20年繁荣的图景,我必须强调指出：第一，上面称之为极左派领袖（关于这个术语我下面还要谈到）的那个同志从来就没有其人；第二，在1925年3月，德国共产党左翼也根本不曾描绘过这种远景。恰恰相反。我认为，我们许多人，德国共产党内许许多多的人不相信，在德国，最近会出现革命运动的新高潮。我们认为，这个高潮还要再过两三年，在道威斯幻想破灭之前到来。正如季诺维也夫同志在发言中所证实的那样，共产国际的领导机关也是持这样观点的。总之，我们曾为自己描绘了两种可能的远景：比较缓慢的发展远景，为此，要使我们的策略与此相适应；形势更趋尖锐化的远景，所幸的是，德国的情况正是如此。**我认为极为重要的是，要强调指出我们的看法是与季诺维也夫同志报告中对国际形势的分析，以及他提出的发展远景规划相一致的。因为共产国际各支部过去的右派分子所描绘的是截然不同的远景。我指的不仅仅是希法亭所描绘的那种资本主义和平发展和资本主义高涨的前景。还有另外一些观点和看法。例如，几天前瓦尔加同志在谈到欧洲的前途时声称，欧洲无产阶级的国内战争应当很快取得胜利**，不然的话，欧洲的文明就会毁灭，在文明的废墟上将要开始新的原始的资本主义的发展。我敢肯定地说，这个前景是不正确的，这个前景是没有指望的。因为我坚信，欧洲的斗争，欧洲的国内战争无论如何也不会很快以无产阶级的胜利而告终。这是一个长期的过程，这个过程才刚刚开始。它注定要经过不同的过渡阶段。这个过程与一夜之间以整个欧洲无产阶级的胜利而告终的道路是没有任何共同之处的。**这种前景是受绝望情绪驱使的表现，我们应当与之斗争。**

同志们，共产国际中的左派潮流绝不是否定在共产国际领导下组织无产阶级左翼的任务（这个任务摆在共产国际面前，尤其是摆在整个欧洲面前），而是要否定在共产国际个别支部的领导下这样做。

我听说，在共产国际主席团讨论德国问题时，有人问斯大林同志，为什么他认为在德国最危险的是我和罗森贝格同志所代表的集团。斯大林同志回答说,这些同志(他提到我的名字)没有看到德国工人运动中出现的新状况。

同志们,我不知道,这是谁向斯大林同志报告的,但是,我想利用这个机会指出,罗森贝格同志和我指出德国无产阶级中这个新的趋势不是从昨天开始的,而是至少从1925年初就开始了。我们清楚地看到了这个新状况,并且在德国党内的任何一个辩论阶段,无论是在上次党代会上(去年夏天),还是在讨论执行委员会公开信问题的时候,都不曾对此产生过怀疑。对于这封公开信,我过去认为,至今仍然认为是一个严重的错误……

台尔曼(从座位上说):

大家听呀,大家听呀!

肖勒姆(对台尔曼):

难道说这对你是新闻?

同志们,早在去年5月份,在萨克森的社会民主党的无产阶级中,这一新的状况就以萌芽的形式出现了:当时,共产国际执行委员会支持德国共产党中央委员会,可悲的是,中央没有看到社会民主党无产阶级队伍中已经出现的反对派;我们当时则持有与中央不同的观点,并首先指出了这一状况。既然现在共产国际执行委员会努力推进有利于形成左翼的运动,那么,除了那些竭力利用这一运动否定共产国际原则的人,它会得到共产国际的一切成员的支持的,那些竭力利用这一运动否定共产国际原则的人只是利用共产国际的口号,他们竭力同社会民主党性质不是很明显的人结成同盟,竭力同刚走上共产国际道路的人结成同盟,他们竭力在政治上利用这个同盟以期搞乱无产阶级共产党员的思想,他们的目的是在社会民主主义的基础上恢复工人运动的统一。对共产国际有危险的就是这些人，而绝不是那些想以共产主义精神教育工人运动左翼的人，绝不是那些想以列宁同志关于共产党的作用和关于无产阶级与资产阶级国家的相互关系学说教育工人运动左翼的人。

同志们，季诺维也夫同志认为，当前，我们遇到了第三次世界代表大会时期那样的困难。当时，右派和左派分子威胁着共产国际的路线。我认为，这种对比是不正确的：**在德国，至少来自我们所代表的潮流一方的危险是不存在的。**

同志们，现在的倾向（右的和真正极左的）在提纲第 21 页上阐述得很正确。上面有一处写道：

>"这一倾向的主要危险是不善于争取群众，不善于采用统一战线的政策，甚至不能明确地提出把工人大多数争取到我们一边来的问题。"

同志们，对上述论点，我是完全同意的。它指的是所谓的极左派；我仔细阅读了这段话，发现这段话不适合于我们派别，而是适合于共产国际的右倾派。这个右派潮流不了解争取群众的全部重要意义。正是这个派别根本不是按共产党的原则而是按社会民主党的调子错误地提出了争取工人阶级大多数的问题。我们完全同意对右派倾向的这种分析，既然问题涉及它们，我们对这个提法表示完全同意。

同志们，季诺维也夫同志列举了对统一战线策略的理解和贯彻中的各种错误和倾向。他首先谈到一概否定统一战线策略的倾向。我不认为这种倾向能在共产国际中起什么作用。我不这样认为。可能有像波兰共产党那种否定争取群众的人。可能会有个别的人否定这种斗争，但我在任何地方都没有看到任何一个否定争取统一战线斗争必要性的严重的潮流。

然后，季诺维也夫同志完全正确地提到去年在法国党中央出现的、以鲁特·费舍为首的、以"过分揭露"的方法为特征的倾向。同志们，

我们非常高兴地从共产国际的代表的口中听到对我们进行的反鲁特·费舍的斗争予以平反,即使迟了一些,鲁特·费舍的方法是轻率的方法、无知的方法。(笑声)**我们十分遗憾,在我们为反对这个方法而斗争的时候,共产国际执行委员会却支持和拥护它,反对我们,而不是反对那些推行现在受到批判的这种方法的人物。**

同志们,在1925年召开的德国共产党中央委员会的五月扩大全会上,罗森贝格同志和我表示反对这种方法。我们反对为了"揭露"献身中央的人、为了揭露民主主义的银行大股东而同所谓的民主党派结成同盟的主张。我们认为,这个主张是马克思主义政党的耻辱,**我们反对过这个主张。但是,执行委员会的一位代表在中央的这次扩大全会上支持提出这个主张的鲁特·费舍,他在报告中正式表示同意她的观点并把批评这个可耻的非马克思主义理论的人说成是反对共产国际。**在扩大全会召开前不久,我们在一次会议上阐述了罗森贝格同志和我制定的纲领,这个纲领明确地提出了我们的批评意见。我着重指出,这就是分歧的出发点。我们——罗森贝格和我——在纲领中与鲁特·费舍以及多年来同我们手挽手地反对过右派倾向的那些人的观点划清了界线。在我们的纲领中是一字不差地这样写的:

"党还没有真正地同德国占统治地位的资产阶级进行过斗争,只是同社会民主党说说俏皮话吵吵嘴而已。结果在艾伯特去世后成为主要危险的君主专制使我们党完全措手不及。其原因部分是由于根据不正确的理论,我们失去了与资产阶级斗争的可能性,因为社会民主党站在我们与资产阶级之间。

党没有勇气公开地、直接地提出关于政府的问题并认为联合试验比认真地提出工农政府的口号要好。在个别的地方政府和市政管理局方面,我们党的政策很抽象,毫无价值,致使我们党在工人心目中的威信大受影响。(这些话是我们早在共产国际执行委员会公开信之前半年说的。)

特别是党没有利用萨克森社会民主党所处的严重危机做任何工作。"

听了这一切，你们自然要提出这样的问题：共产国际执行委员会怎么可能不从实质上了解这次批评的正确性，执行委员会不去反对我上面说到的政策，反而来反对我们这些所谓的极左派是什么共产国际的虚构的敌对分子？这是发生在1925年春天的事，当时，德国必须取消已失去任何意义的派别，必须要纠正德国共产党左翼所犯的重大错误！我们还没有愚蠢到不明白自己所犯的错误的程度。我们责怪自己没有及时把狭隘的派别转变为党，但当时我们已经准备纠正上述错误并把小集团转变为党。**共产国际就是这样硬把我们划到敌视共产国际的极左派的框框里的，把数千名正直的左派革命工人同我们一起推到战线的另一边的，共产国际没有看到我们批评的正确实质，而只是到了后来才在执行委员会的信中对这点给予了应有的评价。**

现在，我们特别严肃地提醒注意这个批评。

在谈到对统一战线策略理解方面的倾向时，我认为没有必要谈第三个错误——布兰德勒关于同盟的主张。一些有威望的人已经详细地评论了这个主张，因此，我不想在这个问题上再白白浪费我能支配的时间。

季诺维也夫同志在他的报告中声称，当时的左倾错误为后来发展成国际范围的极左派组织打下了基础。我想利用这个机会提出一个问题：季诺维也夫是怎样理解"极左派"这个术语的？起初，使用这个术语是为了更清楚地说明下面的概念：据说存在一个对共产国际忠诚的、忠实的左派，另一方面，又存在一个不健康的敌视共产国际的极左派。听了季诺维也夫同志的报告，我很高兴又很惊讶地了解到，现在，整个左派都被称做极左派，可以说这样一来就恢复了左派的忠诚。看来，又出现了"健康的、光荣的、正直的极左派"分子，另一方面，又出现了"很坏的、虚伪的极左派"分子。同志们，这并不是新鲜事。这样的事是常有的。区别仅仅在于，现在，他们在左派与极左派中间划了等号。这样，一切就顺理成章了。我们在德国委员会上对提纲提出了修改意见并尽力设法使几个术语用得更准确,因为总是有那么一些专门玩弄术语的阴险毒辣的人。

可是,季诺维也夫同志指出存在一个由罗森贝格、博尔迪加、多姆斯基和肖勒姆组成的国际极左派。这个极左派组成的过程对我来说自然是个谜。有人发现,好像我们在黑尔戈兰岛开了派别会议。简直是荒谬绝顶!实际上,这种国际性极左派组织根本没有存在过。我这样说决不是为多姆斯基和波兰党中央对鲁特虚构的人民同盟的理论提出批评而感到害臊。

这个批评在当时是很明智的,半年后,执行委员会也同意了这个批评。除此之外,我完全不知道我们之间有什么联系。尤其是我对波兰问题弄不清楚,我从来也没搞明白过我同他们的关系,我完全想不到我们的行为有什么共同点。至于博尔迪加同志的观点,在德国共产党的上次代表大会上,我们曾明确地表示,在一系列问题上我们是不同意博尔迪加的观点的。至于我们反对共产国际中普遍陷害左派分子的斗争,我们同意大利党内排斥左派分子倾向的斗争,我们随时准备进行这种斗争。我希望,在这种情况下,共产国际执行委员会能同我们手挽手地去反对使工人左派分子脱离共产国际的政策。我们可以肯定地说,在意大利,这个危险已经过去,执行委员会根本没有支持意大利的这个政策。只有我们去年反对过分裂的政策。

同志们,现在,我想谈谈我们同执行委员会的分歧。我们根据上述观点同鲁特·费舍进行了半年的斗争之后,我们完全有权认为,执行委员会透彻了解了我们的批评在实质上是正确的。相反,去年10月,共产国际给德国共产党写了封公开信。我们当时就曾声明,我们同意这封信的政治路线,同意必须在德国共产党的领导下组织起工人运动的左翼。我们不是反对这封信中的政治路线部分,而是反对其中的党内路线部分。在这方面,公开信最鲜明地表达了这样一种路线观点,这种观点指责我们是极左派分子，指责我们敌视共产国际。在这里，我毫不犹豫地公开声明：我对我的立场一点也不感到懊悔，我来参加全会决不是来认输的；我决不打算在这里下跪求饶。我像以前那样声明：对把我说成是反共产主义的、反布尔什维克的、被资产阶级腐蚀和收买的分子的公开信，我是决不能同意的。我们决不是被资产阶级腐蚀和收买的分子，而是左派工人的代表；我们也不允许哪怕是共产国际执行委员会把我们称做反共产主义和反布尔什维克的分子。让别人去损害自己的名誉吧，让鲁特·费舍同志去同意这封信吧，**我们决不这样做，我们要像以前那样去反对这封信的有关部分**。因此，我们反对这封把我们说成是敌视共产国际的、被资产阶级腐蚀和收买分子的信。我认为，我们的行为是正确的，我很想看一看在这个大厅里的同志，如果他是一个正直的革命者，而不是宦官，不是马木留克兵①的话，假设他处在我们的位置，他会不会不这样做。

我们在反对十月公开信的同时指出，信中提出的政治路线和政治任务是正确的，我们同意共产国际的基本路线，因为我们认为这个基本路线是左派的、革命的、布尔什维克的路线。我们在德国共产党代表大会上讨论十月公开信时分析了两种前景——布尔什维克的前景和右倾的前景，我们明确地表示赞同布尔什维克的前景。**季诺维也夫同志在讲话中谈到第五次代表大会和右倾危险时曾明确地表示共产国际执行委员会坚定地站在这种前景的观点上，而且今后也将支持这个路线**。这为我们在党内进行认真的合作提供了可能，虽然我们批驳了十月公开信中错误的党内方针部分。

同志们，我之所以认为这个党内方针是不正确的，是因为在这封信里，相当大一部分正直的左派分子被说成是被资产阶级腐蚀和收买了的

---

① 埃及中世纪的近卫兵。——译者注

分子。(座位上有人喊:你是在哪里看到的?)

很遗憾,大家不知道执行委员会的这封信,我简单地介绍一下。共产国际执行委员会的信上说,我们是极左的、反布尔什维克的、反共产主义的派别,此外,还说我们是被腐蚀的分子。这是事实,在这里不必争论。(座位上有喊声)

如果情况不是这样,我只会感到高兴。但是,这里产生了一个问题:为什么我们后来还要继续贯彻这条路线呢?如果后来摆脱了这条路线,如果根本就没有过这条路线,那么请问,为什么允许洛米纳泽同志在波兰共产党代表大会上声称像肖勒姆和罗森贝格这样的同志对共产国际来说是"堕落分子"?我应该提出这个问题,因为人们嘲笑我执行了信中批评的路线并对信中的有关部分表示了愤慨。**我提醒大家注意,在整个共产国际都举目关注其争论的波兰共产党代表大会上,在共产国际中身居要职和在德国问题上的全权代表洛米纳泽敢于声称,肖勒姆和罗森贝格是共产国际的堕落分子。**

洛米纳泽(从座位上说):

还有卡茨。

达勒姆(从座位上说):

你的团结一致表现在国会上。

肖勒姆(德国):

我对卡茨的态度是不容置疑的。我早就参加工人运动了,就是您,尊敬的洛米纳泽同志,说我是共产国际的堕落分子的。我认为这太蛮横无理了。

同志们,德国共产党的情况又怎么样呢?

主席什麦拉尔：

显然，肖勒姆同志还需要半小时。没有反对意见。

肖勒姆（德国）：

我用不了半小时。我需要对季诺维也夫同志详细描述的德国共产党的情况简单谈几句。我不打算谈很多，因为我们在委员会里还要谈这个问题。我们保留修改提纲中有关德国问题部分的权利。我们也将把修改意见提交德国委员会。我现在的任务是：在扩大全会上公开地明确地陈述我们的情况，公开地明确地陈述德国共产党内左派反对派的情况并按我们的理解来描绘今后的远景。我们将支持德国共产党现在的中央委员会，**因为它在今后还要实行有利于全民选举的运动的政策。今后，我们也将支持中央**，就像我们在最大的柏林区执行中央的路线那样，跟我们走的还有韦丁区，我们在那里曾为反对不正确的决议而战；罗森贝格同志也在那里。我重复一遍：**我们将支持中央，因为它将正确地实行统一战线的策略，就像全民选举运动中那样。**同志们明白我指的是什么。这一次是自德国共产党建立以来第一次成功地开展了广泛的群众运动，运用群众的压力，迫使社会民主党中央参加到运动中来，同时又保持了德国共产党的领导作用。**我们还不至于愚蠢到贬低这些成绩或者否认这些成绩的地步。**我们不是笨蛋，不会拒绝支持这种运动。我们完全明白，这种运动所追求的目的不是革命的，不是共产主义的目的。我希望中央也明白这一点。这是显而易见的例子……

台尔曼（从座位上说）：

肖勒姆摆出一副自命不凡的教训人的样子。

肖勒姆（德国）：

我希望我的教训给台尔曼同志带来的好处会比鲁特·费舍给台尔曼同志带来的好处更大。在共产国际执行委员会公开信前，他与鲁特·费舍的意见是一致的。

台尔曼（德国）：

你们两个的教训我都不需要。

肖勒姆（德国）：

我认为，现在谈的是严肃的问题，没必要把话题转移到细枝末节上去。我的声明具有严肃性。**我重申一遍：我们将支持中央的政策，因为中央今后将按照季诺维也夫的讲话和第五次世界代表大会决议的精神行动。**

我们之间有一系列的分歧意见，这是无疑的。没有必要掩饰这些分歧而把一切说得都很顺利。如果我们互相拥抱并且许愿说我们将永远并肩前进，这是虚伪的。还存在各种分歧，但是靠互相示爱、下跪哀求等方法是不能消除分歧的。消除分歧只能靠共同的工作，就像中央在全民选举问题上所贯彻的正确的政策那样。**我不想掩盖，我们在这次运动一开始时是不信任中央的。**我们不信任中央会贯彻执行正确的政策。在开展了反对我们的辩论之后，任何人都不会为此责备我们。但是，事实表明，在某种程度上，我们的怀疑是没有什么根据的。现在，谈谈另外的分歧。我们认为，在德国由于忽视了经济斗争，中央过去和现在都犯了错误。我们认为，在失业和经济危机日益增长的情况下，以及在试图把美国资本主义方法搬到德国来的情况下，应当尽速在经济领域里推广积极的共产党的纲领。我们批评过中央忽视这个问题。我们认为，之所以犯这样的错误，是由于没有充分地认真地注意失业工人的运动，没有采取措施将经济斗争与德国共产党的现行政策结合起来。由于对这些问题没有给予充分的注意,我们只得付出高昂的代价,所以我们在扩大全会上不能不提出我们的批评。去年11月,中央在萨克森犯了一系列的错误。我准备在德国委员会上详细地谈谈一些细节。派往萨克森的贝切尔同志(我们认为派他去萨克森这件事本身就是一个错误)损坏了他作为萨克森部长的名誉……

诺伊曼(从座位上说):

诺伊鲍尔呢,科尔施呢?

肖勒姆(德国):

我们没有派他们到图林根去。

是的,为了避免再次实行同样的政策,我反对派这个同志到萨克森去。派这样的同志去应当理解为政治上的示威,理解为企图在1925—1926年在萨克森重新实行标志着布兰德勒和贝切尔垮台的那个政策。

同志们,这项政策从一开始就被涂上了一层消极的色调。错误在于没有用共产党的观点明确地、尖锐地进一步说明左派社会民主党中央失策的原因。共产国际所有的人都知道,第五次世界代表大会批评布兰德勒时指出,他的过错在于他同左派社会民主党相依为命,而没有无情地批判左派社会民主党。我们应该无情地批判左派社会民主党人的错误,从而推动他们前进,而不是掩饰他们的错误。

1925年11月,在萨克森还是按老的方式行动。我们希望(我们真诚地期望),德国共产党中央决不要忘记1923年的错误;而且一定会在将来避免这种错误;我们希望这届中央委员会能按新的精神来实行政策。如果中央方面有错误,我们之间还会产生分歧。我们认为,应当实现第五次代表大会制定的路线。

我们之间在许多问题上还有分歧，可能这些都是小问题，但是，存在着分歧。季诺维也夫同志把那些反对与德国工会委员会达成选举协议的人称做极左派。同志们，我们不是从根本上反对在德国提联合名单或同德国工会委员会达成其他某些选举协议。但是，我们坚决反对把同德国工会委员会结成同盟奉为原则。我们认为，原则上承认建立选举同盟的必要性在任何时候和任何情况下都是错误的。

台尔曼（从座位上说）：
哪有这样看问题的？

肖勒姆（德国）：
实际上就是这样做的，我举一个明显的例子。

诺伊曼（从座位上说）：
蔡茨。

肖勒姆（德国）：
我举威斯特伐利亚地方自治代表会为例。那里的共产党组织不仅加入了同社会民主党人的选举同盟，还加入了与左派资产阶级政党的选举同盟并投票选举叫米利希的社会民主党人。（座位上喊：撒谎！）

这个米利希由于我们的投票通过了，同志们，这是事实，在全会上我不能撒谎。这个米利希在鲁尔区起到了诺斯克的作用。这个年轻人作为国家的仲裁人取消了八小时工作制并且在矿工与资本家之间发生冲突时总是维护后者的利益。这个米利希就是共产党员投票通过的。

台尔曼（从座位上说）：

中央对此表示过抗议。

肖勒姆（德国）：

那就更好了……但是，如果中央把我第一次听到的这个抗议公开宣布出来就更好了。值得注意的是，德国代表团的一部分人（大部分）说我撒谎。而另一部分人则说中央抗议过。（座位上喊：在这以前你说谎了。）

雷梅尔（从座位上说）：

你开始讲代利奇，可又扯到米利希、鲁尔区来了。

肖勒姆（德国）：

在另外一种情况下也是这样做的。在卡尔·李卜克内西和罗莎·卢森堡被杀害后，普鲁士政府通过前普鲁士副首相社会民主党人希尔施转交了一笔钱给白卫军，其目的是要灭绝和监视共产党人，而正是这个希尔施，通过共产党组织的选票被选举担任鲁尔地区最大的中心城市多特蒙德的首席市长达12年之久。我们反对这样的政策。我们决不是反对偶尔进行选举同盟（在一定的前提条件下），但是，我们坚决反对把这个政策奉为准则。（座位上有人喊：你为什么闭口不谈执行了相反政策的哈雷市呢？）

肖勒姆（德国）：

该结束了。对我们多情的什麦拉尔同志已经准备好摇铃了。

主席什麦拉尔：

原来决定多给肖勒姆同志半个小时。时间已经过了。有人建议再给他十分钟。

建议被采纳。

肖勒姆（德国）：

由于必须结束我的讲话，请求我的德国党的朋友不要再用喊声打断我的话。

我们下一个要批评的是德国共产党的党内方针。我们真诚地希望改变这一方针。我指的是疏远和排挤过去一直被叫做"左派"的那些左派分子的一贯做法，以及拉拢所有右派分子的做法，大家都十分清楚，**右派分子决没有放弃他们的企图。**我们要求改变这一方针，要求吸引所有的力量进行合作——不仅是口头上的合作，而且要落实到行动中。

季诺维也夫同志提到所谓极左派组织内部发生的事。我没有任何理由闭口不谈这种事情，因此，在我的讲话快结束的时候谈一下。季诺维也夫同志谈到**在德国组织一个平行左派党的危险，某些人退出德国共产党和由他们组织一个新的共产主义工人党的危险。**我在这里是十分严肃地谈这个问题。这不是开玩笑的问题：这种危险**确实存在，而且要比中央过去和现在想象的更严重。**危险比中央的同志想象的更可怕。如果只是依靠软弱顺从、弱不禁风的党的机关，依靠喜欢在当权者面前卑躬屈膝的机关，而党的基层的声音又送不到领导者的耳朵中去；那么，这种情况很容易被忽视。

同志们，我们考虑到这种危险了。在这方面，特别值得注意的是卡茨的行为，我们决不能赞同过去卡茨同志的做法。我指的是他强行侵占党的印刷所等行为。这个同志在过去的党的代表大会上曾与我们是协同一致的，他的做法会使我们的名誉在共产国际眼中大受损害。他的做法预示着严重的危险。以前，一直跟我们走的那个组织的许多人没有向右转（中央至今对这件事的评估还是错误的），而是表示拥护卡茨，他们不了解卡茨的组织与共产国际没有任何共同点，而是用工团主义的观点以波兰共产党为榜样来看待党的作用。

埃韦特（从座位上说）：
你在国会的声明与卡茨一致！

肖勒姆（德国）：
是的，是为了同其他人划清界限。

格施克（从座位上说）：
是为了挑衅。

肖勒姆（德国）：
我说过，打断我的话不好。我明确地指出过，中央是在用党内方针助长这些人的声势。我在其他情况下也这样说过，而且现在也不改变我说过的话。同志们，由于这些事件，在我们面前出现了可怕的危险的怪影。因此，我们利用为我们提供的第一次机会就坚决地与这些**人划清了界限，这些人**不会独立地创造性地进行建设，不会建立真正的革命组织，他们**只会对党搞破坏**。我们公开声明：我们与这些人没有任何共同之点。

同志们，我想说的基本上说完了。最后，我想补充一点：我们期待扩大全会结束反对我们的斗争，不要再把我们当做极左的、反布尔什维克的和反共产主义的派别组织。我们不是孩子，我们不会认为，从今天起德国共产党内的一切分歧都会消除。党内还会存在一个严重影响党的作用的流派，还有另一个流派——右派。这两个派别都将在一系列的问题上表现自己，他们将互相争斗，但是，他们只有在国际确定的基础上才能合作。我们也期望扩大全会这样做。我们期望扩大全会制定出保证在近期内实现共产国际原则的路线，制定出着重反对在共产国际的某个支部内破坏共产国际的主要决定的那些人的政策。

塞马温（爪哇）：

我想联系季诺维也夫同志的报告简单地介绍一下我们印度尼西亚共产党的活动。

在我们党内不存在右派和左派，但存在另外一些困难。这些困难是由外部因素造成的。为了使大家对这些困难有个概念，有必要叙述一些事实。

1925年，我们党开展了反对荷兰帝国主义的剥削和压迫，及其反动政策的积极斗争。斗争受到中国革命运动的影响，斗争中表现出对中国和苏维埃俄国的同情。

这个斗争使我们付出了巨大的牺牲：据最近统计，3000名工人和农民被判处为期三天到十五年的监禁；500名共产党人被投入监狱，50名同志被杀害，150人受伤；50户共产党人的住宅遭到被政府官吏收买的匪徒的破坏和烧毁；一个共产党员的家庭遭到毒害，两个同志被杀害。很大数量的同志被军队、警察局、工厂、种植园等开除。1925年初，党的两名或者是四名领袖，其中有三位较著名的领袖被流放到疟疾流行的地区。据政府声明，他们被流放是因为他们是我们党最主要的领袖。我们党坚定不移地执行着第三国际的规章，采取一切斗争手段。包括：通过秘密斗争手段推翻政府，建立新的苏维埃制度，目的是为了推翻国际资产阶级，为了完全废除国家而建立过渡政权形式的国际苏维埃共和国联盟。

政府镇压的借口之一是党在工厂、矿场、石油工业等地设有支部，借口党组织了罢工，借口在党组织的游行示威中与警察发生了冲突，借口党同我、同莫斯科有联系，等等。

我认为，无须指出现政府为国际资产阶级效劳的目的。从上面列举的事实就能得出结论：我们的党是真正的共产主义的政党。

但是，现在产生了一些困难。在我们党的队伍中可能产生和发展起民族主义的倾向。这种倾向是由荷兰的右派和左派同志带来的，这些人在荷兰这样一个小国的革命运动中起着领导作用。虽然民族主义在被压迫民族中是一个革命因素，但我们可以说，在印尼共产党中，民族主义是有害的，因为它促进了民族主义在荷兰革命运动过程中的扩散。这种压迫民族中的民族主义是具有反革命性质的，因为它支持的是帝国主义的思想体系。

现在，我向你们列举一些说明我们同荷兰共产党之间关系的事实。我可以用这些事实向委员会证实这种关系。

只要一同荷兰的同志谈起我们党在印尼的政策，就会得到模棱两可的外交式的答复。他们说：印尼的运动发展得很好。他们向我们讲述许多年前当荷兰同志还是左派社会党人的时候在印尼所做的事。当谈到我们运动的"本地的"领袖时，他们说："啊，这些本地同志是一些很漂亮很有前途的小伙子。但是，他们自认为是天才的人，要知道，他们还有点幼稚。"或者说："某某人是个好小伙子，但你们知道吗，他有点急躁"，等等。充其量他们说，现在，印尼人民像一头被激怒的水牛。结果给问话的人留下一个印象，在印尼，到处都是一些水牛，而领袖"在政治上是不成熟的"。

另一个事实是，由于有英荷橡胶垄断组织和石油康采恩——荷兰皇家壳牌油公司，并且考虑到印尼的地理位置是连接战略要地新加坡和澳大利亚的枢纽，我们可以自信地得出结论：荷兰帝国主义是英帝国主义的好朋友。必须指出的是，在帝国主义国家为了消灭劳动人民而竞相生产飞机的时候，在为了"捍卫"或更正确地说是为了争夺殖民地而生产新型战舰的时候，情况确实如此。在这个问题上，一些在全国工人秘书处工作的荷兰同志不支持我们的革命政策。

我还想告诉荷兰的同志们："不要干涉我们的策略，不要妨碍我们在伊斯兰联盟内领导民族运动，因为近几年来这个组织里发生了荷兰同志不了解的极大的变动；而荷兰同志只有个别人在印尼，而且这还是很久以前的事。你们学习学习苏联、法国、美国等兄弟党的殖民地政策吧。那样，你们就不会把民族主义倾向带到我们殖民地党里来了。"

另一个危险是：我们党处于地下，我们有脱离群众的危险。然而，我们党仍然与工农群众保持着联系，并领导他们为争取解放而斗争。当然，这种斗争只限于在资本主义暂时稳定情况下可能的范围内。

最近，从印尼传来的消息说，那里正在起草一条将使我们无法出版报纸的新法律。这条法律正在制订过程中。尽管我们所有的编辑都得到了"免费食宿"，也就是都在坐牢，至少要在牢里蹲半辈子。

罢工和集会已被禁止，因此，不可能进行公开的斗争。在印尼，开始了解放斗争的新阶段。反动的荷兰帝国主义者将千方百计地支持印尼的无政府主义者，即所谓萨明分子的极其有害的活动。

萨明分子和无政府主义者说，在当前情况下，不能破坏制糖工业、石油资源、烟草、茶叶等种植园。萨明分子在宣传中采取了一些相当奇怪的方法，但是，他们吸引了那些丧失了基本人权，指望以此改善他们状况的群众。

无政府主义者对半饥饿的人民说："不要吃得太多，不然我们消灭了外国人的种植园后大米就不够了。"当然，我们许多人会进监狱的，可是，要知道，在监狱里已经有45万印尼人了。每20个家庭中就有一个家长在监狱里。犯罪率增长70%是因为监狱围墙之外的"犯人"找不到饭吃。几十万纵火犯和杀人犯,这不多,如果能用这个代价换来自由的话。

你们看,对于其余的正在忍受极端贫困的无知的群众,这种宣传是很有吸引力的。因此,我们处于地下的党是很难同无政府主义者竞争的。但是,不管怎样,在这个国际讲坛上,我们代表印尼党作出保证:我们将竭尽全力去干,不管有没有荷兰党的帮助。总的说来,我们党可以同意季诺维也夫所说的,我们应当更独立地去行动。

塞马尔(法国):

法国代表团同意季诺维也夫同志对国际形势的估计。法国代表团只是想更详细地说明法国当前的形势。

例如,报告里指出,法国工人的状况比邻国工人要好,尤其是比德国、意大利和西班牙工人的状况要好。报告中列举出意大利工人的工资数是战前的89%,德国工人的工资数是战前的88%,而法国工人的工资数则是战前的101.7%。

应当强调指出,如果说法国工人的状况与邻国相比似乎很好的话,那么,不能忘记的是,在战前,大多数法国工人的工资大大低于最低生活费。例如,铁路工人的工资一直是在2法郎75生丁和3个法郎之间,而当时的平均生活费则是5个法郎。

然而,在当前条件下,法国工人的状况总归比欧洲其他国家要好。大家都知道,在法国有300万移民,因此,这个论点就更显得正确了。但是,尽管看起来生活安逸,法国当前的工资水平也还是不能令人满意。

顺便说一下,法国的罢工次数很多,尤其是近两个月来更多,小资产阶级队伍中的运动也说明了这一点。比如,我们注意到银行职员的罢工,最近时期不断增长的政府官吏的运动以及冶金工业(雪铁龙工厂)

和阿尔萨斯-洛林铁路罢工运动的增长。

这些事实说明，工人开始积极地投入到争取提高工资、争取在价格上涨和通货膨胀时为维持实际生活水平实行浮动工资的斗争中。尤其是领月薪的工人和政府职员——如铁路工人、官员等——更是表示不满。

还应当指出，在战前，我国的妇女几乎都不工作，而现在，有20%—25%的妇女参加工作，目的是为了给家庭补充一点工资收入。

近来，物价飞涨已经有好几个月了。物价上涨是随着左派同盟的执政而加剧的，但是，近几个月来，物价上涨的速度更加快了。例如，1月份的物价指数增加了12%；1924年12月物价指数达到404；1925年12月达到463；1926年1月达到480。也就是说，在一个月之内增长了17。另一方面，批发价格指数在1924年12月是518；1925年12月是646。批发价格与零售价格之间的差别说明，将来物价还会高涨。如果通过调整外债的方式来稳定法郎，那么，随之而来的有可能是在几个月内金融危机的重新尖锐化。在8个月之中，法郎与美元的比价从18升到了28，而与英镑的比价则从100升到了133。我们在争取实现统一战线的斗争中尽管犯了许多错误，但总还是有成绩的。特别是应当承认，我们在12月2日会议之后提的几点新建议是十分合理的。这些建议中包含了无产阶级的直接要求，即使再一次遭到改良主义领袖的拒绝，也并不能说明统一战线是不能实现的。相反，在一些省里，我们根据这些要求争取到了对统一战线有利的行动。这些运动在不断发展。例如，在雪铁龙工厂出现了无产阶级统一委员会，它几乎联合了所有工人群众并动员他们去捍卫自己直接的诉求。

在不久的将来，我们将面临一场严重的斗争。毫无疑问，物价将更加昂贵。当然，由于调整外债问题，可能会出现以法国无产阶级被奴役的代价换来的暂时的稳定局面。但是，经济危机仍然威胁着法国，并且在近几个月来日益迫近。国际劳动局的领袖阿尔伯·托马不久前说过，这个危机已经逼近我们的大门口了。由于缩减生产和限制信贷,在稳定时期,危机将更加尖锐,这不可避免地将带来失业。

另一方面,由于摩洛哥和叙利亚战争的继续(我国帝国主义的祸害),我国的财政赤字日益增加,情况就更加尖锐起来。

这就是我国无产阶级的斗争前景。可以预见到会展开更大规模运动的搏斗。也有另外一种可能,就是最近迅速壮大的法西斯在工人阶级斗争的发展过程中同我们发生冲突,法西斯发展迅速的原因在于他们依靠大金融和大工业资产阶级的支持作政治和经济的支柱。至少,我们需要同法西斯中专门从事工贼活动的"公民联盟"打交道了。

无疑,在这些初期的搏斗中对手仅仅是显示了一下自己的力量。决斗还不会进行,因为法西斯尚感到力量薄弱,而且法西斯的领袖们在同无产阶级进行斗争的方法上还没有协同一致。

考虑到这些因素,我们赞同季诺维也夫同志强调的必须加强统一战线,加强工会统一宣传的策略。

还应当指出,党没有作出变摩洛哥战争为国内战争的决定,在关于统一战线问题的建议中也没有谈到这一点。中央就此问题曾进行过辩论,但从没有提出过这样的口号。

现在,我来谈谈我们在实行统一战线策略中所犯的错误,以便让兄弟党以我们的经验为借鉴而不重蹈覆辙。

无疑,我们犯了一系列左倾的错误。其中包括对法西斯运动的错误估计和提出过分的超出群众情绪的口号,例如,"革命法庭"的口号。在摩洛哥战争问题的统一战线策略上,在致社会民主党人和改良主义劳动联盟领袖的公开信中也犯有错误。我们提出的不是联欢的口号,而是摩洛哥撤出战争的口号,显然是不应该这样做的。我们提醒社会党的领袖们,说这个口号是老社会党提出并宣传的,我们认为这样做是合理的。

但是，我们的失败主义的口号显然是正确的，我们打算不顾右派的反对，把这些口号保留在我们的纲领中。我们将在广大工人群众面前捍卫这些口号，但不会像以前那样把这些口号当做工人统一战线的条件。

广大群众不了解这些口号的意义。我们的过错在于，在提出口号以前没有进行解释。这就是为什么战线仅仅具有局部性而不具有一般性的原因。

在实行统一战线的过程中，我们遭到了社会民主党的领袖，而且也遭到一些社会民主党工人的拒绝。他们不了解我们要求他们联欢的真正意义。

我们的错误导致的更加严重的后果是，我们疏远了相当大一批社会民主党工人，而在当时，由于形势的尖锐化他们正在向左的方面发展。由于我们的错误，他们留在了社会民主党内。因为社会党的领袖相当灵活，参加统一战线的少数社会党工人在遭到大多数人的反对后，他们中的一些人被领袖们开除出党。此后，有左倾情绪的工人便服从纪律，不再采纳我们的建议了。

同志们，应当说，现在，左派已经站出来了。在我们12月2日的代表会议之后，我们取得了相当大的战绩。现在，统一战线的口号越来越使我们接近社会党的工人并成为我们和非党群众之间的纽带。因此，我们有了同更广大的工人群众取得联系的可能。

我们要对某些右翼领袖的立场提出批评，同时，也应当指出，必须同我们党内有进一步发展趋势的左倾错误作斗争。我们声明，凡是要抵制我们12月2日代表会议决议的人，都将遭到我们的坚决回击。共产国际应当同我们一道谴责左倾和那些坚持自己错误的同志。但是，同志们，在这方面，季诺维也夫同志也是完全正确的。如果说法国在无产阶级群众中有左的运动的话，那么，威胁着我们的更大的危险则是来自右的方面。我国的右翼及其机关刊物《共产党人公报》和《无产阶级革命》进行了一系列的派别活动。苏瓦林决定停止出版《共产党人公报》，他以此作为他好像是服从了纪律的样子。实际上，他还在继续进行他的分裂活动，他企图建立一个不大的组织，目的是联合一切反对党和中央的人。对法国的这个右倾危险是决不能低估的。我们还有相当强大的社会党，有尚未组织起来的工人群众，他们正在寻找正确的道路，他们越来越被吸引到政治生活中来。如果与我们并列地存在着这样一个同时在党内和党外进行政治活动的组织，那对我们党来说是隐藏着一个很大的分裂性的威胁因素。

除了《共产党人公报》之外，还存在着一个以莫纳特和罗斯默为首的《无产阶级革命》。这个小组织无疑比《共产党人公报》的根更深。这个小组织与容易接受莫纳特和罗斯默"工团主义"蛊惑宣传的老的工会干部有联系。因此，我们看到，在我国，右倾危险比极左危险大得多。右翼是一个有组织的派别。我不认为左翼现在就有这样的性质。将来这种危险一旦出现，我们就要极力避免。如果这个派别一经组织起来，我们就要坚决与之斗争，因为这种极左的派别只能成为右派趋势的支柱。

右派的思想具有纯粹修正主义的性质。他们在提纲中批评第五次代表大会提出的统一战线策略。他们至今反对在生产支部的基础上改组党。下塞纳的代表戈蒂埃——签名上书执行委员会的50个人中的一个——声称："应当让法国党不再听命于俄国党"，而安里耶（也是代表）也以同样的腔调发了言，用关于党的机构和纪律的意见来论证自己的观点；直接提出修改二十一条。应当特别强调指出洛里欧的观点。我们不仅想在广泛辩论中在我们支部面前，而且想在这个讲坛上，在整个国际面前击败右翼。

同志们，洛里欧是怎样谈论统一战线的呢？他说："第五次代表大会通过的提法表面上是很吸引人的，但实际上是胡闹。"他根据这个观点写道:"想要将领导与群众分开,这纯粹是幻想。只有通过领袖的智慧才会实现统一战线。"接着,他以同样的方式谈到同盟的必要性:"统一战线既不是手腕,也不是圈套,党是**诚心诚意地**提出统一战线来的。其目的是:以一定的目标将无产阶级的各种力量联合到**临时同盟**中来。"

洛里欧好像是拒绝同领导人订立同盟,客观上为了这个目的,他声明"不能将领导与群众分开,要通过领袖的智慧来实现统一战线",他指出,统一战线应当**"真心真意地、同全党一起"**来贯彻。

换句话说,这就意味着,如果领袖不参加统一战线,统一战线就不存在了,没有领袖就不能建立统一战线了。

更重要的是,当我们面临着同殖民主义战争进行斗争的时候,右翼却不断地指责我们的失败主义的口号。他们这样做不是因为社会党工人可能拒绝这些口号,而是因为领袖会不接受这些口号。

右翼论证了"真心实意地"实行统一战线策略的必要性。共产党如果这样做,就需要与社会民主党联合,就应当放弃自己的纲领,这就会引起一场混乱,其结果与其说会接近工人群众,不如说使群众疏远党。假如说右派没有公开声明,按他们的意见,公开信应当写给领袖,从这些话中也能得出结论:他们主张的首先是把社会党领袖吸引到统一战线中来,然后才是他们的军队。

洛里欧对失败主义口号的态度是右翼领袖的社会民主党本性的鲜明例证。但是,不应把他们同支持右派的无产阶级分子混淆起来。无产阶级一旦了解了右派的真实立场和他们反共产主义的思想就必然会离开他们。

关于摩洛哥问题,右翼是怎样说的呢?首先说是**"反动的战争"**,因为"阿卜杜勒-卡里姆是封建主领袖,对他支持的程度应看他是否表现出真正的革命性,以及他是否允许我们以革命的精神来教育和组织农民和广大的被剥削的里夫人。只有在这种情况下,我们才有可能支持阿卜杜勒-卡里姆"(帕斯提纲)。确实,法国—西班牙帝国主义从两条战线向里夫人进攻的时候,右派说:"不应当支持他,因为他是封建主领袖,而不是革命者。"

同志们,我们明确表示了我们在这个问题上的立场:我们指出,我们不是支持阿卜杜勒-卡里姆本人,而是支持以他为首的反对法国帝国主义的民族运动。当反对法国帝国主义的斗争时期结束后,我们将要同这个封建主领袖进行斗争。只有当他不再反对帝国主义的时候,只有当他的政权沉重地**压在里夫农民肩上**的时候,我们才会这样做。

但是,右派分子不仅是谈论"封建主领袖"。他们还要求我们"不要坐在阿卜杜勒-卡里姆的拖船上慢慢走"。帕斯在他的提纲中写道:

"联欢不是抽象的东西,不能适用于一切场合。**它建立在相互的基础上,它的前提是各交战民族的经济发展水平大致相等,因而各交战军队的政治成熟程度大致相等,它的另一个前提是双方都具备能够宣传联欢口号的革命组织。**当一方是资本主义帝国主义国家的农民和工人,另一方面是在封建领袖领导下力图争取民族独立的农民的时候,问题就不是这样了。**在摩洛哥战争中不应当提出联欢的口号。**"

我再强调一次,这里的问题不仅是把取消这个口号当做统一战线的条件。右翼声称,根本不应把这个口号与摩洛哥战争联系在一起提出来。尽管帕斯也否定这一点,但事实上,他是在划分"文明的人民"和"落后的人民"之间的差别,他认为,只有"当两国人民的经济发展水平和政治成熟程度大致一致"的时候才能够联欢。这种论调等于为资产阶级宣扬的劣等种族应受高等种族领导并在他们统治下变为殖民地奴隶的理论作辩论。这和茹奥一类的社会民主党人的观点是一模一样的。茹奥曾写过:"军事领袖的领导不是授权用暴力手段去统治人民。"

他写这些话时,这位领袖正在遭到围攻。

另一方面,帕斯的理论与波里斯·苏瓦林的小资产阶级观点毫无区别。苏瓦林曾写道:"摩洛哥是属于摩洛哥人的;但它不是属于法国共产党人支持下的阿卜杜勒-卡里姆的,我同意这一点。"当然,正如季诺维也夫同志所指出的那样,这些人不是走向共产主义,而是回到社会民主党的怀抱中去了。

在俄国共产党第十四次代表大会会外提到的那封250人的信中,为了向我们党中央进攻,也写着,仿佛"人们千方百计想把摩洛哥撤兵的思想和在当前情况下无法实现的联欢的思想强加给我们"。共产主义的一切敌人都说(洛里欧也是这样说):"摩洛哥的军事撤退就是革命的同义词,它的意思是无产阶级专政。"在这种时候,难道可以在这种意见上签字吗?我觉得,军事撤退和失败是前线联欢的结果,是法属摩洛哥部族起义的结果,还不能说明在法国必然爆发革命,这或许仅仅是使帝国主义处境困难,迫使帝国主义撤回自己的军队,减弱帝国主义对他们所压迫的民族的统治和影响。

应当指出,联欢实际上已经进行了。同志们知道,整营整营的人同里夫人和叙利亚人联欢并转向他们一边。像摩洛哥这样的地方,在正规军队中服役的同一个种族的人们彼此对立,但在那里产生联欢的趋势也是不足为奇的。如果我们党有可能在前线加强宣传工作,那我相信,联欢会具有更广泛的性质。我敢肯定,右翼反对的不是把这些口号当做统一战线的条件来提出,而是从本质上反对这些口号。

有些同志对我们党在生产支部的基础上进行改组时所采取的那些生硬的机械的方法表示不满。这种不满情绪不涉及政治问题,而是涉及组织问题。在250人的信上签名的某些同志——其中包括一些工会组织的书记——声明说,虽然他们批判地对待党的某些个别措施,但总的来说是不同意右翼的观点的,他们在250人的信上签名并不说明完全同意右翼的一切观点。在信上签名的11个国会议员中有8人不同意右翼的意见；他们中另有一个人，就是那个声称不愿意听命于俄国党的戈蒂埃，始终坚持他的不可调和的观点，坚决表示同意右派分子和苏瓦林的意见。

就是这个戈蒂埃和他的一些朋友散布谣言说，法国党的政策和策略的改变是由于共产国际进行了干涉。在这个讲坛上，我要辟谣并且声明：我们党自己纠正了自己左的倾向，而共产国际只是在后来对我们党所通过的决定表示了赞同。让安格尔同志把这个情况转告他的好朋友们去吧。

在工会运动中也出现了一些左的倾向。对统一的宣传一度被放到次要地位。在1925年4月联合代表大会召开后，改良主义工会内部组织起来的联合左翼组织得不太好。但是，这里应当考虑到一系列的困难。这里不能同英国工联以及英国共产党为了统一和统一战线而进行的宣传相比，因为英国工会运动中没有分裂现象。而在法国则有两个劳动总同盟，在我国，为了统一而开展的运动遇到了特别大的障碍。此外，在劳动同盟的一些同志中还存在着复仇情绪。这些同志每天都看到，改良主义的领袖们像从前那样继续实行一贯的分裂政策，给劳动同盟的征募工作带来极大的困难。因此，他们只想在劳动同盟中组织统一战线，而轻视在改良主义劳联中的工作。

应当指出，由于工作方法过分简单机械所造成的工会之间的某些不正常的关系反映在宣传工作上是很不利的。在共产党的年轻干部和老的工会干部之间产生了摩擦，这些老的工会干部不是受到社会民主党人的影响，就是表现出无政府主义的倾向。我们各支部的同志想过分快地前进，于是在两代人之间产生了一些冲突。另一方面，由于最近8个月来我们进行了大量的政治工作，在我们的队伍中出现了某些忽视工会工作的趋势。在我们中间还有许多熟练工人，他们工资相当高，因此，他们不大注意直接要求，而更关心重大政治问题。最后，我们的许多支部由于受工厂主的镇压而停止了活动。为了防止密探打进自己的队伍，有时只能拒绝优秀工人入党。工厂里的支部受到孤立，甚至中断了与工会的联系。所有这些情况给我们的工会工作造成了许多困难。因此，我们认为，季诺维也夫同志说应当加强工会统一的宣传是正确的。

应当指出，在十月代表会议之后，我们的许多错误得到纠正，联合同盟全国委员会重新把统一的问题提到了首位。

现在，我来谈谈我们在改组党的工作中的一些困难和所犯的错误。

我们没有建立与工厂支部平行的街道支部和分区组织以便在地区基础上开展工作。旧的分区支部应当随着改组工作逐渐取消，并自动地被管理地方工作的分区组织或者区组织代替。由于这一错误使我们失去了不少的小手工业者和小商人。他们没有加入支部，仅仅是成为了一般的同情者。

我们不止一次地指出过，主要是因为进行了改组，小资产阶级分子离开了我们的队伍而由工人代替了他们，这样，在我们党中新的成分占了多数。

现在，这些错误已经得到纠正，改组工作进行得很好，同时，还正在建立街道支部和分区组织。我顺便提请注意，右翼有反对支部的情绪。关于支部，洛里欧是这样说的："由于在支部中工人成分居多，需要成立另外一些咨询机构。"显然，工人占多数使洛里欧感到拘束。其实，一些右派分子仍然认为旧的分部比较好，认为旧的分部是真正的"郊区俱乐部"和哲学家的漫谈所，在那里，工会的、合作社的以及其他使工人感兴趣，也使党感兴趣的问题被排在末位，而个人的恩怨和选举的倾轧则十分活跃。

250人的签名信中写道："在目前情况下，支部不可能成为党的组织基础。虽然不取消支部，必须立即恢复地区分部。"因此，很清楚，右派想要回到分部的体系，而且他们中有些人补充说，为了建立民主集中制必须这样做。因此，在右派代表诺埃尔的一封信中写道："在目前形势下，只有在地区分部重新成为我们的组织基础时才能实行民主集中制。"他还补充说，"支部适合于临近革命的时刻，现在，我们还没有进入这个时期"。

请来这里出席会议的安格尔回答我们，他是否同意这个意见。250人签名的信中接着又写道："到处都能发现有支部垮台的现象，如果党继续这样发展下去，党很快就会完全被消灭。"

果真如此吗？我们的党员总数近60000人，他们分布在1500个工厂支部和2000个地区组织——即街道和农村支部中，还有旧的分部组织。

我们的党不但在工人和农民群众中，而且在小资产阶级中也有很大影响。昨天，还指出过，在最近的征募运动中，70%的新党员（例如在利穆赞区）是农民。这表明，我们的党已深入到农民群众之中去了。在农民中开展工作方面，我们还可以列举出无数次工农群众的州一级的代表大会。不久前，我们组织了一次大的全国性的移民代表大会，会议开得十分成功。将来，我们要争取获得更大的成就。

在结束发言之前，必须提醒大家注意我们党内的新趋势——非常糊涂的中派分子运动，这个运动使右派分子有可能继续耍手腕。根据莫兰同志建议所通过的决议中附带地提到必须设立一个供争论的、自由的、固定的讲坛，说不容许给《共产党人公报》和《无产阶级革命》的编辑人员任何处分，应当给他们在这个讲坛上充分发表意见的权利。他还要求在各代表团中各流派的代表名额按比例分配，等等。

这些要求没有体现以纪律和少数服从多数为基础的民主集中制原则。这是要使我们党变成哲学家的俱乐部、空谈家的党，而不是扎扎实实工作的党。

接着，中派悲观主义分子翁贝托证明，为了挽救党，主要是挽救右派，必须使老党员与新党员按互利原则结合起来，他写道：

"我们实际上看到的是什么呢？一方面，是在社会主义学校中培养出来的（也可能是违背自己的意愿）受社会民主党传统熏陶出来的老一代，他们有政治经验和实际工作能力。然而，老的一代在1923年没有胜任自己的任务，因而未能领导好党。

另一方面，是年轻的工人一代，革命的一代，他们在实际工作和思想锻炼方面都是完全无知的。他们受到蛊惑宣传，被利用来支持现在的中央。

年轻的一代也像老的一代一样，没有胜任自己的任务。为什么？因为年轻一代的社会成分（他们总是要以此为自己辩解）必然会使他们犯一系列的'幼稚的'错误。

应当使年轻的'左的'一代与老的具有社会民主党色彩的一代联合起来，使年轻一代能学会'政治'，而老的一代能得到支点。

这样，我们就能在几年之内达到和谐的统一，有一个严肃的党，这就是我提出的联合。"

同志们，翁贝托建议我们同社会民主党的思想联合，把年轻的"左的"一代吸引到老的社会民主党的组织中去以便社会民主党的组织教年轻一代学会政治。这是恢复到盖得与饶勒斯平起平坐的"友好联系"的党去了。那么，为什么当时要拒绝按列诺得尔提出的政治统一模式呢？因为，这是社会民主党的狗鱼和左派鲫鱼的联合，他们根本不顾及后果。我们永远不能接受这样的建议。

同志们，我们明白，这些赞同合并的人有右翼，即苏瓦林的《共产党人公报》和《无产阶级革命》的编辑莫纳特—罗斯默撑腰。顺便说一下，戈蒂埃接受了这个中派主义的纲领，这个纲领对他和他的朋友们来说是一根意外的救命稻草，当时，正值共产党的工人斥责他们的立场并把不守纪律的党员开除出党的时候。

最后，我们声明，我们要同正在产生的这种中派主义趋势进行斗争，要实行真正的民主集中制，实现我党十月代表会议规定的一切任务，纠正我们左的倾向。我们在国际面前承认存有这些倾向并完全按照国际的意图自己纠正了这些倾向。我们希望始终成为国际的最积极的、最有纪律的支部，以便能争取到广大工农群众的支持。

布劳恩（德国）：

同志们！我们来参加扩大全会不是为了像肖勒姆那样用一些漂亮的外交词汇掩饰正在解决的问题。我们与肖勒姆的分歧在哪里呢？肖勒姆说，恰恰在他的小组正朝着成为布尔什维克组织的道路前进的时候，出现了执行委员会的信。这封信在某种程度上阻碍了他们向真正的布尔什维主义发展的过程，因为这个组织被说成是极左派和敌视共产国际的组织。实际情况是怎样的呢？公开信不仅对德国党是必要的，而且对整个共产国际也是必要的。公开信是当前准备第二次革命时期的重大转折点。谁若不懂得这一点，谁就根本不懂得问题的实质。德国的情况是：在1923年犯了严重的机会主义错误之后，我们党的一部分走向了另一个极端，在国际范围内开始出现性质相反的趋势——取消的趋势、退却的趋势直至解散共产党的趋势。我们在法国看到了这种趋势的萌芽。法国党摆脱掉这种趋势的萌芽，是在德国公布了这封公开信之后的事。这种趋势在波兰也表现得很强烈，如果说波兰也发生了改变，则是因为这封公开信对德国党产生了决定性的影响。现在，这封公开信对整个共产国际也产生着决定性的影响。因此，谁若否定这封信的意义，谁至今还不承认这封信的必要性，谁就没有把握当前问题的起码知识，或者是想极力用外交手腕敷衍了事。由于有鲁特·费舍等人的表演，我们对这种手法是十分熟悉了。

因此，我们要首先指出这一事实，然后再谈实际问题。肖勒姆说，谁也不会阻挠公开信所号召的"面向群众"。唯一破坏这条路线的人就是那些企图利用党的方针以达到同德国社会民主党人结盟的人。

但是，肖勒姆没有告诉我们，他指的是谁。他为什么闭口不谈这个问题？为的是当他返回德国后，在中央每次号召面向群众时，他都可以对工人进行蛊惑宣传：你们看，他们为走向社会民主党铺平了道路。现在，我来论证我的判断。当公开信公布时，当我们采取了接近群众的最初的步骤时（因为现在根本谈不上粉碎民主党，我们只是在这方面迈出了第一步），肖勒姆就在党的讨论会上说（不是像他在这里用的温和的腔调），为了获得选票而同社会民主党提出联合选举名单的建议是取消共产党的第一步，而这第一步是通向纽伦堡的。肖勒姆的这个论点（鉴于德国党在机会主义倾向方面的痛苦经验）在某种程度上产生了这样一种印象：有些同志过去相信他，现在也还相信他。如果有人声明，这里有人准备加入社会民主党，那么，很显然，工人们是不会相信的，他们会开始怀疑。在当前时期——即决不意味着暂时平静的缓慢发展的时期，不仅必须坚持过去的观点，还必须组建无产阶级的群众性的政党，这样的党将领导无产阶级的各种斗争。肖勒姆同志投下了怀疑和不信任的毒药。这就是这一倾向的典型特征，同时，也是与右倾取消派倾向的接触点。对这些倾向，我们是一刻也不能放过的。

同志们，肖勒姆接着说，在开展反对给封建公爵赔款的运动上，他完全同意中央的政策。而实际情况是怎样的呢？不久前，鲁特·费舍同志在执行委员会的会议上还曾说过，这是议会主义的克汀病。（鲁特·费舍喊道：不对！）

肖勒姆说他同意这项政策。但是，由于肖勒姆现在还在为将来的反对派寻找纲领，因此，他所不明白的或不想明白的是：若没有共产国际执行委员会的这封公开信所提出的方针，就不会有我们党现在正在顺利开展的运动。因为，公开信的意义不仅在于让肖勒姆同志离开了中央，公开信的意义还在于：广大的党员群众深受其害的精神空虚这一毒药已开始从党的机体中被排除出去；这封信使党员的注意力集中到党所面临的中心任务上来了。这里，我们看到肖勒姆的另一个反对意见，我客气一点把这叫做"反对意见"。他说，他同意没收领主房屋问题上的政策，但是，党在萨克森的失业问题和经济斗争问题上却犯了错误。肖勒姆同志支持德国的这一策略：如果在某地方组织中确实出现了机会主义倾向，那他不会具体地指出所犯的某个错误，他会说：你们知道这个错误是什么意思吗？这个错误一般地说是警报"右倾危险"的信号。他还说了一些别的话。他说：这就是中央的路线。如果什么地方出现了错误，那么，用肖勒姆的话来说，这就是中央的路线。照肖勒姆看来，我们在失业和经济斗争的问题上犯了错误。我们是想做得好一些的。毫无疑问，总是可以做得更好的，但问题不在这里。我们可能也犯了错误，但正在寻找新纲领的肖勒姆说，我们没有掌握经济斗争的领导权。在目前时期，对德国经济斗争的领导，首先取决于党在工会中影响力的大小；可能在不久的将来会发生变化，但在当前，我们不能违背工会意愿去领导半革命性质的大规模的群众运动。在这方面，党的力量还不够，在现在时期——危机时期——群众的情绪还不够坚定。因此，共产党对工会的影响是党的最重要的问题之一。我举一个数字：如果在总数为17000个的地方工会中有16000个地方工会的共产党员在领导机构中不反对社会民主党人的话，那我认为问题是十分清楚的。党的影响很弱，这主要是由于肖勒姆、鲁特·费舍等人贯彻了错误的政策。而现在，同志们，肖勒姆却说是党内方针不正确。肖勒姆同志认为，党内方针无论如何应使中央委员会授予这些同志领导的职能，使中央委员会把州委会以及报纸编辑部交给他们。如果中央想自杀的话，那么，中央就会这样做。但是，我们还没有愚蠢到会那样做的程度。当然，转向群众政策的执行应通过某些人来实现，但是，这个新观点的体现者（至少在这个发展阶段上）不应当是那些现在还在拼命反对中央、反对中央路线的同志。这是决定性的问题。只要回忆一下在柏林召开的城市代表大会以及会上进行的攻击就足够了。肖勒姆说，党内方针产生了新的海德堡的危险，产生了德国共产党在不久的将来发生分裂的危险。用他的话讲，中央低估了这个危险。极左派是否真的在拥护党的群众中得到了有力的支持，这是个非常重要的问题。因为，只有在这种支持确实存在的情况下才可能谈到分裂的危险。显然，是存在某种基础的。显然，把危机只归咎于极左派领袖的主观错误是不正确的。但是，也不应低估主观的因素。我们认为，极左派情绪的激发、利用和组织正是这个主观因素招致的。在这里，我们应指出下面一点：由于最近一年半的错误政策，极左派情绪获得社会基础的危机加剧了。由于这一政策，不能吸收无产阶级新的阶层入党，党在工人运动中受到孤立，因此，在党的队伍中产生了不相信党的力量的情绪。但是，现在应该看到，正是党实现了这一转折才逐渐摧毁了极左派情绪的社会基础。正是由于贯彻新的方针取得的成绩，才使广大党员群众增加了对自己力量的信心。现在，我们的任务是在社会民主党中打开缺口，同时，通过吸引大多数非党工人的办法为党增添新生力量。

我接着讲，我们要争取在社会民主党和它的各个小组以及更大的区组织中，最后争取在全帝国范围内使某些部分脱离出来。这会导致我们党社会成分的更新，给党内生活注入新鲜血液。因此，如果肖勒姆把他自己说成是使党免于分裂危险的救命恩人的话，那是非常不合适的。应当公开地说出来。肖勒姆，还有鲁特·费舍在讨论会上提出了下列的口号：中央争取同你们——优秀的革命工人分裂是为了以此方法将改良主义工人吸引到自己一边来。这是带有蛊惑性的宣传。现在，肖勒姆说：卡茨的问题能证明确实存在很严重的危险。但是，中央不是由白痴组成的，我们研究了党的发展情况，我们会防止出现第二次海德堡事件，哪怕是在较小的范围内。但是，反过来说，我们也不允许某些分子非法地利用我们的忍耐，把我们的忍耐当做我们的软弱并企图通过对党施加压力为所欲为，甚至是背离布尔什维主义。

同志们，所以我们说卡茨被开除是因为他身上表现出这一极左组织的一切反布尔什维主义的趋势。由于他的这一反布尔什维主义的立场，他犯下了反对党的罪行。当然，凡是不想被搞垮的党，都是决不能容忍这些罪行的。而现在呢？肖勒姆同志到这里来发表声明，说德国共产党的分裂危险，说建立第二党的危险是非常严重的。他说：在开除卡茨之后，我们写了一封由7名国会代表签字的信。这封由罗森贝格、诺伊鲍尔、肖勒姆、科尔施、尼德迈尔、施瓦茨等人签字的信对党并不是新闻。这种议员的信我们见过，例如，历史上的莱维的时期。当右派分子将被取消的时候，他们也曾以议员的身份采取过这些手段。现在的情况也是这样。从什么时候起在党内允许党在资产阶级议会的代表自认为有权向党发表特别声明的？我们认为，没有必要公布这封信。当我们在汉诺威反对卡茨领导的敌视党的分子时，这7个代表发表了下列声明：

"中央委员会本不应该无视大多数党员的明确反对准许被证明是不好的无能的下萨克森区委会掌握领导权。这个区委的成员大多数是同意我们观点的，他们是受人教唆的。在下萨克森采取党内调和的政策是适宜的，而不是采取暴力镇压党员意志的政策。"（肖勒姆喊道：对！）

肖勒姆声明："对。"但这种蛊惑宣传方式把反对卡茨的斗争说成是反对广大群众、镇压他们意志的斗争，这表明这个小组对党的生活的毒害达到了何等程度。不曾有过反对党员的斗争。遗憾的是，还不得不开除12个同卡茨在一起的工人。（柏林第六区的代表喊道："大家听呀，大家听呀！"）

很遗憾，不得不开除12个工人，我们打算将这些同志中的一部分人重新吸收入党。但是，共产国际是不能同卡茨这样的人握手言欢的。下面，我们来谈科尔施。你们会说，他不值得一提。但是，科尔施是这个小组的代表，他提出了一些世界代表大会和扩大全会曾反对过的论据。他杜撰出红色帝国主义，在某种程度上，他同资本家和改良主义者共同在德国首创出红色帝国主义。（喊声：还有多姆斯基！）

同志们，你们是否认为我们是白痴？你们是否以为我们不会在德国资产阶级对英国的方针和我们队伍中所产生的类似趋势之间建立内在的联系？你们是否以为可以用田园诗般的调和的方针来反对那些专门瓦解党的见解呢？不要忘记，这些情绪在工人队伍中和在党内也存在。不错，这些情绪很微弱，是由某些人培养起来的，但是，我们说：声称站在共产国际立场上的肖勒姆们与此进行的斗争在哪里呢？为什么他们没有站出来划清界限？不用说，他们忘记这样做了。即使肖勒姆做了这种调和的发言，那么，请回忆一下，不久前，他还在柏林的一次公开集会上肯定地说（基尔布姆可以证实这一点），公开信意味着取消共产国际的开始。（肖勒姆喊道：我从来没有这样说过！）你当然这样说过。我们仅仅指出，你的全部路线不止是向右转，而是准备取消共产国际。在以后的讨论中，尤其是在委员会上，我们将证明这些情绪不是偶然的。这是不久前还在领导德国党的部分党员中的根深蒂固的情绪和观点，是他们蓄意已久的看法。我们将公开声明，没有路线的领导会到处碰壁，这些同志不能执行使党能接近群众的政策。肖勒姆说，实际上，我们早就看到了工人运动中的新情况。为了证明这一点，他举出了自己和罗森贝格所起草的工作纲领和提纲。他说：我们反对鲁特·费舍。当然，在鲁特·费舍开始无原则地动摇的时候，你们反对过她。但是，肖勒姆是怎样反对鲁特·费舍的呢？是否像他说的那样，作为一个布尔什维克那样去反对的呢？他只是想消灭另一个也在执行错误政策的竞争团伙，这个团伙和他一样在实行敌视共产国际及其路线的政策。在全会的基础上，这个纲领可以也应当在最近几个月内制定出来。如果认为德国党内的这种动摇已经停止了，那是不正确的。动摇还存在，但必须克服。首先，必须培养党员干部，总结经验，巩固党，使党有备无患。因为为争取群众而采取的每一个新的重大举措，每一个新的困难，都会伴随着一场短兵相接的刀劈斧砍。

但是，我们在肖勒姆身上看到的是什么呢？他说，他同意党在没收领主房屋问题上的政策。他不会反对这一点，他要是反对这一点，他可能就是一个政治白痴。因为在这个问题上我们没有犯错误，而且我们能够确切地指出我们政策的重大成绩。但是，肖勒姆同志有三四次更正意见，这将给他今后的斗争留下基础。我们公开地说：应该结束这种外交手腕的把戏，在这方面，我们已经有了一些经验。鲁特·费舍在致共产国际的信上签字以后，便动身去了德国，她企图组织反对中央的起义。如果她继续这么干下去，她将被消灭，这是很清楚的。如果肖勒姆和他的小组现在也走上这条道路的话，那他们的命运也将是同样的。我们是完全公开地、十分尖锐地指出这点的，这是因为如果不这样做就不能保证我们路线的正确性；不这样做我们就会冒着引起新的动摇的危险；不这样做我们就不能认真地继续贯彻我们的政策。

再谈一点关于右倾危险的问题。在德国党内有右倾危险吗？如果就问题的总体前景看，应当说存在右倾危险的可能性。如果就我们党的整个发展来看，我们看到，我们党的全体成员还是比较坚强和健康的。但是，我们没有像俄国党那样有很高觉悟的布尔什维克式的干部。过去，我们有过许多倾向，其中有一些倾向现在存在，并且还在企图从各方面巩固自己。我们党内有没有形成某种严重的我们必须集中火力加以反对的造成威胁的那种右倾错误呢？这种程度的右倾危险不存在。现在，最严重的危险就是以鲁特·费舍为代表的极左派思想，极左派动摇的危险。这种极左派思想是由于严重的悲观情绪，由于对双方组织都不信任引起的。这里使人想起卡尔·贝克尔的信。这不是像右倾危险那种值得认真讨论的事。这封信提出的路线是不正确的,立刻被严厉拒绝并受到纪律处理,没有因此给中央带来严重分歧。但是,那个大喊右倾危险的肖勒姆,在真正谈到反对右倾危险的斗争时,他是怎样做的呢?在应当开除取消派舍恩兰克的时候,肖勒姆表示弃权;而在讨论开除舍恩兰克时,他反对。在这方面,我们又遇到了来自右的方面与取消派思潮的一致,遇到了极左派同志所固有的某种取消主义的趋势。他们应当自觉地克服这种趋势,或者我们应当反对他们,应当在党内孤立他们,以便找到一条通向群众的道路并沿着这条道路前进。

最后,我想谈一谈,由于我们现在所取得的巨大成绩,右倾危险可能进一步发展,以及怎样发展的问题。在德国党的头脑里(不仅在广大党员群众中,而且也在1923年犯了机会主义错误的大多数同志中)铭记着一个严重的教训:在统一战线政策上,无论我们采取什么措施,我们都不会放弃原则,在党的任何行动和任何策略转变中都必须保持党的路线的神圣不可侵犯的独立性,保持党的策略方法的独立性。

1923年的最大的错误在于,党的政策屈从于改良主义阵营的动摇,而没有通过坚强有效的、鲜明的策略去克服工人改良主义阵营的动摇并吸引他们跟随自己前进。我们吸取了这个教训,我们将最坚决地反对在我们取得巨大成就时可能产生的右派倾向。我们一刻也不能陷入这样的错误:在反对真正的右倾危险的斗争中去依靠另一些倾向。不能用一种倾向去反对另一种倾向,不能消灭一种倾向同时又推出另一种倾向。(喊声:对!)

理由很简单,如果实行了那种政策,那就只能使两种倾向都得到加强,两种倾向互相促进。在某种程度上,他们是互相补充的,在某种程度上,他们是彼此互相交往的。

既然谈到反对右的倾向的斗争,党是不会忽视这一斗争的。但是,现在，摆在德国议事日程上的首先是极左的危险和旨在克服动摇的斗争，我们应当在扩大全会之后以极大的毅力来进行这一斗争，因为现在在我们面前有一系列问题：初战胜利问题；巩固我们的初步成绩问题；保证贯彻我们的路线、巩固党，因而要为德国共产党胜利的卓有成效的政策打好基础，为加强共产国际，因而也是为了在德国准备革命打好基础的问题。

德国代表团期待全会和在这里通过的决定能保证这一方针的贯彻，能加快党的发展速度。我们的时间不多了，不能在错误的政策上再浪费几年时间了。我们应当学会快速前进，迅速行动；为了更快地前进和行动，我们应该把反对这些情绪和趋势的斗争进行到底。

（会议休会）

第四次会议

(1926年2月22日)

主席：塞马尔

讨论执行委员会的总结报告（续）

主席塞马尔：

波兰共产党多姆斯基要求发言。虽然他现在不是波兰代表团的成员，资格审查委员会和主席团的观点是应当给他提供发言机会，为的是让持各种观点的代表都能在这里发言。有反对意见吗？没有！那么，多姆斯基到来时将允许他发言。

布朗（英国）：

英国代表团认为，有必要就主席团提交全会讨论的政治提纲发表一两点意见。

第一点意见，也是十分必要的意见：英国代表团对提纲的总的路线、对总的政治路线是完全同意的。尽管我们完全同意总的政治路线，然而，我们仍希望提出几点意见供大家讨论。

首先，我们认为，对英国资本主义状况的估计太乐观了。根据现有的有关这个问题的材料分析，可以看出，在英国，迅速衰退的时期加剧了灾难。我们想要提醒全会注意的就是报告的这一部分。我们想说，确实，在战争时期和战后，英国资本主义无疑是不断地衰退，但是，当今的英国资本主义还拥有大量的财富，它还拥有强大的抵抗力量，对这些抵抗力量应当认真加以考虑。我们特别想要提醒注意的是，英帝国主义是怎样重新在印度活动起来的，英帝国主义的政策在世界的各个角落取得了什么样的成绩。我们还想提醒大家注意，英帝国主义在近东、埃及和苏丹的活动，在这些地方，由于大力推行英国的政策也取得了一些成绩。但是，能说明英帝国主义仍拥有强大的抵抗力量的最有力的证明可能是：报告指出，在英国有1700多个最大的金融和工业公司。1925年，这1700个公司的利润超过前一年利润的18.7%，也超过了1923年的利润。

这是一个重要的意见。全会在最后确定报告中关于英帝国主义衰退部分前，应注意讨论这个意见。尽管有这些意见，我们还是同意说英帝国主义正在走向衰退。英国资本主义不再实行靠牺牲殖民地被剥削人民的利益向本国工人让步的政策了，这一事实是再好不过的证明。以前，英国资本主义的传统路线是：为了讨好本国工人、维持国内和平，利用英国工人阶级作为反对全世界英国统治下的殖民地各民族广大工农群众的同盟者。

现在，这个时期已经过去了。英国资本主义无力再向英国工人让步了。其结果是，英国工人阶级迅速地、非常迅速地向左靠拢。整个英国工人运动接受了左的观点。

英国的工会运动把自己反动的位子让给了美国劳工联合会。最近一年来，英国工会运动正处于激进化的深刻化过程之中。提纲认为，这个情况具有世界历史意义，但是，提纲中忘记指出非常重要的一点，即忘记指出英国工人阶级革命化的同时，英国资本家阶级也在经历一个特殊的过程，它在群众面前揭下了民主的假面具。因此，我们认为，纲领中应当指出资本家向英国工人阶级发动进攻的特点，这样的进攻在以前还从来没有过。我们看到，在资本家向英国工人发动进攻的过程中，资产阶级是怎样迫不及待地准备进行更尖锐的、更残酷的、更血腥的斗争的，这是我们在英国工业运动史上从来没有见过的。我们发现，企业主正在准备成立正式的工贼队伍组织"保障供应组织"，资本主义制度的卫道士在组织上联合起来，以便一旦在五月发生斗争时就代替工人顶班。我们发现，政府和统治阶级公开鼓动法西斯组织；在这里，我们也能看到，为了阻止哈里·波立特召开工人大会，他们把他抓起来；而当为了阻止散发工人报纸他们做得太过分时，法官却只是以微笑来迎接他们（法西斯分子）。他们的所作所为非但没有受到惩罚，反而受到了鼓励。此外，我们还看到组织起特别警察部队，组织起运输服务队，登记和征用私人汽车和摩托车等。政府把这些工贼队伍组织起来，是为了一旦发生全国性危机时，就调整全国的运输工作：全国划分为许多省，由中央实行专制管理，中央在省里行使全部行政权力。

下面，谈谈12名共产党的领袖被捕一事。这些同志被捕入狱，是因为去年一年来英国共产党的领导人表现出有能力在危机时领导英国工人阶级并能在整个危机中将群众团结在自己的口号下，使他们跟随自己前进。这就是我们的同志被投入监狱的理由。由于这一切原因，提纲中应考虑到英国的资本家阶级终于撕下了民主的假面具这一具有世界历史影响的事实。

英国代表团想要指出的另一个问题是关于独立工党建议第二国际和第三国际结亲，组织一个大家庭的问题。当然，每一个人都懂得，这个建议是不可能被采纳的，但是，这个建议还是被提出来了。非常重要的是，我们要懂得，这个建议为什么是由独立工党提出来的，我们要利用当前的形势为共产国际和工人阶级服务。

我已谈过，整个英国工人运动正在经历革命化的过程。独立工党就是考虑到了这个过程。我们发现，在独立工党的普通党员中，对最近发生的事件有很强烈的反应。考虑到英国工业危机的日渐迫近,在近几个月中,英国共产党极力想与独立工党和一切工人阶级的组织建立统一战线以期保证工人阶级在五月份开始的进攻中采取完全统一的抵抗活动。因此,我们向独立工党全国委员会提出共同行动的建议。英国共产党很清楚地意识到,他们对统一战线的建议可能有什么样答复。独立工党的普通党员同意我们关于统一战线的建议。一些独立工党的地方委员会也赞成统一战线。这个党的个别地方组织友善地回答了共产党的地方机关,提议由他们一方建立和巩固统一战线。不仅如此,有些独立工党的普通党员未被允许在官方报刊上发表意见,他们就利用共产党的刊物《工人周报》来宣传共产党提出的建议。

这对独立工党执行委员会产生了影响。执行委员会只得要么承担起建立统一战线的任务,要么在自己的党员面前就共产党的抨击为自己辩解并起来反对我们试图从思想上掌握独立工党普通群众的做法。

他们是怎样做的呢?正如改良主义者一贯的做法那样,他们拒绝同我们建立统一战线。善良的改良主义者任何时候也不会采取这样的行动,他们说,可不能同共产党结成统一战线,因为共产党不是自己的主人,共产党的主人在莫斯科,因此,我们不准备同莫斯科的奴仆进行对话,我们要同主人本人对话。于是,他们向这里发了一封信,建议就两个国际联合的问题展开讨论。他们提出这个建议是为了同共产国际谈判,在他们同共产国际交换理论观点时,争取时间。通过这一方式对我们加以阻挠,同时,创造条件使英国工人群众拒绝我们统一战线的建议。因此,我们认为,共产国际在给独立工党的答复中应当提出下面几点:

1. 我们应当明确地坚决地指出,是什么原因造成了两个国际的对立,他们的主要分歧在哪里。这对于英国党进行宣传鼓动工作十分重要。

2. 我们应当质问独立工党。既然它拒绝同英国共产党组成为争取直接目的而斗争的统一战线，那它对两个国际联合的看法是怎样的呢？

这是很重要的一点，独立工党必须予以答复。

3. 我们应当再一次向独立工党指出并建议，它应当用参加争取工人直接要求的斗争来证明它建立统一战线的决心。鉴于英国的危急状况，独立工党应当毫不动摇地同共产党一起建立斗争的统一战线。在我们的信中，应该对统一战线问题提出明确的建议。我们应当说，目前，对英国工人阶级来说，最重要的是对工人生活水平的降低给予反抗。

英国独立工党的纲领中有一条，要求保证每个人的最低生活水平。因此，我们可以建议他们把这一条变成统一战线的口号。

此外，我们应当说，除基本的工资问题外，还有许多我们可以借以进行联合的其他具体问题。失业就是这样一个问题。这对英国独立工党的普通党员来说是具有最最重大意义的。失业沉重打击了他们，他们党内有数千名党员失业。

其次，由于独立工党在全国许多地方市政委员会占多数，所以，它不得不关心失业问题，而英国政府现在所推行的政策是尽可能地避免慷慨地接济失业者及他们的家庭。地方委员会被迫贯彻资产阶级政府的政策，许多独立工党的著名活动家已经或多或少地有些威信扫地了。无疑，许多地方委员会的成员和许多独立工党的次要领袖人物为了支持失业者，迫使政府让步，愿意通过统一战线进行斗争。这就是独立工党的反动领袖和党的地方机关之间的一个突破点。

然后，我们建议以统一战线为条件来反对道威斯计划，反对洛迦诺公约，这是两个使独立工党普通工人极为不安的重要问题。

对于当前英国工人阶级所面临的问题——不仅使独立工党而且使共产党都感兴趣的问题，我们的答复就是这样的。我们认为，这样做会有很大的成效。

这就是英国代表团所要提醒扩大全会应予注意的几个主要之点，因为这是有关政治提纲的问题。

恩格尔（德国）：

同志们！在谈实质问题之前，我受柏林第三区大多数人的委托要在这里发表一项声明。除我之外，和我同属一个流派的另一些同志也要在这里发表类似的声明。我们听说，肖勒姆和罗森贝格同志是以所谓极左派的代表的名义参加这次扩大全会的。我们认为，我们有责任声明：无论他们中的哪个同志都没有被授权，因此，他们也就没有权利以维丁区老反对派的名义来发表言论，并在这里捍卫维丁区同志们的政策和策略观点。同志们！事情是这样的：罗森贝格和肖勒姆同志在编辑工作者代表会议上，在左派小组方面采取了模棱两可的态度，他们在思想上是领导这个左派小组的。因此，我们声明：他们无权在扩大全会上代表我们的观点。我认为，上面所说的已经够了。因此，我转入实质问题。

同志们！在仔细阅读了执行委员会的提纲后，我发现有一点问题：我本来期望在提纲中会谈到俄国问题，因为柏林的同志们和德国其他的大多数同志热切地希望知道俄国党——我们的兄弟党真正想干的是什么。根据所受委托，我需要强调指出，对具有世界意义的并指导着整个共产国际的联共（布）党的政策，我们——来自机床边的工人们对此是十分关心的。因为，我们需要要根据这些确定对联共（布）及其路线的态度。

我接着说。由于缺少必要的材料，我不能详细谈俄国问题。但是，使我非常遗憾的是，执行委员会在信中要求各支部不要讨论这个问题。我不了解，这么做的原因是什么。同志们！要知道，我们不是政治上的毛头小子，我们是来自机床边的工人，我们肩负着向资产阶级发动进攻的使命，我们还没有幼稚到不能分析这个问题的地步。我们坚定地支持共产国际和俄国党,因而,我们应当知道这里发生的事情。

下面,谈谈专门涉及我们——柏林人和维丁人的问题。同志们!作为革命者,我们是一直支持德国共产党路线,当然也是支持共产国际路线的,我们对突然出现了包含某些论据的公开信感到十分惊讶。这都是些什么论据呢?同志们!虽然肖勒姆和罗森贝格同志曾一度是这个小组的领袖,我应当说,在公开信的基本路线是正确的前提下,那些捍卫布尔什维克路线的同志受到了侮辱。我不是反布尔什维克分子,我始终坚持认为我是布尔什维克,虽然是一个所谓的极左派分子。因此,我对公开信的总的方向表示抗议,抗议把所谓极左分子咒骂成共产国际的敌人,咒骂成反布尔什维克的分子,鬼知道还会骂成什么东西。我确信,如果想要摆脱掌握党的政治领导权的小组,需要比公开信中所做的干得更漂亮一些。公开信只是在同志们中引起混乱,至今还没有澄清问题。

因此,共产国际的各路代表来到柏林。他们不总是表现出足够的精力,他们没有用切实有效的方法去向群众解释问题的实质;有时,共产国际的代表只是因为座位上有一点喊声就离开了会场。同志们!不客气地说,我不理解这一点。假如说,共产国际派我到某个支部去,我就应当事先考虑到可能出现的任何情况,在那里等待我的可能是什么,不应当脱离无产者,应当与他们同甘共苦。大家对我们说,需要无产者,需要工人,需要磨出茧子的拳头。一方面需要他们,另一方面,对他们就像对什么极左派和反布尔什维克分子那样大喊大叫。再也不能容忍了。归根结底,我们盼望到的不是我们十分需要的那种联合。

应当声明,我们完全同意联共(布)党代表大会上列宁格勒工人的观点,我无条件地支持联共(布)党内萨尔基斯和扎卢茨基所捍卫的列宁格勒工人的立场。

同志们!还应当指出下面一点:我认为,德国党过去和现在一直贯彻的策略并不总是正确的和合情合理的,在干部(负责的工作人员)

安排方面不总是与中央意见一致，他们采取了专制的手段。

同志们！根据以上所说的情况，我应当反对鲁特·费舍和马斯洛夫。我认为鲁特·费舍的错误是，使德国的左派被击败到如此程度，以致右派又有机会钻进党的机关里来。根据这一简单的理由，我就应该同鲁特·费舍划清界限。鲁特·费舍和马斯洛夫在第三区赫赫有名，因此，也是首先在这个区又使自己威信扫地。抵制鲁特·费舍的反对派不是始于1925年，维丁区工人反对派早在1924年中期就开始活动了。

同志们！下面，我谈谈当前的政策。（座位上有人喊：1924年反对派的纲领是什么？）

纲领很好，还指责我们在工会方面没有履行自己的职责。这是无稽之谈。我们证明，我们能够履行自己的义务。我们作为负责的工作人员注意了从组织上吸收反对过工会的党员加入工会。

关于当前的政策，我认为，中央不总是善于团结群众的，而是陷入使用鲁特·费舍的那些方法里了。中央反对我们，从而违反了自己的诺言。只要列举第三区下面的一些事件就够了。我是那里的组织领导人。在工作中，我严格遵守党的指令，贯彻新的方针。谁也不能指责我违背指示行事。你是一个共产党员！你就要为建立一个坚如磐石的统一的党而奔走忙碌。可突然间，人们对你斜眼相视并且说："要密切注视这一点，他想要悄悄地带进极左派趋势。"再谈谈生产支部问题。在这方面，我们第三区的进展一点也不比其他区差，大家却指责我们企图恢复旧的组织形式。绝不是这样的。我们绝对不想重温旧梦。为了团结群众，为了用共产国际的精神领导他们，我们是一些坚定不移的共产党人。

我再谈一下卡茨的问题。卡茨过去犯了愚蠢的错误，他的所作所为对我们极其不利，但同他一起被开除的还有其他一些人。我们应当关心那些被开除的工人，将他们重新吸收进来。如果仔细分析一下问题的实质，可以说，在汉诺威造成不利局面的主要责任应由中央来负。假如其他区的行动也像在汉诺威那样急躁、严厉，那么，被开除的人会更多。但是，其他地方同志的做法更明智一些。我再次要求，把本质上是忠诚的革命者重新吸收入党。可以向他们解释，他们的行动是不正确的，他们的行为不符合党的利益。

同志们！布劳恩同志曾经站在这里，在这个位置上大发雷霆。这吓不住我们。别人也这样做过，可是后来他们只得约束自己。我们不为未来担忧，因为我们忠于共产国际的路线，布劳恩同志拿我们一点办法都没有。我们声明，我们坚定地站在这个基础上。（座位上有人喊：站在什么基础上？）在共产国际的基础上。

现在，有纲领可循，我就站在提纲的基础上。我们就要召开德国委员会会议了。我还有机会表明，在个别的区、市政局以及其他地方多么错误地执行了统一战线策略。我可以用确凿的材料证明，全民投票的趋势、新的方针消除了一些危险。我不再多谈了，我们在委员会上再谈这个问题。

瓦尔加（苏联）：

在我以前发言的人谈的都是有关个别党的问题。我想就季诺维也夫报告的整体发表些意见。

同志们！在经济方面以及在对外政策方面，世界形势的状况可能还从来没有像现在这么复杂过。如果想把这个极其复杂的题目讲得简化一些，当然就只得忽略某些细节并得出简约的结论。我认为，总的状况是这样的：

我们把世界分为四大部分。第一部分是苏联。它不属于资本主义体系，它在社会主义道路上已经迅速取得了成就，并且还在沿着光辉的路线前进。第二部分是美洲大陆。它虽然仍停留在资本主义体系内，但同样处在迅速高涨的阶段。在一定程度上，整个世界的状况表现为围绕这两个中心力量的两极分化。一切革命的力量（就这个词的广义来说），越来越集中在苏联的周围。一切资本主义和反革命的力量都集中在最强大的资产阶级，即美国资产阶级周围。

第三部分是亚洲和北非殖民地。当前，这些地区正处在带有鲜明的反军国主义性质的强大的革命风暴过程中。但是，还不清楚这种发展是导致建立资产阶级国家——像日本和土耳其那样，还是无产阶级将在革命运动中夺取领导权，建立一些按其结构来说接近苏维埃体系的国家。

第四部分是欧洲，它处在这三种力量的包围之中。这三种力量的发展影响着欧洲。欧洲的情况最严重，资本主义体系在这里动摇得最厉害。无论是苏联的存在，还是在资本主义基础上蓬勃发展的美国，以及亚洲的革命风暴，都越来越震撼着欧洲资本主义的基础。

一年前，我们曾在这里断言，欧洲将出现资本主义的稳定。同志们！现在试问一下，这个稳定是否是进步的过程，也就是欧洲资本主义情况是否日益接近战前的状况，或者说这个稳定仅仅是欧洲资本主义衰落过程中的短暂调整。

从我们指出资本主义稳定现象到现在刚刚过去一年。这个时期太短了，还不能判断稳定是否在发展或者稳定仅仅是衰落过程中的暂时调整。如果我们只是拿经济数据作分析，那么，1925年的稳定还带来了某些不小的成就。

但是，同志们，一年的时间还不足以得出最后判断，欧洲资本主义是否在向上发展。为什么？因为资本主义的市场情况、萧条和危机时期总是周期性变化的。然而，现在还不能确定1925年是处在工业周期的哪个阶段。与美国的市场情况相比，是否能把欧洲1925年的市场情况看做是高度发展的一年呢？如果是这样，那我们可以平心静气地说，1925年尽管有一些不大的改善，但它在资本主义发展的总前景中仍然是倒退了一步。如果以后表明，与美国资本主义相反，1925年对于欧洲资本主义来说是危机的一年，那我们应当由此得出如下结论：欧洲资本主义是走向了发展，因为尽管处于危机阶段，但生产上升了。

我的意见是：1925年对于欧洲来说，是市场经济高度发展的一年，但是，它的经济没有多少活力，因为在总体衰落过程中不会出现促进经济快速发展的动力。最近几个月的事件表明，欧洲的经济情况大有恶化趋势。显然，我们又进入了危机时期。

同志们，如果把稳定的问题同无产阶级革命的前景联系起来分析，那么，我认为，下面的事实具有重大意义：尽管欧洲的经济情况有所好转，尽管有所稳定，但无产阶级作为一个阶级的生活水平不是改善了而是恶化了；欧洲资本主义的稳定主要是建立在欧洲工人生活恶化的基础上的。资本主义的成就是以工人状况恶化的代价换来的。

我为什么认为这是很重要的、具有决定意义的事呢？因为经验证明，对于群众的革命化来说，具有决定意义的不是生活水平的高低，而是生活水平的进程。并不是说，无产阶级生活越没有保证，革命性就越强；生活越有保证，革命性就越小。问题完全不是这样。实际上，生活水平低但却不断得到提高的无产阶级与那些生活水平很高但却在不断下降的无产阶级相比，他们总是不满情绪较小，而革命性较差。

我想，对于我们的目标来说，最重要的因素是这样一个事实：欧洲资本主义不可能为工人阶级提供一个稳定的不断提高的生活水平。季诺维也夫同志所指出的群众的左倾情绪，就是在整个欧洲，作为一个阶级的工人的生活水平的普遍恶化在政治上的反映。

现在，我们应该提出一个问题：为什么欧洲资本主义无力保证给工人阶级改善生活水平。同志们，我认为主要有下面几点原因：

1. 欧洲失去了世界工业工厂的首要地位。

2. 过去，欧洲资产阶级靠殖民地的超额利润，造就了工人贵族，使许多国家的工人阶级资产阶级化。现在，由于亚洲和其他各国人民的革命风暴，超额利润大大减少了。

3. 欧洲在与美国的竞争中失去了靠输入资本的办法以保证自己维持欧洲以外市场的可能性。

世界资本主义结构上的这些本质变化使欧洲资本主义高涨变得不可能了。正因为如此，我在上次扩大全会上就曾警告过，不要对稳定的持续性和深度作过高的估计。

因此，我们得出结论：欧洲资产阶级在自己周围培养一个庞大的工人贵族阶层的帝国主义政策的独特优势已经丧失了，这一优势已经转向了美国。正如我们看到的那样，美国资产阶级正在有意识地为自己造就一支忠诚的工人贵族队伍作为资本主义制度的支柱。

我想从社会角度来阐述这个发展过程的特点：发展的过程越来越使欧洲资产阶级孤立于那些与资本主义存有利害关系的阶层，或者至少是自以为有利害关系的阶层。资本主义的一条规律是：在资本的积聚和集中过程中资产阶级的数量日益减少，但是，帝国主义又必须通过建立一支与资本主义存有利害关系的资产阶级化的工人阶级的手段来减轻这个积聚过程所造成的社会后果。我们看到，近几年来，由于通货膨胀，不仅这个资产阶级化了的工人阶级失去了自己的经济基础，而且小资产阶级的绝大部分、相当一部分热衷于资本主义的食利者阶层、大部分农民都降到了无产阶级的水平，受通货膨胀的影响，与保存资本主义有利害关系的阶层变得越来越薄弱了。

同志们，如果我们现在提出一个问题，尽管欧洲客观上不断受到孤立，但它是用什么方法来防备我们，防备无产阶级革命的？我们可以这样回答，资产阶级在自己周围筑起了一道道防御围墙和防御地带来防备革命的无产阶级。这些防御地带有：内层防御带——**国家暴力机关**。有一次，墨索里尼言简意赅地描述了这个因素。他说："**国家，这是宪兵。**"第二防御带——聚集在资产阶级周围的小资产阶级和农民。第三防御带——社会民主党，他们从工人阶级分离出去后便在资产阶级周围又组成一道围墙。

如果我们把推翻资本主义的任务看做是一个战略斗争问题，那我们会看到，在当前，我们直接面对着社会民主党，因而，首先应当把我们的进攻矛头对准它。同志们，出于这种考虑，共产国际主席团不得不试图对社会民主党及其发生影响的原因作深入的分析。

因为，在一定的意义上，我们应当扪心自问：为什么工人们并不都具有革命性？如果所有的工人都与我们一道前进，那是很自然的、合乎逻辑的。而事实上，数百万工人在维护资本主义的社会制度，在反对革命，这是不自然的（这样表达是愚蠢的，不符合辩证法的）。因此，我们想对各主要的社会民主党的发展作一个概述，这些都在我们散发给同志们的汇编中。我们考虑到，笼统地一般地介绍社会民主党的特点是不够的，要使斗争顺利进行，就必须使每一个共产党员都要很好地研究自己的直接对手，即本国的社会民主党。

我想请同志们对这一试验做法提出严厉的、然而是具体的批评，不仅指出所有的错误，而且尽可能地帮助描绘出各个社会民主党发展的清晰图景并指出他们发生影响的根本原因。

同志们，我们不应当再沉醉于任何幻想之中。如果我们通读一下这个汇编，我们就应当承认，总起来说，社会民主党是一支强大的力量，不能硬说社会民主党是小资产阶级的政党。当然，社会民主党不是工人的政党，只有共产党才是工人的政党。但是，社会民主党却把广大工人群众控制在自己的影响范围之内。这是工人阶级的党。

仔细研究社会民主党后，所能得出的第二个教训是，这些党维护资产阶级社会的策略是非常巧妙和富有弹性的。他们的策略各不相同，而他们到处在工人阶级内部使用那些能使工人接近资产阶级的因素。例如，我们通过比较看到，德国社会民主党带有和平主义色彩的特点，波兰社会民主党带有军国主义和民族主义的特点,捷克社会民主党具有维护国家的资产阶级因素,在捷克斯洛伐克的德意志社会民主党站在反对自己国家的立场上,等等。在每一个国家里,在每一个国家机构里,社会民主党都尽力巧妙地利用能吸引工人阶级脱离革命到资产阶级方向去的每一个机会。因此,只有在非常深入地洞察社会民主党实质的情况下,在每一个国家才有可能顺利地进行反对社会民主党的斗争。

然而,欧洲资本主义客观上的发展减弱了这一斗争。要知道,各国社会民主党的基本口号都是:"革命并不是必须的,因为,就是在资本主义体系内,工人阶级也可以通过政治工作和工会工作逐渐改善自己的生活水平。"如果欧洲资本主义确实再也不能保证工人阶级生活水平不断提高的话,那么,社会民主党发生影响的现实基础就会逐渐土崩瓦解。

另一方面,如果用策略巧妙的方法能够成功地炸毁资产阶所拥有的最外层围墙,打开一个缺口,那么,我们很快就能使我们的进攻方向直接对准国家的暴力机关。这样一来,资产阶级就会被迫抛弃民主思想面具,通过暴力手段来控制工人阶级。那时,将建立起白色恐怖制度,或者用列宁同志的说法,建立起资产阶级的恐怖制度,而且这个制度将扩展得越来越大。

因此,我们应当非常严肃地提出下列的问题:在欧洲,从芬兰起,包括一切边缘国家,波兰、匈牙利、巴尔干国家、意大利、西班牙,存在着一个相当团结的同盟,大约有1亿人口。现在,在那里,到处笼罩着资产阶级恐怖制度,共产党没有合法开展群众工作的可能性。我不想用"白色恐怖"这种说法,因为这样说总是使人联想到屠杀和凶杀等活动;最主要的是,在整个这一地区没有共产党开展合法工作的任何一点可能性。应当考虑一下下面这个因素了:在各个建立起资产阶级恐怖制度的国家,我们暂时不管用任何方法都不能战胜恐怖制度。匈牙利的恐怖制度已经持续七年了。

我认为，整个共产国际最重要的任务是要仔细地研究资产阶级恐怖问题，制定出使这些国家共产党的合法群众运动得以重新开展的方法。因此，我认为，这个问题是非常重要的。因为，如果欧洲的经济衰退真的持续下去的话，如果社会民主党因此丧失了在无产阶级内部顺利地维护资产阶级制度所必需的经济基础的话，那么，资产阶级恐怖制度将会进一步扩展。因为，资产阶级如若丧失了社会民主党这一"堡垒式的围墙"，那就只剩下用暴力手段来打退共产党群众的进攻了。

正因为如此，我认为，有必要认真地谈谈这个问题。

同志们，最后，我想提出一点意见，与肖勒姆同志辩论的意见。他说，我提出的前景是不正确的。同志们，我倒想读读他指控我的那段文字。在这里，我驳斥了社会民主党人的观点，驳斥了希法亭的理论，他说欧洲资本主义还面临着一个很长的世界性高涨的时期。我始终不同意的就是这一点。因此，我写到，存在许多种可能，但绝对不是这种可能。而且我认为，如果对这些情况进行客观的分析，那么，谁也不会发现这里有任何脱离正确路线的倾向。

我写下下面一段文字：

"在欧洲，发展过程应当是持续危机的急剧交替形式，在这中间，间或有市场情况的短暂好转；同时，在每一次危机中，失业工人的数目都有所增加。尖锐的革命形势一个接着一个地急剧地交替着出现。无产阶级夺取政权，同资产阶级决战的时刻已日益临近。如果这场斗争不能以无产阶级的迅速胜利告终的话，那么，国内战争就会拖延下去，并以完全消灭'剩余'生产力和消灭'剩余'人员而告终，他们将死于战争、饥饿和瘟疫。那时，欧洲作为美国的附庸将进入一个资本主义的新的复兴时期。正像《共产党宣言》中指出的那样，斗争的群众可能会在长期的不坚决的斗争中牺牲。在这种情况下，在欧洲文明的废墟上可能出现一种新的原始的资本主义。我们希望并且相信无产阶级会迅速地取得最后胜利。但是，如果在紧要的历史关头主观的革命因素屈服了，如果共产党的领导不能在决定性的关头组织一切无产阶级的力量并将他们投入决定性地点的斗争的话，那就不能排除出现另一种结局的可能性。各种结局都有可能出现。但是，却排除了社会民主党人针对我们的观点指出的那种前景：欧洲资本主义世界繁荣的新时期。"

同志们，我认为，根本不能对此提出反对意见。但是，我想在这里强调指出，而且我在这里也经常强调过：资本主义的自我毁灭和政权自动转移到无产阶级手中的事是不可能有的。夺取政权只能经过长期的斗争才能实现。当然，如果我们不能正确领导革命的话，无产阶级的胜利无论如何也不会自动到来。如果肖勒姆同志（我不知道是什么缘故）不明白这一点，那我就一点办法也没有了。我想，必须指出，如果我们想战胜资本主义，我们就面临着一场艰难的、严肃的、持久的斗争。另一方面，我们应当一遍遍地反复强调，社会民主党人所指出的似乎将出现一个世界资本主义发展新时期的前景，是不正确的。

因此，必须进行斗争，反对认为具有两个前景的看法：和平发展的前景和由于资本主义的崩溃，政权自动转移到无产阶级手中的前景。如果肖勒姆同志在这里看出什么右的倾向的话，我不认为他是对的。（掌声）

泽格斯（荷兰）：

听完季诺维也夫同志的报告后，我要说的话并不多。荷兰党同意季诺维也夫同志在报告中所作的分析及其结论。因此，我只想就现任荷兰党中央的情况以及中央反对右翼的斗争问题谈几点意见。如果我打算批评执行委员会的某些立场的话，那只是要批评执行委员会没有很坚决地进行反对右派的斗争。

这个组织派别不仅表现出严重的右的倾向，而且阴谋破坏党的工作。万·拉维斯泰因和怀恩科普同志拒绝做任何方面的工作。荷兰党中央千方百计吸引他们参加工作。他们却拒绝合作,他们拉帮结派,阴谋破坏党的工作。这样继续下去是不行的。共产国际执行委员会主席团最近的决议已经被荷兰党中央审议通过了,没有作任何更改。决议通过后,两个派别还在继续他们的派别斗争。我重复一遍,这个反对右翼的决议写得不够尖锐。因此,我希望扩大全会用另外的方法同右派同志谈话。显然,只要这个斗争继续下去,只要右派组织不停止阴谋破坏活动,荷兰党就不能成为群众性的党。

荷兰党中央同意共产国际执行委员会主席团十月份提出的策略和建议。同志们清楚地意识到,党应当集中一切力量在改良主义工会中做工作。最主要的任务就是像过去那样在改良主义的群众性工会中组织右翼。但是,党也应当与革命工会的中央保持联系并批评其错误。那里有许多倾向,现在的中央已经开始同他们进行斗争,但是,反对革命工会中央斗争的主要前提是制止右派集团的阴谋活动。

塞马温同志已经谈到了荷兰党和荷兰党对待殖民地的态度。我应当向他说几句:我也认为前任荷兰党中央表现出荷兰帝国主义的倾向,对印度尼西亚的运动产生了不良的影响,但现任荷兰党中央在当选后立即改变了这个策略。现任荷兰党中央深刻地意识到,必须与印度尼西亚党进行同志式的合作,对每一个帝国主义派别都应给予回击。塞马温同志来荷兰才不久,而且恰恰是在新任荷兰党中央刚开始工作的时候。如果塞马温同志能够在我们这里多停留些时间,他就能看到,现任荷兰党中央近几个月来广泛地开展了一场争取印尼工人的运动。荷兰党中央召开了多次会议,加紧进行宣传鼓动工作并使社会民主党人不得不在议会中对殖民地的白色恐怖提出质问。荷兰党清楚地意识到,必须同印度尼西亚党协同合作,并且希望扩大全会促进两党相互关系的进一步改善。

最后,我对共产国际执行委员会成员怀恩科普未出席会议表示抗议。荷兰党中央对他发出了邀请，但他拒绝出席。这件事不应该就此简单了事。怀恩科普应当到这里来，对他进行的阴谋破坏活动负责。怀恩科普在社会民主党的报刊上发表谈话和文章，而拉维斯泰因则在资产阶级报刊上向荷兰党和共产国际进攻。应严厉地制止这样的行为。我希望，我们在这里能采取坚决的措施来反对这种右派活动。

荷兰党中央也意识到存在左的危险，首先表现在对革命工会的工会策略中。中央决心在今后开展坚决的斗争，反对左的危险。

安格尔（法国）：

同志们！塞马尔在发言中谈到联欢活动的口号。他承认，在这个问题上犯了策略性错误。既然把我划到右派之列——虽然是违背我的意愿的，那么，就请允许我声明：我认为，他的论据是不能令人信服的。因此，我坚持认为，即使从狭隘的共产主义的观点来看，联欢的口号也是不对的。我来解释一下。我认为，如果要想对群众发生影响，那么，即使严格遵循共产主义的观点，也绝对应当考虑到群众对这一口号能接受和理解的程度。我顺便指出，既然季诺维也夫同志承认法国共产党的领导犯了错误，法国共产党的领导们也承认错误始于12月2日代表会议，那就可以毫不夸张地说，我们唯一的错误便是我们早在前一年就坚持了这一正确的观点。的确，法国反对派（我们就简单地这样称呼它，去掉"右派"的称号）早就声明过，要将工人群众吸引到我们一边来，最好的口号就是立即与里夫人讲和的口号。我请你们注意这一点。可能在这方面我的肥胖是有罪过的，而且没有梯子我是爬不到二层的，但我认为，只要提出立即缔结和约的口号，就很容易把那些厌战的（不管我们愿意与否）群众吸引到我们一边来。

最后，当我们一旦把法国的工人阶级从它过去和现在所陷入的昏睡状态中唤醒，并同工人群众面对面的时候（这还需要争取），那么，我认为，共产党人能够十分清楚地向工人解释：一切被压迫民族的真正的和平，只有在从摩洛哥撤军的条件下才有可能。此外，我认为，与此顺理成章的逻辑关系是，我们可以向工人解释，不仅应当从摩洛哥撤军，而且应当从法国帝国主义所插足的一切殖民地撤军。

我认为，没有必要继续谈这个问题了，因为这个观点已经为我们的同志所接受。我只是再一次表示遗憾。为了承认反对派站在正确的道路上，需要花费那么多的时间。

口号，当然是好东西，但是，要看是什么时候提出来的，应当知道当时贯彻这些口号是否合适。

因此，我认为，必须在这里谈一下我们二十四小时总罢工问题，尽管这违背自己的意愿。

你们是否注意到，如果同志们同意再不谈二十四小时总罢工而只谈立即缔结和约；如果经过事先的准备（因为我是属于那种认为做任何事都需要时间的人），他们在各个区召开许多工厂会议（既然工人不来找我们，我们就应该去找他们），那么，我们便能动员起舆论并使工人注意到在摩洛哥和叙利亚犯下的罪行。那时，我们就能召开群众大会，会上若不能与社会党的领袖见面，至少也能同它的第二流领导人物见面。那时，我们便能建议社会党的首领或第二流领导人物在支持双方的工人面前宣读他们的纲领。而我们也就能宣读我们的纲领了。那时，我们就会看到工人跟谁走了。那时，我们就能说服他们，不从摩洛哥撤军，不从所有有法国军队驻扎的殖民地撤军，便不能得到和平。

试想一下，为社会党领袖服务的有国际联盟，有议会，他们要什么有什么。但是，我们仍然可以证明，战争是事实，国际联盟制止不了战争。我想，如果用这样的方式与工人交谈，他们是会明白的。

现在，我们来剖析一下二十四小时罢工及其后果。在这里，我是唯一的反对派代表。因此，你们只能从我这里得知罢工准备得不好，罢工对法国工人运动是有致命性影响的，罢工不只是在鲁昂产生了破坏性作用。

只要看一下这个号称有 100 万法国工人参加的罢工是怎样组织起来的就足以说明问题了。早在罢工前，我在有**塞马尔**同志出席的工会委员会会议上，在有索瓦热同志出席的区委会的几次会议上曾解释过我们所处的形势。我曾说："虽然我预先警告过你们，既然中央的代表宣布应举行二十四小时罢工，那罢工就要举行。作为遵守纪律的共产党员，我向你们保证，我的组织会参加罢工，但请允许我事先声明，我对罢工的后果不负任何责任，因为我知道，我的组织会被击败的。"

在鲁昂，除了我们以外，还有一个我们可以指望的冶金工厂。冶金厂主早就想摆脱我们，因为我们使他们做出某些让步。所以，我提醒过党，我们参加这次罢工就是帮助工厂主；他们千方百计想破坏我的工会，整个下塞纳省最强的工会。遗憾的是，我的预言兑现了……

我想再驳斥另一种说法，有人对我说，在党内过分爽直这个事实本身是犯罪。结果好像我没有权利批评罢工这个口号。但是，同志们，你们应当知道，几乎担任了鲁昂工会组织全部要职的反对派成员（蒙穆索同志可以证实这一点）能够履行自己共产党员的义务，并且为了取得罢工的胜利做了他们认为一切可能做到的事。

同志们，我坚持认为，如果一开始采取了预防措施，如果宣传鼓动工作不是那样进行的话，我当时是不会反对二十四小时总罢工的。你们说右派组织在法国党内形成了派别组织，你们错了。因为，我个人看不出把这两个口号联系在一起有什么不恰当的地方，我认为联欢的口号和罢工的口号同时提出是适宜的。

你们可能认为这是不正确的，但请你们相信，我们之所以彼此意见不一致只是因为不经常协商所致。

我认为，法国共产党中央犯了错误。我想，洛里欧和帕斯同志（我把他们俩放在一起是因为你们认为他们几乎是结了姻缘）在他们的提纲中也犯了错误。

至于反对派，我确信并坚信，如果说政治路线和策略路线得到纠正的话，那仅仅是由于我们宣传鼓动工作的结果。

季诺维也夫同志在发言中说意大利和法国的右派反对支部。同志们，我们赞成工厂支部，我们始终都赞成工厂支部并认为工厂支部无疑应起主导地位作用。如果你们认为工厂支部应起解决党的各种问题的机关作用的话，那我们表示反对。

同志们，你们知道这是为什么吗？当然，这样的工作对你们是困难的。但是，就拿我来说吧。我是工人。我不习惯到各地去出差并不停地作演说。我只知道，在我这个地区的情况。我是属于一个有一定名称和编号的支部，属于"新陈列馆"支部。可是"新陈列馆"支部的作用几乎等于零，因为，在那里工作的只有一个职员，其余的支部成员就是我、理发师、保安人员。我不知道还有别的什么人。

同志们，我试着用一个工人的直接语言向你们解释，为什么支部不能是解决党的问题的机关。我认为，我的观点有一些价值。

你们将来总能够判断我是否欺骗了执行委员会扩大全会的同志们。

我们支部有6个人。你们知道，各个支部几乎都是这种情况。你们也明白，一些由固定工种拴住的同志组成的支部是什么样的支部。索特维勒铁路工人支部工作得很好，那是另一回事。但是，如果在那个支部都无法开展党的工作（在这方面让塞马尔同志去评论吧），那么，无论在哪里也就都无从谈起党的工作了。

在下塞纳省，支部平均由10个人组成，经常只有5个人参加会议。如果支部里最积极的一个工作人员没有出席（而这是常有的事，因为他还有别的公务使他不能参加支部会议），那么，即使把大家集合在一起，也讨论不成什么问题。我认为，应当让同志们了解，我们支部里没有政治生活。要知道，这类话吓不倒我。你们害怕恢复到按地区划分支部，我理解这一点并且请同志们注意我的话。支部里没有活动，如果你们想要使支部成为解决党的问题的机关，那就请你们向我们提出一些具体的、使支部确实能成为这样机关的措施。建立支部小组之类，不管把它们叫做什么，对我来讲都是一样的，但至少里面要有相当数量的同志参加讨论并能形成自己的意见。这就是反对派向你们要求的。所以，我认为，我们的建议没有超出不可以实现的界限。你们应当讨论是否能在我们要求的基础上协调一致。

接着，季诺维也夫同志说："在法国和意大利，右派的活动最厉害。"是的，同志们，我们的活动最厉害。但是，请允许我首先指出下面事实。在鲁昂的无数次会议（情报会）上，在有多里奥同志出席会议的情况下，我提出了一项声明，得到了下塞纳省全体反对派成员的一致拥护。我在声明中指出，如果我们也算在反对派中，不管你们怎么说（我再一次在这里，在执行委员会扩大全会上重复这一点），我们仍然是诚实的共产党人。同志们，你们知道，我们工会的任务之一就是在公开大会上发言。当你召开一次好的会议，你出色地把听众的积极性调动起来，那群众当然会对演讲人表示认同。这不是吹牛，这是事物发展的逻辑：在他们看来，既然演讲人胜任自己的任务，工人、党员就聚集在演讲人周围，当然，不谈论反对派是不可以的。同志们要问，怎么回事，党内发生了什么事了，我们回答他们说："我们不想给你们详细解释，因为我们的情况十分有利。我们是反对派，既然这里没有中央路线的代表，那我们就不准备展开争论。请你们读书，请你们学习，你们自己会在这个问题上得出自己观点的。等有特派员出席会议的时候，我们再向你们解释。"我们就是这样行动的。或许因为如此，反对派已经起不了过去的作用了。

同志们，我们认为，与季诺维也夫同志 1925 年 8 月 12 日在德国委

员会的报告中所说的话相比,我们在讨论中所说的话是有节制的。他当时说:

> "任何一个党都不再把鲁特·费舍—马斯洛夫小组的话当真了。因为同志们明白,他们的建议是一派胡言,而不是马克思主义。如果一个小组没有头脑,没有路线,不读马克思的《资本论》就要进行鼓动宣传,就想在西欧起列宁的作用,那么,坦白地说,在美国广告上才需要它。"

还有更尖锐的地方:

> "这个小组妄想得到共产国际的领导权。我们不想同它竞争,我们对自己说:有什么办法呢,这样的小组产生了,共产国际是伟大的,应该让这个小组有机会显示它有什么才能。于是,我们给了你们机会显示你们的才能。你们向我们表明了这一点。你们倒是有毁坏共产国际的才干,毁坏共产党的才干。"

布哈林同志是怎样说的呢?

> "这个共产党没有能力组织社会民主党工人,它不善于用共产主义的道理去说服他们。另一方面,这个领导小组没有能力抵制在共产党内发展起来的社会民主党的趋势,没有能力抵制反共产主义的和反马克思主义的趋势。
>
> 如果要问,就讨论的问题出版了多少小册子,散发了多少传单,那我们得不到答复。我们不得不指出,他们什么也没有写,没有用严肃的、批判的、阐明事实的方法去说服反对派。你们的思想完全崩溃了。你们的党内没有精神生活。如果这种乱七八糟的现象在德国共产党内继续下去,德国共产党就完了。你们的政治原则到哪里去了?领导机关实行着无章可循的政策,干着不正当的勾当,背叛了自己的政治路线,这难道不注定了它要破产吗?"

季诺维也夫同志会告诉我们,他是不是这样说的。至于我们,我们总是肯定地说:季诺维也夫和布哈林同志粉碎了德国的苏桑·吉罗,他们坚持了原则,做得对。与此同时,却认为我们反对派是罪犯,虽然我们比法国的鲁特·费舍造成的破坏作用要小得多。

是的，同志们，应当知道，我们不久前度过的是什么关头。据说，必须说服反对派。太好了……但我请你们不要使用你们在此之前所一直采用的那些方法。

在下塞纳省委会里，我们反对派有3个人。我记得省委会共有40个人。法国党内有讨论的权利。可是，有人对我们说："你们和我们的意见不一致，你们可以离开。"作为遵守纪律的党员，我们离开了，再也没有回去。

既然我们在工会里担任一定的职务，那我们自然加入了工会委员会。我们在那里工作得很好，并将继续这样做。你们会说，我吹嘘自己的工作。那又怎样？我总是要求别人承认，我和下塞纳省的其他同志工作得很好。

我们加入了工会委员会，但是，由于我们在政治观点上的表述与其他人的意见不一致，他们是怎样对待我们的？很简单，他们扩大了工会委员会，吸收新成员围攻我们，置我们于失败境地。

同志们，我认为，无论如何都要停止使用这种方法，因为我们是共产党人。我们生活在工人运动中，因此，禁止执行工会负责干部向我们提出的路线，靠吸收非工会干部加入工会委员会使我们失败，这些做法是很难容忍的。这些事实只能促使我们之间的鸿沟加深。因此，双方都应全力以赴地争取实现相互接近的政策。

我已对你们说过，我觉得，反对派的成员可以以普通党员的身份同你们一道工作。当然是在这种情况下：如果你们能采纳我们提出的被认为是有根据的意见；如果你们放弃最近用来反对我们的那些论战方法（法国鲁特·费舍的方法），放弃你们用来切断我们同其他同志之间关系的刀劈斧砍的政策。

你们开除了许多同志。在我到莫斯科之前，我想共产国际干预了此事，并曾要求停止开除这些同志。由于你们采取了新策略，你们从我们身上移走了斧子。现在，我们要求你们恢复那些由于与我们思想相同而刚刚被你们开除的同志。或迟或早，这件事总是要做的。

多列士（从座位上说）：

可苏瓦林是共产国际开除的。

安格尔（法国）：

反正都一样，你们骂许多同志是反革命分子，我们是不能承认的。现在，我们要求恢复他们的党籍。我到这里来就是要说出我心里的话，而且我认为，如果我没有勇气这样做，共产国际的同志们有权为此问我的罪。

你们认为苏瓦林与弗罗萨尔一样。同志们，我和你们一样，认为可能苏瓦林有一种特殊的气质，实际上，他就是一种特别类型的人。我不为苏瓦林辩护，但我认为，共产党应当认真地讨论这个问题，因为不逐渐地让要求恢复党籍的人入党，依我看，他就会起着吸引中心的作用，从反对派中吸引共产党人和其他同志，而这些同志没有我们那样的抵抗力，他们会误入歧途。而且，正是因为他们是卓越的干部，才会认为这样对待反对派是不公正的，为此他们才离开党。我认为，应当考虑到这一点，因为这些同志都是一些正派的干部，把他们留在自己队伍里，对党是有好处的。

既然苏瓦林到处活动申请恢复党籍，我说："让我们知道，如果可能的话，苏瓦林可能在什么样的条件下，哪怕是最苛刻的条件下重新加入法国共产党。我们不会反对这些条件，只是想把这些条件通知有关的人，让他们知道，什么时候他们才可能重新入党。"

哈贾里（从座位上说）：

这不可能。

安格尔（法国）：

这是你个人的意见。不管你是否想这样做，还有许多人，他们属于法国共产党，也属于其他各国共产党，他们由于自己的行为或由于破坏了纪律被开除出党。你们看到了他们所有的人——弗罗萨尔和其他的人。你们知道，他们投身到资本家阵营里去了。他们竭力支持资本主义。关于苏瓦林，难道能这么说吗？我们声明：不能，而且我们坚持这一点。如果你们认为这是个人问题，我不以为然。对于我来说，这是原则问题。

致苏联红军建军八周年的贺信

塞马尔建议在红军建军八周年之际，向红军发出祝贺信。

"共产国际执行委员会第六次扩大全会向正在庆祝自己建军周年的工农红军致以热烈的共产主义的敬礼。

苏联红军建立的八年是英勇奋斗、伟大胜利、不断顽强学习的八年。

红军在粉碎了反革命、击退了帝国主义列强的武装干涉之后，成为了一所强大的教育和培养千百万工农青年的共产主义学校。

国内战争结束后的五年清楚地证明了，虽然红军成为了一所大学校，但它没有失去而是加强了作为苏联保卫者的强大力量作用。

共产国际为了表达全世界千百万有觉悟的无产者的情感，在此表示坚信：暂时喘息的年代并未减弱苏联红军的国际主义精神，并未减弱在必要的时候奋起保卫世界革命利益的警惕性和决心。

红军在进入九周年之际,应警惕世界资产阶级正在不断地准备发动新的战争,应当警惕英帝国主义正在准备发动一场反苏战争。

苏联红军万岁!

世界无产阶级革命万岁!"

祝贺信在暴风雨般的掌声中被一致通过。

(会议休会)

第五次会议

(1926 年 2 月 23 日)

主席：费尔迪

讨论执行委员会的总结报告（续）

博尔迪加（意大利）：

同志们！我们虽然正在讨论提纲和报告，但是，我认为，只在提纲规定的范围内进行讨论是完全不可能的。

正如我在共产国际各次代表大会上说过的那样，我们不止一次地制定出各种文件和宣言，有时还是很好的，从各方面来看都是令人满意的。然而，从共产国际活动的发展过程看，事实不总是同我们对宣言寄予的希望相一致。这就是为什么我们要从上次代表大会之后发生的各种事件的角度，从共产国际的前景和所面临的各项任务的角度，来考察共产国际活动的原因。

我认为，目前共产国际内部的情况不能说是令人满意的。

从某种意义上说，我们正经受着危机。这个危机不是从今天才开始的，而是由来已久了。持有这种看法的，不只是我和极左派的一些同志。实际上，这种危机的存在，是人所共知的。有时，提出一些新的口号，这些口号在整体方面也承认，在现时条件下，我们的工作必须有根本性转变，我们这里远远不是一切尽如人意。诚然，同时还要声明，谈不到修改什么，更不必要变更什么。这显然是矛盾的。我想简要地回顾一下共产国际历史上各阶段的情况，并以此证明共产国际的错误、共产国际的危机是人所公认的，而不是极左派臆想的结果。

共产国际是在机会主义的第二国际破产之后，在创建无产阶级政党的口号下成立的。大家一致认为，客观条件对于进行坚决的革命是有利的，只是缺少指挥这一斗争的机构。当时，所有人都说，客观形势已经具备，如果有能够进行真正革命行动的共产党，我们就能创造一切条件去争取最后的胜利。

在吸取了无数事件的经验教训之后，特别是在1921年德国的三月行动之后，国际不得不在第三次代表大会上承认，只有共产党的存在还是不够的。尽管几乎在各主要国家都建立了相当有力的国际支部，革命斗争的胜利问题还是没有解决。德国党认为具备了发动斗争的可能性，向敌人作了进攻。然而，却遭到了失败。第三次代表大会在讨论了这个问题后，得出如下结论：如果有利于发动斗争的客观形势尚不具备，那么，只是组织起共产党还是不够的。我们没有注意到，在发动进攻之前必须争取得到广大群众支持的问题。

国际经过对这一阶段斗争的研究，认为必须作出更多改变。大家都说，第三次代表大会的发言中包含有统一战线的策略思想，并且，在此后的扩大全会上被制定出来，根据就是列宁在第三次代表大会上对形势的政治分析。这是不完全对的，因为形势发生了变化。在客观上对我们有利的时期，我们不善于采用同资本主义作斗争的正确方法。第三次代表大会之后，问题已经不再是争取群众然后发动新的进攻了。资产阶级赶在我们前面向工人组织和共产党发动了进攻。第三次代表大会上制定的争取群众发动进攻的策略变成对资产阶级进攻的防御策略。制定这一策略的目的是力求联合无产阶级并把群众争取到我们党的方面来，在不久的将来转向反攻。这一决策是在研究了敌人的进攻性质后作出的，正是在这种意义上才制定出统一战线的策略。

当然，我并不反对第三次代表大会关于必须团结群众的原则。我谈这个问题的目的，只是要表明，国际必须承认自己领导国际无产阶级斗争的经验尚嫌不足。

由于采取了统一战线的策略，第三次代表大会乃至第四次代表大会之后产生了一系列右的倾向：在资本主义危机减弱的条件下，我们采取的防御策略的形式逐渐被歪曲了。我认为，在提出这一策略时，我们没有说清楚它的准确含义。同时，我们没能保持住共产党的基本性质，我不想重复共产国际大多数人对统一战线策略的批评。我们完全同意把无产阶级的直接的物质要求作为斗争的基础。但是，借口这是无产阶级专政道路上的暂时阶段，而把涉及国家中央政权和工人政府的新原则作为统一战线的基础，对此，我们是反对的，并且要说："正确的革命策略的界限就在于此。"

我们，共产党人，清楚地知道，工人阶级的历史发展应当导致无产阶级专政。然而，谈到发动广大群众问题，群众是很难理解简单的思想宣传口号的。在事件发展的每个阶段，我们应当用我们的观点、我们行动的令人信服的内在因素去影响群众革命意识的发展。这个观点不应该同我们的最终目的相矛盾，我们的党就是为了实现这个目的而建立的。用诸如工人政府这样的口号进行宣传鼓动，势必造成工人思想上的混乱，甚至会使党和党的总指挥部在思想上引起混乱。

我只想提醒大家，我们一开始就批评了这一策略。当这一策略导致了失误，特别是导致了1923年德国十月革命的失败后，国际承认了自己观点的错误。这一错误使我们在另一个大国可以取得胜利的希望破灭了，从世界革命的角度分析，这件事关系重大。

不幸的是，国际仅满足于猛烈抨击在策略上犯了错误的某些同志，而没有从根本上重新审查第四次代表大会的各项决定，没有承认整个国际负有责任,反而追究以德国党的右翼为代表的当事人。然而,提纲却作了重新修改,创造了工人政府的新提法。

为什么我们不同意第五次代表大会的提纲呢?

因为,在我们看来,修改提纲缺乏足够的根据;提纲的提法应该更清楚一些。我们特别对第五次代表大会的总政策提出了不同意见。我们认为,把整个问题都归到个人头上是不能消除严重错误的,必须改变共产国际在这个问题上的政策。但是,没有一个人直言不讳、勇于进谏。我们曾不止一次指出,在我们中间有一种议会的气味和外交辞令。所有的提纲和全部发言都很激进,但是,甚至反对这些提纲和发言的人却也对提纲和发言投了赞成票,目的是借以明哲保身。我们预见到第五次代表大会后将要发生的事情,但是,并不是所有人都理解我们的观点,因此,也就不会都满意。

我想强调一下,我们曾多次被迫承认必须果断地改变总路线。第一次,是对争取群众的必要性估计不足。第二次,是对第五次代表大会上制定的统一战线策略必须再作出重大修改的问题。还不止这些,在第五次代表大会期间和会后,以及在三月扩大全会会议期间,都不得不再次承认工作进展得不是很顺利。国际创立已经六年了,国际的各国党还没能进行革命。需要承认,形势不是很有利,资本主义呈现出了一定程度的稳定。但是,一切都很清楚,在国际的工作性质方面,应当作出许多改变。共产国际还没有搞清楚,在提出布尔什维克化口号前究竟应该做什么。这实在令人费解。为什么?俄国布尔什维克党胜利八年了,而现在又不得不承认,其他党还不是布尔什维克的党,为了使它们布尔什维克化,就必须采取彻底改组的办法。难道过去任何人都没有觉察到这一点?

或许有人要说:"在第五次代表大会上,你们为什么不反对布尔什维克化的口号呢?"因为,如果布尔什维克化的口号指的是必须在我们党内创造一些革命前提条件，保证布尔什维克党取得胜利，那么，谁也不会反对。可是，我们现在探讨的不是一个口号，而是事实和经验教训。应当总结一下布尔什维克化，应当搞清楚什么是布尔什维克化。

我确信，这些总结在很多方面进展不利。我们面临的任务还没有完成，布尔什维克化也绝对不能说向前迈进了一步。

我想从各方面来探讨这个问题，首先，从历史的角度来说。

在我们各国党中，只有俄国布尔什维克党实现了革命的胜利。对于我们最重要的是，走俄国党的路，以便也用那种办法取得胜利。这条原理是绝对正确的，然而仅有这条原理是不够的。毋庸置疑，俄国党经历的历史过程不可能概括其他各国党发展的一切特点。俄国党是在一个没有实行自由资产阶级革命的国度进行斗争的。俄国党是在完全特殊的条件下进行斗争的，也就是在一个还没有被资本主义的资产阶级征服的封建专制的国度里进行斗争的。在封建专制瓦解和俄国无产阶级夺取政权之间，没有来得及在封建专制的废墟上建立资产阶级的国家机器。俄国历史发展的整个过程没有可能提供同现代资本主义的自由资产阶级的议会制国家进行斗争的经验，而这种国家是在长达数十年的过程中形成并且学会了防御的。如果我们考虑到这种差别，那么，从理论角度上讲，俄国革命带给我们的对工人阶级历史作用的理解这一经验对我们的教育意义更大。在如此特殊的条件下，由共产党通过夺取政权使俄国革命实现了无产阶级的政治专政这一事实，是革命的马克思主义学说的最重大的具有历史意义的证明。从理论角度分析，这一事实具有决定性意义，但从策略角度分析，还不能完全这样说。我们应当知道，如何同当代民主的资产阶级国家进行斗争。它是用各种武装手段保卫着的，比沙皇专制政权高明得多；更有甚者，它还用在工人阶级中间散布失败主义情绪的办法拼命组织思想上的反扑。总的来说，所有这类问题是俄国共产党历史上所没有过的。因此，只是从俄国党所实现的革命包含着解决革命斗争的所有一切战略问题的意义上解释布尔什维克化还是不够的。国际应当作出对俄国经验更广泛的理解，力求解决俄国经验所没有提供的战略问题。我们应当借鉴整个俄国的经验，但是，也需要以西欧工人阶级积累的经验作补充因素。我们目前还没有同资产阶级民主制作斗争的现成经验，还没有克服无产阶级面临的各种困难的经验。

布尔什维克化的另一个方面——关于各党的改组问题。1925年，突然通知我们，国际各支部的整个组织都是不正确的，说它们还没有掌握有关组织的起码知识。结果，我们忙于研究各种问题，而主要问题——我们内部的组织机构问题，还没有解决。换句话说，我们走了歪路。我清楚，布尔什维克化的口号包括组织方面的问题，但不只是局限于组织问题，不过，需要强调一下，这是问题的最重要方面。国际通知我们，各国党无论过去还是现在，都不是像俄国布尔什维克党那样组织起来的，也就是说，不是按生产原则，不是根据工作地点组织起来的。它们还保留着组织的地域形式，完全不适应革命任务的需要，而地域形式却是议会党派和社会民主党所特有的形式。于是，大家说要重新改造我们党的组织基础，这不是指在某些国家、在某种情况下采用的具体措施，而是整个国际的基本需要，是纠正带根本性质的错误，是任何一个共产党都必备的前提条件。对此，我们不能表示赞同。令人惊讶的是，以前，我们没有发现这一错误。有人说，在工厂支部基础上的改组是写进第三次代表大会提纲的。有趣的是，从1921—1925年并没有执行过这一原则。共产党只能按生产原则进行组织的原理在理论上是错误的。马克思和列宁十分明确地指出：**革命不是组织形式的问题**。为了解决革命问题，只提供组织形式是不够的。马克思主义者一直是同辛迪加和半空想派进行斗争的。这些派别认为，要实现革命，只要把工人群众联合到某些组织里就足够了，比如工会、合作社等。现在，有人说（至少运动是朝这个方向发展的），为了解决革命的一切问题建起支部组织就足够了，俄国党胜利地完成了革命，似乎仅仅靠的就是这一组织形式。

当然，人们会说我夸大其词，可是，许多同志可以证明，运动正是按这个精神进行的。给工人阶级和党员群众造成一种印象，工厂支部是真正共产主义和革命的灵丹妙药。

至于我，我否认共产党一定要建立在工厂支部的基础上。甚至**列宁**也曾在第三次代表大会上制定的组织提纲中多次强调，在组织问题上不可能作出在任何时候都适用于任何国家的决定。我们不否认，在支部的基础上建立组织，对俄国党和俄国的国情是很合适的。我不想在这个问题上多谈了。在意大利党代表大会召开前很长时间的讨论过程中，我们注意到在俄国赞成以支部为基础建立组织的一系列原因。

我们为什么认为工厂支部对其他国家是不利的组织形式呢？

首先，因为工人小组是任何时候也没有能力在小组内讨论全部政治问题的。甚至在本届全体会议上执行委员会所作的报告中也指出，几乎在所有国家中，各支部都难以讨论政治问题。其原因是党重新改组的进度过快，同时，在改组过程中又犯了一些次要性的错误。谁也不会认为党失去了已经熟悉的组织形式是一件小事，正因为这样，党才担负不起自己的各项基本任务。这里不是指个别错误，而是指整个问题的错误提法。这一问题很重要。我们可以断言，各工厂支部不讨论政治问题绝不是偶然现象。这是因为，在资本主义国家里，工人小组在本厂狭小的范围内没有能力讨论带全局性质的问题，并且没有能力把直接的要求同共产主义的最终目的联系起来。同日常生活的一般问题有关联的一种行业工人的小会，只能讨论一些直接的要求，而关系到整个工人阶级的普遍性问题却得不到足够的反响。换句话说，不能用这样的办法进行共产主义的阶级政治工作。

有人会说，你们要求我们的，也就是一切右派分子所要求的，即混合的地域性的组织，花言巧语的知识分子好在那里垄断全部讨论。来自领袖的蛊惑宣传和欺骗的危机性总是会有的，无产阶级政党一产生就有了。无论是马克思还是列宁都充分地意识到了这种危险，他们任何时候也没有打算用排斥知识分子和非无产阶级分子的手段来解决问题。他们甚至还不止一次地强调，那些脱离统治阶级营垒投入革命阵营的"逃兵"存在的必要性。谁都知道，总的说来，机会主义和叛变总是借助于某些领袖才渗透到党和群众中去的。但是，反对这种危险的斗争应当用另一种办法进行。

如果说工人阶级不要知识分子，不要出身于资产阶级营垒的分子也行的话，那么，没有领导者、宣传员和新闻工作者等总归是不行的……就只得从工人中挑选了。可是，这些出身于工人中间的领袖人物纪律松散和蛊惑宣传的危险程度比来自知识分子的威胁有过之而无不及，尤其是鉴于资产阶级为了自己的利益善于动员各种力量，这种危险就更大了。谁都知道，有时，在工人运动中起极其卑鄙作用的，恰恰就是这些从前的工人。最后，照现在这样组织工厂支部后，难道知识分子的作用就完结了吗？恰恰相反，知识分子和从前的工人构成了党的整个组织。这些成员的作用并没有降低，而是更加有害了。假使这些分子官僚化了，他们可能成为无产阶级组织松散的因素，如此，问题仍旧得不到解决。现在，我们只是使情况复杂化了。因为，在工厂会议的小圈子里，工人们的阶级判断力不可能对党的上层人物产生足够的影响。我们担心的不是知识分子的作用减弱，而是相反的现象。我们说过，工人们在支部内关心的只是工厂生活的直接要求，而看不到整个革命发展的重大问题，也就是说，新的组织形式比原来的组织形式从广义上来说所包括的无产阶级的阶级内容更少了。

在俄国，这些有关整个革命发展的广泛性问题（国家和夺取政权的问题），在每个时期都是工人们所能了解的。因为封建的沙皇机器腐烂透了，任何一个工人小组从社会生活的各个方面和行政压力中面对面地碰到了这些问题。机会主义和"工党的",即狭隘的行会倾向在俄国表现得比较少,因为在那里,资本主义国家机器不能够借助于民主的思想和阶级合作的幻想来瓦解工人运动。

当然,我们必须使我们党的组织形式具有能对付镇压的能力。我们必须保护自己免遭警察的迫害。在俄国,这种最合适的形式就是建立在工厂支部基础上的组织,因为在城市街道上,在公共场所里,由于警备森严,工人运动无法表现其活动的特征。实际上,在企业之外进行组织,也是不可能的。只有在工厂里,工人们才能够聚会而不引起怀疑。况且,只有在工厂里,阶级斗争才具有资本与劳动的斗争形式。以历史的眼光分析,带有经济性的小的要求(如列宁提出的罚款问题)比自由派分子提出的并引起工人和资产阶级共同兴趣的反对专制制度的要求更为先进。而关于夺取中央政权反对资产阶级民主制的问题,关于国家的历史形式的问题,则是更先进的问题。这个问题只有在沙皇制度倒台后才应该提到日程上来的。所以说,在俄国,工厂确实是斗争的中心,是实现无产阶级政党独立作用的最合适的土壤。

回到组织的办法,我要指出的是:如果说,俄国的资产阶级和资本家是沙皇的同盟者的话,那么,他们同时也是沙皇的反对者,也是推翻沙皇专制政体的那个革命的先决条件之一。因此,在资产阶级和国家政权之间并不存在像先进的资本主义国家里现在的那样的完全一致性。在这些国家里,我们看到国家政权和企业主之间的紧密结合。国家是他们的国家,警察是他们的警察。从历史角度分析,国家政权机构就是资本主义的工具,资本主义建立起相应的机关并使其为企业主效忠。当一个工人试图组织起另一些工人时,企业主就要求助于警察和奸细等。因此,在现代资本主义国家里,党在工厂里的活动是更加众目睽睽了。资产阶级很容易就查出工厂里在干什么。我们建议把组织网络的重心转移到工厂之外去。

援引下述一般事实就足以说明问题。在意大利，招募新的警探时，提出的招收条件十分苛刻。可是，对那些有一技之长并能在工厂工作的人，条件却可以放宽。这就证明，警察局在物色能在工业方面工作的人，以便利用他们破获共产党的组织和革命者。

此外，我们还得到消息，一个对抗共产主义运动的反布尔什维克的国际性联合会决定在工厂支部基础上建立组织。

反对工厂支部的另一个理由。我们开始察觉到工人贵族的危险性，关于这个问题这里已谈过了。显而易见，在工人运动中开始起腐蚀作用的机会主义威胁着我们的时期，这种危险具有代表性。工人贵族的影响侵入我们队伍的最合适的渠道，无疑就是以支部为其基础的组织，因为在支部起决定性作用的将是在劳动技术等级中占显著地位的工人。

根据所有这些技术性和政治上的原因（绝不是由此得出一个原则性的问题），我们坚持党的组织基础仍旧应该是按地域划分支部。

这是否意味着我们想要贬低工厂中党的工作呢？是否意味着我们否认我们在各工厂中的工作是实现联系群众的基础呢？丝毫不是这样。应该在工厂中有自己的组织，但是，它们不能成为党的组织基础。应该在工厂中建立在政治上由党领导的组织。这必须是共产主义小组或者党团组织。

为了证实这一点，我再列举下面一个事实：当法西斯主义还没有出现的时候，我们在意大利创建过这种组织网，并认为这种工作是最重要的。这就是工厂和工会中的共产主义党团组织，它充分地完成了党接近群众的任务。同党的联系给建立在生产基础上的这些机构带来了广义上的政治的和阶级的成分，这些成分超出了一个工业部门和一个工厂的狭隘圈子里产生的自发的倾向。

正因为如此，我们主张在工厂中建立共产主义组织网。但是，政治工作应当在区域支部中进行。

我无法理解在讨论意大利问题过程中对我们的立场作出的结论。关于党的性质问题，在代表大会上和提纲中，我们已从理论上搞清楚了。

有人硬说我们对党的性质作出了**阶级调和**的理解，指责我们竭力使异己分子（例如知识分子等）在党内占优势。这是不正确的。我们不承认只能在工厂支部的基础上建立组织，因为这将使党内只有清一色的工人。工党主义的危险——最坏的反马克思主义的危险，威胁着我们。党之所以是无产阶级的，是因为它是按照革命的历史道路前进的，是为了工人阶级的最终目的而奋斗的。党的成分还不能使党直接地、自动地成为工人阶级和无产阶级的党。因此，即使有赞同党的学说并为促进党的阶级目的的实现而努力的人们的积极参加，党的性质也不会改变。

用这一观点分析，有利于工厂支部的一切言论，只不过是用布尔什维克化的口号充实起来的庸俗的蛊惑宣传而已。而这种宣传却无视马克思主义和列宁主义同机会主义和孟什维主义陈腐无味的和失败主义的观点的斗争。

现在，谈一下布尔什维克化的另一个方面：关于共产国际的党内制度问题。有一个新发现，说我们的支部缺乏那种布尔什维克的铁的纪律，而俄国党给我们提供了这种纪律的榜样。说什么绝对禁止派别活动和每个党员不管个人意见如何，都有义务参加共同的工作。我认为，就是在这里也还是用蛊惑宣传的方法来贯彻布尔什维克化的。

如果我们提出这样一个问题，可否让某个人建立派别，那么，显然任何一个共产党员都应当持否定的回答。可是，问题的这种提法是不严肃的，经验告诉我们，过去解决这一问题的方法从来没有给党和共产国际带来什么好处。

按马克思的观点，党内纪律和派别问题完全不同，并且是很复杂的。

有人要说："你们干什么？要使党成为谁都具有民主权利反对政权，

并拼命争取多数的类似国会之类的东西吗？"在这样提出问题的情况下，只能给予一种回答。当然，我们首先就要发言反对那种滑稽可笑的论点。毫无疑义，共产党应当是绝对统一的，应当是没有意见分歧和内部派别的。但是，这种见解，不是教条，不是先验论。这是应当全力以求的结果，这个结果在真正的共产主义政党的发展和创建过程中是可能取得的，在正确地解决一切理论的、实际的和组织的问题的条件下是可能取得的。在阶级斗争的总潮流中，各种流派是由工人阶级的各个不同地方和不同职业派别的各种经济条件所决定的。政党的作用就在于把这些运动中的一切共同的东西统一到争取实现世界无产阶级基本目的的革命斗争方面来。没有党的统一，说明党的政策上有错误，说明党没能力制止在工人运动的某些发展阶段中产生的倾向。违反纪律是这些缺点存在的征兆。因而，纪律就是结果，而不是什么强硬的和不可动摇的出发点。况且，加入我们党采用的是自愿原则。因此，决不能用什么"刑法典"作为同个人主义表现作斗争的手段。近来，我们党内形成了一种内部恐怖的制度，某些镇压运动、干预、制裁、严厉措施等，都是用一种带着自鸣得意的快感制造出来的，似乎这就是党内生活的准则。看来，这些出色行为的拥护者显然以为这才是党的力量和革命能量的真实证明。我认为，恰恰相反，正是成为这些非常措施对象的那些同志才是真正的好的革命者；正是那些委曲求全不使党的统一遭到破坏的同志才是真正的好的革命者。我认为，这是浪费精力，这种运动同我们应当进行的那种革命工作毫无共同之处。有朝一日，我们要砸碎资本主义的时候，那时候，我们党就要显示自己的力量了。必须考虑到那时革命的能量将用另一种尺度来衡量。

我们不赞成无政府主义制度，但是，我们也不要那种有害于我们统一和我们力量的不断惩罚的制度。

在目前情况下，如果有一个中央委员会，那么，它就会永远存在下去。它可以为所欲为，因为稍微表示反对，就要受到惩处，因为它总是正确的，因为它要"摧毁"阴谋活动和反对派。

功绩不在于粉碎叛乱，而在于不使这种叛乱发生。统一的价值取决于它的结果，而不取决于威胁和恐怖制度。

我们的章程当然应该包括各种处分，但是，这些处分是对付特殊情况的，不能变成党内生活的经常的、普遍采用的手段。如果某些党的成员公然偏离共同的道路，应当教训他们。可是，如果在某一团体中运用**刑法典**成为普遍规律，那么，这一团体绝不是完善的。

要使威胁和运用惩办手段成为特殊例外情况，而不是党领导者的常规、运动、准则。如果我们想要确立真正意义上的巩固的统一的话，这是必须做到的。

在会上提出的提纲中，关于这方面谈了许多很好的内容。将要给予大家某些自由。或许这些自由有些姗姗来迟。或许是有意给已不能动弹的"被击溃者"以自由的。暂时撇开提纲原文不谈，我们再举一些事实吧。人们总是说，我们的党应当建立在民主集中制基础上。或许，找另一个词来代替"民主"会更好些。但是，这个公式是列宁确定的。怎样实现这个民主集中制呢？显而易见，要靠挑选领导同志，要通过在基层组织讨论有关党的某些重大问题。显然，对于一个革命政党，完全允许有一些例外情况。党的制度允许中央委员会在某些情况下可以说："同志们，通常你们都参加问题的讨论，但是现在，我们正处在对敌斗争的危险时刻，不能延误一分钟，我们将不征求你们的意见而行动了。"徒有其表地讨论问题，却在党的上层机关实际地解决问题，加上报刊和整个党的机构都在中央委员会的手中这一事实，就更加危险了。在意大利，我们说过尊重专政，但是憎恨卓利蒂的手段。你们都知道，资产阶级民主只是愚弄轻信它的人们的一种手段。或许你们提供给我们的正是这种民主；或许你们也正打算实行这种民主？那时，我们就会说，宁愿要毫无伪善掩饰的果断的专政。一定要认真地实行民主,即建立这样一种制度:中央委员会只能抱着良好的目的动用党的机关组织,否则,就会在党内,特别是在工人中间出现不满和不健康的情绪。必须做到,要使党有可能制定出自己的主张并说出自己的意见。我在意大利党的代表大会上说过,我们的主要错误就在于党内没有分清鼓动和宣传的界限。鼓动是在人数众多的工人中间进行的,旨在向他们说明一些极其简单的思想;而宣传则是涉及为数较少的同志,旨在向他们讲述在数量上和深度上更为复杂的思想。错误在于党内只进行纯粹的鼓动,这不就错了吗?把党员群众完全贬低到更低的水平上去了,不同党员群众共同协商讨论,而把党员群众只看成被影响的对象。鼓动在于传播人所共知的口号,以期达到最大的成果,花费最小的努力。这在一定程度上是有益的,因为在这种情况下,自觉的意志不起很大的作用。但是,在党内,情况就不同了。我们要求取消党内鼓动制度,因为党应该团结有阶级觉悟并在阶级觉悟影响下进行活动的工人阶级中的那部分人。你们只要不再用"特等人物"的理论毫无根据地责难我们就行了。应当使广大党员群众自觉地形成自己政治上的世界观,自觉地研究共产党所面临的各项任务。从这个意义上讲,当务之急是内部制度的改变。

现在,谈一下派别问题。照我的看法,派别问题不应作为一个道德的或者刑事的问题提出来。历史尚且没有提出这个问题,也没有解决这个问题。能否指出为了寻开心而建立派别的历史先例呢?这是从来没有过的。机会主义以派别的面貌钻进党内,机会主义企图靠派别争取工人阶级,企图通过派别"击溃者"的干涉挽救革命政党,这种先例有过吗?仍然是没有过。恰恰相反,经验表明,机会主义总是装出维护统一的样子钻进来。机会主义总想对尽可能多的广大群众扩大自己的影响,总是用维护统一的假面具提出这个问题。我们知道机会主义的历史。那么,哪些小集团才是无产阶级党内资产阶级影响的传播者呢?这些集团通常都是在该国的工会贵族阶层或者议会主义者中间找到温床的。或者，他们是急于强迫党接受阶级合作的策略以及同其他社会和政治派别实行联盟的策略，才要在党内组成派别集团的。至少，为了取得消灭派别集团的发言权，应该善于证明它的成员同资产阶级或者资产阶级出身的人有联系，哪怕是个人方面的也好。如果没有这样的证据，那就必须找出这些派别产生的历史原因，而不是简单地斥责它们。派别的产生说明党内并非一切顺利。为了使党健全起来，只镇压已产生的派别还是不够的，而要研究党内引起疾病和党内出现派别的历史原因。这些原因通常是党的思想上和政治上的错误。派别——这不是疾病，这只是党的症状，如果想医治有病的机体，就不应把自己的注意力集中在症状上，而应当集中在研究病因上。不过，在大多数场合，指的不是那些企图建立特别组织的派别集团，而只是那些在党的正规的、正常的和集体工作中想要发表意见，想要表现出来的一些倾向。采用一整套猎获派别集团的办法、进行声名狼藉的运动、在同志中间培植某种类似警察监视和互相猜疑的办法，实际上就是派别活动的最坏的一种形式。这只能毒化我们运动的源泉，只能强行把生机勃勃的批评自由统统都推向派别活动的道路上去。用这种办法无法达到党的统一的目的，只能导致党的破坏和软弱无力。党的工作方法应当来一个根本的转变。如果我们不就此结束这一切，后果将是不堪设想的。

法国党的危机就是一个例证。法国党是怎样对待派别的呢？例如，对工团主义派别的做法，就太不聪明了。被开除党籍的某些同志又回到自己的过去醉心的事业上去，并且开始出版杂志借以发挥他们的思想。不屑说，他们不对。但是，这种重要思想倾向的原因不在于"浪子"罗斯默或莫纳特的放任，而在于法国党和整个国际的错误。

彻底粉碎工团主义理论后，我们使广大工人群众从工团主义和无政府主义的影响下摆脱出来了。现在，这些分子又浮到水面上来了。为什么？因为党内的制度，它的过分夸大的马基雅弗利主义给工人阶级造成了坏印象，并且给这些理论的复活，给那种认为政党是某种不干净的东西，给工人阶级只有通过经济斗争才能得救的偏见的复活，提供了可能性。这些根本错误之所以能在工人阶级中间，重新复活起来，是因为国际和共产党无法证明（不是通过理论上的宣言，而是要通过事实证明），在革命的列宁主义政策和先前的社会民主党政策之间存在着深刻的区别，作为反动势力，后者导致了战前的工团主义。在法国无产阶级中间，"争取经济发动和反对政治斗争"的旧口号又重新有了某些新的进展。这是由于共产党的政治路线的一系列错误引起的。

塞马尔（法国）：

你说，派别是由于领导中心的错误造成的。可是，法国的右翼派别却是在领导中心已经承认了自己的错误并且改正了自己的错误的时候才组织起来的。

博尔迪加（意大利）：

塞马尔同志，如果你指望在一命归阴时，除去承认自己的错误，而不留任何功绩于后世的话，那么，我不能保证你的灵魂能得救。

同志们，我认为，必须善于用我们的战略和无产阶级的策略来证实这些无政府工团主义分子的错误。否则，在工人阶级中已经造成的印象还要加深，即共产党也同其他政党一样都犯了那些错误，从而产生对我们的某些不信任情绪。这种不信任情绪不仅是我们在同其他政党交往中，而且是在我们的党内政策中所采取的那些方式和手腕培植起来的。似乎"政治"是对一切政党都一样的一种艺术和技巧。给人这样一种印象，我们是遵照政治规范的法典行事的，如果愿意的话，也可说是遵照马基雅弗利主义行事的。然而，恰恰相反，工人阶级的政党应当创造新的政治形式，这种形式应当同资产阶级议会主义的狡猾的和低级的权术毫无共同之点。如果无产阶级对此不能信服的话，那么，我们就永远不会对无产阶级队伍发生深刻的影响，我们势必要为无政府工团主义助长声势。

至于说到法国的右翼派别，我毫不含糊地声明，总体上讲，我认为，法国的右翼派别是健康的，绝不是小资产阶级思想意识的表现。虽然，它的理论和策略是不正确的，但是，它们都是合乎规律的，在某种程度上，它们是对领导中心所制定的政治错误和不能令人满意的制度的十分有益的反应。因为共产国际的总路线不可避免要导致派别的形成，所以，不是一个党的中央委员会能对这些错误负责的。当然，在统一战线问题上，我们所持的观点同法国右翼的观点截然相反。但是，我认为，法国右翼所指出的共产国际提出的公式含混不清和不能令人满意的意见是完全正确的。他们有时允许在上层建立统一战线，但是却又补充说，社会民主党是资产阶级的左翼，应该抱定对领袖进行揭露的宗旨，就是这些。这样的观点是不站不住脚的。法国的工人们对法国这种荒谬的策略厌倦了。当然，反对派的某些领袖是不对的，他们用错误的方法得出错误的结论，说必须同社会民主党建立"真诚的"统一战线和联合。

当然，如果把右翼派别的立场归结到一个问题上，即在党外创办的、不受党监督的杂志上实行合作是否好？那么，答案只能有一个。可是，这还是不能把我们引出死胡同。应当寻找另外一些途径，在许多问题上切实地摆脱俄国党和法国党的政治路线。在对待社会主义分子洛里欧等个人行为的问题上，机械地搬用教义问答手册的条条是无济于事的。为了纠正错误，不能刀劈斧砍，应当找出并消除困扰党和导致派别形成的基本原因。

有人会说：为了纠正我们机器中在布尔什维克化方面的错误，存在着一个国际性的中心，这是共产国际的大多数。如果某一个中央犯了十分严重的错误，它应当去干预。这就是向我们提出的反对个别支部的倾向的保证。可是，在实践中，这套办法不符合斗争的需要。我们可以举出对德国党的内部事务进行干预的例子作证明。德国共产党中央委员会成了全智全能的。它使党内的任何一个反对派都失去了活动能力，而终究还有一个更高的人，他在一定的时机对这个中央所犯下的一切罪行和一切错误进行了惩处、驱逐和镇压。这就是共产国际执行委员会和它的公开信。这究竟对不对呢？当然不对！这样的措施造成了什么样的印象呢？在意大利代表大会召开之前的讨论中，我们看明白了。有一位完全正统的、很好的同志被派去参加德国的代表大会。他看到，一切进行得都很好，绝大多数人投票赞同共产国际的提纲，新的中央，除无足轻重的少数人外，是完全一致的。这位意大利代表回来后提交了一份有关德国党的很好的报告。他写了一篇文章，把德国党说成是意大利左派布尔什维克党的榜样。可能，在这以后，反对派中的某些同志变成布尔什维克化的拥护者了。然而，两周过后，执行委员会的公开信突如其来地降临了。看来，德国党的党内生活十分不能令人满意，那里存在着专制，策略是完全错误的，出现了极大的错误和偏差，思想体系远远不是列宁主义的。曾几何时，在第五次代表大会上，德国党左翼被宣布为布尔什维克领导中心中最完美无缺的，就连它也被狠心地甩开了。对它也采取了过去曾对右派采用过的那种手段。第五次代表大会的口号宣称："布兰德勒是有过错的。"现在的口号又是："鲁特·费舍有过错。"用这些方法争取不到工人群众的同情。不能把错误的责任只归罪于某些同志。要知道，共产国际随时关注着事态的进展，它能够而且应当熟知领导者的素质以及他们在政治活动中的错误。或许有人要对我说，现在我袒护德国党左翼，正如在第五次党代表大会上说我袒护德国党的右派一样。其实，我在政治上既不表示拥护这些人，也不表示拥护那些人，但是，我认为，在这两种情况下，整个共产国际都有责任。共产国际完全赞同这些组织，说他们是各派中最优秀的并把党托付给了他们。

国际中心对各国支部事务的干预，不止一次地被发现是收效甚微。这要归咎于共产国际的工作方法本身，归咎于它同某些个别支部的来往关系以及各领导中心的组成。在上次代表大会上，我已对我们的工作方法进行过批评。在我们的最高机关和在我们的代表大会上不是进行集体工作。最高中心与各支部仿佛是格格不入的；它和各支部进行讨论并且在每个支部中挑选出它支持的派别。在各个问题上，这个中心得到所有其他支部的支持，这些支部以这种行动来保证有朝一日中心能对它们好一些。一些个别组织的领袖人物抱着这种"市场"观点。可是，有人对我们说，国际中心是靠俄国党的领导权威建立起来的，俄国党取得革命的胜利证实了它是正确的，共产国际在俄国党的国家里召开会议；因此，必须对作为我们领导者的俄国党提示通过的决定赋予特殊的意义。于是，问题就产生了，俄国党是通过什么方式解决国际问题呢？我们都有权提出这个问题。经过最近的一些事情和最近的一次争论之后，我们似乎已经感到支撑整个制度的支点不够稳固了。在俄国党的最近一次争论中，我们看到那些以同样深刻的列宁主义知识而自居、同样自认为有不容置辩的权力为布尔什维主义革命传统而发言的同志们，是怎样互相争论，是怎样各自利用列宁的文章，并且按每个人自己的理解来解释俄国经验的。我现在指出这一不容置辩的事实，是因为我实际上没有介入争论。谁将在那种情况下充当终审裁判以解决国际问题呢？我们已经不能回答说是"老布尔什维克近卫军"了，因为实际上这将要导致截然相反的决定。这样一来，整个制度的支点就不符合客观调查实际了。必须另找出路，这是显而易见的。我们可以把我们的世界组织比做"金字塔"。这个"金字塔"必须有顶峰和通向这一顶峰的路线。这是统一和必要集中制的体现。但是，我们现在"金字塔"的策略有一个极大的危险：它是支撑在顶峰上的。因而，必须把"金字塔"颠倒过来，把它放到基础之上，使它有稳固的平衡。我们关于布尔什维克化的结论就在于：不能搞一些次要的改变，应当彻底地改造整个体系。

因此，在总结了共产国际过去的工作后，现在，我再谈一下对当前形势和未来任务的估计。这里谈过的关于稳定的看法，是完完全全为我们大家所接受的，没必要再谈这个问题了。现在，资本主义的解体以不太快的速度进行着。在资本主义总危机的条件下，形势显得有些动荡。在我们面前仍然展现出资本主义彻底崩溃的前景。可是，在提出前景问题时，照我的看法，在对前景的估计上犯了某些错误。有些标准可以用来判断有关前景的问题。我认为，提醒季诺维也夫同志注意列宁提出的两种前景是十分有益的……

如果用研究社会现象的科学社会的观点看问题，那么，我们能够得出某种程度的乐观主义结论，但要撇开正在发生的各种事件。可是，对于革命政党来说，这种纯科学的前景是不够的，因为，它表现在一切事件之中，它本身就是一个因素，它不能够纯粹形而上学地脱离自己的斗争去分析形势。我们的党应当始终把自己的活动同自己的最终目的联系起来。必须始终看到革命的前景，甚至在科学地估计到使我们得出悲观结论的情况下也是如此。马克思在1848年、1859年、1870年期待着革命发生；而列宁1905年后认为在1907年会发生革命，可是，这距离革命的真正到来相差了10年，这是在科学估计上通常所犯的错误。这也展示了两位伟大领袖具有对革命方向作预测的雄才伟略。当然，这并不是说要永远支持那种愚蠢而幼稚的幻想，似乎革命随时都在敲着大门。这里说的是，尽管在革命发展过程中困难重重，真正的革命力量依然不受损害。关于前景问题，对于我们的党来说是很重要的，因而，理应更深刻地进行分析。说什么局势朝着不利于我们的方向改变了，说什么1920年的形势已经错过，以此来说明和证实某些支部和共产国际的内部危机。这是我不能接受的。这些可以作为解释产生某种错误的原因，但决不能以此来为这些错误作辩护。从政治的观点来看，这是不足以说明问题的。我们不能容忍这种看法，即认为我们各党的现行制度连同这个制度的一切缺陷都是不利于我们形势的某种不可避免的结果。以这种方式提出问题是不正确的。虽然我们党也是影响事变进程的一个因素；但是，从另一方面来看，即使在我们能够建立一个真正的世界性的革命政党的情况下，我们党本身也是发展的产物。可是，从哪个意义上说事件影响到我们的党呢？如果资本主义危机给我们创造了有利的条件，那么，我们党的人数和我们对群众的影响就应当加强。如果局势变得对我们不利，如果我们的队伍逐渐缩小，我们仍然要保持我们神圣不可侵犯的思想体系、我们的传统、我们的组织和我们行动的政治路线。说什么要使我们各国党准备去解决革命的任务需要等资本主义的危机日益尖锐，那我们就犯了愚蠢的错误。因为，为了巩固我们的党，要期待持续性的危机；当党的巩固一经达到，还要经济形势帮我们的忙，还需要把革命的潜能最终付诸实施才行。这样，我们才有可能最后去采取行动。如果经过一段情况不明的局势之后，危机骤然尖锐起来，那么，我们就无法利用这一机会了。这一不正确的观点将导致我们党面临这种情况并陷入秩序混乱和软弱无力的状态。这一错误表明，我们不善于从第二国际机会主义的历史中吸取教训。毫无疑问，在世界大战前，资本主义的繁荣时期已经呈现，而局势并未恶化。这部分地说明了第二国际机会主义的破产，但不能替它辩护。那时，我们无法相信机会主义是必然的，是历史上不可避免的因素。我们说过抵制机会主义的必要性，甚至直到1914年以前，马克思主义左翼仍然为争取健全的、革命的、马克思主义的无产阶级政党同机会主义进行斗争。

问题应当这样提出。即使局势对我们不利的时候，当前景不利或者相对不利的时候，我们也不应当容许出现机会主义倾向或者为机会主倾向作辩护，说什么客观情况造成了机会主义倾向。尽管如此，一旦发生党内危机，也应该从其他方面去寻找危机产生的根源和克服的办法，即从党的工作制度和党的路线方面去寻找，大概党的政治路线是不正确的。在关于领袖的问题上也应持这种看法。托洛茨基在他的《一九一七年》这本书的前言中提出了关于领袖的问题。在这本书中，他分析了我们失败的原因，我完全赞成这一分析。托洛茨基不是像别人说的那样，似乎领袖的作用是上天赋予的。不是的，他完全是按另一种方式提出问题。领袖也是党的活动的产物，是党的工作方法的产物，是党能够取得信任的产物。尽管情况经常发生变化，有时不利，尽管有机会主义的倾向，如果人员的选拔、总参谋部的组织工作进行得卓有成效，那么，我们就可以在决斗时期推选出虽然不总是像列宁那样的人物，但至少是知识渊博、坚贞不渝、刚毅果敢的领袖核心。然而，在当前我们组织所处的状况下，对此是很少有所期望的。

当我们从经济分析转向对社会和政治力量的分析时，对前景的估计产生了另一个错误。我们必须与这一错误作斗争。通常认为，资产阶级左派政党掌权有利于我们的斗争，有利于准备革命。这是一个错误的观点。首先，这一观点是同上述论断相矛盾的。似乎经济危机对我们是特别有利的时机，因为在危机时期，资产阶级为了实现反革命进攻会组织起右派政府，就是说客观斗争条件又对我们不利了。为了对这一问题作出马克思主义的解答，不能只局限于此类老生常谈。

仿佛资产阶级左派掌权对我们有利的说法，一般地说是不正确的，可能还恰好相反。历史先例表明，认为成立实行自由主义纲领的所谓中产阶级的政府，有助于我们实现任务，有助于我们组织斗争以反对被削弱了的国家机体的想法是荒谬的。这里，也同样可以看出对俄国经验错误估计的影响。1917年二月革命摧毁了沙皇制度的机器。新的政府的依靠力量是自由资产阶级和小资产阶级。但是，还没有组成牢固的国家机构，还没有用资本的经济统治和现代政治的议会代表制替代专制制度。在这样的国家机构还没来得及组建之前，共产党领导的无产阶级就成功地向政府发动了进攻。能否设想，其他国家形势的发展也像俄国那样，有朝一日政府从资产阶级政党手中转到其他政党手中，转到中产阶级手中，而国家机构将会削弱到以致无产阶级毫不费力地就能将它推翻的程度。这种对前景简单化了的预测是不正确的。其他国家的情况又如何呢？能否把右派政府为左派所代替，同国家基础的变化相比呢？例如，民族联盟被左翼联盟所代替。也许无产阶级可以利用这个时期加强自己的阵地，然而，通常情况下，在从右派政府向左派政府的过渡中，还不具备基本的、有利于共产主义的条件——国家机器的总崩溃。我们还没有见过左派政府给工人革命扫清道路的具体的历史先例。在德国，1919年资产阶级左派政府掌握了政权。运动的领导权甚至掌握在了社会民主党手中。虽然德国处于战争状态，虽然危机极其尖锐；然而，国家机器却还是没有受到足以使无产阶级很容易取得胜利的严重破坏程度。不仅共产主义革命遭到了失败，就是社会民主党人自己也现出了革命刽子手的原形。

如果我们以我们的策略促进左派政府的建立，那么，这些条件是否就对我们更有利呢？不对，不能这样断言。这是孟什维克的观点，即相信中产阶级也能够建立有别于资产阶级的国家机构，相信可以把他们的掌权时期看做是无产阶级夺取政权的过渡时期。当某些政党提出符合中产阶级利益纲领的时候，这还不等于我们就遇到了政权从一个社会集团向另一个社会集团实际过渡的时机；这只是资产阶级防御的新方法，我们决不应当认为那种过渡是最有利于我们的时机。我们也许可以利用这种情况，但只是在我们坚持此前已经十分明确的立场，并且同左派政府的要求毫无共同之处的条件下才有可能。

例如，意大利的法西斯主义是否是资产阶级右翼对左翼的胜利呢？

不是,法西斯主义是一种更大范围的东西:这是资产阶级用来防御的两种手段的综合。法西斯政府最近的一些措施表明,法西斯党的半资产阶级和小资产阶级成分丝毫不妨碍它成为资本主义的直接代理人。作为群众性组织,法西斯组织有上百万成员,它的宗旨不仅是组织一支强有力的反动势力来专门残忍地镇压那些敢于侵犯国家机器的人;而且还借助社会民主党的手段吸引广大群众到自己方面来。在第二点上,法西斯主义遭到了某些明显的失败,这完全证实了我们阶级斗争观点的正确性。但是,这却特别令人信服地证明了中产阶级是十分软弱无力的。这些年来,他们已经作了三次激进的转变;1919—1920年,他们参加了我们的群众大会;1921—1922年,他们把一批黑帮分子补充进干部队伍;1923年,在马泰奥蒂遇害后,他们转向反对派立场。现在,他们又回到法西斯主义。他们总是站在最强势的一边。

除此之外,几乎左派政党和政府的一切纲领中都有一项条款,根据这项条款内容,宪法"保障"一切政党,但是,以推翻现存制度为目的的政党除外,也就是说,共产党员除外。

有一种错误观点,仿佛新政府上台将会给我们带来很大的好处,这种见解等于是假定中产阶级有能力独立解决政权问题。据我看来,在德国和法国推行的所谓新策略,以及意大利共产党制定的对阿文蒂诺反法西斯反对派态度的策略,都是极端错误的。我不能理解的是,一个具有丰富革命传统的党,例如,德国党因为下述原因就怀疑自己政策的正确性:社会民主党指责我们党提出的参加总统选举的独立候选人是兴登堡的帮凶。在意大利,我们建议反法西斯的资产阶级组织有共产党参加的在野党议会。虽然在我们的报刊上报导过不能信任这些政党,报导过作出以揭露他们为目的的建议,然而,实际上问题依然是:共产党以此支持了广大群众的幻想,这些群众期待阿文蒂诺联盟去推翻法西斯主义。这一策略促进了广大群众认为革命斗争是可能的;认为不在阶级的基础上，而在同小资产阶级，甚至同纯粹资本主义集团合作的基础上建立"反国家"的联盟是可能的。我们没能利用阿文蒂诺的破产把广大群众吸引到阶级战线方面来。这整个策略在第五次代表大会的各项决定中不仅没有任何根据，而且，据我看，还违背了共产主义的原则和纲领。

最近，我们面临着什么样的任务呢？不同时整体性提出关于苏维埃俄国和资本主义世界在历史上的相互关系这一根本问题，这里就无法认真地谈任务问题。对我们来说，最重要的问题就是俄国共产党的国家政策问题；当然，这里面不包括无产阶级的革命战略问题、世界农民运动问题及殖民地和被压迫民族问题。俄国共产党应当估计到俄国各阶级的相互关系，采取必要的措施同农民和新生的小资产阶级作斗争，并防御外来的压力——今天是经济和外交方面的压力，明天或许是战争方面的压力。考虑到世界革命在其他国家还没有开展起来，必须把俄国的政策同无产阶级的总的革命政策密切地协调起来。在所有这一切问题上，我不再多说了。我肯定地说，俄国工人阶级及其共产党仍然是我们斗争中的支柱。但是，善于依靠各资本主义国家的无产阶级，依靠由于同资本主义敌人两军对垒所产生的阶级感情，也是十分重要的。俄国的政治问题不可能在俄国运动闭塞的小圈子内得到解决，俄国政治问题的解决需要同整个无产阶级的共产国际进行直接合作。没有这一合作，不仅对俄国的革命战略，而且对我们在资本主义各国的政策都会产生威胁。可能产生贬低共产党性质和作用的倾向。从这个意义上讲，进攻不是来自内部，而是来自外部，来自社会民主主义、机会主义集团。由此，产生了共产党争取工会的国际统一问题和我们对第二国际的态度问题。在此，我们都同意，共产党应当保持自己整体革命的独立性；但也有必要指出，有可能产生具有半阶级目的和政治上保持中立的特征不明显的组织来代替共产党的倾向。鉴于当前的状况，反对各种取消派倾向，捍卫我们的国际共产党组织，我们是责无旁贷的。在我们提出了批评之后，我们能否认为，共产国际仍以现有状态就能胜任这种双重任务——在俄国和其他国家制定正确的战略呢？我们能否要求在这一次代表大会上直接讨论所有俄国问题呢？十分抱歉，我们应该给予否定的回答。

必须重新认真考虑我们党的内部制度，并把全世界的策略问题和苏联的国家政权问题列入党的议事日程。但是，应当按新的方针并用全新的方法来仔细研究这些问题。在代表大会提出的报告和提纲中，我们没有看到解决这些问题的充分基础。我们不需要官腔式的乐观主义。我们应该明白，不是对我们党的内部制度进行一些小修小改（正如我们不止一次见到的）就能使我们完成世界革命总参谋部所面临的宏伟任务的。

（会议休会）

第六次会议

(1926年2月24日)

主席：格施克

讨论执行委员会的工作报告（续）

佩珀（美国）：

我认为，到目前为止，讨论进行得有些偏向。实际上，他们都在围绕一个问题兜圈子，换句话说，也就是在围绕同极左派和右派的冲突问题兜圈子，这是**一个党内问题**。当然，问题这样概括是非常重要的，然而，在我们党内，这些冲突、斗争或危机是与统一战线的策略问题有密切关系的。其实，**不正确地执行统一战线策略**或者不执行统一战线策略，是所有这些斗争的根源。但是，认为一切都归结于没有正确地了解统一战线的策略，那也是错误的。在我们支部，冲突还有另一些根源：对世界形势分析得不清楚，**估计得不确切**。季诺维也夫同志已经指出与确定革命发展前途有关的波动；他谈及了一些同志，这些同志对提出两种前途的可能性表示不满，这些同志只坚持一种前途假定思想的"合逻辑性"。博尔迪加最明显不过地表现出对世界形势认识的模糊不清。博尔迪加同志完全避而不谈美国和欧洲之间的巨大的世界性矛盾。他更不愿意看到美利坚合众国和大不列颠之间不断发展的矛盾。在昨天博尔迪加同志对世界形势所作的分析中，他把这种形势简单地归结为两个因素：苏联和资本主义的包围。显然，这是可怕的偏见。十分清楚，如果把世界形势想象得像博尔迪加那样公式化、简单化，那将必然产生非常片面的、公式化的和根本错误的政策。总之，博尔迪加同志在统一战线策略问题上的错误不是偶然的，他的全部分析是不正确的，他的策略和策略的逻辑必然性也是不正确的。

我认为，作为我们策略基础的统一战线问题，在这次全会上大家的意见是完全一致的，除了博尔迪加同志，已经没有谁表示反对统一战线策略了。甚至极左派中的最极端的人物（至少在口头上）也表示：我们赞成统一战线策略。就连鲁特·费舍、肖勒姆等同志至少在这里，在莫斯科和在口头上也赞成统一战线策略。另一个问题是，如何看柏林的事情。

整个世界的形势和对工人运动的总的分析有必要使统一战线策略成为我们策略的基础。然而，如果在这方面我们没有任何政治路线，那倒是非常可悲的。**我们应当具有符合总的世界形势、在政治上能够统一我们所有过渡性要求的政治口号。**季诺维也夫同志提出的提纲可以解决这个问题，因为该提纲提出了"社会主义欧洲联邦"这一统一的政治口号。在分析了正确运用统一战线策略问题之外，这次全会最重要的政治任务之一，是分析这个口号在实际斗争中的正确性、必要性和适用性。直到现在，在讨论中还完全没有涉及这个问题，就如同除了统一战线策略问题之外，根本没有涉及政治问题一样。

必须认真分析这个口号：第一是因为它的重要性；第二是因为对它的态度的不明确性。我们知道，一些同志，即使不在讨论时，至少也在会外交谈时以非常怀疑的态度评论这个口号。有的同志想起列宁同志在1915年曾反对过欧洲联邦的口号。有人困惑莫解并问道：现在，提出这个口号作为近期的政治口号是否正确？总之，必须搞清楚这个口号的正确性。为此，首先必须分析提出这个口号的根据，即分析具体的形势。只有这种分析能够使我们相信并给我们阐明这个口号是正确的或是不正确的。

促使我们在提纲中提出这个口号的具体情况是怎样的呢？

具体情况是这样的：

1. **美国赢得对欧洲**的经济**领导权**和在某种程度上的政治领导权；
2. **美利坚合众国和大不列颠之间矛盾**的增长和加剧。

我们可以断言，美国和欧洲的相互依赖关系日益明显地固定化，在这个基础上，美国和欧洲之间的矛盾在不断增长。

在美国局势中，起主导作用的因素是怎样的呢？必须分析这些因素，因为只有在这个前提条件下，才能够确定这些矛盾是增加了还是减少了。我只限于指出这些因素。这其中，第一个因素是：资本在美国惊人地积聚和集中，形成了世界上最大的托拉斯。第二个因素是：适应这种经济方面发展的政治方面的发展。在这里，有两个最主要方面，一是**把所有小资产阶级分子和农场主清除出占统治地位的共和党**；二是这个党明显表现出来的向金融资本家政党方向的演变。第三个因素是：这个清除了所有左派分子的占统治地位的党，借柯立芝之口正式提出了"给大托拉斯以自由发展"的口号。

只有对合众国的政治史有所了解，才能对这个因素的巨大意义作出应有的评价。不应忘记，近10年间，农场主和小资产阶级反对托拉斯的斗争是美国政治斗争的主要内容。为了阻止托拉斯的任意发展，近来，官方的全部政策都包括在以反对托拉斯为目的的一系列法律之中。因此，美国金融资本家现在觉得自己是如此强大，以至他们可以**正式以自己的名义摒弃这项"反托拉斯的"**法律，并说：今后，我们将不给托拉斯制造任何困难，将不把"国家调节"的面具套在它们身上。这等于从根本上改变了美国的政策，等于不仅与民主的伪善，而且与罗斯福和拉福莱特的传统政策从根本上断绝了关系。

反对合众国**保护关税政策的斗争**是美国局势中的第四个因素,但现在还只是一种趋势,还没有成为现实。正像你们所知道的那样,在1922年,美国资产阶级保护关税的政策达到了顶点。与此同时,由于在美国周围筑起了关税壁垒,"不许干涉欧洲!"的口号又提了出来。现在,在这个问题上,有了明显的根本性进展。美国金融资本家正在设法降低工业品关税。为什么呢?这个急转弯的原因是什么?美国资本家向欧洲投了那么多钱,无论用什么方法都要获得利息。欧洲国家欠美国的数以十亿计的债款已在最近改为长期贷款了,而且开始还本付息了。当然,只有在商品出口的条件下,欧洲才能这样做,而高关税使欧洲工业品难以打入美国。美国金融资本家希洛反对保护主义关税,是因为他需要一磅肉,而不是因为和平主义者和自由贸易主义者的意见。但是,金融资本家的一些利益没能引起这种变化。在美国,在许多方面仍然充满着形式上的民主,对一个金融资本家来说,要完成这项任务(取消保护主义关税)似乎是很困难的。与此同时,半数因重新开始的农业危机而破产和不满的农场主们要求降低受到优惠的工业品的高关税。这说明什么呢?很清楚,保护主义关税是人为地把美国工业品的价格保持在高水平上,然而,与高关税相反,农产品价格低廉,这不仅由美国市场,而且也是由世界市场决定的。在反对保护主义关税运动中,美国金融资本家将为自己找到以不满的农场主为代表的有实力的同盟者。在这方面,金融资本家还有其他的同盟者,即广大的食利者阶层。那些指出在帝国主义发展过程中,欧洲的食利者减少了而美国的食利者增多了的人是对的。

现在,美国的金融资本家表示赞成国际仲裁,在某种程度上(附有保留条件)是表示赞成国际联盟,这是上述形势发展的结果。"不许干涉欧洲!"的趋势在美国正在减弱。正在出现相反的进程:在美国,越来越强烈地(不应忘记重要报刊主要掌握在金融资本家手中)强调美国干预欧洲事务的必要性。美国确实企图通过信贷和投资控制欧洲，不仅在经济上，而且在**政治上**。1925年的新的因素是，美国银行家依靠自己的贷款行为设置了许多**政治条件**。不久前，美国财政部长梅隆在讲话中宣称，1925年，在对问题进行了长时间的讨论之后，美国政府决定，今后不允许美国银行（无论是私人的或是国家的）给不曾向美国按期偿还债务的国家提供借款。你们大概没有忘记美国驻伦敦大使海顿的讲话，该讲话被纽约《晚报》称做"美国向欧洲发出的和平的最后通牒"。这个"和平的最后通牒"已化为正常的威胁，即美国今后只在欧洲裁军的条件下才向它提供借款。你们大概也没有忘记外交部长**凯洛格在**1925年12月中旬的讲话，在这个讲话中，凯洛格说，美国将不再给欧洲贷款，因为这些贷款可能用于军备；美国也不给那些还没有向美国按期偿还债务的国家和那些可能把得到的钱用于以垄断经济为目的的国家予以贷款。

这个"和平的最后通牒"已经不是简单的威胁了。美国的确在实行这种政策。比利时的借款事件可以作为最明显的例子，美国在向比利时提供借款时，公开要求比利时缩减军队。柯立芝在纽约商会发表的讲话也阐述了这个政策的思想。这个讲话是现代美帝国主义最厚颜无耻的产物。柯立芝在概括整个世界局势时说，在战争结束后，当欧洲一贫如洗和因饥荒导致死亡的危险威胁着欧洲的时候，我们美国人，我们美国的资本挽救了欧洲。我们阻止了欧洲革命的爆发。我们稳定了通货膨胀。我们挽救了奥地利。我们挽救了德国乃至强大的英国，在大不列颠恢复了金本位制……等等，等等。这就是这个暴发户不知羞耻的腔调。

在美国，直接干涉欧洲的势头不仅在经济上，而且在政治上发展得越来越明显和坚定。美国的政策发生了巨大的变化。在"不许干涉欧洲!"的政策和向欧洲进行经济和政治渗透的政策之间的差别是相当大的。

在美国政策发生根本变化的同时，欧洲也发生了深刻的变化。

这个变化综合起来可以用**洛迦诺公约**的内容加以说明。洛迦诺公约不仅仅代表反苏联盟。洛迦诺公约的目的不仅是保护大不列颠反对法国霸权的利益，保护美国作为债权国（保障在欧洲的投资）的利益，洛迦诺公约还是**第一次尝试建立以大不列颠为首的西欧联盟与北美合众国相抗衡**。洛迦诺公约为反击债权国北美合众国，**第一次尝试建立欧洲债务人的联盟**。这个新的趋势（欧洲列强团结一致对抗合众国的霸权）是非常重要的因素，在我们的政策中应当重视这个因素。

我掌握着美国各派（从日报到科学杂志，从部长到新闻工作者）报刊所发表文章的一系列摘录。这一切都毫无例外地证明，美国正在忧心忡忡地注视着欧洲的新兴组织。到处都在表明，欧洲试图**不经过美国**来处理自己的事务，并且想方设法建立大陆联盟，即使暂时还不反对合众国，那至少也要与之分庭抗礼。在组织这个欧洲联盟方面，起倡导者作用的不列颠政府的官方报刊企图否认这个事实。《泰晤士报》报道说，这绝不是企图建立反对美国的"统一战线"；我们渴望和平，我们希望把欧洲搞得像个欧洲，而绝不是与合众国相对立。众所周知，实行不承认和伪善的政策已经成为英国人的传统。但是，对合众国的统治者来说，问题的实质是完全清楚的。可以说，皇上（美国）既冷笑又忧伤地注视着在欧洲新出现的形势，他对改为长期投资得意地微笑，而为在欧洲开始反对强大的债权人而忧伤，照《纽约时报》的说法，问题可能有这样的危险：贫穷欧洲昔日的"恭顺"很快就要终结了。

从上述主要趋势中得出什么样的最重要的一般性政治结论呢？

1. **美国和欧洲之间的矛盾在增长**（当然，这并不排除某些欧洲国家之间矛盾的增长），而在这个总的矛盾范围内，合众国和大不列颠之间的矛盾不断尖锐。

2. 在资本主义反对苏联的阴谋中，大不列颠起着领导作用。与此同时，大不列颠还领导着反对北美合众国的联盟。

3. 这种形势使欧洲与苏联之间在利益和政策上的某种平衡现象逐渐固定下来。在美国压迫欧洲债务人的同时，一些欧洲国家不得不在"和平基础上"同苏联进行谈判（同法国谈判，同德国谈判贷款）不是偶然的。

4. 与此同时（在这方面没有任何矛盾），随着美国和欧洲之间矛盾的定型，正在出现苏联和美国在利益和政策上的某种平衡，只要指出中国、摩苏尔、洛迦诺公约、国际联盟的例子就足够了。

洛迦诺公约的目的在于反对合众国和苏联。无论合众国还是苏联都没有参加国际联盟，没有参加由资本主义欧洲领导的世界组织，这不是偶然的。最近，在中国事件发生的时候，苏联奋起保卫被压迫的中国，合众国也实行了某种程度上敌视不列颠帝国主义利益的政策，这难道是偶然的吗？或者我们举摩苏尔为例。那里的情况是怎样的呢？无论是合众国，还是苏联，都反对大不列颠的摩苏尔政策。苏联的政策是以下列原则为基础的：

1. 土耳其是个新兴的民族革命国家；
2. 不列颠帝国主义企图掠夺革命的土耳其的原料；
3. 因此，苏联应当履行自己的革命职责，支持土耳其反对不列颠帝国主义。

让我们来看一看，美国在这个问题上的政策是怎样的。不言而喻，它有另外合乎逻辑的前提。这个政策是帝国主义的，而绝不是革命的。美国是这样论述的：

1. 在摩苏尔有石油；
2. 大不列颠存心掠夺土耳其的石油；
3. 因此，美国将支持土耳其，尽管它是民族革命国家。

你们可以看出，美国得出了和苏联同样的结论，但是，所采取的方式显然是不一样的。尽管动机相反（众所周知，俾斯麦曾经说过："动机是不能表决的"），也可以建立合众国和苏联之间在政策上的某种平衡。

因此，我们的分析将受到局限。

这就是具体情况。在这种具体情况下，季诺维也夫同志的提纲提出"社会主义欧洲联邦"的口号。根据上述分析，我们将试图搞清楚，这个口号对还是不对。正像你们所知道的那样，列宁在1915年非常强烈地反对类似口号。问题在哪里呢？提出这个口号是否意味着修正列宁主义呢？无论如何也不是。很清楚：1. 在战争的头几年里，欧洲联邦口号**具有根本不同的内容**；2. 1925—1926年间的世界局势与1914—1915年间的世界局势完全不同。

在1914—1915年间，欧洲联邦口号具有怎样的性质呢？那是共和制欧洲（换句话说，是资本主义欧洲）的联邦口号，实现这个口号的前提条件是在俄国、德国和奥地利推翻君主制度。当时，列宁说，**在政治方面**，这个口号是不错的，是革命的，它等于沿着革命的道路向前迈进了一步。与此同时，他认为，**在经济内容上**，这个口号是错误的。他指出，**在资本主义**基础上实现欧洲联邦口号，或者是不可能的，或者是**反动的**。

为什么我们不能在资本主义基础上实现欧洲联邦的口号呢？因为，根据其内容，这个口号等于在瓜分殖民地。列宁接着提出一个问题：资本主义国家是否有**在比较长的时期内**就有关瓜分殖民地问题和平地达成协议的可能呢？不，他回答：这是不可能的，因为帝国主义知道，只有一种方式能够解决任何有争议的问题，即**暴力方式**。对于欧洲资本主义国家来说，以联邦的形式长期处于均势是完全不可能的。列宁说，在这种情况下，较短时间内有可能实现这个口号，而那时，它就彻底地**反动**了。为什么呢？列宁回答说：资本主义欧洲联邦不言而喻的目的在于：

1. **反对社会主义**；2. **反对殖民地**；3. 反对日本和美国这样年轻的发展中的资本主义国家。列宁之所以反对这个口号，还因为在他看来，这个口号给无产阶级革命**在一国**胜利的可能性蒙上了阴影。

这就是在战争的头几年反对这个口号的最重要的论据。我认为，这些论据是清楚的，而且，我认为，我们中没有谁会反对它。现在，如同在1915年一样，它们是正确的。

但是，我要问你们，同志们，难道我们现在的口号（在某种意义上还是在1923年提出的提纲中指出的）**正是那个**列宁反对过的口号吗？绝对不是。旧口号的基础是**资本主义**，而新口号讲的是社会主义的欧洲联邦。条件根本改变了。我们已经不是同俄国的专制制度，也不是同德国和奥地利、匈牙利的**君主制度**作斗争。这三个君主制度已经都不存在了。对于最重要的欧洲国家来说，**社会主义革命**已经提上了议事日程，应当清楚地了解这一点。如果是这样，那么，我们的口号（不仅在政治方面，因为在这方面，列宁认为旧口号也是正确的）**就其经济内容来说**是否正确呢？欧洲**社会主义**联邦的经济内容将是根本不同的。正如苏联榜样所表明的那样，社会主义国家可以不以"暴力作基础"，而是根据相互协商，在无产阶级团结的基础上解决争议问题。

我们应当清楚地揭示这个区别。尽管各国资本家代表不仅所有资本家的共同利益，而且在一定程度上基本代表世界整个资产阶级历史的、反革命的利益，但是，他们只有通过彼此间进行不可避免的斗争才能代表这些利益（假若从长远来看）。帝国主义的矛盾是不可能消除的。我们在无产阶级那里看到的则是相反的情况。无产阶级的一些阶层与另一些阶层，甚或是一国的无产阶级与另一国的工人阶级可能在短期内有矛盾。但是，在历史的长河中，这只是短暂的瞬间。在未来的历史中，无产阶级是具有世界一致利益的阶级。总之，在经济方面，社会主义欧洲的口号内容与资本主义欧洲的口号内容相比，是根本不同的。

不应忘记，在另一方面，**实际情况发生了根本变化**。那时，当列宁同欧洲联邦口号作斗争的时候，欧洲是世界的盟主。在1914—1915年，欧洲霸权仍然是世界局势的最重要特征。现在，这种状况已经成为过去了。我们提纲的主要部分是下列论点：现在，欧洲霸权已让位于美国霸权。在1914—1915年，美国是欧洲的负债者。现在，欧洲是美国的负债者。在战争的第一年，情况是这样的：欧洲试图把北美合众国武装起来；现在，北美合众国企图解除欧洲的武装。你们看，关系根本改变了。在1914—1915年，这个口号**带有侵略性质**，是以有利于资本主义欧洲称霸资本主义美国而提出来的。今天，面对美帝国主义的霸权，这个口号是正在衰落的欧洲的**防御性**口号。在1914—1915年，迫于形势，这个口号被用来反对殖民地。现在，则是另外一回事。今天，最主要殖民地的被压迫民族正在进行反对欧洲的和美国的资本家的坚决斗争。在1914—1915年，在苏联成立以前，这个口号使未来和革命可能在一国取得胜利的问题蒙上了阴影。今天，当革命不仅在一国取得了胜利，而且胜利地巩固起来了的时候，已经不必担心这个口号了。

在1914—1915年，这个口号是孤立地提出来的。现在，完全有可能把欧洲社会主义联邦口号同其他两个非常重要的原则性口号结合起来。这两个口号是：

1. 支持同所有正在进行解放斗争的被压迫殖民地结盟；
2. 支持同苏联结盟。

在一般情况下，赞成这个口号的主要理由还有另外的具体因素：不依我们意志为转移地以洛迦诺公约、道格拉斯计划、国际联盟的形式提出来的泛欧思想。不应忘记，作为欧洲资产阶级的一部分，第二国际的官方思想在于使泛欧与泛美相对立。不应忘记，千百万工人遵循着这种思想，尤其重要的是，我们与这个资产阶级社会民主主义的口号相对立，不仅反对它的**消极的**批评，揭露它的假和平主义的欺骗性；而且要提出积极的口号，使这个口号能够作为统一我们过渡性需要的政治口号。**在最近一段时期，社会主义欧洲联邦口号可以作为欧洲共产党的统一政治口号。**而对于美国共产党来说，口号要增加适当的战斗性措施和提出相应的任务。完全不可思议的是，我们一方面承认美国是世界局势中最重要的因素，另一方面，却没有与此同时把最重要的任务交给美国共产党；在美国，这个最重要的革命因素是何等微弱和无关紧要，现在，它已经不存在了。

总之，可以说，现在，我们美国共产党无法把广大群众**直接地**争取到自己的方面来。这说明什么呢？提纲充分清楚地分析了美国工人运动中出现的右倾现象。因此，我们认为，在我们党和广大工人群众之间应当建立一系列联系的桥梁。工党是这种联系的一个环节。第二座桥梁（看来，在现时情况下，在某种程度上甚至比工党更为重要）是左翼工会组织，它在建立群众性工党方面也能够起有组织的杠杆作用。第三座桥梁是**没有组织的组织**。不应忘记，在美国，有组织的只是一小部分工人，主要是工人贵族。主要工业部门的工人几乎没有工会组织。第四座桥梁是**群众性竞选运动**。直到现在，我们美国共产党没有进行过任何统一的真正有组织的群众性竞选运动。第五座桥梁是，制定反对**国家政权**、反对**托拉斯**的联合斗争的广泛性的行动纲领，这不仅是为了团结无产阶级，而且也是为了团结农场主和小资产阶级。第六座桥梁是，党的一切工作重心应当**从轻工业转到重工业**。1925 年 12 月底通过的美国共产党中央委员会提纲明确而具体地提出了这项任务。其中谈到：把全党工作的重心继续放在轻工业上是不能容许的，必须占领重工业。犹太族美国诗人莫里斯·罗森菲尔德在一篇著名诗歌中描写的裁缝帮工典型是我们美国共产党的象征（我说的这是真的），他整天弯曲着背，坐在自己的缝纫机前掉眼泪，诗人称他为**泪的百万富翁**。我们的党只组织纽约的裁缝是不够的，我们需要矿工、五金工人、铁路员工、重工业工人，只有在组织起后者的情况下,我们党才能成功地从泪的百万富翁变为行动的百万富翁。

第七,同志们,我们党的最后一项任务是同**美帝国主义**作斗争。既然确认了美帝国主义是世界局势中的最重要因素,那么,十分自然,我们美国党的最重要任务就是同这个帝国主义作斗争。当然,我们党在这一斗争中应提出与社会主义欧洲联邦结盟的口号;同时,也应把与拉丁美洲各殖民地半殖民地人民结盟作为自己的一项主要任务,甚至,很可能在不远的将来,**拉丁美洲将变成远西的中国,而墨西哥则将变成拉丁美洲的广州**。我们美国党应竭尽全力担负起这项任务。

最近,在美国劳工联合会代表大会上,为美国工人运动正式提出了"无产阶级门罗主义"的口号。众所周知,美国帝国主义在100年前就提出了反对欧洲国家对美洲大陆的事务进行任何干涉的门罗主义。今天,龚帕斯的工会提出同样的口号,反对把欧洲的任何革命宣传渗入美国;我们美国共产党应当以另一个也早已闻名的美国的世界政策口号与这一口号相对抗。我指的是门户开放政策这一口号。我们应当指出,美国劳工联合会以无产阶级门罗主义的口号来堵塞革命宣传的通路。我们的口号叫做:"在美洲大陆为革命思想实行门户开放政策。"

在共产国际执行委员会全体会议上,美国代表团指出,对美国共产党来说,"社会主义欧洲联邦"口号应当附加这项战斗任务,因为,只有在完成这项任务的过程中,美国共产党在反对美帝国主义的斗争中才能成为重要因素。

斯特凡斯基(波兰):

同志们!季诺维也夫同志在谈到国际局势时说,我们全会在总结去年经验时,可以把着重点放在"相对的"、"不稳定的"、"不巩固的"这些词上面,而不用放在"稳定"这个词上面。波兰的局势就是一个明显的例证，也就是说，资本主义的稳定是不巩固的和相对的。在谈到波兰时，季诺维也夫说，波兰局势是这样的：如果在最近的将来，在某个地方能够出现直接革命形势的话，那么，这恰恰就是波兰。这是正确的。在当前波兰的局势中含有在自身进一步发展中能够产生直接革命形势的一些因素。

在这里，我不打算说明波兰经济形势和政治形势的特点，只想着重强调那些表明波兰革命形势和需要党非常关注的新的特殊现象。

第一，法西斯主义在增长。目前，在波兰，法西斯主义正在变为实际力量。法西斯主义从与外部隔绝的秘密活动时期过渡到进行广泛鼓动和宣传的时期。过去，法西斯分子的活动主要限于体育协会、退伍军人联合会、残废人联合会等；现在，他们开始在工人和农民中间也加紧进行鼓动活动。此外，法西斯主义在那些大的工业区，如多姆布罗夫斯克区，组织法西斯的工会。这些工会是企业主的机构。不久前，多姆布罗夫斯克区的工人不得不为反对这些组织的背叛活动而举行了罢工。一句话，法西斯主义，这是出现在政治舞台上的一支新力量，一个新的敌人，应当同它进行坚决的斗争。

在国际运动中出现的另一种现象是，群众中向左转的现象有所发展，这种情况在德国，特别是在美国有所发展，最近在波兰也有所发展。波兰社会党加入联盟这个事实，不仅在实际上，而且在形式上承担着资产阶级及其政府的政治责任，这个事实的后果是，波兰社会党工人党员开始认清波兰社会党的性质和本质。在波兰社会党的无产阶级优秀分子中出现了反对派。反对派在全国范围内暂时还没有自己的领导者。在克拉科夫，那个反对波兰社会党，进行背叛活动的反对派集团已被开除出党。波兰社会党内反对情绪的突出特点在于：这种情绪在波兰社会党的工会工作者中表现得最明显，这是事实。因为这些工会工作者与群众有着较为紧密的联系，他们不由自主地要反映广大工人群众的情绪，在工会部门中，这个工人运动的反对派也强调季诺维也夫提纲的那个因素，即在工会运动中，统一的趋势是最重要的因素。各国共产党应当注意和利用这个因素，以便把叛变的领袖和群众分隔开来。为了说明革命群众对波兰社会党领导施加的这种压力，我举一件几天前发生的事情。波兰工会中央委员会是波兰社会党的机构，是它的走狗。左派代表向中央委员会提了一个建议，要中央委员会反对波兰社会党参加联合政府，因为这个政府进行旨在反对工人和农民利益的反动活动。投票赞成这个建议的不仅有左派、崩得派，而且还有三位著名的波兰社会党领导人：阿达梅克、格里列夫斯基和丘马——他是铁路员工、矿工和化学工业工人的代表。反对这个建议的只有七票。我们看到，最大工会的代表们暂时还只是口头上的反对派，他们反对自己的中央、反对党、反对联合政府。这是来自广大工人群众方面压力的最明显表现。这个事实说明，我们党具有能够在广大群众中动摇波兰社会党影响的良好条件，而如果我们现在做不到这一点，那么，在其他的时候再去做就困难得多了。当然，只有当党正确运用统一战线策略的时候，才可能完成这项任务。

局势的第三个突出方面是农民运动。在波兰，我们同样看到农民党的分化和群众的左转。正在形成越来越明显的分界线：一方是富农，另一方是其余的千百万农民群众。两年前，党的第二次代表大会提出的"把土地无偿地交给农民"的口号，现在，除皮雅斯特党外，已被所有农民政党在口头上所接受，这个事实说明，党的思想的伟大胜利，表明党所提出的口号是广大农民群众的口号。这说明，尽管危机在折磨着党，但它基本上坚持了正确的政策，在建立工农联盟，为争取工农政府而斗争的道路上完成了大量的工作。

同志们，我应当转向在这里讨论过的那些策略问题。你们知道，我们党经历了极左的危机。我们应当在一定程度上同其他支部交流近年来我们取得的那些经验。在主要策略问题上，我们党的极左错误暴露得非常清楚，因为中央实行了典型的极左路线。作为极左派，多姆斯基同志是相当老练的。作为波兰共产党中央委员和领导人，多姆斯基最近犯错误并不是第一次了。多姆斯基同志敢于公开说出自己所想的一切，1923年，多姆斯基同志写过一篇贯穿着极左路线的文章，而且，他在文章中还坚信联共（布）能容许自己的机会主义策略，因为它是管理国家的党。可以说，我们党内的极左错误带有国际性质，因为在其他支部都以不太明显的形式碰到了这些错误。我要简略地谈谈它们。

极左派的重要特点之一就是脱离群众。甚至于，党在基本上进行正确运动的时候，在极左中央的领导下，党也不会与广大群众联系，不会接近广大群众。1925年，我们举行的五一游行就是这种清楚的明显的例证。中央决定举行五一游行。中央指示我们，游行要摆脱波兰社会党人，在另外一些集合点单独进行，等等。那么，结果怎样呢？其实，在过去年代，波兰社会党的工人就眼看着我们进行斗争，目睹警察攻击和毒打革命工人，逮捕他们，而这不能不迫使波兰社会党的工人陷入沉思——1925年的五一游行具有另外的性质……1925年，中央的共产主义游行没有举行，除此之外，我们没有可能同处于波兰社会党影响下的广大群众对话，因为，我们使自己脱离了这些群众，不愿意为了利用同成千上万广大工人群众对话这个少有的机会去这些群众所在的地方。我们单独举行的小规模游行是软弱无力的。这是极左派对待群众所持态度的一个典型例子。

可以判断党活动的另一些事实是，革命的技巧和革命的手法。党以极大的努力举行了一些运动和集会，然而，参加运动和集会的仅仅是党员和最靠近党的人，这些运动和集会没有吸引住广大群众，因为党没有拿出对待这些群众的正确方针。

在对待波兰社会党工人的问题上，极左派在其策略中没有能使领导人同群众区别开来，因此，把摆脱领导人和摆脱群众混为一谈，在自己的宣传和鼓动中，没有划定他们之间的分界线，没有使波兰社会党的工人党员摆脱领导人，没有设法运用波兰社会党的工人阶级本能，以便让波兰社会党的工人了解我们正确的策略。

另一个极左性质的错误是，对工会作用的估计不足。这个错误到处可见，因为它以比较明显的形式表现出来，所以具有国际意义。虽然没有任何完备的理论，但在大工业区，实际上，轻视工会而专注工厂委员会的地方是存在的，它导致工厂委员会与工会的对立。在这期间，我们没有进行必要的工作，以便使群众加入工会并掌握它们，我们甚至失去了一些工会，或者失去了过去我们在工会中所具有的那种影响。极左派的这些错误之一就是，在日常斗争中机械地搬用我们的纲领性口号。如果看看党中央的传单，就会发现，统一战线的口号被完全去掉了，然而，在每份传单中，不管内容怎样，都有纲领性口号。这些口号不仅在政治上与群众斗争没有联系，而且在风格上也没有联系。同志们把每份传单以"无产阶级专政万岁"的口号作结尾看做是自己革命路线的最好证明。不考虑斗争本身、局势本身和当前广大群众表现出的那种情绪的本身的意义，只是简单地、机械地使用口号，只能使工人斗争每况愈下，而不能得到发展。

同志们！不久前，我们举行的第四次会议指出了这些错误并清算了极左路线，在政治上清算了多姆斯基同志。但是，这并不完全意味着在党内已排除了再犯极左错误的可能性，因为这种错误的根源相当深，因此，需要进行持久的、坚决的斗争，以便彻底根除它们。危机恰恰是领导核心的危机这一事实导致危机十分尖锐；然而，这从另一方面迫使党尽快地摒弃极左路线，更坚决地着手根除极左的倾向。

同志们！我不可能同博尔迪加同志争辩，因为我没有听到他的全部讲话，但是，我要简短地谈一谈他讲话中那个最使我震惊的部分。博尔迪加同志反对工厂支部。他认为工厂支部是有害的，因为它们推开知识分子；他认为地方组织是最好的、最巩固的，等等。他没有注意到，如果党希望与群众有紧密的联系，如果党希望参与到群众的所有问题和全部斗争中去，只有通过支部和当这些支部同群众联系起来的时候，当它们面临一定的战斗任务时，党才能做到这点。例如，如果在大工厂，斗争是不可避免的，那么，支部要研究这个问题，详细地分析它，要站在这一斗争的前列，逐渐成为群众的领导核心和司令部。我简直不明白，博尔迪加怎么能看不到这一点并且不了解这一点，博尔迪加怎么能没有意识到在这个问题上自己立场的危害性。

博尔迪加同志说，他不反对统一战线，他只是反对统一战线运用得太广泛，但是，他本人没有能够准确地指出怎样划出实施统一战线策略的范围。这是清楚的：统一战线的策略应当根据具体条件加以运用，对其不能有形式主义的框框。以形式主义态度对待统一战线策略最明显的表现是对这个策略缺乏了解。

在谈论极左派使我们党遭受损害时，应当讲一讲现在党内的形势。波兰的局势十分有利于我们党的活动。你们都知道卡利什事件，这个事件表明，广大群众的情绪是多么不满。工人们行动起来了，他们不仅要求工作，要求支援失业者，要求增加援助，而且他们走向监狱，要求释放政治犯。在几小时内，当工人控制了城市的时候，既没有任何一个宣传破坏民族团结的行动，也没有任何一个破坏社会秩序的过火行为，这证明行动是自觉的。参加这次行动的大部分是妇女。正是这个时候，三支士兵队伍拒绝向工人射击。群众（也许没十分意识到这一点）走上了正确地为工农政权斗争的道路。所有这一切证明，形势对党的革命活动是非常有利的。但是，中央最近的全体会议着重强调了党缺乏主动性这一事实。在华沙，电车职工最近的罢工出其不意地占领了华沙政府机构。当时，这种联系特别重要，不能放过任何一个发展形势的细节，现在，脱离群众几个月的结果显现出来了。看来，党同群众缺乏联系，不够敏感,缺乏组织上的准备,于是,大罢工和斗争行动使党措手不及。

中央最近的全会强调指出,我们打算把在机器旁工作的那部分工人的工人运动活跃起来。我们最大的担心是失业工人运动可能脱离其他工人运动,它的运动形式跟不上革命斗争一般进程的发展速度;而我们党的任务是要把失业工人的运动同在机器旁工作的工人的斗争结合起来。这样做之所以是可能的,原因就在于,那些有工作岗位的工人现在渴望自我保护和斗争。春季前,铁路员工(资方竭力要缩减他们20%—30%的工资)必将进行斗争,农业工人、华沙五金工人、矿工等的斗争也是不可避免的了。

党应当领导这场工人群众酝酿成熟的斗争,利用这场斗争和联合政府作斗争,争取工农政权。

在波兰局势中,有这样一些因素,它们本身的发展就能够直接导致革命形势。然而,事态也许还有另外一种进程。在十分困难的条件下,波兰有可能真的得到英美资本的援助;不言而喻,波兰将付出很高的代价,即把波兰变为英美资本家的半殖民地,事态的这种进程可能使革命运动的发展中断,可能给波兰资产阶级带来喘息的机会(诚然,是十分短暂的),在此之后,还需要再等待革命运动的发展。

同时,也不排除法西斯主义者夺取政权的可能性,而且法西斯主义很可能将是导致工人和农民为争取工农政权而进行革命斗争的发端。

形势是这样的:假如有朝一日,党能够顺利地为争取群众而斗争;假如有朝一日,党运用统一战线策略能够产生巨大的影响,能够取得巨大的成果;那么,这个时间恰恰就是现在。如果党能够正确地运用统一战线策略使大多数群众脱离波兰社会党,那么,党就能够扩大波兰社会党内出现的分裂。我们党提出了为争取群众而斗争,把叛变的领导人同群众区别开来的正确方针。中央最近的全会认为,党在消除极左危机以后,已经走上了为争取广大群众而斗争的正确道路。

同志们！波兰的局势向党提出了重大任务。假如党与共产国际的联系极其紧密，假如能够利用共产国际和联共（布）的经验，那么，党就能够承担起这项任务。

白劳德（美国）：

季诺维也夫同志的提纲说，美国起着重大的作用。这当然是正确的。美帝国主义的特征被正确地描述出来了。但是，我们认为，如果只是使这种特征停留在现有状态而不去研究它，那么，我们将冒对美国资本主义发展和美国社会经济生活作出片面评价的危险。

除了说明美帝国主义崛起特征的一切因素之外，还有其他一些因素，对这些因素，我们赋予了重要意义。这些因素包括：广大左翼在美国工人运动中建立新的发展基础，在我们美国党面前开辟了更加广阔的前景。

我们认为，在提纲中，应当特别强调这些因素。按照我们的意见，在这些因素中，应当谈到美国社会经济生活内部结构中所进行的变革，这种变革反映了美国在国际舞台上的新的作用，反映了美国由战前的债务国、出口原料和进口工业品的国家变为以出口工业品和进口原料为主的最大债权国。可以说，正是因为上述原因，造成了我们美国的农业危机经常不断。由于美国在国际舞台上的作用发生了变化，我国农业出现了急剧恶化，在美国经济生活中，农业降到了附属地位。

其次，我们有以下十分重要的情况。虽然美国工人阶级在经济上保持了比欧洲工人生活水平高得多的水平，但存在着实际工资下降的趋势，这是美国工人阶级发展中的革命因素。此外，在一些工业部门，如在采矿工业、纺织工业、成衣生产部门都存在着危机，这种危机成为若干美工人阶级的沉重负担。再者，技术、大宗生产和超功率机器的巨大发展在不断提高美国工业产量的同时减少了工业部门中的就业工人数量,这种情况还造成失业常备军的存在,工人阶级队伍中熟练工人和工人贵族的比重的减少。

这就是激进的、革命的因素,这些因素正在影响着美国工人阶级,扩大了左翼发展的基础,拓展了我们美国党活动的基础,按照我们的意见,这些因素无论如何应当列入提纲,当然不能改变它的总轮廓。

我们认为,防止美国运动中出现以下两方面错误是必要的。一方面,由于美帝国主义实力前景的暗淡,美国的同志们可能感到自己孤立无援,并将借口客观形势为自己的悲观主义和缺乏积极性进行辩解。另一方面,如果我们对指出的前景不作纠正,美国运动中那些受到革命因素直接影响的人们可能出现重新评价美国的作用和地位的倾向,然而,美国势必依然是季诺维也夫同志提纲中所描述的那种状况。

就美国缩减工资的趋势再说几句。昨天,瓦尔加同志说,工人阶级的情绪不取决于实际工资的绝对水平。他说,当工人阶级的工资处于低水平时,给工人阶级稍微提高工资可能引起错觉和幻想。另一方面,在存在高水平工资的情况下,我们看到缩减工资的趋势正在给工人以革命的影响。我们认为,这种论点是正确的,这就是为什么我们认为尽管美国工人工资比世界所有其他国家要高得多,但缩减工资的趋势对美国工人产生着革命影响的原因。

我只想引用一些数字说明,在美国,实际工资减少这个趋势不仅是多年来一直起作用的长期现象,而且现在还在进行着。美国资产阶级教授道格拉斯出版了一本关于美国1890—1923年实际工资变化的书,他在书中证明,1923年,美国的实际工资与1890—1899年10年间的平均实际工资相比减少了5%。这与整个美国无产阶级有关,也与有组织的工人,即被称为无产阶级最高阶层的工人贵族有关。在那个时期,他们的工资也减少了3%—4%。我们掌握的这些数字,这些证明近两年来工资减少的数字公布在国际联盟国际劳动执行局出版的《劳动评论》1

月号上。

在这期的第 118 页上，我们找到了证明在合众国典型工业城市费城实际工资急剧减少的统计资料。我们发现，与伦敦的实际工资相比（基数为 100），这里的实际工资从 1924 年 7 月 1 日的 213 不断下降到 1925 年 10 月的 176；这意味着，在 15 个月的时间内，实际工资下降了 16%。同志们，在我们看来，这对合众国运动的发展产生着决定性的影响。

至于提纲中谈到的下述部分：美国工人运动的新方向，小工厂工会的发展，企业主在工人中发放股票，工会资本主义，由工会官僚们通过的"巴尔的摩—俄亥俄计划"的发展，我们认为，所有这一切在提纲中叙述得十分正确，我们只向委员会提出一些小的修改。

最后，我还要对佩珀同志发言中所提及的一点谈几句话。佩珀同志指责美国党在合众国轻工业部门所取得的一系列胜利。但是，同志们，我们无论如何都希望我们在重工业部门取得我们在轻工业部门所取得的那样的胜利，我们取得这些胜利的这个事实不能作为指责我们的理由。我们应当在那些对我们来说胜利在望的地方取得胜利，在合众国已经出现了这样的形势，即我们比较容易地取得一定成就的恰恰是轻工业部门。我们取得了胜利，原因是我们明确地形成了有助于反对软弱官僚们的客观局势并动员了有组织的左翼分子。基于这个事实，我们认为，批评美国的运动是错误的，如同错误地指责它把轻工业作为自己的目标一样。

美国工人运动的重大战斗已在重工业部门展开。运动之所以在轻工业部门获得了胜利，就是因为那里的形势比较有利。我们的敌人是虚弱的，我们是比较强大的。我以为，在佩珀同志指责我们和社会民主党攻击俄国之间有很大的相似性。社会民主党说，在像俄国那样经济落后的国家不应该发生革命。我们大家都知道，这绝不是矛盾，在美国工人运动中，我们在轻工业部门取得胜利这个事实也同样很少是矛盾的。我们现在和将来都要着眼于重工业。

最后，我声明，在补充了我们认为必须包括的几点内容后，我们完全同意季诺维也夫同志的提纲。

鲁特·费舍（德国）：

同志们！共产国际扩大全会无疑对于整个共产国际具有重大意义。在这次会议期间，客观形势比一年前更有利于在整个欧洲和英国开展阶级斗争。英国工人运动的成绩，德国道威斯幻想的逐渐消失，捷克斯洛伐克、波兰和巴尔干的危机——所有这些事态证明，现在，发展共产主义群众性政党的条件，与共产国际第五次世界大会到最近一次全会期间的情况相比较有利得多。但是，只有在下列情况下，这些有利的客观条件才应当而且能够为发展共产主义群众性革命政党所利用；这个情况就是：就我们内部来讲，要形成一个健康的、强大的政党，这个政党善于把当前过渡时期争取群众的正确策略同正确的党内方针、同内部团结和真正反对右的与极左的倾向结合起来。在季诺维也夫同志的报告里和在提纲里一样，清楚地阐述了这些任务并指出了为完成这些任务所需要的具体方法，我对季诺维也夫同志的报告内容是完全同意的。当前，我们在完成这项任务方面还将遇到十分严重的困难，不过，谁也没有对此感到失望。但是，我认为（我想大家会同意我的意见），因为共产国际不能胜任创建革命性的、群众性的、有能力筹备和组织革命的共产主义政党这一巨大历史任务，所以，新的、可怕的失败和新的、类似我们已经经历过的灾祸正在威胁着全世界的工人阶级。现在，两个对立的派别（其中包括共产国际中的极左派别和集团），对完成这项任务——创建群众性的、善于利用每一个可能把群众争取到共产国际路线方面来的共产党，同时保护自己免遭许多社会民主党已经陷入的恶境——产生了怀疑。现在，这一点在德国表现得特别明显。

这些极左集团是什么呢？可以说，这是一些工人共产党的后代。遗传性已不那么坏了！在工人共产党里有光荣的革命工人，莱维以自己的政策把他们推到了反布尔什维主义的怀抱，工人共产党是德国工人怀疑主义的具体表现，这些德国工人们曾遇到过千百次失败。不言而喻，分裂为许多集团和小集团的这些极左派别，当涉及创建群众性共产主义政党的问题时，就提出这样的意见：任何群众性的策略都将陷入恶境，任何真正运用统一战线的策略如果不滑向社会民主党，那是不可能的；因此，只要不出现革命形势就必须等待。

当然，对此，一些派别表达的比较谨慎，另一些派别表达的比较激烈。但是，所有这些情绪的基调是，不相信在现在情况下有可能创建群众性的革命政党，不相信无产阶级各阶层可以完成摆在共产党和共产国际面前的任务。

不言而喻，与上述情绪代表者的主观意志相反，这种情况会导致消极性，对党来说，这孕育着极其严重的取消主义危险；如果不适时地注意这些情绪并同它们斗争，这些情绪不仅妨碍我们党转变为群众性的政党，而且会造成自身生存的危险。

但是，同志们！如果说不应忽视工人共产党中的极左派别，那么，同样哪怕在一国范围内也没有道理忽视（我明确而清楚地谈到这一点）从共产国际第五次世界大会起在共产国际中存在的和可能得到大大加强的**右的危险**。右派的社会出身究竟是什么样的呢？当涉及可以作为共产国际处理问题的典型例证的"德国问题"时，特别是在德国，有哪些无产阶级阶层是右派的组成部分呢？这个右翼是由大部分工人贵族和社会民主党官员组成的：在那个时候，当大家对临近的胜利和对完成革命怀有希望的时候，他们给我们带来了革命的浪潮；而现在，当问题复杂起来，步调减慢的时候，他们急速退回到伟大的德国社会党的怀抱。问题不在于主观意志。**客观上，右派分子提出的政策正在德国社会党内得到恢复。**当然，这个右派，同极左派一样，是资本主义暂时相对稳定的产物。它们坚决的斗争行动是同这个相对稳定的某些事件紧密相连的。

我还想谈一谈右派的纲领。到处都可以听到下列论证：右派仍然存在，应当同它们进行斗争，这都是正确的。但是，与此同时，在工人阶级中显然正在出现新的进程，因为苏联的经济高涨和争取工会统一的斗争取得了成果，全世界许多非党的和社会民主党的工人都倾向于共产国际；我们的任务是要尽一切努力去赢得这些工人。对！正确地论断和正确地提出任务。在目前所处时期，我们的主要任务是很好地注意这个进程和把群众争取过来。但是，既然由此而提出一个理论，认为在唯独有权奉行群众政策和"迅速"争取群众的右派方面，赢得这些无产阶级阶层是最容易的，这就可能**引起非常严重的危险**：右派的政策任其自由地把共产党出卖给德国社会党。

同志们！我相信，许多接踵而来的发言者将立即抓住这一点并哭诉：骇人听闻的诽谤，太岂有此理啦，哪里有这样的人？我们没有这种人。

顺便说一下，在我们德国，关于左派，有很多道德上的说教。"正直的"政治家左思右想地分析了这种说教的"性质"。我呼吁来到这里的右派表现得稍微勇敢些、稍微正直些，并公开讲出他们的希望是什么——是要求修正共产国际第五次世界大会的决议，还是改变工农政府的口号和统一战线的策略？他们绕来绕去，总是不满意；在这方面没有任何新东西。在1923年大洪水之后，他们在诺亚的方舟中得救了。现在，他们释放鸽子，以便观察——是否仍然有洪水的浪潮涌起。人们希望很快地靠近陆地。但是，这将是**可怕的陆地**，对共产国际来说，这将是荒漠。

同志们，什么是这些右派的真实体现呢？法国右派的纲领阐述得很明确：这是一份文件，而且是非常重要的文件。法国的右派本着布兰德勒的精神极力设法修正共产国际第五次世界大会的决议，修正统一战线的策略，修正工农政府的口号；他们极力设法在阿姆斯特丹问题上，因而也在一系列其他问题上改变立场。

同志们！请注意近来发生的一件小事。挪威党内有一位同志要求参加特兰美尔的党，而我们党的主席谢夫洛同志在表示反对之前，认为需要预先同我们互通电报。你们希望知道右派的地址——到处都能够给你们指出。

同志们！共产国际至今毫不停断地既反对右倾也反对左倾。在所有主要的问题上，这个方针应当照旧不变。

在提纲中，关于布尔什维克化的问题（我以为通过时间还不长，以致不能把它们看做是陈旧的）叙述如下：

"首先和最主要的应当是党的布尔什维克化，其今后的目的在于反对这些可能直接危害共产国际历史使命的右派的歪曲。

但是，如果不同往往只是本末倒置的**机会主义**的极左倾向作斗争，布尔什维克化也是不可能的。正是在资产阶级和社会民主党努力消灭群众中的'共产主义危险'的时候，极左的倾向客观上有助于资产阶级社会民主党反对派进行的这场进攻。例如，在共产党员参加改良主义工会或反对工会的问题上，极左派的错误可能在几年期间就能直接断送共产党的性命。俄国布尔什维主义也是在既反对机会主义，又反对小资产阶级'左'的革命性斗争中形成起来的。"

依我看，不管怎样，正因为这条路线在客观上对我们党更为有利，因此是正确的，应当受到保护；遵循这条路线应当并且能够完成转变为革命的群众性政党的任务。

同志们！我再重复一遍，我完全赞同报告和提纲。具体决议将证明报告和提纲能否实现。在这次全会上，德国问题属于具有重要意义的问题之一。当然，我们十分清楚地知道，从运动发展的观点看，英国在目前暂时具有重大的作用。在那里，我们党的成就，英国运动的成就说明进步是极为显著的，虽然在德国，群众运动正处在高潮，对此也不应低估。围绕德国问题开展反对取消派的斗争，在共产国际第五次世界大会前夕就已经激烈起来了；现在，德国问题还是最重要的问题之一。你们看到，现在，法国右派到底是怎样利用致德国党的公开信的。他们鼓吹，把在德国问题上所实行的政策作为整个共产国际的共同的总路线。在这里，我要尽力阐明对了解德国问题全部复杂性和全部问题意义所需要的一切，以便比较容易地搞清我们德国党的状况。为了弄明白党内正在发生的进程，要了解一点我们党的历史。在共产国际范围内，未必能够找到另外一个这样的党可资比较；简单的类比很少有助于事业的发展。在德国，已经举行过10次党代表大会，每次代表大会不仅在了解政治形势方面，而且在党内关系、在党内斗争的领导和路线问题上以及在建立党内布尔什维克的核心问题上，都把党推向了另外的轨道。在委员会里，我比较详细地谈到了这些问题，在这里，我只涉及一些为向大家说明已经出现的形势而必须说明的要点。但愿人们不要以为在德国问题上可以用两三句话就能解决问题；在这点上，我提醒大家：希望大家记住先辈，并且以他们为榜样学习某些东西。**在几周、几个月或几年的时间内，德国问题不可能得到解决**。每个人在试图解决这个问题时，都碰到了困难。这是什么原因呢？原因在于，我们党是由工人运动中许多革命团体组成的，其中最重要的是：左翼社会党人和斯巴达克团。由于党的这种构成和基础，除因暂时情况造成的缺点外，党内对一系列十分重要的问题：**一些理论问题、对布尔什维主义的态度问题**、党的作用问题、对帝国主义的态度问题等，简单地说——对构成列宁主义的所有问题，没有进行过讨论。这些问题在发展过程中暴露得比较晚；甚至现在我也不能肯定能够给它们以彻底的回答。我还要谈到斯巴达克团在理论方面的错误,但是,因为这一切,**党从极左的狂热病转向右派**。它以政治形势为转移,从一边转到另一边,摇摆不定。在斯巴达克团成立代表大会上,罗莎·卢森堡和卡尔·李卜克内西在重大策略问题上、在工会工作和代议制问题上遭遇了失败,这件事本身就具有巨大的意义。试问,为什么要追随**极左派的党代表大会**?后来发生了分裂,接着召开了**海德堡代表大会**。与政治上正确的决议相反,代表大会使我们失去了许多革命工人,并在卡普叛乱过程中使我们无力应付。

　　在卡普叛乱之后,人民社会党的群众运动开始活跃;那时,独立工人政党的党员得到 80 个委任证。之后,接着**在哈雷发生了历史上绝对需要的分裂**,创建了第一个共产主义的政党;加入该党的还有老社会民主党中的一部分人。但是,在这次既没有提出统一问题,又不敢认真讨论德国革命统一问题的党的统一**代表大会**之后,我们有了我们的耶拿代表大会,它犯有极左派的狂热病,虽然是微弱的。**耶拿代表大会暴露出反对莱维的倾向**;但是,在德国,没有正确地提出群众的策略问题。以后的情况怎样呢?**继耶拿**代表大会之后,接着召开的**莱比锡代表大会是海德堡代表大会**的温和翻版;它执行敌视左派的政策,事情险些导致分裂,因此连拉狄克也呼喊:"停止!"在莱比锡,情况是怎样的呢?在那里,公然试图修正共产国际的原则,蓄意把革命工人从党内排除出去,为的是置教育工作的必要性于不顾,而"**不受拘束地**"实行与机会主义分子沆瀣一气的政策。在当时看来,这种政策的确是很"适宜的",但是,这似乎要长久地取消党的革命性质。莱比锡党代表大会之后,极左派的病又发作了:法兰克福代表大会——关于它我还要说及;今天,每一个正直的极左派的工人都应当承认,反对右派的基本路线是正确的,而代表大会却陷入了极左的境地。

　　接着,召开了党的柏林代表大会。关于这次代表大会,我将要特别地谈一谈。在这里,我只是顺便提到它,在委员会里,我们将认真地弥补过去忽略的事情。但是,党的全部历史(党一直没有做到坚定地掌握马克思主义的明确方针)应当特别引人深思,它使我们难以企图用几句没有分量的话来解决问题。如若在革命之后,在总结丰富的战斗经验之后,在总结教育工人学习共产主义的明显教训之后,我们依然没有建立起党的坚强核心,这——就是教训,共产国际所有的党都应严肃地吸取这个教训。

有一点我想比较详细地谈一谈。试问:左倾作为一个派别,其覆灭的原因是什么?为什么要承认公开信的基本论点是正确的?公开信中宣传了什么,宣传的东西又是怎样实现的?首先,请允许我援引这封信。我们希望这份历史性文件对于德国同志中的某些人来说,还不算过时。信中有一些论点是专谈德国右派的。必须搞清楚这些论点是正确的还是错误的。假如不正确,由此应当作出明确的结论。在公开信中谈到:

"但愿在我们自己的队伍中所有的右派和极右派都能感到新的冲刺时刻已经来临。尽管布兰德勒分子宣布:'左翼失败了',而德国共产党一点也没有注意到右派和极左派敌人的叫喊,仍以密集队形前进。

我们再次重申:失败的不是德国共产党的左翼,而仅仅是它的一些领导人。尽管在过去和现在,左翼有过许多错误,但它不单单是某些同志的派别,它应当完成重大的历史使命,它接受了1923年10月的教训,驳倒了布兰德勒主义,在严重危机的时刻使支离破碎的党恢复了统一。

德国的左翼应当保持和继承德国工业无产阶级先锋队的优良传统,保持和继承如柏林、汉堡、鲁尔和莱茵等最坚强党组织的优良传统;与此同时,应当学会根除过去和现在存在过的不正确的、未成熟的、非布尔什维克的一切东西。这样,以后它就不会是简简单单的左派,而是德国真正的布尔什维克的领导核心。"①

---

① 引自信的俄文原文,见《真理报》1925年9月9日。

试问，在**法兰克福代表大会之前**，具有许多弱点的和离开布尔什维主义的左派，究竟怎样把党争取到自己方面来的呢？在党的历史上，这是一个奇怪的事件。所有机关和所有高级职员在当时曾是敌视左派的。**左派之所以成功地争取了党，是因为十月的失败不是个别机会主义错误的结果，而是把我们引向危险边缘的整个机会主义政策和理论的破产；在法兰克福代表大会上，党的领导权转到左派手中这一点证明，作为领导集团，右派虽然在党内起过自己的历史作用，但在具有决定意义的革命形势关头，右派把党引向了毁灭。**

同志们！我已经说过，我也不必再重复，早在法兰克福代表大会之前，左派就犯有许多幼稚病。这对每个反对派来说是不可避免的。法兰克福代表大会在理论和实践方面也不是毫无缺点的。但是，在主要问题上——在争取党反对公开的和隐蔽的取消派分子而发挥作用的问题上——左派是正确的。从法兰克福代表大会时起，取消派的危机具有分裂的性质：动摇不定的分子已经一个一个地离去了。同志们！许多人将要争辩，但我坚信，法兰克福代表大会事实上标志着分裂，尽管在组织形式上还没有形成分裂。代表大会是在分裂的标志下，在已加入共产党的各种分子毫不妥协的标志下举行的。共产国际成了纽带。在整整一年的时间里，造成连续性错误中的致命错误在哪里呢？在法兰克福代表大会上，我们没有总结所取得的经验，我们没有作出最后的合乎逻辑的结论，没有讲需要讲和必须讲的话。我们是无产阶级情绪的俘虏，是工会问题上某种情绪的俘虏和统一战线策略问题上的情绪的俘虏。**我们尽力不失掉同有极左情绪的工人们的联系**，党未来的命运全靠他们。我们没有进行足够坚决有效的抵抗，没有作出所需要的总结，没有得出所需要的结论。共产国际就极左错误问题致党的法兰克福代表大会的信，属于历史上证明完全有效的文件之一。

应当作出什么样的结论呢？首先，在工会问题上，需要有毫不动摇的立场。为了通过哪怕是毫无价值的不明确的决定，为了阻止在法兰克福代表大会上通过退却的决议，全体同志都知道怎样进行斗争。假如比较坚定地提出工会问题的话，也许我们能够避免任何意外的发生。

瓦尔歇（从座位上说）：

其实，你们在2月就炮制了这个关于退却的决议。

鲁特·费舍（德国）：

不对。至于谈到在工会问题上的错误，我们大家在这个问题上的过错是共同的——无论是右派，还是左派；无论是瓦尔歇、黑克尔特，还是什特克尔。该是结束这件事的时候了，这是比较理智的。如果在已经过去的所有错误上相互指责，那就只得争吵到本世纪末了，而好处是一点也没有的。

法兰克福代表大会的第二个致命错误是对统一战线策略缺乏明确的提法。的确，在形式上，我们没有否定它，但是，无论如何界定统一战绩策略的提法，党内的情绪都是非常敌对的。我回想起马斯洛夫的斗争。请允许我引用他的一些话。

布劳恩（从座位上说）：

我记得，正是您在杜塞尔多夫表示反对统一战线策略的。

鲁特·费舍（德国）：

是的。在杜塞尔多夫，我的某些提法不完全正确。我祝愿布劳恩永远不犯错误。

布劳恩（从座位上说）：

用不着向共产国际撒谎。

鲁特·费舍（德国）：

这是正确的。对类似的叫喊我没有什么可讲的。

总之，无论在理论上，还是在实践上，我们党的大多数人都是敌视统一战线策略的。他们始终害怕，怕一不小心滑到**布兰德勒主义**的泥坑里去，并且，他们不了解，在相对稳定时期没有这种策略我们将会灭亡。（从座位上发出喊声：老的虚伪的手法，把过失推到群众身上。）我再次强调，还有时间仔细分析"特性"（尤其是布劳恩的特性），现在需要的是对问题的**政治性表述**。

我记得，为了争取把无关重要的意见"上层分子的谈判不是原则性的问题"列入共产国际第五次世界大会的规程，马斯洛夫作了大量斗争。由于这两三句话，我们不得不花几个月的时间在左派内部坚持斗争。同志们，法兰克福代表大会没有作出应有的总结，这对党内方针极为有害，给党的领导制造了不正确的基础。当时，我们把自己的斗争集中于反对中派；我认为，在所有具体问题上，我们是正确的。反对派不是统一的，**它是右派、极左派与反工会的和工会的、对统一战线策略敌视的和赞赏的各种各样派别的大杂烩**，是所有不是因信念，就是因别的理由而参加这一派的同志们的大杂烩。假如我们在法兰克福代表大会上作出了必要的结论，如果我们帮助中派革命分子中那些跌入泥坑的人们得以摆脱出来话，这将有助于我们避免许多错误。在这一点上，共产国际也是正确的，但是，我们没有按照它的意见行事，这对我们来说是致命的后果。

同志们！我已明显地抛弃了我们在法兰克福代表大会上所犯的错误。可以举出许多减轻过错的情况。但是，我不打算这样做。出席共产国际第五次世界大会的人们都知道，让德国代表团接受所提出的决议是多么困难。还存在着另外一些有利于转变的时机，让我们利用它们吧！或许，并不需要共产国际执行委员会的公开信就可以做到。事实上，公开信是**对左派的警告**：请你们摆脱**极左的错误，请你们由派别变为政党，请你们保持过去所有好的东西。**

  同志们！你们中的一些人大概还记得在共产国际第五次世界大会上德国代表团表现出的情绪。坦白地说，在共产国际第五次世界大会上，我们代表团经历了严重的极左危机。不仅在工会问题上它的态度是极左的（如同许多人所认为的），而且在重要问题——策略问题上，也是极左的。这说明什么呢？当然是说明，党对由实际生活和经验培养起来的领导人的不信任。这种或那种修正政治路线的任何企图都受到无产阶级分子的不信任。

  因此，恰好在共产国际第五次世界大会上建议投票反对所提出的提纲的时刻，代表团严重地分裂了。同志们！是不是这种情况？这里有见证人，其中包括俄国人，而且是得到完全信任的一些俄国人。他们能够给你们提供有关的材料。在共产国际第五次世界大会上，八名代表团成员退出，是因为**共产国际世界大会关于策略问题提纲**中下述问题引起的：

  "工人政府始终是密切联系群众的最好口号"。

  同志们！谁领导了这个反对派，谁第一个宣布：无论在什么时候也不接受这个观点，需要动用全部精力和"个人独裁"手段去"说服"每一个人。不是别人，正是台尔曼同志，他领导了这个反对派，他断然否决了关于策略问题的提纲。既然像台尔曼这样的好同志也如此行事，这就证明，在德国共产党内**极左倾向是严重的**。我们还犯了第二个致命的错误。我们以惩戒措施掩盖了这些分歧意见。仿佛一些俄国同志与德国代表团的一些同志进行了私下会晤，目的是安抚他们。为了不使德国的情况变坏,已经举行了会晤;举行了十分富有成效的政治性会晤,这种会晤帮助我们避免了麻烦,家丑是不能外扬的。这是什么因素造成的呢?原因就是不希望助长右派的声势,当革命浪潮消退后,为了再次寻找进攻中央的机会并充分利用既有形势,右派经常采取防守和退却的姿态。但是,现在,我清楚地看到了我们的错误。我们应当在党的面前暴露意见分歧,党如果从中吸取教训,就不应当掩盖我们在策略问题和有关提纲问题上的意见分歧,这些意见分歧的暴露会帮助党搞清楚我们需要的正确路线在哪里。那时,才能真正完成法兰克福代表大会之后的转变。不准许在中央讨论和不准许同台尔曼同志公开进行党内讨论的责任被我一个人完全承担了下来。后来,那条路线依然存在。未必有谁敢反对在**马斯洛夫**同志坚持下所修改的策略。还在九月份的时候,他就力求改变在君主主义问题上的立场了;但是,12月7日以后,当我们开始认真面对这个问题的时候,受国会选举影响,我们只作了一半的转变。提纲中所列的原则称共产党是唯一的工人政党,这是正确的,但是,为了使党摆脱孤立状况,这种转变还不够清楚、不够具体和不够明显;中央没有采纳**马斯洛夫**同志提纲中所要求的在"君主制或共和制"问题上坚决改变政策的部分,因为党不能接受这样的转变。因为总是存在此类错误,对极左派又经常采取退让策略,在这种情况下,出现了不可避免的结果。兴登堡当选向我们清楚地表明:在这个方面只要跨出一步,错误就将无法挽回。在兴登堡当选之后,我们被迫不得不采取统一战线策略,但这时,已经是太晚了;在兴登堡当选之后,党直接面对改变方针的事实,这时,它却缺乏足够的思想准备,缺乏对党员的充分教育;在转向对立面时,我们也做得过于极端,在这种情况下,我们又一个接一个地连续犯了许多错误。在"人民联盟"问题上出现了偏差和夸张言论。

我们试图把注意力集中到这样一个基本问题上:把对右派仍心存戒

备的社会民主党的工人们争取过来。不言而喻,这把具有极左倾向的党激怒了。在3月中央扩大全会上,曼努伊尔斯基向我们提出了问题:"你们能否获得多数票?"我知道,我们会得到多数票,但是,是微弱的多数票,没有思想准备,他们接受新路线多半是被迫的。当冲突激烈起来的时候,改正错误变得更加困难了,只有借助行政手段问题才能得到解决;又因为害怕右派、害怕党内出现动荡,因而没有在党面前把问题公开提出来。我认为,最近一年以来,德国党内情况的发展清楚地表明了,如果我们在柏林代表大会上按另一种方式进行工作的话,改正错误是比较容易的。**柏林党代表大会并不像现在人们把它描述得那样坏。**确实,柏林代表大会没有做它应该做的事:改正法兰克福代表大会在政治方面和组织方面所犯的极左错误。对已经过去的两年,柏林代表大会没有进行总结。在主要问题上,共产国际对柏林党代表大会的批评是正确的。与极左派的一切哀嚎相反,柏林党代表大会仍然试图提出问题,而且已经提出来了。但是,摆到党面前的问题提得还不够坦率,这就给带有某些"右"倾观点的恩斯特·迈耶尔提供了攻击法兰克福党代表大会的可能性。出现了背着党实行转变的企图,这并不奇怪,但这不会得逞。

现在,把话题转到公开信上来。综上所述,可以认为,共产国际的公开信,在一切具有重要意义的问题上,正确地制定了政治路线。为什么我决定在公开信上签名呢?我不想对扩大全会隐瞒,**在有关组织问题的某些细节上,我认为不完全符合文件本意**。例如,信中谈到,党在我的领导下做了许多极左的错事。确实犯过极左的错误,这样说是对的。因为那时我领导党的工作,虽然领导人不只我一个人,但错误是在我的领导下犯的。那时,我就是这样说的,对这种"逻辑",我没有什么异议可以表示。公开信的政治路线是正确的。我之所以在公开信上签字不是为了一步一步地准备新的进攻,这和现在进行的反对我的运动的那些人所说的是完全相反的：在最后时刻，我认为不签公开信或者去休假是比较好的一种选择，这是一个很好的逃避办法；我之所以签署它，是因为，为了结束党的孤立状况，在信中正确地拟定了必要的措施。同时，我清楚地知道，**如果不保留作为党的基础的左派而把公开信落到实处，党就不得不经历比过去任何时候都更为严重的危机。**

同志们，后来，我了解到，如果当时站在前列的领导机关不能贯彻公开信，党将成为德国社会党及其右派的傀儡。我知道，如果我不为这封信的路线而斗争，那么，这个后果将是不可想象的。当然，同志们，我很清楚，如果在分析党内形势时，对其更客观些，同时把所有的谣言抛到一边，这就会使形势得到大大的缓和。其实，在过去，我们经常遇到困难。在工会问题上，在开除舒马赫问题上，等等，等等，中央都很困难，这些危机都是微不足道的。**团结一致的中央能够克服这一点，它能够不惧怕任何严重危险地贯彻公开信。**该是从内心深处结束互相猜测的时候了。（有人在座位上喊：非常正确。）这会导致分裂。应当客观地分析公开信发表后的形势是怎样的，是否真的只是由于我们的过错而未能实行公开信所拟定的路线。同志们！在我引证的观点中谈到，德国左派是工业无产阶级先锋队优秀传统的保持者。众所周知，柏林无产阶级是这个先锋队的一部分：在共产党内和在法兰克福代表大会上掌握了党的领导权的那一派中，柏林派起着一定的作用。在柏林，党委员会是组织工作的带头人，从创建之日起，柏林组织作为真正有才干的领导人克服了一切障碍。严重的危机因工会问题加剧了。我知道，在柏林贯彻公开信的路线更加困难了，于是，**我请求在中央的监督下，把这件事委托给我。**我的意见被否决了，这给柏林的组织增加了无比的困难。它该怎么办呢？**公开信是由它通过的，**而它却怀疑，**是不是应该实行它。**正在最热烈地大谈党内民主的时候，进行了反对柏林党委员会的有组织的运动。给同志们的思考时间，不但没超过四个星期，甚至连四天也不到。向**他们**宣布说：现在，请你们忍气吞声，如果不服从，就要进行组织斗争。甚至有人说，公开信不是由我们通过的。这不符合事实。柏林的同志们诚心诚意地想实行公开信的政治路线。他们或许比许多其他人更明确地**承认在党内所犯的错误**。只是因为在三天期限内，柏林州委会没有声明准备反对所有的左派，因此，就决定把它从舞台上赶走。这是分化的办法，**采取这种故意行动的目的不是想使党与左派一起共同健康起来**。我不认为这是整个中央的态度，我不谈论任何已有的派别，但是，分裂、击毁左派的倾向是存在的。毫无疑问，公开信起了良好的作用。这可以说是明确的和清楚的。它把中央和左派整整两年没有下决心提出的问题，一下子摆到了广大普通党员面前；它坚决地把争取群众的问题摆在党的面前，并且使我们接近了群众。除了既有的客观形势比道威斯幻想时代更有利于我们之外，共产国际的干预在这方面也发挥了作用。当向党指出其良好的效果时，应该公开承认这一点。另一方面，显然，公开信也有不好的后果——分化、怀疑、个人间的争吵；在这种情况下，过去不敢吠叫的狗崽们通常从角落里爬到舞台上，设法咬你一口，并因获得这一机会而高兴。现在，是研究"性质"的适当的时机了。党中央应该考虑党内的困难；为了使党**规避次要的有害后果**，应当尽力依靠中央。

为使党避免这一点，中央做了些什么呢？做得非常少。十分令人伤心的是，现在，不是"坏的"**马斯洛夫**，而是某位**海因茨·诺伊曼**可能领导党。如果诺伊曼的中央代替台尔曼的中央，这将使我们感到非常失望。错误被夸大是因为极左派的同志们——甚至是左派——不想马上"乔装打扮"和毁掉他们过去所崇拜的一切。因此，本来应该客观地叙述近两年来的历史并进行总结，然而却又陷入了**个人问题**。德国代表团中的一些同志们，当你们回家的时候，你们应该总结一下过去，看一看自己是否真正地完全一致和充满相互信任。（喊声四起，但不清楚。）

当座位上的评论还没有停止的时候，我可以等待五分钟。

同志们！这一切是允许的，但没有引向应有的轨道。我相信，这类现象是经常的。应该把它们引向明确的轨道，不要使它们膨胀并充斥整个舞台。不允许以中央的名义发言和向工人作报告。这可能带来许多的害处。

因为一系列的情况，错误发展起来了。极左派被公开信弄到了绝望的地步。这是应当及时预料到的。我相信人们不会责备我保护卡茨的。但是，这些情况可能引起许多的不幸。经常出现类似于卡茨事件的情况，我们没必要总是人为地制造类似情况。应该杜绝这种现象。在整整两个月的时间里，我们的丑事一个接着一个。不久前还是无产阶级引以自豪的、为无产阶级增光的一些中央委员被开除了，接着就是马斯洛夫的麻烦事。（有人在座位上喊：开除了谁？）

如果你想知道的话，是施万同志。

同志们！我已清楚而明确地指出，不必提个人方面的问题，只讨论涉及政治纲领、党的利益和党内方针的问题。不能容许丑事一个接一个地发生。（有人在座位上喊：这是你们干出来的丑事。）

但是，你们应当去改正它，而不是使事情变得更坏。有时，我感觉事情总是这样：你们的目的似乎是在画鲁特·费舍的漫画，而不是改正错误。

根据卡茨事件的进展情况（我们在几个月前就对它已有防范），应当作出相应的结论并采取必要措施，**通过这些手段把聚集在卡茨周围的人们拉过来，而不是再把其他同志推到他的怀抱。**这件事造成的后果，比中央看到的要危险得多。我早已不在德国了，但我坚信，党内的困难增加了。对悲观主义可以随意夸夸其谈，但是，应当正视事物的真实情况，形势是这样的：在改善客观条件的时期，在有机会摆脱孤立的情况并变为强大群众运动的时候，公开信的消极后果就表现出来了。

同志们！谁也不会否认，消除道威斯幻想对我们是十分有利的。而这个有利的形势使我们有责任解决德国问题，使我们真的能够成为健康的、坚强有力的党，在党内形成有能力克服新的困难的坚强的核心。这种客观形势使我们有责任不再重复以往的错误。在卡普叛乱之后，群众运动虽然在某种程度上还在德国人民社会党的领导之下，但已经是按照崭新的路线发展了。在1923年的时候，我们就有强大的群众运动，当时，无论谁也没有听取过左派的意见。因此，为了党的健康，为了消除右的和左的倾向，为了使有能力反对一切倾向的党的坚强干部成熟起来，现在，全面利用有利于党的形势的问题又重新摆到了党的面前。

（休息十分钟）

我已指出，客观状况正在促进形成有利于党的形势，这使我们有责任非常严肃地对待执行党内方针的问题。我以为，无论是在五月扩大中央全会上，还是在党代表大会上制定的软弱无力的策略，或是在公开信之后我们应当实行的策略，都还处于初级阶段。对党来说，主张全民投票的运动，无疑进行得非常顺利：第一，它暴露了兴登堡政府的完全无能为力；第二，它有助于恢复同社会民主党和非党工人群众的广泛联系。关于"议会迷"——在下面会讲到。我谈此事并不是因为我认为它有多大的意义，而是因为这在德国议论得太多了。客观形势要求我们有明确的策略。我打算试着与社会民主党的工人群众接近，把他们吸引到我们党的方面来。无疑，同过去相比，在无产阶级中，对苏联持新的看法和新的态度的状况占了上风，对共产党员持另一种根本态度的状况占了上风；广大的非党工人群众和社会民主党工人群众越来越希望接受共产党的领导。我们应当在各个方面实行统一战线策略，肃清策略中我们过去所固有的右的和左的倾向；虽然为了利用每一个时机可以随机应变,但我们应该把贯彻统一战线策略的重点放到群众运动上来,放到建立统一委员会上来,放到自下而上地实行统一战线上来。摆在我们面前的一些问题十分具体。关于对待社会民主党的问题,在萨克森,很快就可能成为具体的问题。在那里,地方自治代表会议还没有解散。众所周知,左翼社会民主党人采取了无原则的妥协。然而,就是在这一年要进行选举,并且共产党的任务是使进一步联合的政策成为不可能。在社会民主党人和共产党人之间达成协议是必要的。我们准备在十分明确的条件下支持社会民主党的政府,在议会里给它以支持,因为它不会对工人起有害的作用;与此同时,对社会民主党应当坚持明确的原则性立场。在这方面,我们有1923年的坏传统;但是,萨克森对于利用左翼社会民主党工人和右派领导人之间的分歧,对于形成有社会民主党工人和共产党工人参加的广泛阵线是个有成效的地方。当然,对付我们的社会民主党有很多困难的。我不知道是否有人提出过这类理论,然而,在我看来,不应该在帝国范围的社会民主党内玩弄分裂思想。当然,社会民主党的工人转到我们方面来的将是一部分——这是一些集团,广泛的互相接近将首先在工会中进行。但是,没有发生所谓的社会民主党的领导集团的某种重大的分化。在实行我们的策略的过程中,我们必然遇到阻力和困难,而且十分清楚,只有在党员群众坚信领导的时候,才能实行这个策略,右的倾向不是偶然的,而是带有原则性的。这是危险的。新的策略使我们承担不再重复党内错误的责任。在采取纪律措施代替原则性的讨论可能帮助我们能够顺利得多地消灭右派的时候,我们中的很多人已经在反对右派。右派作为一个思想流派,作为一个派别依然存在,因为这些同志还没有改变自己对共产国际第五次世界代表大会的看法。他们依然坚持过去的观点,并且认为历史将宣告他们无罪。我相信,如果只有右派存在,它将分化成更小的派别;也许在莫斯科和柏林之间还存在一些分歧。我对右派的构成缺乏很好的了解,然而可以预先指出:右派没有解散,在党内是存在右派的,而且我相信,它是有组织地存在着的。我开诚布公地讲,尽管极左派是分散的,但它还是存在着。在这里,出席会议的一些同志稍微靠近了中央,而其他一些人依然准备把工人推向各种愚蠢的道路,制造混乱,并在最广泛的范围内散布不信任。这绝不是肖勒姆—罗森贝格的问题。在没有提出综合问题和派别相互关系问题的时候,这个问题是不能解决的。当然,暂且不谈中央,有许多同志在组织上未被攻破,而且站在左边,也就是说,他们力图保持左派过去所具有的一切比较好的东西,使左派摆脱孤立状况,并使他们成为党的布尔什维克的核心。由于对待极左派工人的不正确策略,把一些人推向了消极的道路,把另一些人推向了极左派的怀抱。我相信,带有天生必然性的所有这些派别正在成熟起来,如果我们不能在政治上战胜他们,那么,党就不得不实行十分困难的和复杂的策略。

来看看德国党中央的立场吧。坦白地说,德国党中央的立场不是很有力。可以说,德国党中央是由共产国际执行委员会组建的而不是由德国党的核心人物组成的;可以说,由共产国际执行委员会指定的德国党中央在进行党内斗争和执行纪律措施方面十分谨慎地采取了行动。为了领导党,中央应当为自己建立基础并扩大它。大概,任何人都会赞同我的意见,即中央的基础太薄弱,因此,在新的困难情况下中央不能领导全党。这里出现了一个问题:中央是否应该向右倾、向顽固守旧的(部分是由于我们的过失)右派方向发展,或者坚持公开信所建议的马克思主义中央的集中政策,把各个方面的所有健康因素吸引到集体工作方面来。这个问题应该由德国党来解决。因为战线将要扩大,当把右派引向与在中央五月扩大全会期间确实是巨大危险的极左派相对立时,这可能把党推向恩斯特·迈耶尔的怀抱,继而投向右派的怀抱。我希望一切都是清楚的:我不反对同右派同志们合作。相反,我们最大的错误之一,是认为右倾可能是顽固守旧的。但是,在把他们吸收为中央成员时,不能让他们为在十月失败中犯了错误的同志们承担责任。应该从共产国际争取到取消这些可能性的政策。我们党中央还没有建立坚固的组织基础，还没有这种基础。而且，我们还有许多没有解决的问题，新的中央还没有形成明确的思想行动纲领。不能总是对公开信夸夸其谈；当时，为了给党提出明确的方针，公开信是必要的；现在，为了不单借助公开信来领导党，无疑需要使中央了解自己应该做什么。我认为，声称在群众中始终存在左倾情绪的肖勒姆的看法是不正确的。摆在我们面前的任务不是永远保持这些派别，而是把清除左派作为党的重点和吸收一切派别参加党的工作。

同志们！我要问中央：在党的柏林代表大会上通过了许多决议，这些决议还没有被正式撤销，在这些决议中有一个第四章：德国无产阶级通向布尔什维克的道路。我不想断言，这些决议中有些东西可以表达得更好些。现在，可能有比较充分的根据来阐述斯巴达克团的问题了。在公开信中，同样把犯有一切错误的德国左派作为党的基础；但是，公开信拟定的基本路线是**正确的**。中央是怎样对待这个问题的呢？当时，党应该坚持什么样的基本路线，应该遵循什么样的传统呢？在这方面，只能遵循一个原则——用团结各派无产阶级分子的办法清除左派并扩大布尔什维克的核心。

党内形势就是如此。我认为，谁也不会对下述情况提出异议：为了使党摆脱已经出现的局面，大家应当同心协力。对于当前的政治任务，无论是全民投票问题，也无论是萨克森的政策问题，大家都没有重大的意见分歧。虽然一些同志在失业工人问题和经济问题上要求更大的主动性，但在解释党的任务方面没有任何重大的意见分歧。如果今后贯彻了公开信和那些健康的、正确的决定，我认为，在所有健康的左派分子和中央之间任何的分歧就都不会存在了。

应当做些什么呢？显然，党内的形势是来之不易的。但是，这并不意味着现在的情况比几个月前更困难、更复杂。为了使德国党从这两年所犯的错误中吸取教训并走上成功的道路，需要做些什么，该怎样解决党的问题呢？按照我的看法，党应当向自己清楚地说明这一点：新策略的基本条件（在这方面，我没有看见任何的矛盾）是对德国社会党的性质和在德国社会党中的左派不抱幻想，与此同时，利用一切分歧意见，密切注意德国社会党中的新进程，但不抱幻想，不再重复十月的错误。这就是在完全合乎条件的情况下对统一战线策略的运用。我重复一下，不管在全民投票中取得怎样的巨大胜利，必须同样注意失业问题和一般经济问题，注意运用统一战线策略问题，注意工会问题。我们已经看到，在工会问题上，我们的成就是最差的。这是由于犯了严重错误造成的。在工会问题上，必须拟定明确的计划。在主席团关于俄国问题的信中，顺便提到了我们在英俄委员会中的政策问题。毫无疑问，统一战线策略在德国运用得还不够。可能利用工人代表团要好得多。无疑，在工会中是能够取得巨大成就的。但是，我清楚地知道，在工会工作者中存在着**急于参加阿姆斯特丹国际的倾向**。这一倾向的拥护者打算避免提及在主席团信中已经提出的问题。**他们不了解，在工会问题上，增强我们力量的运动具有重要的和决定性的意义**。在这种情况下，应该十分谨慎地进行活动，而不能在党员倾向面前低头。还有其他的类似两年前就曾有过的情绪：**对一般运动的敌对态度**。同志们，在这些政治问题上能够达成协议，不存在特殊困难。

现在，转到党内方针问题上来。这个问题转向了算术推论的范围。什么是更大的危险呢？极左派还是右派？归根到底，重点应当反对谁？有时，惊慌失措是明显的：肖勒姆是最大的祸害，鲁特是坏的，因为鲁特拥护肖勒姆。但是，也有其他不同的说法：鲁特本质上坏，而肖勒姆坏是因为拥护鲁特。同志们，现在，威胁我们策略的极左危险是最大的危险，因为我们必须摆脱孤立状况，而我们在这个方面刚迈出了头几步，因此，我们必须继续实行自己的策略。但是，同志们，只有在兼顾同**大的右派和集团**进行斗争的同时才能与这个极左危险进行斗争。因为，单向斗争（反对极左，这将减少重复在海德堡代表大会上发生过的事情）就本身的政治后果来说并不好，而且，这将使我们党的革命性质受到极大损害。在这里，有人说：我们失去了100名工人，而获得了上千人；正如一位中央委员所说的，我们开除了12个人，却得到了上千人。难道可以把开除那些在极端困难时期、在所有人都反对共产党人的时候，仍然留在党内、仍然坚持到底的人同争取新的分子相提并论吗？难道可以把10个人同新招募的上千名社会民主党人等量齐观吗？他们只能有损于我们党的革命性质，我们不能利用他们。摆在我们面前的任务是保留这10个人，教育他们，在他们中根除极左的倾向并同他们齐心协力地招募新分子。问题就是这样。有时算术推论是危险的、致命的，这种算数推论有损于我们党的革命性质。

我坚信，最近在德国，甚至在存在良好决议案的情况下，我们在实施它们的时候，也将遇到严重的困难。我坚信，在良好的客观条件下，极左派对我们将是最大的障碍。这就是为什么这个问题应当在德国问题中占有重要地位的原因。

我想就党内形势所要说的大体上就是这些。我相信，不畏惧任何困难，在已经取得的各种经验的基础上，能够使党健康起来。我决不悲观地评论德国共产党未来的潜力，应当善于利用机会，坚持正确的党内方针和把群众争取过来。我深信，如果把围绕正确政治纲领集中力量的问题摆到无论是极左派的面前还是右派同志们的面前，与此同时展开同各种倾向的斗争，那么，使党健康起来的进程将进行得比较迅速和比较可靠。假如共产国际执行委员会全会以此作为出发点，把这个问题认真地提到德国党面前，那么，在最近要召开的**集中的党代表大会**将是这样的大会：这既不是重复柏林的代表大会和法兰克福的代表大会，也不是重复莱比锡的代表大会；这次大会将使工人充满对党的信任，这次大会将荡涤空气中的各类倾向，这次大会将打下支持中央的基础，这次大会将把工作坚决地引向应有轨道。**因为**，这次集中的代表大会是莱比锡代表大会温和的产物，对我们来说，第二个法兰克福将是不可避免的。共产国际执行委员会应该结束极左派和右派经常不断更替的现象——有时是这些人占优势，有时那些人占优势；我希望它会这样做。

我就要结束自己的讲话了，我只想略微谈一些小问题。首先，我希望消除关于"议会迷"的奇谈怪论，并不是因为这个问题有多么重要的意义，而是为了在德国创造清新的气氛，即所有的工人（当然是完全公正地）因全民投票运动的胜利和在工厂等地取得的成就而感到满意，并把它作为重要的手段来加以利用。在某次主席团的会议上，台尔曼同志作了关于德国共产党的报告，他顺便讲了下面这句话："全民投票，这是从1916年起阶级斗争的最重大的成就。"我没有反对过全民投票，但是，我过去把这句名言说成是"议会迷"。我的错误在于：我把它称作"议会迷"，虽然这是一般的"迷"。其他的错误在这里就不谈了。

现在，转到个人责任问题。在公开信之后，我在德国的所作所为，照我看来，**是在当时情况下，为贯彻共产国际执行委员会的路线，我在德国能够做到的一切工作**。形势是如此困难和复杂，到处布满了各种各样的派别和集团，因此，工作中当然就会有错误。但是，在这里，在共产国际的全会上，我公开宣布，公开信实际上宣传了纠正极左的错误，**它决不等于新的海德堡，我过去赞成它的路线，而且在以后，在今天以及在将来，我也准备赞成它的路线**。如果这条路线会真正地得到贯彻，就会使所有现在还明显地不信任中央的那些同志进行紧密的合作。**工人们同样了解纠正极左错误的必要性**。你们认为工人们没有学会很多东西吗？假如他们对中央审慎地行动，那就意味着我上面指出的公开信的真正思想被各种各样的注释弄得模糊不清了。当然，这些错误是存在的。

谁也不想淡化错误，谁也不会否认错误。但是，在德国共产党内，左派为什么而斗争呢？为了使作为无产阶级革命先锋队的政党——共产党——能够进行反对资产阶级的斗争，并在多次失败后能够把无产阶级引向胜利。争取达到这一点的决心是有的。但是，这种思想被许多模糊不清的、不成熟的思想和在某种程度上的非布尔什维克的倾向所掩盖了。对国际来说，德国问题是许多重要问题中的一个问题。这个问题不得不涉及在共产国际第五次世界大会上提出的与其他一些党有关的问题。你们是否认为，这次德国问题将影响其他支部？在这方面是不用怀疑的。假如德国问题得不到解决，从而不能从已经出现的形势中摆脱出来，那么，极左派和右派将会到处抬头。

同志们！现在，正当许多国家出现对我们有利的客观形势的时候，在克服过去已有错误和制定正确对待群众的政策方面，本次全会应当是关键环节。在为共产党和共产国际而斗争中，应当把一切力量聚集在一起。

（会议休会）

第七次会议

(1926 年 2 月 24 日)

主席：什麦拉尔

讨论执行委员会的工作报告（续）

罗森贝格（德国）：

同志们！为使党和国际从派别斗争中吸取教益，首先必须搞清楚，争论是围绕哪些原则性问题展开的。研究明白了这些原则性问题后，我们发现，某些集团和派别彼此之间的观点是完全不一样的。同时还发现，一些派别本来并不信奉任何原则。这是非常糟糕的事情，这或许要求从党这方面对这些派别采取完全特殊的手段。到目前为止，在扩大的全会上，我们听了两个长篇大论的原则性的发言——季诺维也夫同志阐述主席团和俄国共产党中央路线的发言，随后，在昨天，又听了博尔迪加同志的长篇大论的原则性的发言。博尔迪加同志根据自己的思想所作的重要的、深思熟虑的和明确的发言，对大厅里的每一个人都产生了巨大的影响。但是，如果在某些问题上博尔迪加是对的，那么，应当直截了当地指出，就整体上来说，他的原则性态度对工人政策是完全不适用的。不允许在某种形而上学的理论基础上制订工人政策和改善无产阶级的生活。形而上学或许是好的事情，但是，工人阶级不是靠形而上学，而是靠必不可少的面包和其他的东西过活的。用这个理论不能战胜右的倾向：右倾机会主义集团总是把譬如看上去是切实可行的某种东西向群众兜售；因此，只有以切实可行的、具体的工人政策与它们对抗之后才能战胜它们。博尔迪加同志在前途问题上反对科学地分析形势的态度是相当值得注意的。他指出，甚至像马克思和列宁那样伟大的革命家，在前途的估计上，往往都弄错了，他们对发展速度本身的想象，比后来事实证明了的要快得多。这是正确的。可是，对前途估计方面的错误，不会使自己受到任何鄙视。但是，不允许把对前途的错误估计奉为革命的豪气。必须十分具体地和科学地描绘前途，并在此基础上制定政策。

接着，我们听了鲁特·费舍同志的发言。这个发言很长。然而，鲁特·费舍自己也未必能够从中得出任何一个原则。在根据主席团提出的提纲制订自己的政策和从这个角度分析欧洲的形势时，一方面，我们应当承认欧洲形势孕育着可喜的力量：我们坚信，在我们可预见的将来，资本主义必将没落，西欧的政权定会转入工人阶级的手中；但同时也应当承认，形势是非常困难的；当决战时刻到来的时候，我们面前将有一条从美国到柏林的、牢固严密的、大资本家的统一阵线；这条统一战线获得了美国联邦储备银行、英国银行和日耳曼帝国银行的某种支持；再加上德国社会党首领们仍然顺从资产阶级的旨意。另一方面，在大国之间存在着帝国主义矛盾（美国和英国的橡胶战、法国和英国的钢铁战，等等）。

我不准备详细地谈这个问题。但是，也不应夸大资本主义大国之间的这些矛盾。只是应当清楚地认识到，在严重关头，我们势必要遇到资本家的广泛严密的统一阵线，应当清楚地认识到，例如，一旦在德国发生新的危机，美国将尽一切努力，以便使美国投资不会白白亏损。

为了在欧洲范围内担当起自己的任务，我们应当实行切实有效的、贤明的、具体的政策。提出工人阶级团结的口号是完全正确的。应当力求在尽可能广泛的基础上实现这个团结，抛开社会民主党中法西斯的那部分首领们,同群众、同德国社会党的工人们真正地接近起来。所有这一切都是自明之理,在这方面的议论是完全不必要的。但是,只是形式主义地提出统一战线的口号是不够的。在工会运动中,我们国际性的工作同样应当比现在充满更具体的内容。应该力求在最大范围内,在整体上理解欧洲经济问题。应当给工人阶级提供各方面的口号,其中包括实用的、当前群众所注意的一些问题的口号。例如,我们共产国际应当向欧洲矿工们说明某件事情的具体情况。不允许国际联盟召开"经济会议",应当开展运动和要求阿姆斯特丹国际召开无产阶级的经济会议,以便使工人们看到如何实现西欧无产阶级和苏联之间的经济合作。无论在国内,还是在国际范围内,任务多得很,并且我们有充分的可能争取达到工人阶级的团结。

但是,为了在欧洲获得胜利,仅有工人阶级的团结是不够的,需要继续扩大。我再次贸然宣布这个自明之理,然而,我的印象是这样的:在这次会议上,很少注意农民问题是不正常的。只有塞马尔同志涉及了这个问题。应当补上被疏忽了的事情。应当记住,至少有2/3的世界人口靠农业过活,农民问题不是俄国或亚洲所特有的问题,而是像列宁所指出的那样,对于整个共产国际来说,中心的问题是建立无产阶级和农民的联盟。除了与农民联盟外,还必须同中等阶层接近,这当然是在保持无产阶级领导权的条件下。

国内问题也具有重大的意义。为了避免误会,我再一次坚决地强调——在充分保持无产阶级领导权的条件下——同所有阶层合作的必要性,以便结成被压迫者的广泛的统一阵线,在每一个国家(根据其条件)战胜敌人。现在,在德国,首先必须利用有利于反对赔偿占有者房产的全民投票运动,以便深入中等阶层,把至今处于黑色、白色、红色思想影响下的相当一部分中等阶层吸引过来。

同志们!在国际范围内,应当向一些党直截了当地提出制定行动纲领的问题。在宣传最终目的的同时，应当制定两种行动纲领：

1. 考虑到目前时期欧洲资本主义占统治地位的行动纲领；
2. 获得政权初期的过渡性行动纲领。

一些同志喜欢把这件事拖延到明天。他们是不正确的。非党群众总想了解，当政权落到我们手中的时候，我们将做什么。这个问题是非常重要的，以沉默态度来回避问题是不允许的。俄国所采取的社会主义建设的方式，即新经济政策方式，为我们开辟了接近广大社会阶层的可能；我们可以显而易见地使这些阶层了解到，在共产党人的领导下，是怎样进行建设和怎样消除把共产主义和死亡、混乱画等号的愚蠢的偏见的。应当学习如何利用在俄国经济政策中所奠定的可能性，所有支部都应该研究这类纲领性问题。

当转到德国现在的局势的时候，应当指出，在德国存在着特殊的矛盾。一方面，我们有300万人失业；另一方面，没有尖锐的（街垒的）革命形势。对此，应当了解得一清二楚，并公开加以说明。我们的任务是扩大因没收占有者的房产问题而打开的缺口，逐步把越来越多的社会民主党的工人阶层吸引到我们方面来，恢复工人政府的思想，推进工会工作，提出经济问题，不断击退敌人，固定给予最后打击的目标。

现在，我要转到严密的理论问题上来。共产党是工人阶级不可分割的一部分，因此，无产阶级中存在的各种情绪，在共产党内必定得到反映。失业人员在我们的党员队伍中占很大比例，当然，他们也影响到了党内的情绪。共产党的领袖们应当善于把因失业而产生的情绪引向反对资产阶级的斗争，尽可能及时防止导致分裂的无政府主义的绝望情绪的产生和蔓延。大量失业和某种历史状况在党内引起了德国工人共产党性质的极大危险性。另一方面，由于暂时的和局部的稳定，右的倾向暴露出来了。在党内，两者都有自己的反映。党内的右倾把问题想象得平平常常，似乎我们在工会方面不能独立地取得积极的成果，而我们的全部任务是为了教训全德工会联合会。这种态度是不正确的，应该同它作斗争，因为它近似取消主义。只要清楚地划清这种右倾的界限，就可能完成任务。在给被称为右派的同志们以"致命打击"的问题上，我决不是愚蠢运动的拥护者或是中央屡屡作出的反对恩斯特·迈耶尔的决议的追随者。如果他们能够工作，就让这些同志工作。但是，你们要避免把领导权转到他们的手里。我认为，他们并不打算这样做，对党来说，这似乎是很大的不幸；在我看来，这点是不必说了——这是不言而喻的。

同志们！在通常被称做极左派的集团中，德国工人共产党的倾向十分明显。我不想详谈我们党在历史上的消极方面，我介绍你们参看肖勒姆同志的发言。我也不打算同洛米纳泽同志进行争论，我们认为这一切已经结束了。

仅就德国工人共产党的倾向说几句话。你们大概知道，在德国，对肖勒姆和我有许多抨击——人们斥责我们为极左派的叛徒。这很少使我们不安；每个人应当像工人阶级的良心和利益要求他的那样行动。来自韦丁地区的恩格尔同志，几天前，以自己的发言使我吃惊，我不得不声明如下：他代表韦丁地区在这里就俄国问题叙述了明确的立场。我断定，韦丁地区没有哪一个机构就此授权给他这样做。韦丁组织尚未确定自己对这个问题的态度。恩格尔同志，可爱的工人，受到了某些人的影响，并在此强调了不负责任的人们向他偷偷提示了的东西。他最好保持独立性，并且不使自己受到任意支配。谈到韦丁地区的党内形势，应当说，在这种情况下，由恩格尔同志在这里表示的意见，依我看，也并非韦丁工人们的意见。（有人在座位上喊：其实你根本不了解他们！）

这是另一个营垒的声音。在这里，我将举些每个人都能检验的事实。几个星期之前，韦丁组织通过了与争取剥夺占有者房产运动相关的一个有些奇怪的决议。雷梅尔和我不得不在韦丁站出来发言，尽管我们的发言遭到了来自德国工人共产党的一些同志的反对，韦丁委员会还是修改了自己的决议。老实说，在党内，我们还没有根除德国工人共产党的情绪，这种情绪将造成严重的危险。中央委员本身就有矛盾：一方面，他们坚持同极左派进行强有力的斗争；另一方面，他们对真正的极左派的危险却又认识得不够清楚。当然，不应把这种危险估计得过大，尽管德国工人共产党派缺乏创造性，但危险是存在的。假如党实行英明的政策，党是能够把它们肃清的。但是，我发现还有另一种危险，在这里，我要坦率地谈到这种危险。因此，我应该简略地谈一下鲁特·费舍同志说过的话。我不想作个人的评价，我认为这是不必要的；但是，谁要想领导工人，谁就应该在自己的发言中——客气地讲——多少有点真实情况。我坚信，在鲁特·费舍同志的讲话中，大量客观的不真实情况是出于健忘。德国委员会的所作所为是对她所说的一切加以了单独的检验。我想谈一谈更重要的情况：在这里，我否认有权代表左派跟在因在共产国际历史上所发生的右倾中犯了严重罪过的人的后面发言。鲁特·费舍所鼓吹的人民联盟的政策，无非是用现代的方式抹上一层红色的米勒兰主义。今天，差五个月就一年了，鲁特·费舍已经认为必须放弃这一理论。但是，在整整几个月的时间内，给这一政策定调的人，当然不是左派。还有什么可说的呢。依我看，每个人在党内都应当坚持自己的政治观点：朝令夕改自己观点的派别，在党内是不容许的；而鲁特·费舍同志这一集团的历史迫使我们要提高警惕。你们根据公布的公开信，将回想起在柏林中央委员会里发生的不体面的可笑的事。难道能够因为他不同意容许类似的现象就责难中央委员会？每一个党和每一个领导机关都应当同纯粹的无原则性进行斗争，尤其在现在，当无产阶级内部发生风潮时，一方面，出现敌视官员的德国工人共产党派的情绪和反对上层人物的情绪；另一方面，出现一味挑拨人心的集团。应当打掉他们手中的武器和使这帮人不能为害。

对于严肃的政治家来说，采取反对立场不能作为竞胜的手段。如果认为党所规定的作为工作基础的原则本质上是正确的，那么，就不应该采取反对立场。我以个人的名义，并代表肖勒姆同志公开声明：我们认为，中央现在实行的路线是正确的，如果今后中央也能照这样工作，仍然实行统一战线这一广泛群众运动的策略，以使工人摆脱社会民主党的影响，那么，今后我们就同中央一致行动，无论是我，还是肖勒姆同志都将努力与它合作。中央委员们是正确的，然而，只要有人为了继续有关的攻击而向你提出苛求，那么，就不能齐心协力地工作。我可以声明：无论是我，也无论是肖勒姆同志，我们不想这样做。我是完全直言不讳的；今后情况如何，谁也不能事先预料到，我预先什么也不能允诺，无论谁也不能要求我这样做。但是，如果在基本的和主要的方面——无论是在党内政策方面，还是在与外部对手的斗争方面——中央今后要像它在最近几个月那样工作，我们的合作是可能的。

现在，讲一讲错误。肖勒姆和我都不是糊涂人，我们不认为自己是绝对正确的。在我看来，我们最大错误在于：在法兰克福代表大会上，左派取得了胜利，其余所有人都受到了压制。布兰德勒集团退出了舞台，中派变成了小丑，一切都集中在左派手中。肖勒姆同志在昨天的发言中已经说明了这点，然而，大家是错误地而不是正确地理解他。左派领袖在当时就应该公开声明：再也没有任何左的派别、左的集团了，只有一个统一的党。可是，我们没有这样做，而正因为如此，我们大家，作为负责的领导人，对所发生的事情要承担责任。我们曾经力求长期保留作为集团的左派，躲避起来研究深入到群众中去的政策。这就是左派的主要错误。在3月的扩大中央全会上，左派遭受了第一次打击；而致命的打击是在第十次党的代表大会上：左派，作为老的派别，在那里已经不存在了，而我的坦率的看法是，在德国，左派已经不能恢复到老的样子了。左派的时代已经过去了。应当设法使党的新的核心继承左派的一切优良传统：透彻地理解党的作用，清楚地了解同社会民主党的关系，这应当保持下来并使之成熟起来，但是，今后不应该再继续实行派别的政策了。这等于党的覆灭。这会断绝中央和党员群众之间的任何联系，而在中央和党员群众之间没有真正信任的地方，是不可能有任何重大成就的。

应当使富有乡土气息的、同无产阶级群众密切联系的领导人在党内逐渐成熟起来。问题不在于出生证，不在于形式；但有人给罗莎·卢森堡起名为"工人运动的梅毒性微菌"（在我们这个大厅里就有这种人），工人阶级的优良传统对这种人来说永远是格格不入的，这种人不能领导党。我们需要富有乡土气息的、同无产阶级群众紧密联系的领导人。我们相信，现在的中央已经走上创建这样领导的道路，它将进行反对右倾的斗争，无论在组织方面，也无论在人员方面，或是在政治方面，都不允许回到布兰德勒主义去；但是，也不应该夸大德国工人共产党的倾向，首先需要有彼此的诚意，彻底消除骑墙态度，消除体现在鲁特·费舍身上的策略方法。中央和党员群众之间的真正合作有可能利用已经出现的有利形势把德国的事业推向前进，有可能破坏赫尔曼·弥勒集团在德国无产阶级中还拥有的影响和达到我们德国共产党人为之而进行斗争的那个目的。我希望德国委员会在这方面的工作能继续进行下去，我希望我们有可能搞好富有成效的合作。我认为自己有权声明，不仅部分左派领袖，而且不准备实行工人共产党的路线而与党团结一致地实行无产阶级政策的大多数左派工人，都赞同我和肖勒姆同志的立场。我认为，现在，在经历了各种严重危机和党内错误之后，我们终将有可能进行真正有益于德国运动，有益于共产党和德国今后革命的工作。

多姆斯基（波兰）：

同志们！关于不会成立波兰委员会的通知使我感到很不痛快。依我看，它还是应该建立的，因为，波兰党的形势完全不像斯特凡斯基讲话所反映的那样简单：他说，在党中央集聚了足够多的极左派危机，把多姆斯基排除出中央，把他打发到莫斯科，他在这里完蛋了，事情也就此结束了。不，同志们，正如季诺维也夫同志公正地指出的那样，面对与一系列非常重要的政治任务紧密相连的波兰党的困难，不能只限于把多姆斯基留在中央还是排除出中央。在波兰，政治情况非常复杂，所以，我仍然不得不留在波兰。

在这里，我需要对向全会呈报的提纲草案中描述的我们活动的情况概括地作一说明。我基本同意提纲的内容，但是，其中，对我们党的工作的评价，在许多方面是很不公正的。好像我们的中央（我积极参加了八个月的中央工作）险些损害了党，这种论调与起码的事实不符。甚至是消除了我们党内极左危机的党代表会议，也没有把我们的活动与毁灭党等同起来。相反，它确认，我们的中央把党大大地推向前进了，确认在中央的领导下，党有很大的发展并取得了很大的成绩。

我不想争辩，我们犯了严重的极左的错误。这是事实。第一个严重的错误是我们的六月决议，在这个决议中批评了德国党的策略，而且在某种程度上也批评了法国党和保加利亚党的策略。虽然我们对德国党在某些问题上右倾的批评是正确的，但是，六月决议是错误的。我们在提出决议时忽略了最主要的问题，即当时在德国党内，主要的危险是极左的错误，而不是右的错误。在工会问题上的错误政策，在总统选举中错误的行动纲领，等等，这些有可能使党脱离群众，受到孤立。

我们忽略了这一点。共产国际执行委员会在致德国党的信中正确地指明了前途。它纠正了德国党所犯的重大错误。十分清楚，我们是着眼于对未来的预计来研究德国党内的右的和极左的倾向的，这种预计是错误的。我们还忽略了许多其他问题，比如法国党反对右倾危险的斗争，在保加利亚出现叛乱的危险。

毫无疑问，我们在自己的实际工作中同样也犯了极左的错误。我们过高估计了（尤其在自己活动的初期）工厂基层委员会的作用，而对工会的作用估计不足。估计不足不是表现在宣传上——看来，我们在宣传上提出了正确的口号：大家都去参加工会。但是，实际上，我们不总是按照这种理论和这种宣传来行动的。我们错误地对待了同奸细行为进行斗争的问题；而这个错误助长了恐怖思想。我们在群众中所采取的一些斗争行动，如独立举行的五一游行，同样是错误的。

但是，在提出的提纲中，评价我们的活动是基于这种看法，即我们整个的活动是由极左错误所构成。这完全是不正确的。与此正好相反的是：尽管有错误，但我们做了很多的事情，而且在最近的党代表会议上，在分析极左错误时，证明在许多方面我们是正确的。

毫无疑问——党代表会议也指出了这一点，我们沿着既定的道路大大促进了事业的发展。

众所周知，我们的基本任务是建立工人阶级、农民群众和被压迫的少数民族的联盟。在这方面，无疑，我们作出了**巨大的成绩**。**即使只举农民问题为例**，也就足够了：当波兰党的领导权转到我们手中的时候，议会中只有两位代表是共产党人，而且是完全孤立的。现在，议会中有一个由17位代表组成的工农联盟。这无论如何也不是失败。我们与农民群众团结在一起。社会沙文主义分子的党是合法的。当他们在政府的支持下举行农民代表大会的时候，我们曾想办法影响它；而当我们在那里失去自由发言的可能时，我们就使它实际上无法继续进行下去。我们没有特别坚持这个目的，但是，社会沙文主义分子被迫提前结束了代表大会，并放弃由他们筹划的游行，这个情况证明，合法的波兰社会党在农民群众中的影响比我们弱。

现在，谈一谈**被压迫的少数民族的问题**：只要指出抵制税收的大规模群众斗争就足够了，这一抵制行动是根据我们党的倡议而举行的，它大大加强了我们在白俄罗斯和乌克兰群众中的威信、力量和影响。

尽管我们犯了极左的错误，但在工人阶级中我们做了许多工作。独自组织五一游行，从我们这方面来说是错误的，但这毕竟是游行；与五一游行同时，因为兰楚茨基诉讼案运动而举行了一系列游行，所有这些游行总起来证明了**我们党的活跃**。我们党首次在长时间内重新带领群众走上了街头。在市政选举中，我们获得了极大的成功。在许多城市，例如，在琴斯托霍瓦、本津、扎莫希奇、彼得拉科沃，我们有了自己的议员。对于一个不合法的、被迫害的党来说，这是巨大的成就。在各次大罢工期间，我们都是走在前头。最近，我们已经克服了自己在工会问题上的错误。在华沙五金工人大罢工期间，我们把各种派别的工会结成统一战线并获得了成功。但是，尽管遭受种种迫害，尽管受到种种镇压，在华沙召开的第三次工会代表大会和阿姆斯特丹工会代表大会都证明，我们在工会运动中已经牢牢地扎下了根。

因此，当有人对我们说，我们险些把党毁掉的时候，这实在是骇人听闻地低估了我们党在极端艰难的局势下所做的工作，而局势还从未有过如此困难。

同志们！如果事实确实如此，如果我们真的遭到如此可悲的下场，那么，最近的党代表会议就会完全按另一种方式进行了。党代表会议似乎是全党同我们进行斗争的序幕。但是，在党代表会议上，占多数的则完全是另一种调子——**同右派斗争**的调子。我们做了很多的努力，以便形成现在中央所有的局面。的确，在同右派的斗争中，许多事情还是做完了的。然而，这场斗争是由我们开始的。

正像我已经说过的那样：在波兰，我们面临着使我们党担负重大历史任务的最重要的形势。请允许我简明地描述一下这种形势。有些事情是为全党所共知的。众所周知，波兰党，我们国际革命战线的波兰线段，在当时大概是最重要、最紧迫的。波兰的形势已经达到那么尖锐的程度，即政治和社会的动荡不仅没有排除，而且在最近的将来可能会更加动荡。我所指的动荡，既有革命的，也有反革命的。波兰的国内外形势，我们共和国的国际形势，确实可以认为是处于危急状态，俨然是极危险的关头。应当说，我们的中央（在最近的党代表会议上拟定了策略路线，总的来说是正确的），还不十分了解形势的全部严重性。

在最近的党代表会议上，我们共同工作，我们共同拟定党的策略。顺便说一下，党代表会议的目的在于强调加强统一战线，强调这个事实，即我们共产党要保卫波兰的独立，保卫波兰人民不依赖于外国资本的独立，同时我们号召群众保卫独立。我们共同制定了我们在农民问题、民族问题方面的下一步行动纲领和使党同群众有可能接近的策略指示。

按照我的看法，波兰的形势完全证明了这个策略是正确的，但是，在现在的形势下，只有这种策略**是不够的**。关于这一点，我在党代表会议上已经讲过了。波兰的形势是怎样的呢？如果不注意，那么，在最近期间，我们将面临**左倾法西斯主义的叛乱**。我们有皮尔苏茨基，他的组织已经扎根于军队，看来，甚至资产阶级也把他看做是一个唯一能够从无产阶级革命中拯救波兰的人，因为他们期望的外债要落空了。我们注意到波兰法西斯主义的巨大增长。我们这里经常有人谈论右翼和左翼波兰的法西斯主义。左翼法西斯主义是由民主主义者和原来的社会党人皮尔苏茨基领导的，跟着他走的有广大的军界、部分农民和工人阶级、知识分子、无产阶级青年，等等。另外一翼是"黑帮分子"：反动分子、法西斯分子、保皇党人，等等。这两个阵营**开始逐渐接近**……皮尔苏茨基和他们暂时还不是一个阵营，而只是他们的领袖。皮尔苏茨基已不是原先的皮尔苏茨基了。只要细心研究他的讲话、文章和公开信就足以了解他已经逐渐转向法西斯阵营了。皮尔苏茨基不承认他与右翼有什么不同：在农民问题上，皮尔苏茨基不承认自己的蛊惑行为；在被压迫的少数民族问题上，皮尔苏茨基不承认联邦制思想。皮尔苏茨基的思想里已经充满了墨索里尼的精神。他对自己说：我是一个伟大的人物，军队跟随着我，一旦发生战争，我就是军队的首脑。

毫无疑问，右翼法西斯主义对皮尔苏茨基是仇恨的，就是现在，这个阵营的绝大多数还是仇恨他的。但是，有一些保皇党分子聚集在皮尔苏茨基的周围。威廉州的保皇党人和另外一些法西斯分子开始了解到皮尔苏茨基还不是那么坏，并且开始这么说出来了。保皇的农民党的创始人克维亚特科夫斯基声称，为了建立君主制度，必须把皮尔苏茨基召回军队。在罗兹，出现了由原先的前线战士组成的法西斯组织，参加这个组织的既有皮尔苏茨基的追随者，也有他的反对者。一个严重的危险是——法西斯阵营在波兰聚集的危险在日益迫近，而我担心我们的中央对这个危险估计不足。我们的中央坚持长期逐步争取群众的方针。这是完全正确的。但是，在形势确实尖锐化的时候，也应当做某些别的事。我们应当把自己的努力专注于反对皮尔苏茨基和力争以正确的运用统一战线的策略方法，把那些在主观上还把皮尔苏茨基看做是民主主义者、革命者、地主的敌对者的左翼分子争取过来。众所周知，在皮尔苏茨基追随者的队伍中有很多人真的把他看成是革命者，认为他比机会主义的波兰社会党左一些；与此同时，这些人也认为，在某种情况下，应当与共产党员共同行动。应当利用这一点，应当到这些人中去开展广泛的运动，并且当着众多的和有武装的皮尔苏茨基的同志们的面揭露他。这是一项紧要的，当前大众所关注的任务。由于严重的法西斯危险的迫近和现在已经形成的对党的威胁，我们应当使自己当心这个危险，以便在遇到大的困难的时候不出现失误。

现在，就**波兰的对外政策**讲两句话。德国和波兰之间存在着经常性的冲突。现在，两国之间的关系越来越尖锐。正是在一星期前，在波兰发生了逮捕德国精神捍卫者同盟成员的事件，这对德国的解放国外同胞运动①是严重的打击。现在，德国和波兰之间为争取在国际联盟委员会的地位而进行着斗争。这场斗争具有什么样的意义呢？

在当前所发生情况的幕后，矛盾斗争日益激烈起来，以欧洲政策为背景的矛盾更加紧张，这其中，首先是法国和英国之间的矛盾。这个问题的主要起因之一是**为争夺波兰西部的边界**。在德国，首先，在东普鲁士举行了大规模集会，那里的人们强调，必须由德国重新占有但泽、走廊地带、上西里西亚、波兹南等地，无论是以什么样的方式（和平的或是暴力的），包括以战争的方式。因此，在波兰资产阶级人士中充满极大的惊慌。现在，还没有军事行动的直接威胁，但是，这个危险正在日益迫近，无论波兰能否顺利地弄到债款，它都必须接受这个痛苦的事实——把自己的西部省份归还给德国。假如波兰不用和平的方式做到这一点，德国法西斯的武装组织就会强迫它去做。

面对这样的前景，我们党做了些什么呢？对此，党没有反应。但是，为数众多的波兰居民，首先是小资产阶级知识分子阶层，意识到这是**民族的危险**。我们应该利用由最近一次党代表会议宣布的保卫波兰独立的极好时机，开展广泛的政治运动。我们应当声明：的确，不言而喻，民族危急的存在，是因为波兰资产阶级的全部政策等同于民族背叛行为。凡尔赛的政策、同法帝国主义的联盟、反对苏联、波兰对德国扮演警察的角色——所有这一切，不仅对波兰无产阶级的阶级利益是有害的，而且归根结底，等于是背叛了全体波兰人民的民族利益。现在，这个政策开始产生不良后果，并将演化成新的战争威胁。

当然，一旦在波兰和德国之间爆发尖锐冲突的时候，无论在这里，

---

① црредента 原指意大利统一后出现的解放国外同胞运动，这是民族主义的运动，想把国外有一部分意大利民族居民的地方合并于本国。本书指的是德国的解放国外同胞运动。——译者注

还是在那里，我们都应当同德国同志们团结一致地反对民族主义，并以号召进行国内战争来回答民族战争。为使群众信服我们，而不把我们看做祖国的叛徒、看成普鲁士的奸细，我们现在就应当使群众相信，是资产阶级犯下了民族背叛的罪行。

我不期望在这方面得到完备的行动计划。对我来说，有一点是清楚的：完全隐瞒这些现象和给自己描绘一种前途（长期争取群众），这意味着完全不了解政治形势。已经不止一次地指出过，采取统一战线策略必然含有右倾的危险。既然在实施这个策略的过程中，面对波兰的似乎已经很危险的形势，还要提出那个原则：危险在于左，主要的任务是开除多姆斯基和所有拥护他的人；所以，我认为，反对右倾是没有保证的，而且，可以保证**将来不会有右倾发生**。

恰好此时，在《真理报》上发表了不仅使左派，而且使现在的党的中央遭受打击的瓦列茨基同志的文章，这使我非常吃惊。瓦列茨基同志在自己的文章中断言，反对左派的斗争还远远没有结束。他说，确实，最典型的极左代表人物被驱除了，但是，这是不够的。党的策略是正确的，然而执行政策的大多数是极左派和左派。你们想一想，左派的党是多么糟糕。总之，这是应该反对的。瓦列茨基还提出一个办法：他暗示，应当停止另一些左派分子的工作，而让右派参加工作。其实，他没有公开说"右派分子"，在波兰没有那种人，只有"被视为右派的"分子，而且应当吸收这些人参加党的工作，并且尽可能地让他们参加党的领导，否则反对极左的和右的危险是没有任何保障的。从思想方面看（关于这方面，我在这里不想谈论），在《真理报》上发表这类文章的事实本身实际上比党代表会议的决议还要右，同样，和代表团发言人在这里只字未提反对在这种形势下出现的这篇文章的那种状况一样，这是危险的征兆。在运用党所制定的非常复杂的策略过程中，在反对左派（其中一部分已经被抛弃，另一部分也将被抛弃）的斗争过程中，可能会回到类似1923年10月和11月时的那种情况。那时，既没有极左的错误，也没有六月决议，然而也是像在德国那样，**革命运动经受了极大的危险**。如果这方面的工作还继续进行下去，这些事件就可能会重演，这对党来说实在是不幸的。

借此机会，我以两个"最典型的极左代表人物"的名义宣布：我们愿意帮助这个党中央，我们愿意像在最近党代表会议上曾经工作过的那样，同他们齐心协力地工作。我们没有能够进入中央，但是，我们希望参加党的工作。我们两个人属于那种愿意参加党的工作的人，而且，我们认为，在革命的形势下，离开战场（在那里，我们的战友现在依然在同资产阶级的斗争中流血牺牲）的左派同志们一个劲地避开工作的情况是不正确的，这种状况在政治上是危险的。

台尔曼（德国）：

同志们！德国代表团认为，总的说来，大会的讨论中暴露出如下缺点：除少数例外情况，大家的讨论使全会的注意力集中于个别支部的问题，而这些问题同国际问题的联系显得不是很密切。我们认为，德国问题和其他所有的问题一样，不仅仅是德国的问题，它是紧紧依赖于其他支部发展的程度和共产国际总的策略的重大国际问题。共产国际对于我们现阶段斗争的策略就是把那些革命的策略、革命的政策同世界资产阶级的策略手段相对立，革命的政策给自己提出的目标是：第一，破坏稳定世界资本的图谋；第二，利用一系列危机事件，建立统一的革命的阶级战线。德国问题对共产国际总路线同样具有重要意义。只有这样理解问题才能有助于建立共产国际的统一的世界政策，对我们来说，只有它才是共产国际集体进行工作的真正保证。

我要谈的是，上次扩大全会以后，证明一些支部在共产国际帮助下取得成绩的一些最重要的事实。我们以五个最重要的支部：捷克、波兰、意大利、英国和德国的党的支部为例。在我们上次扩大全会闭幕时,我们捷克的党已经处于这样的情况,即它在全会之后,好似已经濒临瓦解的边缘。我们已经看到,不仅反对派,而且还有党的中央都犯了许多严重的错误。现在,我们应该指出,通过严肃的党内斗争,在捷克党内,我们有了相当团结一致的领导,我们看到,最近一段时间以来,党已经取得了重大成果。捷克斯洛伐克选举的结果就是证明。

波兰党在多姆斯基及其极左方针的领导下遭到了严重破坏,并在大好的形势下使自己脱离了群众,现在,波兰党正在进行缓慢的内部整顿。

波兰党的最近一次代表大会已经表明,无论是中央,也无论是党,都再次处在发展的进程之中。应该指出,只是由于有共产国际的帮助,这个进程才成为可能。

在共产国际第五次世界大会上,博尔迪加同志代表意大利党,在这之前,他在党内已经有了相当大的影响。意大利党在自身的经历中认清了博尔迪加在意大利的策略和政策是不正确的。党逐渐摆脱了这些束缚它的羁绊,而且,最近举行的意大利党代表大会已经表明,在正当的重大的斗争中,博尔迪加已经在思想上被打败了,90%的党员是拥护中央的。这是真正重大的思想上和政治上的健康进程,我们应当热烈欢呼这个进程。

第四个事例是英国党,尽管党员人数不多,但在某些方面可以作为德国党的榜样。在英国党之前,我们已经有了一个取得了极其重大成果的真正的无产阶级的领导核心。英国党的一个显著的特点在于:它是一个具有群众影响的独特的党,尽管摆在它面前的是许多复杂的任务和重大的策略问题,但它在没有大的内部摩擦的情况下成功地实行了共产国际的策略。其次,我们可以指出,英国党还有一个功绩:我们记得,在共产国际第五次世界大会上已经奠定了工会国际团结统一的主要基础,那时，像珀塞尔和库克这些名字，90%的代表是完全不知道的。由于共产国际和英国党的政策，可以说，不仅英国的工人，而且全世界的人们都知道了库克和珀塞尔的名字，这是具有伟大的国际意义的事情。英俄委员会的成立不仅是对英国，而且是对整个国际无产阶级都有意义的事情，这是我们国际政策的真正的胜利。关于这一点，我想提醒一下，在共产国际第五次世界大会上，德国代表团犯了严重的错误，即：在工会国际团结统一的问题上，我们曾坚持与俄国代表团的看法相对立的观点，但是，我们很快改正了错误。在这个英国的、典型"西欧"的问题上，联共（布）比其他西欧党的代表团更有远见。关于德国党，我将在后面详细叙述。我只想指出，我们党本身的发展，是近半年来共产国际的最重大的成就之一。假如肖勒姆在此声明，他现在依然不承认公开信；假如博尔迪加再继续沿老路走下去，并说公开信是共产国际的错误措施；而鲁特·费舍在谈到公开信时，自我感觉认为其内容不完全对的话；那么，在这三个派别之后还可以补充第四个。在德国，还有一些同志，他们不了解下列事情的**历史必然性**，即：这封信是根据共产国际的倡议，并在德国代表团参加的情况下写的。对于这一点，我们应当着重指出，以揭示共产国际的总的策略路线。除了简要地画出了五个重要支部发展的轮廓之外，我还想指出，由于这些支部在党内的成就，才可能得到党外的好评。这就是近年来重要的实际的经验教训：如果在党内没有坚定的方针，当然是不可能深入研究和解决与共产国际在工人运动中的作用相关的重大政治问题的。因此，除了各个支部的党内方针之外，我们同时还应当说明从上次扩大全会到现在，整个共产国际取得的那些重大成就的特点。

我已经简单地谈到了英国问题。

在工会国际团结统一的基础上，不仅在英国，而且在其他国家，世界无产阶级向左转的趋势已经显露出来了。我们在挪威和芬兰看到了明显的成就。不能不指出瑞士党近年来的成绩和意大利党的加强,尽管法西斯实行恐怖手段,意大利党在企业和工会中还是获得了可喜的成果。

法国党给我们提供了党内不断摩擦造成恶劣影响的例子。由于党内斗争,同志们不可能提出和解决一些如同因法国财政危机而产生的问题。

同志们,我们当然应当指出,我们不仅有明显的成就,而且也有退却和失败,比如在保加利亚,工人和农民遭到失败;又比如在波兰,党在某种程度上已经脱离了群众。

在德国,在公布公开信之前的时期,即在兴登堡选举之后,特别在工会中,共产党员的影响大大下降了;在公开信以后的近几个月,情况发生了变化。在总结成就和失败的时候,我们总算可以满怀信心地说,共产国际真正向前迈出了重要的一步,我们在提高,党在巩固,阶级阵线在扩大,各个方面的主动性在提高。当然,在这种情况下,过去是必然要退却的,而将来退却也是不可避免的。

现在,就共产国际未来的发展讲几句话。

在历次共产国际世界大会上和全体会议上,博尔迪加同志都提出与共产国际路线相对立的个人观点。但是,这次(我们应当特别强调这点)他以整个政治制度对抗共产国际的政策。如果说这是含有重要性质的问题,那么,这是一种危险,应当公开和清楚地说明这种危险。博尔迪加同志在自己发言中所描绘的路线,无疑是彻头彻尾反共的。我试图区别两种能说明我的看法的重要倾向。从列宁的国家理论(博尔迪加想以无政府主义者的打碎国家机器的理论代替列宁的国家理论)到生产基层组织(博尔迪加提出以社会民主党的地区组织代替生产基层组织)一直保持着理论的一致性。像否定共产国际整个路线一样,博尔迪加对这两种理论也是持否定态度的。五年前,在共产国际第二次和第三次世界大会上,当博尔迪加带着极左的思想发言反对列宁的时候,大家或许还只是认为他是一个急不可待的革命的表达者；但是，现在，他的无政府主义的和社会民主主义的倾向简直是反动的。

假如博尔迪加是一种制度，那么，这个制度等于无政府主义加社会民主主义。这对共产国际是很大的危险。接着，博尔迪加同志讲了联共（布）的作用问题。他这部分讲话的最重要的企图是以联共（布）对抗共产国际，他的讲话的意思在于：联共（布）应当放弃自己原先在共产国际中的领导地位。德国代表团之所以相信联共（布）始终是共产国际的领导者，原因就在于它是世界上唯一建立了无产阶级专政的党，虽然还有许多困难，但是，该党已当政八年以上了，这个党在真正地建设着社会主义。我们宣布，从共产国际及其共产主义世界政策的发展观点看，正是在这个问题上，博尔迪加同志的观点应当受到最坚决和最强烈的反击。与此同时，如果德国代表团中的恩格尔同志在共产国际执行委员会扩大的全体会议之前在这里声明，韦丁工人们拥护列宁格勒反对派的观点，不接受联共（布）第十四次党代表大会的决议，那么，我不知道，恩格尔同志是否有韦丁工人们的明确的委托书，或者恩格尔同志的这种立场只是授意于科尔施教授的指点。我们声明，我们同恩格尔同志的立场不仅毫无共同之处，而且坚决与他划清界限。德国代表团无论在什么情况下，决不允许把联共（布）第十四次代表大会上的意见分歧用于极左的目的。德国共产党对联共（布）第十四次代表大会的态度反映在德国共产党中央委员会的决议里。在我们现在所处的情况下，即当我们面临世界范围内的重大任务时，共产国际的团结比任何时候都更加需要，然而，团结不是靠顺其自然，而是要建立在列宁主义路线基础上的团结。例如，如果诺伊拉特同志（我不知道他是否有权代表捷克代表团）在这里简要地声明："敌人——在右边"，那么，这是对现在形势的一种片面的估计。在所有布尔什维克党内和共产国际内，要像季诺维也夫同志所表达的那样，必须以形势和政治需要为转移来确定敌人在哪里。敌人有时在右边,比如在法国党党内;而有时是在左边,例如在德国的、意大利的和波兰的党内,要看有怎样的形势和对这种形势采取什么样的政策和策略,要看派别怎样发展和以什么样的形式反映这个内部的危险。因此,德国代表团认为,诺伊拉特同志在这个问题上的立场是片面的。在德国,最近党内产生的矛盾对党的发展是很大的障碍,我们在那里的工作时而因极左派,时而因右派同志们的活动而停顿。这些同志使我们失去了利用我们成就的可能,而这种利用是必需的。在法国的情况恰恰是另一种情况。由于正确的党内方针,德国党和法国党的成就得到了稳固。

我这就结束对国际问题一般特点的评述而转向德国问题。

在我谈党内状况和党的总方针之前,我想把最近期间党的发展道路加以简短地分析。显而易见,在最近时期内,我们正是在德国取得了真正重大的成就。对这些成就,甚至肖勒姆和鲁特·费舍在全会上也没有提出异议。在当时,争论恰恰首先围绕着是什么原因促成了这些成就的问题。极左派在德国谈论过,而且在这里,在全会上以同样的方式证明,客观形势是我们取得成就的原因。我们认为,我们之所以获得成就,是因为两个基本的事实:第一是客观形势的变化;第二是我们党的正确的党内方针,正像它在公开信中所反映的那样。极左派完全没有注意第二个事实,甚至反对采取公开信所拟定的策略,因而阻挠这个党内方针。在当时,恰好我们在德国处于非常有利的形势,在近几个月,看样子形势将更加有利。如果我们不能说革命的形势在1923年是多么的尖锐,那么,毕竟形势是这样的:它减少了我们争取广大群众的可能性和在组织革命的道路上建立立足点的可能性。

在德国,现今的经济危机具有经常不断的性质,并通过一系列迹象表现出来。社会民主党力图在资产阶级渴望以合理的方法解决危机方面帮助它,使它便于同困难作斗争,显然,许多困难仍将长久地妨碍资本主义的发展。美国资本企图渗透到德国的大工业部门。同时，它力图把英国资产阶级排挤掉，并且不理会德国资产阶级对洛迦诺公约的政治方针。在技术部门，资本主义正在改进自己的生产方法。准备进行反对工人阶级的强大攻势，贯彻泰罗制——多半是在大工业中。占工人阶级大约10%的100万—150万的长期失业大军，是这种情况的必然后果。

这支失业大军对资产阶级的资本主义国家是沉重的包袱（国家不得不在某种程度上接济它的大部分），更不必说无产阶级购买力下降和实际工资的减少了。除这次总的经济危机之外，我们同时看到，资本主义制度也有一定程度的加强。日益垄断化（表现为建立钾磷工业辛迪加和把莱茵—威斯特伐利亚工业区的许多辛迪加联合成一个大的钢铁托拉斯），银行对集中的追求，在最近几个月用长期贷款对托拉斯的支持，所有这一切，是资产阶级试图稳定资本主义的反映。其次，还有其他一些困难——与总危机紧密相连的农业危机。针对农业危机，党进行了广泛的运动，设法与一些农民阶层，特别是与小农接近起来。苛捐杂税，由于签订了一些通商条约而使国内市场上销售潜力受到限制（这些条约强迫德国接受的条款是它无可奈何才接受的，虽然这些条款给农民带来了巨大损失），所有这些因素给小农、佃农等的处境带来了很不好的影响。在最近几个月，农业危机大概不会缓和，近250万小农和小佃农的困难，看来只会增加。

其次，我们看到，在德国，资本家到处在酝酿减少工资。首先，中等工业资本家打算降低10%—12%的工资额。在3月和4月底快到期的部分工资合同已经被取消，而重工业部门到处拒绝工人的要求，甚至企图阻止延长工资合同。

对于共产党来说，尤其需要加强自己在工会中的地位；在今后的经济斗争中，尤其需要把领导权掌握在共产党员手中。

第三个重要的问题是对待路德—斯特来斯曼政府的态度。众所周知,现政府是在极少数的情况下当选的,因为只是由于社会民主党人放弃投票,过半数才成为可能的。这个政府要竭尽全力实行自己的反对无产阶级意志的反动纲领;中派(代表大资本家的利益)和民主派,像社会民主党人一样,在最近几个月,没有采取任何重大的步骤去推翻这个政府。我们的口号——解散国会——在近几个月内,对整个无产阶级将具有重要意义。

在德国的第四个重要因素是日益猖獗的法西斯组织;但另一方面,红色战士联盟同来自"帝国旗帜"的同志们的合作在不断发展,并且日益紧密,这表现在各种活动中,并且在某种程度上表现在反对法西斯组织的共同策略上。

在最近一段时期,我们所进行地比较顺利的一个运动,是反对赔偿房产占有者的运动。在这个问题上,我们成功地转入了进攻,并且保持着我们进攻的态势。我们成功地迫使德国社会党和全德工会联合会,在无偿没收占有者的房产的口号下,参加争取全民投票的运动。这个运动不仅包括德国共产党、德国社会党、全德工会联合会和同情这些组织的工人,而且包括广大的资产阶级,这是真正的人民运动。它为我们奠定了基础,使共产党有可能易于找到同社会民主党的工人和非党工人以及同那些直到现在我们很难联系的居民阶层的接触点。在德国,许多地方的统一委员会组织是这方面的明显证明。运动清楚地表明:

1. 在无产阶级的领导下进行这场人民运动是有可能的;

2. 这场运动意味着反对君主专制的情绪在增长;

3. 资产阶级之间的矛盾在尖锐化,即在民主派和中派的党内出现了矛盾,特别在中派的党内,工人赞成无偿地剥夺王公,而大资本家则赞成赔偿;

4. 资产阶级政党和社会民主党之间的联系明显削弱,这在某种程度上,是由于根据我们就无偿地收归国有和争取初步的人民投票运动的

建议进行谈判和谈判结果所致;

5. 无产阶级的阶级基础因此得到巩固;

6. 现在,对我们来说,在德国各州,如巴伐利亚、图林根等,以及农民所在的各地区已经出现了同广大居民阶层联系的可能性;但是,这种联系至今还远不是那么容易。不仅有工人组织和各种政治派别的代表,而且(在一些地方)还有资产阶级和农民参加的统一的委员会,这是一种完全新的现象。

现在,我转到党的策略问题上来。首先,我援引在公布公开信以后,德国资产阶级对我们党的策略所作评价的有趣的材料。

《市场报》11月2日发表了题为《共产党人的总攻势》的社论。在这里我们引用以下几段:

"共产党的新政策已经带来了如此显著的结果,以致我们无疑正在面临共产党在德国的新的发展。我们不能过高估计共产主义对德国的危险,但是,必须指出,共产党的发展在德国左派集团中可能引起很大变化,而这对帝国内部的形势可能有很大影响。"

在另一个地方,顺便说一下,在指出了我们最近几个月给自己提出了什么样的任务的地方写道:

"由此可见,共产党人在最重要的问题上,同社会民主党人是一致的。在任何情况下,这件事,即他们接受社会民主党在布雷斯劳工会代表大会上和德国社会党海德堡代表大会上提出的要求,对社会民主党人来说,划清社会民主党人和共产党人影响范围之间的界限是困难的,甚至是完全不可能的。"

这些引文如此清楚地表明(甚至资产阶级也已经看到),采取共产党的新策略,正在造成加强阶级统一阵线的严重危险,并且有办法使资产阶级本来就困难的处境更加困难。

当前局势是新的路线已经产生自己效果的比较好的证明。在这方面,对我们说来,不仅迫使德国社会党参加同共产党人的谈判是可能的,而且这些谈判使我们的建议获得了完全的胜利。但是,在以前,德国共产党总是跟在德国社会党的后面;这次,我们认为,会有相反的现象:在群众的压力下,德国社会党应当跟着德国共产党前进。

在各个企业中,用组织统一委员会的方法摧毁了这座很久以来立在社会民主党的工人和共产党的工人之间的坚固的墙,而这在将来会有助于我们在另外一些部门也取得成就。

在公开信之后,我们工会的工作表明,我们能够——由于在这里的组织代表会议通过了关于工会派别组织的决议——获得重大成就。在加强工会工作的运动开始时,我们提出"1000万人参加工会"的口号,这个口号的意思在于吸收非党工人参加工会,这样就能加强工会运动的红色阵地。

现在,我转到党内问题上来。在这方面,我想不仅要说明党的内部方针,而且要说明在德国共产党内的各种倾向。

我早就说过,当前,在德国党内主要的敌人是极左。而且当党给自己提出重大任务时,鲁特·费舍—马斯洛夫集团总是对它进行各种阻挠,因此,对于党的内部发展及其党外的成就来说,极左同样是很大的危险。关于这一点,在共产国际扩大执行委员会全体会议上必须公开说明。

首先,关于极左派。肖勒姆声称,他不赞成公开信,但是,在涉及各种政治问题时,他赞成公开信的总路线,甚至认为,他已经找到了同我们能够进行共同工作的道路。从他的讲话中可以看出,在一些州,新的政策是由我们执行的;极左派已经有了另外的政治行动纲领。在柏林市政府选举问题上的立场,是中央本着公开信的精神采取的第一个重要的政治步骤。资产阶级政党打算全力以赴地重新争取多数。他们企图用组织资产阶级联盟的方法达到自己的目的。在选举中,全体工人提出了"打倒资产阶级联盟"的口号。在城市的市政会中建立工人多数的口号是与我们的斗争纲领一起由我们党提出的。

当时,我们向德国社会党提出问题:为计算余下的票数,它是否同意和我们举行谈判。这是第一个非常重要的问题,在讨论这个问题时,极左派同鲁特·费舍一起转向了另外的观点,并开始找到许多志同道合者。那时,我们因此而产生了很大的党内摩擦,尤其是在柏林。但是,尽管如此,我们达到了目的,而且在晚些时候,党内绝大多数人完全赞成我们的政治观点。

我们要指出,某些极左派的同志,在没收房产所有者财产的运动开始时,是非常悲观的。他们没有问一问自己——如何通过没收运动来建立广泛的群众性运动,如何借助于没收运动来加强阶级阵线,提高党的威信,他们悲观失望,不相信党的力量和党的独立性。如果极左派竟然说在这方面的工作是"议会迷"的话(而事实已使他们相信,这个运动并非是"议会迷"的表现,这只意味着党的积极性的提高),那么,这是内部软弱和这些同志们的政治观点不正确的明证。(喊声:这说的是谁?)

雷泽同志,韦丁第三区的政治领导人,你的派别朋友;但是,我不了解,现在,他是否仍然还是你的朋友。(笑声)

此外,在萨克森人问题(非常复杂的问题)上,我们同极左派也有某些意见分歧。由于要求解散地方自治会而出现的萨克森人的强大运动,不是什么不可思议的事情。社会民主党企图捣乱,因为我们向地方自治会提出了关于失业和特赦政治犯的建议。从此,在萨克森社会民主党内的左派和右派领导人之间产生了摩擦,左派社会民主党的工人和中央委员会之间的意见分歧加深了。这些与一系列其他因素相联系的因素已经被我们策略性地在帝国的范围内运用了。从那时起,萨克森出现了新的形势，对此，我在这里不准备详细叙述。只是还有几句话要说。

社会民主党要为由社会民主党人和资产阶级各政党直至德国人民党的代表组成的现在的"具有英雄气概"的政府——工人阶级的公开敌人的政府——所做的事承担责任，因为它阻挠解散地方自治会。我们在这个讲台上应该坚决地声明：假如我们追随极左的策略，那么，这就意味着党的方针依然如故，我们就将遭到一个接一个的失败，不能有任何特殊的成绩。在这场斗争中，我们同样应该与那些认为党应当在鲁特·费舍巧妙的领导下前进的党内同志们划清界限。

对于我们来说，借助于新的策略，有可能迫使社会民主党的领袖们万般无奈；而在旧的方针下，我们可能陷入这种处境：不是我们，而是社会民主党领导运动。因此，极左政策是为社会民主党的领袖们效劳的。正如公开信完全公正地指出的那样，这是反共的政策。

在更为严峻的形势下，当问题不像在争取剥夺房产占有者运动中那么容易解决的时候，这样长时间存在的倾向显然对我们党是危险的。肖勒姆同志合乎逻辑地同公开信划清界限，而同时又承认党的策略是有成效的，那么，我应当说明，公开信恰恰是新策略的出发点。这就是为什么在同一时间说公开信是错误的和党的策略是正确的原因，这是两面派的把戏，它说明肖勒姆同志的骑墙态度。假如后来肖勒姆同志敢于在自己的发言中断言他是站在列宁主义立场上的，那么，他以自己的实践证明，可以回敬他下列一句话："你站在列宁主义立场上，就像斯特来斯曼站在魏玛宪法的立场上一样。"（笑声，鼓掌）

肖勒姆同志在这里声称，他是站在列宁主义立场上的，他回到德国后，将设法在无论什么细小的事情上都要改正自己原来的错误。我们认为，这种说法是完全不可思议的。

当时，肖勒姆同志在这里举行的全会上声称："也许可能找到共同的基础，找到共同工作的出发点。"我们说，这个基础是存在的。唯一的基础就是中央的策略和党内方针，唯一的基础就是肖勒姆不承认的公开信。不能有另外的基础。当肖勒姆同志担心并害怕同共产国际的政策划清界限的时候，当他犹豫不决并考虑在某一方面还可能找到任何他将能够钻进去的后路的时候，当他考虑还可能犯某些错误，而他害怕由自己承担这些错误的时候——他和中央之间就不可能有一致。或者他拥护我们，或者他承认中央的政治路线，或者不承认。只有在这个基础上才可以一致起来。这一点我想在这里特别强调一下。接着，他声称，到这里来不是为了去卡诺萨；他说下跪是表示爱情。这是什么话？布尔什维克是不会这样讲话的。德国的民族主义者本着这种精神在谈论凡尔赛的和平。肖勒姆希望像同敌对国家那样同自己的党进行谈判。谁有特别的意见，谁就申辩，用不着特别的外交手腕。他们说：我——拥护或是反对，但不说去卡诺萨。

同志们！肖勒姆同志接着谈论了某些道德败坏的分子，或者更确切地说，他讲了在公开信中大家所说的道德败坏的分子。因此，如果他怀疑是否真有道德败坏的分子，那么，我要问：难道卡茨不属于这种人吗？当然是。（肖勒姆喊：他是疯子。）

这不是辩护的理由，当他同你们在一起的时候，他不是疯子。我想，从那时起，卡茨的温度已不再升高了。（笑声）

恩格尔同志说，卡茨仅仅是做了蠢事。现在，还在说这种话，至少是令人奇怪的话。现在，卡茨已经是资产阶级的代理人了。在他企图组织新党并且冲击共产主义和革命运动的后方时，他逐渐成为了资产阶级代理人。

众所周知，在德国党内，还有某些已经腐化了的分子。在这里，我不准备指名道姓。既然在公开信中指出了这一点，那么，奇怪的是，当德国党的实践表明，我们花了很大气力清除这种腐化现象并建立纯洁的、严肃的布尔什维克党的时候，正是肖勒姆对此感到吃惊。现在，肖勒姆同志谴责卡茨的立场。但是，就在不久前，当最后已经决定开除卡茨的时候，他同其他六名国会议员一起向中央提出了最后通牒，由此可见，他对卡茨的间接支持。书记和编辑会议对七位同志的这种行为表示了谴责。

肖勒姆和鲁特讲了某些分裂的倾向。

中央已经承认，卡茨事件不是孤立的。在下萨克森找到了某些志同道合者并得到了某个领导同志的赞赏后，卡茨企图以派别工作的方法实施自己的分裂计划。为此，不得不把12名工人连同卡茨一起开除出党；但是，已经在汉诺威的我们的指导员接到指示，如果这12名工人真正意识到自己的错误，并准备在共产党内同我们一起工作，可以重新吸收他们入党。在这方面，我们不会采取任何使党内情况复杂化的措施。但是，在向我们提出的最后通牒中，有一些倾向可以看做分裂的倾向。在7名国会议员的声明里已经有了这种危险。

同志们！如果谈到极左派，就必须把极左派领袖和工人区分开来。鲁特·费舍那种外交式的、蛊惑性的、在某种程度上是平庸无能的政策，把很多工人推向了极左派的怀抱。他们找到了某种避难所：由于个人独裁、骑墙态度、完全不了解共产党的作用，工人们抱怨并倒向肖勒姆——这个事实是不能否认的。现在，当我们努力进行党的思想教育工作以帮助工人们真正地理解布尔什维克路线的时候，我们尤其应当区分极左的工人和领袖。在韦丁和其他地区，这个区分已经表现出来了。（肖勒姆喊：如果人们发表声明反对我们，那么，我要问：谁赞成你？）

问题不在于极左派工人们是否递交了声明，问题在于，在基层组织的会议上，他们是否赞成中央的政策，就像在韦丁的四个行政区中的三个区那样。当然，说极左派工人已在纷纷脱离肖勒姆和罗森贝格的那些人是对的。在中央委员会，我们收到约80份声明，这些同志在声明中宣布，他们与肖勒姆和罗森贝格再也没有丝毫共同之处了。例如，这次会议的参加者、来自韦丁行政区的雷泽和恩格尔同志递交了这种内容的声明,他们声明说:"两位同志(罗森贝格和肖勒姆)已经不是原来韦丁的反对派的代表了,他们没有权利代表韦丁的同志们在莫斯科发言。"另一方面,我们从莱比锡还收到这样的声明:许多同志宣布脱离罗森贝格和肖勒姆;同样,在德国或许有一个不大的极左集团,但是,很清楚,这个集团被粉碎了,中央在思想方面已经取得了不容置疑的胜利。

肖勒姆同志接着声明,他要同科尔施和克特所属的德国工人共产党的派别划清界限。鲁特·费舍甚至已经同肖勒姆绝交了。博尔迪加同肖勒姆和鲁特·费舍不再往来。多姆斯基在何处呢?我不知道,但是,所有的极左集团一起脱离了共产国际,而德国的极左集团脱离了德国党的中央委员会。

现在,我来谈谈这个集团,照我的看法,这个集团由于鲁特·费舍同志而具有了某种意义。因为它企图按照旧的骑墙态度的方法在这次全会上诉说那些完全不符合事实的事情。在公开信中,不仅提到了作为极左集团的肖勒姆集团;而且提到了鲁特·费舍—马斯洛夫集团,这个集团的特点是采取骑墙态度,实行个人独裁和错误的不了解党的作用的党内方针。鲁特呼吁和平的讲话,目的是在德国党内挑起悄悄的反感。(鲁特·费舍喊:那么,我的讲话在德国可能引起反感?)

我们有足够的力量制止这种反感。在共产国际执行委员会全体会议上和德国委员会上,我们要指出,鲁特·费舍集团仍然继续采取骑墙态度,她在这里度过的三四个月时间没有使她改变这种态度。全会召开之前,她在这里的讲话清楚地说明,她依旧继续实行老的策略。鲁特·费舍—马斯洛夫集团的思想基础就是这样。我们从费舍同志的讲话中听到,几乎在她提出的所有问题里,她都在维护马斯洛夫的立场。众所周知(不必重复这点),马斯洛夫同志对待第三次共产国际世界大会的态度,正像反映在他的许多理论文章中的态度那样,是对列宁主义的进攻。正是这个事实，即鲁特·费舍同志在这次全会上仍然在所有观点上维护马斯洛夫同志，迫使我们揭露鲁特·费舍—马斯洛夫路线实际上是什么内容。两天前，马斯洛夫同志发给鲁特·费舍的、反映真正有趣倾向的信，转给了我们出席这里会议的政治局委员。在这封信中有下述内容：

"在历史上，在全民投票方面，我们获得过了巨大的胜利。但它同时也引起巨大的危险。假如事情对我们是以具体成绩（显然，它将会如此）作结束，那么，普通工人会说：一个党比两个党好。一些同志使我相信，我们40%—50%的工人将无条件地反对清查。可以认为，这个百分比是符合实际的（这我不相信），这又将如何呢？质地优良的工人共产党。

能否在主观上坚持海德堡的方针——我不知道；但是，在客观上，一些人恰恰走向海德堡，这是完全清楚的。而且，也许是通往纽伦堡。"

我要指出，这封信不是通过邮局邮寄到我们手中的，而是由一位代表转给我们的。如果鲁特同志和全会愿意，那么，我们可以说，正是在这里出席会议的某位同志把这封信转交给德国党的政治局的。在德国委员会里也将提出这个问题。

问题在于：鲁特同志的路线（反映在她的讲话里）和马斯洛夫同志的路线（反映在他的信中）是相一致的。鲁特直到现在始终赞成马斯洛夫同志的路线。我不知道，她是否赞成这封信的路线。（鲁特·费舍喊：其实，我不知道这封信。）

为此，我通知你，以便你同它相识。（笑声）

在马斯洛夫同志的这封信中所反映的路线具有危险的政治性质，不能只从表面上分析它。假如马斯洛夫同志信中的这段引文不具有重要的政治意义，那么，我们就不引用这封信了。

但是，在这封信中讲了些什么呢？（喊声：请你们参加社会民主党！）

指责和诋毁中央委员会——似乎它是由孟什维克组成的；

攻击共产国际，似乎它容许取消共产党；（喊声：对！）

第三，发出倾向于建立用马斯洛夫的观点改善工人共产党的信号。

如果出现这种取消派的倾向，如果中央委员会的政治立场受到批评，那么，必须指出，现在，还会出现骑墙态度。（罗森贝格的喊声：对！）

这封信指出，某些人持有倾向第二个纽伦堡的路线。这意味着什么呢？是否想指责我们向第二个纽伦堡行进，即走向共产党同社会民主党，同诺斯克的党合并的路线？是否想以此表示完全忽略所有共产主义提纲和共产国际世界大会决议所论述的一切呢？接着，谈到取消共产党；最后，发出改善工人共产党的可能性的信号。其他党能否与共产党同时存在呢？直到现在，在共产国际内被视为神圣原则的是：共产国际是唯一以列宁主义为基础，给自己提出实行世界革命任务的组织。假如季诺维也夫同志说，第二和第三国际合并一般是不可能的，那么，马斯洛夫信中的这条路线是第一次表现出来，关于这件事情不能泛泛地谈。这是在其他情况下马斯洛夫和鲁特·费舍已经在努力执行的路线。我不知道费舍同志在这个问题上如何对待马斯洛夫同志。同志们，至于说到我们，那么，首先，我们声明，在德国共产党内，我们确实能够阻止第二个海德堡。马斯洛夫所说的措施也还是指某种比较大的事情。这里谈到对共产国际来说意味着真正危险的那些事情和那些基本原则。有趣的是，在这里，那条路线由于信而变得众所周知，虽然它在德国，特别是在最近，而且在其他的情况下也已经暴露出来了。在德国，一些同志已经接受马斯洛夫同志的那个方针。同志们，至于谈到鲁特·费舍的讲话，那么，可以说，它是骑墙态度、蛊惑性伎俩的极点。这个讲话只是她的老手法的继续。当时，在同共产国际谈判的时候，德国代表团的代表们写了信,信是由鲁特·费舍同志签署的。那时,以为同鲁特·费舍合作是可能的(与某些同志的担心相反);但是,当她回到德国的时候,在公布公开信以后,她恢复了过去的策略。在柏林—勃兰登堡州委会,在那里的两次会议上讨论了公开信,鲁特·费舍同志对信没有表示赞同,她把这件事让给了别人。在最近几周的实践中,当与公开信的路线有联系的党的策略问题提到议事日程上的时候,无论在柏林,还是在中央,她表现出有意的怠工,并在实际上站在党的路线之外的立场上。在柏林,有一个区委会,在五年的时间里区委会的组成人员很少变化,在鲁特·费舍领导期间,这个区委会具有相当强有力的影响。我们一个阶段一个阶段地逐步地争取了它。最初,很少有我们的声音,后来为在这一级组织中逐步争得多数而进行反对极左派、反对马斯洛夫和鲁特·费舍的尖锐的思想斗争时,我们取得了成绩。然而,鲁特·费舍同志不仅没有采取任何措施支持我们,而且,她以地地道道的派别的方式力图从背后攻击党和中央;假如现在她完全赞成公开信的内容,那么,我们相信,回到德国之后,她依然将继续自己的实践。关于鲁特·费舍同志的路线,我在下面还要讲。在柏林,她反对统一名册,尽管在另外一些情况下,当她还起领导作用的时候,在党的政治方面,她再三维护了类似的路线。她之所以反对这一点,仅仅是因为她非常清楚,在我们现阶段的工作中将遇到怎样的困难;所以,她不是因为政治信念反对我们,而只是为了使我们的情况更加复杂。在没有说明马斯洛夫同志在这方面的作用的时候,不能提出鲁特·费舍的问题。我想,既然马斯洛夫的问题是有意义的(虽然鲁特不提它),所以,这不是像一些同志所想的那样只是一个个人问题;这是一个严肃的政治问题。现在所谈的是,鲁特在公开信、统一名册的问题上和在其他类似的情况下,认真地克制自己,就像在关于马斯洛夫诉讼案问题上那样,她接受了有关个人的决议,而忽视了各级决议的政治后果。我想,在这次全会上,不必详细叙述在作出了自己的政治评价的执行委员会上讨论过的某些问题,正确的是以此作补充,即当马斯洛夫同志从监牢里出来的时候,个别听取他的意见。在马斯洛夫诉讼案进行期间,柏林委员会通过了下列电报。(马斯洛夫喊:这是在诉讼案之前。)

柏林委员会致马斯洛夫同志的电报:

"柏林—勃兰登堡委员会在1925年9月2日最后一次会议上决定给马斯洛夫同志发下述电报:今天,为解决重要问题而召开的柏林—勃兰登堡委员会向你,我们的革命老同志致以热烈的革命的敬礼。共产党柏林委员会将始终忠于在共同斗争的艰苦年代里,在你的热情支持下锻炼出来的德国和国际工人阶级解放斗争的传统。国家高等法院对你的强烈的仇恨只能是你本着列宁和共产国际的精神,为了德国革命和苏维埃俄国而无畏的、正确的、一贯革命的工作的证明。无论在什么情况下,请你考虑到我们的支持吧。

请接受我们的握手。

柏林—勃兰登堡委员会"

委员会通过了这封电报,并在诉讼案开始时寄给了马斯洛夫。我本人参加了会议,并且反对这封电报。马斯洛夫的问题因公开信已经提出来了。参加这次会议的还有格施克同志。在德国委员会上,我们可能还要讨论这个问题。在这方面,我们是做了准备的。现在所谈的是,他在法庭面前的行为之所以是不恰当的,是因为他在许多问题上破坏了革命者的基本原则。他没有像对每一个革命工作者所要求的那样行动。正是在这方面,我们应当从我们的党内新的方针中得出结论:

1. 消除道德败坏。
2. 力求做到布尔什维克内部应有的明确性。
3. 对于在法庭上不能很好地像我们要求每一个革命工作者那样维护革命原则的人给予最激烈的反击。至于谈到马斯洛夫同志的行为,那么，我们还可以在德国委员会中讨论这个问题。我们认为，谁以党的领袖的资格在有阶级性的司法制度面前发言时，没有为全党和革命的无产阶级作出坚定的革命原则性的榜样，谁就不能再担任党的领导者。我们要求每一个工作人员，特别是负责的工作人员，在法庭面前，不要考虑个人的命运，在对待阶级的法官，对待革命和列宁主义的时候，要站在无愧于共产党员的立场上。正因为如此，马斯洛夫的问题，不是有关个人的问题，而是政治问题，目的是要使每个同志将来都看到，我们要求党内从上到下每一个同志都要在法庭面前维护符合我们原则性的共产主义世界观的那种观点。

我要再回到鲁特·费舍的讲话上来。她说过，公开信是正确的步骤；但是，它包含着不信任的成分并引起分化，而且这似乎已经显示出它的作用——例如，在下萨克森，因为卡茨事件开除了12位同志；接着，一些同志（我不了解她是从何处得到这一情况的）认为，由于开除了卡茨，上千名社会民主党员将被我们吸收入党，对我们说来，这比12名革命工人更令人高兴。这种对比是真正的胡闹。当然，1000名社会民主党的工人会使我们高兴，特别是，假如他们很快发展为共产党员的话，但是，我们认为，不是所有12名工人对我们的党都是没有眷恋之心的。对于卡茨，对于他的手法和他的罪恶计划，我们的措施是政治上所必需的；我们以这种方法在汉诺威挽救了党，并且把大量新的成员吸收入党。至于谈到12名工人，我们已经采取了措施，使他们回到党内。这能否成功，暂时谁也不知道。但是，鲁特·费舍同志的态度实际上表明，她试图以这种对比的方法（完全错误的）挽救卡茨同志，因为她感到有责任为卡茨的事业而斗争，因为她始终维护卡茨，而她的错误恰恰在于他本来可能成为执行委员会的主席。至于下面涉及鲁特·费舍有关中央委员会对极左派进行不正确评价的观点，那么，费舍同志的确没有权利谈论对极左派的不正确评价。她真的疏远了极左派，但是，为了反对他们，她没有找到思想基础，她使工人感到痛恨，她没有考虑到具体情况，也没有看到一般困难的危险，在这里，她是作为极左派的保卫者而出现的。在德国，极左派工人认为鲁特·费舍的这个姿态仅仅是蛊惑性的手腕。在许多州（在莱茵、下萨克森、柏林），极左派工人开始逐渐承认我们的政治路线并与中央同心协力执行党的政策。的确，中央现在的成就吸引了这部分工人，但可能与他们的联系还没有巩固到这样的程度，即在另外的情况下，当我们可能失败的时候，他们依然与中央保持联系。但是，不能否认，德国党的领导善于同化各种派别，而且我们在这方面已经取得了可喜的成果。我们对极左派的态度是完全清楚的。如果鲁特·费舍同志说我们只反对极左派，这是不正确的，因为实践表明，我们同样进行了坚决地反对右派的斗争。当然，开除舍恩兰克是进行反右派的措施；停止卡尔·贝克尔同志的工作（由于他的信）同样是反右派的措施。无疑，贝克尔的情况不同于舍恩兰克。贝克尔是共产党员，而舍恩兰克是叛徒。当然，我们看到，我们在德国不仅在党的基层群众中，而且在工作人员中所运用的现在的策略，是有错误的；我们知道，右的倾向还会表现出来，在最近的将来，它们将得到加强。然而，我们对此是有准备的。这个问题要从现实和政治需要的角度进行讨论。如果经过两三个月，右的派别发展起来了，那么，德国共产党中央将以同样的精力，就像它现在不得不反对极左派那样来反对右派。假如鲁特·费舍同志宣布，在最近的将来，党中央将由右派掌权，那么，她就由此证明，尽管长期留在莫斯科，但她对党仍然是不信任的。我们注意到，她是以此表示对党的领导人的怀疑。党是这样的强大，以至在出现新的、十分强大的右的倾向时，它是能够对付这一情况的。所以鲁特·费舍同志掀起的喧闹依然只是转移策略，只是企图阻挠党的团结的进程。

接着，鲁特·费舍同志声称，在共产国际第五次世界大会上讨论策略提纲的时候,我采取了几乎意味着代表团分裂的立场。我想,参加这次会议的德国党的代表以及其他参加政治委员会的同志都可以证明,我的确在某些策略问题上坚持了与众不同的观点,但是,在最后表决的时候,无论在政治委员会里,还是在全会上,德国代表团是完全一致的;另一派——施万派等——维护另一种观点;可见,鲁特·费舍同志提出的指责是蓄意的、明显的谎言。

接着,鲁特·费舍同志声称,现在不是马斯洛夫的中央,而是诺伊曼的中央。如果鲁特·费舍同志谈论诺伊曼的中央,那么,这是第二次公开攻击中央。(喊声:对!)

党的政策是由政治局、而不是其他什么人和诺伊曼同志掌握的。当然,要同他合作。如果鲁特·费舍同志宣称,现在的中央是诺伊曼的中央,但诺伊曼同志是德国党驻莫斯科的代表,那么,这显然是蛊惑性的策略,其实,这是鲁特·费舍同志的通常做法。

关于施万的问题说几句话。假如鲁特·费舍同志在这里谈论施万的问题,那么,这具有更大的意义,因为施万同志曾经是中央委员。当然,如果我们断定,虽然不在他的正式监督下,但由于他没有给予足够的注意导致鲁尔区的财务管理杂乱无章,我们就不能支持他这位中央委员。因此,我们不得不对施万同志的政治动机表示谴责,因为施万同志在公开信出现之后容忍了本区的某些腐化现象,而中央是不能允许一个中央委员不把在鲁尔区出现的那种不能容忍的情况告知中央的,更不要说施万同志还是党的政治书记了。如果鲁特·费舍同志作为旧的左翼的健康成分的代表在这里发言,并且指责我们不再坚持左派的观点,那么,实际说明恰好相反。在汉堡进行斗争的工人、我们在鲁尔区的组织和柏林党的大部分群众同我们一起反对鲁特·费舍。许多基层组织会议证明了这一点,党的代表会议证明了这一点,最近召开的书记和编辑会议证明了这一点,最近的党代表大会也将证明这一点。我要特别强调,在最近的编辑和书记会议上,一致通过了我们的政治形势的决议。鲁特·费舍讲到集中的代表大会。让我们看一看她递交给这次集中的代表大会的纲领。她说的是一回事,而她给马斯洛夫的信证明是相反的。她说支持政治路线,但实际上她是反对这条路线的。如果她认为我们要召开代表大会,在代表大会上我们试图掩盖本身存在的矛盾;如果她认为,在德国,实践和革命理论就像她在柏林第十次党代表大会上曾经维护的实践和革命理论那样;那么,我们就最坚决地拒绝这次代表大会。恰恰当党在各方面取得成绩的时候,当我们是健康进程的见证人的时候,当极左翼工人开始赞同党的政治路线的时候——我们明确宣布,像鲁特·费舍和马斯洛夫等人已经完全丧失了领导德国共产党的资格。鲁特·费舍不仅在政治上,而且在精神上,对党来说都已消失了。在党内,我们看到健康成分的发展,看到新的工作人员群体,看到来自不同地区的新分子,他们被我们德国党面前的那个艰巨而伟大的任务的坚强意志武装起来。我们现在的基础的确还是太薄弱了,然而,我们试图扩大它。对于我们面临的宏伟任务来说,我们的干部还是太弱了。但是,假如我们在为争取中央反对极左派、反对鲁特·费舍—马斯洛夫集团、反对右派的斗争中发展了,那么,我们在今后也将壮大起来,而且党的内部团结的进程将得到加强。现在,我们已经自我感到如此强大,以至我们不怕同持另一种政治观点的同志进行政治斗争,而且能够从思想上清除他们,团结和合作的可能性比任何时候都具备。最后,我想说以下的话:我们期望在全会和德国委员会里采取正确的党内方针,要为党的进一步发展奠定基础。政治形势使我们能够变得更加坚强,使我们能够活跃党的地方机关和国际战线。第一阶段已经过去了。第二阶段现在摆在我们的面前。这一阶段意味着内部团结、加紧动员群众,为解决我们现在和将来所面临的巨大任务而积极活动。这个第二阶段是党准备组织新的中央、吸收新的无产阶级分子参加新的中央的阶段,新的无产阶级分子将坚定地、精力充沛地、热情地力求不仅在党内为我们的政治路线而斗争，而且在党外取得巨大的成就——力求巩固革命的阶级阵线。如果党比较强大；如果党的工作人员的指挥部真正建立在依靠布尔什维克的基础上；如果在企业和工会中成功地建立更有组织的立脚点；那么，我们就可以在更大的程度上利用我们政策的成就，对我们来说，在最近几个月，这是有可能的。在我们党内，病态的发展仍然十分严重，暂时还不能完全根除它，在某些方面，我们还达不到我们所希望的一切。但是，通过逐渐团结、通过吸收新的无产阶级分子入党，在同整个无产阶级共同反对资产阶级和德国社会党的经常斗争中成长壮大和变为工人政党的同时，为了争取德国工人阶级的胜利，我们为党创造了实现重要措施的条件。

我们处在这条道路上，我们需要巩固这个基础。我们应当扩大我们的战线和巩固除共产党以外的红色阶级阵线——只有这样，我们才能实现我们在革命斗争中的任务。我们要一个阶段一个阶段地争取德国的工人阶级并引导它走向胜利。（热烈鼓掌）

抗议不列颠帝国主义在中国的进攻

布朗（英国）：

我想代表英国代表团提出一项关于最近几天在中国发生的事件问题的议案。

英帝国主义者向中国中央政府发出了最后通牒，要求北京向广州政府施加压力，以便把海员和码头工人的罢工镇压下去，或者如最后通牒所说，以便恢复广州的秩序。当然，广州政府不可能充当帝国主义者手中镇压工人运动的工具。阴险的英国政府对此十分清楚，并准备以这一事实作为向广州发动新的进攻的借口。中国人民群众对此是清清楚楚的，只要翻阅一下今天的电报，就足以看到中国举国上下是如何义愤填膺了。电报证实，有几万人参加了群众性的抗议示威。

同志们，我相信你们会赞同不列颠代表团的意见，现在，用最明确的方式表达我们和国际主义革命者的感情是最为合适的，我们国际主义革命者面对帝国主义分子采取的这种极端手段，真是怒不可遏。我要向你们提出的议案内容如下：

"不列颠政府宣布封锁广州，并通过驻北京公使馆向中国外交部长递交了一份照会，照会威胁广州革命政府，并要求中国中央政府勒令广州当局把海员和码头工人的罢工镇压下去。

海员和码头工人的罢工已经持续了8个月。这次罢工之所以如此持久，不仅是因为工人本身坚定团结，而且也由于全中国各民主阶层的支持和深切同情。受到广东省人民群众和全国民族解放运动支持的国民党广州政府，当然不可能听从不列颠帝国主义分子的命令去镇压工人运动。

香港英国总督还在去年夏天罢工刚开始时，就要求武装干涉广州，以便制止罢工。但当时甚至英国保守党政府也不敢这样做，因为它明白，广州海员罢工是中国人民反帝运动的一个阶段，因而武装进攻广州会激起全中国人民的空前的愤怒。

日本军事集团受到反革命将领吴佩孚在华中发动新进攻的鼓舞，开始支持中国反动势力的活动；显然，这种情况也促使英国政府认为目前的时机有利于它反对华南的工农。

为了迷惑本国的舆论和其他国家的工人群众，不列颠帝国主义竟捏造出罢工工人抢走外国人的货物以及中国南方政府全面破坏英中协议的谎言，作为它对广州已经开始实行封锁的借口。

不列颠帝国主义分子虚伪的声明是谁也骗不了的。逼迫广州政府为英国资本家的利益而镇压罢工运动，那是办不到的。甚至不列颠帝国主义者强加给中国的那些掠夺性条约（由于80年前的可耻的鸦片战争和1901年帝国主义联军向起义的中国人民进行血腥报复而签订的），也不能迫使广州政府去反对不列颠的工人。

不列颠帝国主义分子公开侵犯中国的解放运动，暴露了他们厚颜无耻的嘴脸。最近几个月以来，不列颠政府伙同日本军国主义集团竭力支持并加强中国的军阀势力，因为民族运动给予这些军阀以无可挽救的打击。

全世界革命的工人，其中包括大不列颠工人，必须强烈抗议帝国主义分子的侵犯行为，必须防止不列颠殖民主义者摧毁广州政府的行为。中国人民的解放运动应受到整个革命的无产阶级的支持，受到所有真心争取民族平等的人的支持。

世界无产阶级关注着威胁中国解放运动的摇篮——革命的广州的严重危急，因此，共产国际执行委员会扩大全会紧急号召各国工人抗议帝国主义分子的新的血腥阴谋。

不准干涉中国！

不准干涉广州！

中国人民的解放运动万岁！

西方工人与东方劳动群众的解放斗争团结万岁！"

在提出这项议案的同时，我希望在座的所有代表回到自己的党内之后，将按这项决议的精神行动起来，坚决反对帝国主义分子企图推翻广州政府的一切阴谋。英国代表团一定做到需要它做的一切，以便在英国党和工会运动的帮助下，彻底挫败英国政府向中国革命运动的这次进攻。

抗议提案被一致通过。

（会议休会）

第八次会议

(1926年2月25日)

主席：什麦拉尔

讨论执行委员会的总结报告（续）

康拉德（德国）：

我作为德国代表团成员，同时也是德国最大的行政区——柏林行政区的代表，发表如下声明：我同意肖勒姆同志和罗森贝格同志在全会上所证实的内容。

同志们！我不同意台尔曼同志昨天在这里的发言。台尔曼的论据在某种程度上使我感到惊讶，因为罗森贝格和肖勒姆同志在这里已经试图寻找（他们再清楚不过地表明了这一点）为共产党利益而共同工作的途径。既然台尔曼同志在发言中只是顺便谈到了右派，而且至少十遍以上，那么，共产党就不应当低估右派的危险性及真正的极左倾向。要知道，台尔曼同志也清楚，在共产国际、尤其是在法国党内存在着右派集团，这一集团当然会对共产国际产生一定的影响。应当注意这一切，不要害怕同这些右派倾向作斗争。既然台尔曼同志在等待肖勒姆、罗森贝格同志及我这位小人物这些日子在公开信上签名，那他就应当弄清楚，为什么我们不接受公开信。不应当歪曲事情的真相。我再次强调，公开信的政治路线是正确的，我们（肖勒姆、罗森贝格和我）在争论公开信时始终强调这一点,对此,台尔曼同志无论在这里,还是在全会上不会有争议。我们为什么拒绝在公开信上签名呢,大家已经很清楚了,但是,我还是要再强调一下:不能容许数千名工人、德国共产党员被作为党的敌人遭受羞辱。拒绝接受公开信的更进一步的理由是,台尔曼发表了关于党内方针的论断(我期望并等待台尔曼同志在德国委员会里更正这些论断)。不应当被这一点所迷惑,不应当采用布劳恩同志和台尔曼同志曾经采用过的方法。我们面前摆着几十份声明,无论是布劳恩同志还是台尔曼同志都没有宣读过这些声明。也没有研究过它们的内容。这些声明清清楚楚地写着,在德国存在着卡茨集团和科尔施集团,应当同这些派别作斗争,因为它们不是为党、为共产国际谋利益。(喊声:讲得好!)

既然有人在这里说讲得好,那我要问,为什么在这里谁都不提这些声明。有人正在进行一种奇怪的把戏,我坦率地说——我有胆量说出我所想的一切,同志们,同左派毫无共同之处的独立工会联盟成立了,它带来的危险要比德国中央委员会想象的大得多。因此,不能允许在工人和肖勒姆之间划出界限。是的,同志们,这种把戏,这种将工人同肖勒姆划分开,将工人同他们的领袖们划分开的把戏早就实施过,这种做法应当停止了。如果说肖勒姆、罗森贝格、康拉德及其他同志是反布尔什维克分子,那么,他们就不应当再留在党内;如果说他们不是反布什维克分子,那么,就应当理直气壮地、开诚布公地宣布这一点,不要在此地进行将领袖同工人隔离的把戏。

我再回过来谈谈台尔曼同志的发言,台尔曼同志没有特别突出地强调自己赞成季诺维也夫同志的发言及其提纲,而在我看来,我应当坚决声明,最重要的柏林区的大多数人都赞同季诺维也夫同志的提纲。这个最大的行政区里有右派集团。这个集团暂时还得到了党的柏林委员会的支持。我将在德国委员会里揭露这个右派集团,以便使同志们在扩大全会上能了解德国党的过去。

同志们，我的话快完了。我们再一次在这里坚决声明，德国中央委员会的当前政策是完全正确的，但我们对德国中央委员会的未来并不抱绝对的信任。我应当强调这一点。假如未来德国中央委员会的政策以第五次世界代表大会的具体决议为基础，那么，我们将支持这个中央委员会。（喊声：怎么支持？）就像我们最近几个星期做的那样，将来我们仍将这么做。（笑声）是的，达勒姆，你不了解我们最近几个星期对中央委员会的支持。因为你对这一点不大感兴趣。

我们将进行共产党和共产国际所需要的工作，但是，对此，并不需要昨天台尔曼同志在这里所作的，矛头对准党内同志的那种挑衅性的发言。使用这种口气并不能争取到党员对中央委员会的信任。这种作法只能把几千名党员推离开来。台尔曼同志昨天使用的口气决不会使中央委员会获得党员群众的信任。

埃尔科利（意大利）：

同志们！意大利代表团及意大利党因为有博尔迪加同志而荣幸地获得了优势，我现在以这个代表团、这个党的名义发言。

我说的是——荣幸地获得了优势，这不是开玩笑。在全会上已经开展的争论中，某些同志以极左派的名义讲了话。但是，这些同志的立场和博尔迪加同志的立场存在着根本性的差别。我们认为，比起其他的以极左派名义讲话并自称为极左派的同志们所采取的立场，博尔迪加同志的立场更有益于我们正确地展开争论。为什么？因为我们认为，要使思想意识问题、策略问题的争论获得正确解决，只有以充分的明确性，思想上、政治上充分的精确性作为基础。从这一观点出发，博尔迪加同志的立场比起其他同志的立场更使我们感到满意。我从提纲的总路线问题开始谈起，我们赞成这一总路线，尽管我们也许会对个别细节提出某些修改,但是,我们在全会的发言中不会只讨论意大利问题。我们认为,只要我们不仅仅是涉及某一支部感兴趣的局部问题,争论就会获胜。应当从国际经验的观点来阐述问题。假如我涉及纯粹的意大利问题,那只是为了用直接经验来检验一下共同性的问题。

我谈四个问题:前景问题、总策略问题、组织问题和共产国际的内部制度问题。

谈到前景,所有同志都说自己赞同提纲和季诺维也夫同志的发言,因此,没有必要对这个问题展开讨论。但是,谈一谈我们怎样理解总的前景和我们策略之间的联系,怎样理解客观发展的总过程和主观因素或我们最近的任务之间的联系,这无疑是有益的、必要的。我们是否在正确地实现这一联系呢?问题就在这里。

我们认为,提纲已经正确地解决了这个问题。在我们所处的情况下,我们各国共产党的基本任务就是运用统一战线的策略去争取群众,争取工人阶级的大多数。

有人说,提纲没有阐述有关新的局势所引起的社会阶层稍微变动问题,提纲没有分析各国资产阶级为防备发生革命危险而采用的种种方法。

第五次代表大会的提纲已经作了这方面的分析,前两年的经验没有给我们提供要求修改这些提纲的权利。

博尔迪加同志提出了这个问题,他要求对"左翼"的方法、"右翼"的方法以及资产阶级的方法作出新的分析。很清楚,他不是以纯理论的方式提出这个问题的。他认为,我们从维护资本主义制度的分析方法中得出的策略结论是不准确的。因此,他根本就不会接受我们的策略,从这个观点出发,就得研究一下他的反对意见以及他的建议。我力求做到这一点。

我们意大利在维护资产阶级方法上,创造了"第三种方法"的经验。所谓"第三种方法",就是将其他国家所采用的两种方法的特点结合起来,即把左派所采取的在制度"集中"的基础上联合中等阶级群众这一方法的特点和右派所采取的镇压无产阶级广大群众以阻止他们对资本主义社会和资产阶级采取革命立场这一方法的特点结合起来。

我们已经有了这一经验。但是,从中应该得出什么样的结论呢?难道我们所指出的前景不对吗?难道从意大利经验的角度出发,我们应该得出别的以别国经验为基础的结论吗?难道意大利的经验会迫使我们改变自己所持有的资本主义相对稳定的观点吗?绝对不会。我不想在这里详细阐述那种也许有兴趣在一些文章中加以阐述的问题。我仅想谈谈下述基本观点。意大利资产阶级所采用的策略,即在经济、政治方面集中资产阶级全部力量的策略(也适用于军事方面的集中),不能解决我国所有的经济、政治问题。相反,表面上在大资产阶级、大土地占有者的纲领基础上被法西斯主义集中起来的各种力量已经统一,然而,各社会阶层之间矛盾的内部裂痕依然存在。不仅依然存在阶级差别,不仅存在同所谓"民族统一"背道而驰的不断产生的阶级斗争,而且,在小资产阶级和中等资产阶级中对法西斯制度及其政策的不满情绪也在日益增长。无法容忍的反动暴力制度成了资产阶级不可抗拒的必需物,但是,与此同时,这种制度也已经引起日益深刻的裂痕,并为酝酿这场由无产阶级先锋队实现的革命提供了前提条件。

总之,存在着有利于无产阶级政党展开活动,有利于无产阶级先锋队行动,有利于集中广大无产阶级群众的客观条件,具备了这些条件就有可能引导群众投入战斗,有可能利用某些资产阶级阶层的动摇来进行政治上的准备工作。

现在,我来谈我必须加以分析的第二类问题,即同我们总的策略有关的问题。

我们是否需要修改第五次代表大会的决议?我认为,不仅应当反对进行这种修正，而且应当果断地、坚定地抵制由本次全会提出提纲及决定作为对第五次代表大会决议的修正这样的倾向。同时，我们应该认真研究我们策略问题的基础，因为，正是由于这些策略问题而同极左派博尔迪加同志产生了分歧。

你们大家都听了博尔迪加同志的发言，也许你们同情他。确实，他在发言时，留给人们的印象是具有革命诚意的，他所具有的力量使人肃然起敬。这就是促使我们要求以最准确的方式研究一下同博尔迪加之间矛盾的第二个原因。同志们，我们认为，博尔迪加不是一位有影响的革命领袖。为什么我们这样认为？如果近两年我们在意大利一直追随博尔迪加同志的政治路线，那就会毁掉共产党这唯一的工具，这个工具是意大利无产阶级在自身斗争中，在它血的经验的基础上锻造出来的。这唯一的工具将使意大利无产阶级能继续走自己的革命道路并保证获得胜利。因此，同志们，我们认为，使党遭受破坏的政策不是好政策，不是革命领袖的政策。在我们目前所处的历史局势下，我们只有站在共产国际这块基地上才能建设共产党。然而，博尔迪加完完全全地站在这一基地之外。

我们认为，到这里来的全体参会者，所有参加我们争论的人都应该对这个问题有明确的概念。我们建议，扩大全会执行委员会再次公开地、坚决地表示自己反对博尔迪加的倾向；再次态度鲜明、毫不含糊地批判他的思想。这种批判应当坚决、充分，即使博尔迪加对我们说，他接受第三国际关于必须通过组织局部斗争来争取群众的提纲那也不行，因为这还远远不够。同志们，也许博尔迪加同志是个好的外交家。他是否有兴趣在这里掩饰点什么，掩饰他的一部分思想呢？也许，他没有时间将这些思想谈透。但是，我们的责任是深入分析他的思想，从中揭示出所有将我们互相分开的东西。我们已经有了这种经验。代表大会之前和代表大会期间，我们在党内展开的争论中，提出并分析了共产国际的所有思想和策略问题,我们发现,国际和博尔迪加之间在党的作用、党的组织、党的职能这样一些问题上存在着不可克服的矛盾。下面,我要比较具体地谈几个观点。现在,我想请你们注意一下基本问题。极左派关于党的作用的观点是错误的、危险的。这个观点令人奇怪地同布尔什维克党发展初期所反对的那种认识,同依靠资产阶级左翼的孟什维克分子所持有的那种认识很合拍。我们的极左派同以前的这些反革命分子一样给党下了定义,这个定义完全忽视了党的社会基础,这一因素的重要性被他们低估了。这一点非常重要,因为这样理解党的性质就有可能破坏把党同工人阶级联系在一起的组织纽带;这样理解党就不会认为首要的任务是经常不断地努力接近群众,吸引他们投入斗争。这样一来,就会否认共产党是"群众的党",这样就会给我们各方面的工作造成极为严重的后果,我不准备在这里谈论细节。我只是想再次强调,在所有问题上,极左派都采取了与我们迥然不同的立场。在土地问题上,他们也提出了修正意见。我们问他们有些什么修正意见,听到的竟是这样一种奇怪的关于农民要求的说法:"他们反对提出自己本身的要求。"这种立场同布尔什维主义和列宁主义的路线是大相径庭的。

我想特别强调一点。这一点应当特别细致地加以分析,因为它能使我们容易理解所有这些问题的整个新策略。我个人认为,不应该说是新策略。我们在意大利采用的策略,我们同建立了阿文蒂诺山联盟的资产阶级左翼作斗争时采用的策略,德国党在选举总统时应采用的策略,并不是一种新策略。它是被运用于现代的具体环境的布尔什维主义、列宁主义传统的老策略。在这个问题上,观点必须十分明确。我们研究问题的实质。资产阶级左翼政党是存在的。我们是否应当将它们同资产阶级右翼政党加以区别呢?当然应该。社会民主党是存在的。我们是否应当将它们同资产阶级左翼政党加以区别呢?也应当作出这种区别。既然我们是马克思主义者,既然我们是列宁主义者,我们就不仅应当从理论观点出发对这种不同加以区别，还应当善于根据这些区别确定我们的策略。既然，我们看到这些政党后面有我们所应当争取的群众，那么，就应当确定一种可能使群众摆脱这些政党影响的策略。

博尔迪加同志不是从这个观点出发看问题的，他建立了一个完整的体系，根据这个体系，小资产阶级将建立国家，这个国家不会去保护大资产阶级和大地主的利益。我们大家同意他的看法，但是，要知道问题并不在此。问题在于，资产阶级队伍里正在进行着内部斗争，在资产阶级队伍里存在着内部矛盾，中小资产阶级间存在着利益上的对立，这是我们应该加以注意和利用的，我们是否应该遵守我们所有的敌人都掌握的政策呢？我们是否应该对我们的敌人采取统一战线的策略呢？我们是否应该考虑工人阶级与敌人之间存在着的矛盾呢？我们认为，共产国际和博尔迪加同志之间，即列宁主义思想、策略与极左派思想、策略之间的分歧的根子就在于此。列宁有几句话多次被援引，我们在这里也可以再提一下。列宁这些思想强调的是，无产阶级政党不仅有必要认真分析社会力量，而且要善于根据这种分析来评价各个政党，以便利用他们之间的矛盾，利用各种裂痕来分化敌人的力量，占据比较有利的阵地。

总之，这不是什么新问题。这是老的策略问题，极左派在这个问题上否定了列宁主义的经验和实践。

现在，人们在对列宁主义的这些经验进行总的评价。他们说，列宁所宣传和解释的灵活策略对俄国来说是好策略，这一策略考虑到了俄国的历史发展和政治发展的特殊条件，但是，现在，这一灵活策略对欧洲各党来说不是好策略，因为欧洲各党是在完全不同的条件下进行工作。

我想，我们的俄国同志一定回答得比我好，他们会作出回答的。但是，说到总路线，难道西欧现在的形势真的在迫使我们这些党放弃灵活性，放弃作为列宁主义基本特征的机动性了吗？我们认为这是不正确的。我们认为，与上述判断恰恰相反，事实是，在西欧各国中，不仅资产阶级之间的矛盾在发展,而且工人阶级之间的矛盾也在发展;工人阶级内部存在着受社会民主党影响的贵族阶层,这些事实造成了我们应当对这些复杂的关系体系加以分析和研究,促使我们丝毫不能改变共产国际路线中的灵活性、机动性以及布尔什维克制定的所有策略的特点。

博尔迪加同志把这个问题作为意大利的问题提了出来。这是不准确的,这个问题具有国际意义。他对我们说,马泰奥蒂被杀害后我们所采取的策略完全背弃了共产党所应当遵循的政治路线,因为,几次代表大会的提纲中从未写入过我们提出的口号。这是实话。这些口号不曾写入过提纲。但是,提纲里也不曾写入过马泰奥蒂将会遭到法西斯分子的杀害。提纲里也不曾写入过:由于马泰奥蒂遇害,起来反对法西斯主义的中小资产阶级开始动摇了。提纲里也不曾写入过:中等资产阶级的某几部分人将会持有一种特殊的观点,在这种观点的影响下,他们对制度的反对立场将会采取议会分裂的具体方式。提纲里也不曾描述过现实环境中的各种条件,当然,也没有描述过我们策略的各种具体形式及我们行动的各种具体的现实的特点。我们做了些什么呢?我们分析了形势并且指出:存在着一系列因素,而不仅仅是只存在共产党和法西斯这两种因素。现在,有三种因素:共产党;法西斯——它代表大工业资产阶级和地主的利益;小资产阶级政党联盟——它联合了资产阶级的左翼和各社会民主党,集合了工人阶级和农民中的最重要阶层。从这一分析中可以得出什么结论呢?结论就是,我们对这两个敌人不能采用同样的策略。我们对这两个敌人作了不同的评价,我们的策略应当反映我们的分析。这一点就决定了我们对待阿文蒂诺山联盟的做法以及我们有关反对议会主义的建议。

这一包括上述(刚才提到的)建议的策略实施的结果如何呢?博尔迪加说:"资产阶级和无产阶级这两个阶级之间存在着一个基本矛盾。你们的政策会抹杀这一矛盾,将工人阶级和广大革命劳动群众的注意力引向次要的矛盾。即引向两个资产集团之间的矛盾。"

对此，我们的回答是建议他认真分析一下现实情况，因为这种分析对极左派是不利的。由于采用了这个策略，我们在政治上取得了极大胜利。从前受"中间"政党影响的大部分群众已经同我们联合起来了。换言之，我们已经将群众和注意力吸引到了共产党、无产阶级先锋队一边，吸引到了公开反对资产阶级的政党一边。总之，由于我们的政策，归根结底，基本的阶级矛盾已经特别明显地呈现在群众面前。

那么，我们是采用什么方式获得这些成果的呢？我们抵制资产阶级左翼政党及社会民主党人活动的方式不仅仅是论战。论战只能影响那些已经同情我们党的阶层。而我们应当运用自己的影响去争取广大的无产阶级阶层，只能靠政治行动去发动。只是口头上说，"我们与之斗争的政党的立场是错误的，将来会证实这一点的"是不够的；只是口头上说，"我们是未来的政党，我们以历史发展为基础，事实将证明我们是正确的"是不够的。要使工人群众能够正确地辨别方向，需要的不仅仅是打嘴仗。我们应当通过政治行动向群众表明，我们与之进行斗争的政党确实是破产者，因为这些政党的路线不符合群众自身的利益和愿望。同时，我们提出的口号既不应当是共产党的最终口号，也不应当是简单的鼓动性口号。应当提出一些对整个政治斗争时期都有共同的历史性和政治意义的口号。这类口号的典范就是"工农政府"的口号，而这一口号遭到了极左派的批驳，就像一切具有真正列宁主义性质的东西遭到他们的批驳一样。

关于我们的总策略，我想谈的第三点就是右倾和左倾的问题，以及应该怎样同它们作斗争。主要问题是：哪一种倾向更危险？但是，这个问题不可能用一个适用于任何时间和任何地点的一般公式来提出和解决。这个问题应该根据客观情况，以及该倾向可能给党造成的影响的程度来解决。

根据对政治和经济情况的分析，根据我们的任务和其中最重要的一项任务即接近群众这项任务，我们认为，最大的危险是极左倾向，这种倾向力图使我们党故步自封，使党不能担负接受群众的任务。

现在，谈谈右倾的问题。同志们，在意大利党内，右翼得不到同情。我们始终坚决同右派分子作斗争。只要右派分子一抬头，我们就公开地、无情地同他们进行斗争。显然，右派分子现在不会再抬头了。不过，一旦工人阶级和资产阶级之间的矛盾特别尖锐起来，一旦出现同小资产阶级相联系的政治中心，也许，这个右倾危险会成为现实的危险。那时，右翼将会给党施加压力，促使党放弃自己独立的立场并把自己的政策同左翼资产阶级政党联系在一起。现在，法国已经出现了这种危险，我们在今后的发展过程中也会出现这种现在还无法准确预见的危险。

至于极左派，我们在这里看到了这一派别的代表人物，他们到这里来表示悔过和忏悔。全会将要对他们的忏悔表态。正是我们（因为我们党内存在不忏悔的极左派），能明确地坚决地回答他们。应当同一切愿意合作的人合作，但是，只有那些无条件执行我们政治路线的同志才应该留在我党的中央领导机关中，不应当有任何公开的或是秘密的附加条件。

在争论过程中，我们对德国党和法国党的右翼和左翼谈得很多。这是一些深刻的、严重的问题。但是，这些问题应该同另一个主要问题——即建立我们党的领导核心问题，紧密地联系起来。我们党毫不动摇地宣布，秘而不宣的附加条件，模棱两可的骑墙折中做法，这些都是共产国际所指出的最坏的做法，这些做法的目的是竭力阻挠建立一个坚强的、清一色的布尔什维克领导核心。首先，应该进行公开的思想斗争，反对任何背离革命马克思列宁主义路线的倾向。其次，必须使我们各国领导干部执行的政策能使他们同党内无产阶级分子密切地联系起来。因此，我们认为，共产国际的做法是正确的，它向德国党发了公开信，号召建立一个以德国党为首的团体，这个团体就本身的社会成分来说，同德国共产党中的健康的无产阶级阶层以及该党的优良传统紧密地联系在一起，同时，这个团体还应该具有鲜明的思想基础。

　　同志们，我知道，我所说的路线不能算做公式。博尔迪加同志有自己的公式。他按自己那一套解决领导人问题的办法行事，他宣称，在这方面，他赞同托洛茨基的意见，但是，我认为，这样解决问题是不够的。我党领导人的问题应该用马克思主义的观点来分析，而博尔迪加没有这样做。在这方面，只要提一下他在代表大会上提出的一个简略的公式就足够了。他认为，领袖应当由能正确判断形势、掌握方向从而在任何政治条件下都不迷失方向的人来担任。根据这一公式，可以判断，博尔迪加的观点没有可靠的基础。

　　唯一可能的基础就是思想上充分的明确性和领导中心同党的无产阶级各阶层的联系。这就是我们在意大利党内遵循的路线，这一路线帮助我们巩固了阵地，克服了左倾，孤立了博尔迪加。

　　现在，谈第三个问题，也就是有关各国共产党结构的问题。这类问题通常用"布尔什维克化"这个词来表达。博尔迪加同志嘲笑这个词，但是，博尔迪加为什么拒绝布尔什维克化呢？因为布尔什维克化意味着要在与极左倾向不同的基础上实行思想上的统一，因为布尔什维克化意味着要为捍卫我党的列宁主义政策，也就是为同极左派所鼓吹的政策相对立的政策而斗争。

　　在有关各国共产党结构方面，我想简单地谈三个问题：党组织问题、党的派别问题和党的民主问题。

　　支部的问题是纯组织问题呢，还是同样具有原则意义的问题呢？我们认为，这不只是组织问题。不能说："选择这种组织形式吧！这样做，革命就万事大吉了。"但是，要准备革命毕竟需要准备好共产党。这种准备应该包括些什么内容呢？我们应该在我们党内培养密切深入接近群众的本领。在目前的形势下，这不是原则性问题，但是，毫无疑问，它是主要问题之一；正是支部使我们能够以最好的方式解决这个问题。凡是能在支部基础上改组党的同志们都深信这一真理。在我们那里，曾经跟随过博尔迪加的工人现在几乎都离开了他，因为他们看到，博尔迪加反对在支部基础上改组党。这个事实如同博尔迪加在这点上赞同国际的右翼一样，具有很大的意义。

还有一些原则性的反对意见曾经在这里提出过，应当对此加以分析。有人说："你们实行的是工党的政策，你们给我们的队伍带来了工人贵族的影响。"无疑，这种观点是错误的。在意大利工人运动的历史上，我们有按企业组织大规模群众运动的经验。这个经验使我们有权作出结论，按企业进行组织工作能建立工人贵族同广大非熟练工人、群众的联系。在工厂委员会里，熟练工人同非熟练工人群众并肩工作，他们甚至把自己的技术经验传授给非熟练工人。正是在工厂委员会里，才能真正实现工人阶级的统一。这种过程能在支部里发生，因而也就能在以支部为基础的党里发生。

现在，谈谈知识分子和官僚主义的问题。据说，基层组织能加大官僚和知识分子的有害影响。这又是一种根据已被现实否定的论据作出推论的做法。我要问一下，那些以支部为基础进行过改组并取得经验的政党："你们那里的官僚主义是否比原来更厉害了？"在那里，知识分子的影响（既然它会成为一种有害的影响）是减少了还是增加了？我们在党内建立了同工人阶级有最密切联系的党的中层工作人员队伍，这样就实现了中央同党内群众的联系。这些"革命的下士"就是工人。他们将保证我们的党不会失去无产阶级的性质。他们把党中央的基层组织联系在一起，从而有助于解决领导中心和党的路线问题。

有人说（在这里极左派也向右派伸出手去），支部不能成为党的基础,支部应该存在,但只能是执行机构。对此,我们回答说,支部正在解决同群众接近这一主要问题;在意大利,我们有建立作为执行机构的工厂组织而不是建立基层组织单位的经验。这些机构在它进行工作的地方,自动地成为"全"党,同工人群众打成一片,完成党应该做的全部工作,以便把更广泛的工人群众吸引到自己方面来。

在谈论支部问题的时候,应该看一看这个问题的真正的实质,直率地说出你的想法。是的,博尔迪加同志,你否认支部组织,因为支部使我们有可能根据列宁主义路线解决党的问题,我们在这方面丝毫不会让步,因为我们希望我们的党成为群众的党。

关于我们意大利党的经验,我还想再说几句,因为这个经验对其他政党会有帮助。我谈一下党员人数增加的问题。这不仅仅是纯粹增加党员数量的问题。

在我们着手以支部为基础改组党的时候,我们大大扩充了党的干部队伍。在很短的时间里,我们党员的人数增加了两倍,要知道,这件事发生在被迫在地下进行工作并且处于极不利条件下的政党内。这是否仅是以支部为基础进行改组的结果呢?当然不是,主要是党的总路线使我们有可能扩大党对最广大的工人阶级各阶层的影响。

但是,我们还是要提出有关历史发展前景的问题。革命浪潮已经趋向低落。我们的处境已经从有利变为不利。群众悲观消极。这种状况也反映在党内。看吧,在对党不利的事件发生时,哪里的党的干部顶住了压力呢?只有在我们有工厂支部的那些地方。我们在哪里失去了党员?就是在没有进行改组的地方。例如,始终反对以支部为基础进行改组的那不勒斯联盟就失去了大批成员。相反,进行了改组的米兰联盟和所有的北方组织都没有失去成员。

有关组织问题的第二个问题就是派别问题。这是道德问题呢,还是政治问题呢?是否应该从纪律或历史的观点来看待它。我想从政治和历史的观点提出关于派别的问题。我甚至想强迫博尔迪加同志也充分地提出这个问题,并把他对这个问题的想法和盘托出。

当然,十全十美的党是没有的。我们有各种倾向。有应该改正的错误。但是,应该用什么样的方式来同这种错误作斗争呢?是否需要组织派别,或者需要同中央委员会合作而不去建立派别呢?博尔迪加说:"我同意列宁的意见,因为,列宁主义的历史就是党派的历史。"然而,列宁为什么要组织派别呢?他是如何评价他曾在其中组织过派别的第二国际的各个政党的呢?他认为,这些政党因为患有危险的病症而失去了健康,要解决危机,只有分裂这些党,瓦解国际。于是他致力于建立新的无产阶级国际组织的基础。博尔迪加同志,你应当告诉我们:"你是否像列宁看待第二国际那样看待我们的共产国际?"不用你回答(也许你不会回答),我们就有权根据你在意大利党内的活动,根据你进行的符合这种评价的派别斗争来判断你。现在,谈的已经不只是趋势问题,因为这些趋势正在导致组织的纯而又纯,这些趋势正在导致党的派别分子工作人员形成派别。现在,谈的已经不只是倾向问题,因为有人提出像你在代表大会结束时提出的类似的那种宣言。你当时说:"一想到必须留在这个中央委员会里,并同这个党的领导人合作,我就感到十分厌恶。"当事情已经达到这种地步,那就是说有一种比你公开说出来更严重的东西。存在着某种应该完全彻底阐明的东西。

我还想再谈一下派别的社会基础问题,这里是否有极左派的特别的社会基础呢,因为这一点,从而使我们有权从这个观点去谴责极左派?有,这一点是毫无疑义的。某些部门中有一些社会阶层①,他们具有一种本能,乍一看这种本能仿佛是革命的本能。这就是小资产阶级农民阶

---

① 但它基本上只是一种急躁的本能,它无论同革命思想,还是同适当的革命修养,都无任何共同之处。

层，这些人的情绪与其称为真正革命的情绪，不如称为无政府主义情绪。正是这些情绪在以博尔迪加为首的派别中得到了回声。当台尔曼同志说，博尔迪加是个无政府主义者的时候，台尔曼弄错了，也许台尔曼是从理论观点出发，而不是从实践观点出发的。

谈一谈党内的民主问题。同志们，我们认为，该提纲提法的面多少宽了点。从共产国际内一些党的政治路线来看，尤其是法国党，当然，是犯了机械地推行布尔什维克化的错误；这些错误应该改正，推行内部民主的范围应该更宽泛一些。但是，同志们，既然提出了一般形式的内部民主问题，那么，就应该一贯到底，并指出这个问题不可能用一个绝对的公式来解决，因为它具有相对性并取决于：（1）总的政治形势；（2）党的内部状况；（3）采取民主集中制的必要性。尽管实行的面比以前更宽，但是，同时要避免对立的危险。应当在提纲里提出，实行内部民主要取决于我所提出并想加以详细研究的一切条件。

现在，谈一些作为结束语的问题。这就是共产国际的"内部制度"问题，共产国际的危机问题。在某种程度上，博尔迪加同志已经放弃了他过去曾经作出的论断。他说过，共产国际"在某些方面"存在着危机。所以应当问一下，这一危机的程度如何？它的意义何在？同志们，这一危机同客观状况及革命主观因素的发展程度是联系着的。不能说"这是执行委员会的过错，这是季诺维也夫的过错，等等"。这样提问题太抽象，太幼稚。应当结合西欧工人运动发展的程度来提问题，应当说，危机也许会延续几年。只有所有的党达到真正的思想明确，只有统一、强大、同工人群众密切联系的领导集团领导着这些党，危机才会消失。我们认为，在相当长的一段时间内，我们不会真正实现这一目的，但是，我们已经达到的结果以及我们已经创造出来的条件使我们决不会失去决心。我们应该毫不动摇地、信心百倍地遵循共产国际上一届代表大会的路线，尤其要遵循通过了的关于布尔什维克化提纲的扩大全会的路线。有人问："谁是带领我们走这条道路的领袖？"我们毫不犹豫、毫不动摇地回答说："我们的领袖是俄国共产党的经验。"为了解决这个问题，为了根除未来几年中将要产生的危机，我们需要跟这位领袖走。

我们赞成西欧各党需要同共产国际领导中心进行更广泛的合作这样的意见。因为博尔迪加曾经声明，他同意这一点，我们希望他会放弃他在第五次代表大会上的立场。当时，他不愿意在共产国际执行委员会中工作。我们认为，所有的党都应该同共产国际的领导中心合作，应当在这里直接学习俄国党的经验，俄国党在建设社会主义国家中还要继续积累这一经验，这一经验引起了全世界无产阶级的浓厚兴趣。但是，我们任何时候都不允许做的事情就是企图（以这样或那样的方式）偏离我们的主要路线即列宁主义，偏离俄国共产党根据自己的革命经验制定的策略。

布哈林（苏联）：

不能忽视现实情况

同志们！我想谈几点一般性的意见，也谈谈对我们在这里听到的一些发言的意见。我还必须涉及一些原则性问题，特别是因为这些原则性问题是博尔迪加同志在这里提出来的，而且他还要求予以答复。

首先，我要谈的一点总意见是，必须分析客观形势。从马克思主义的观点看，很明确，我们的任务是对我们的政策进行科学的论证。我们的政策应该建立在对客观形势的分析之上，这种分析是我们策略的出发点。季诺维也夫同志的做法是完全正确的，他在自己的报告中指出，革命可能有两种发展前途，对此，我们必须加以考虑。很清楚，我们面临两种前途，作为历史的主观因素，我们始终应该为实现最革命的前途而奋斗。这是毋庸置疑的。但是，如何为这一革命前途而斗争却有两种截然不同的方法。一种是马克思主义的斗争方法，这一方法就是：我们紧密地联系具体实际，联系当前的现实情况，我们实事求是地面对这一现实，尽管当前的现实情况是不利的。还有另外一种斗争方法，这就是博尔迪加同志提出的方法。博尔迪加完全忽视了现实情况，他不去分析现有的形势，而只是一味断言，我们是革命者，我们应该为革命而斗争。至于对客观形势进行分析以及我们的策略取决于这一客观形势这样的马克思主义因素，博尔迪加是缺乏根本认识的。难怪在他冗长的报告中，我们没有听到一句关于当前形势特点的话，这不是偶然的。对博尔迪加同志来说，这没有什么意义，因为他是从一般的抽象的革命观点来看待所有问题的，他满足于偏爱"革命"这个词。更不用说，这样的态度只能使我们的策略庸俗化，它同马克思主义没有任何共同之处。博尔迪加同志的主要错误就在于完全忽视了对实际的分析，完全忽视了对客观形势的分析。

关于"机械地照搬俄国的经验"

我的第二点意见要谈的是博尔迪加同志新提出的抗议。博尔迪加同志提出了抗议，似乎，某些同志（这些人也许只存在于博尔迪加同志的幻想中）企图机械地把俄国革命的经验照搬到西欧工人运动的实践中去。附带说一句，类似的声明并不新鲜，我们曾经从各种非马克思主义者或可疑的马克思主义者那里听到过。（喊声：对！）就拿德国党来说，早在1921年，我们就从叛徒保尔·莱维那里听到过这种论调。保尔·莱维总是说，我们机械地把"俄国的经验"搬到了西欧。如果博尔迪加同志只是说，不允许机械地把俄国革命的经验运用于西欧，那他是对的。我们大家都反对把俄国特有的经验机械地搬到西欧各国的工人运动中去。毫无疑问，列宁主义不是现成的药方，而是某种方法，运用这种方法要考虑该时期的各种特点。

就俄国党和俄国工人阶级的历史来说，西欧工人运动发展的那些特殊的、特有的、独创的特点是什么呢？博尔迪加同志是怎样解释这个问题的呢？他声称，革命前的俄国沙皇制度实质上是封建制度，这种封建制度在西欧各国没有存在过。他还声称，二月革命打碎了整个沙皇俄国的封建国家机构，而在西欧，国家机构并没有被消灭或被砸成几块。博尔迪加同志的这个说法本身是非常正确的。博尔迪加同志同样正确地指出，左派联盟的资产阶级政府同克伦斯基政府不一样。但是，博尔迪加同志是在同某个虚构的敌人作斗争。难道我们当中有人在某个时候曾经说过，法国左派联盟政府是克伦斯基政府？这种说法除非存在于博尔迪加同志的幻觉中。博尔迪加同志在提出西欧工人运动特殊性的问题时，忽视了一个最重要的情况。博尔迪加同志忘记了，无论在理论方面还是在实践方面，对我们都有很大意义的一个特点就是，在西欧，我们有强有力的、有的地方甚至是非常强大的社会民主党和庞大的社会民主党的工会。因此，西欧工人运动发展的道路应当与俄国不同。当然，西欧工人运动中的这一现象同大多数西欧国家的帝国主义性质及工人阶级中间的社会民主主义情绪有密切的关系。这种现象本身就反映出工人阶级中某些阶层同以帝国主义政策为基础的资产阶级之间在利害关系方面的某种共同性。这里有一个基础，这个基础就是充当资本主义制度可靠支柱的势力强大的机会主义工人党和机会主义工会。在我们俄国根本没有这种现象。因此，我要指出并强调这一点：我国工人运动的发展和我国工人政党即共产党的发展走的是另一条不大相同的道路。在分析西欧工会运动发展的特点的同时，怎么能轻率地忽视这一具有决定意义的事实呢？这是不允许的。而博尔迪加同志恰恰是"捡了芝麻丢了西瓜"，尽管他自己保证努力区分出并强调这些特点以表示反对"机械地照搬俄国的经验"。

那么，从西欧工人运动的这些特点中产生了什么东西呢？这就是实行统一战线策略的必要性。我们党历史上在某种范围内，在某些情况下采用了统一战线的策略。但是，在我国工人运动和我国工人党的历史上，我们没有广泛地采用过这种策略。为什么呢？因为我们运动发展的整个过程具有另外一种性质。因为我们没有庞大的社会民主党，没有庞大的社会民主党人工会。博尔迪加同志到底反对什么呢？他反对的正是统一战线的策略，反对的正是西欧工人运动发展过程中必然产生的这一特殊的策略路线。这就是博尔迪加同志的反对"机械地照搬俄国的经验"的实际思想。

就总的方式，就抗议可能在西欧机械地照搬俄国的经验的方式来看，这样提出问题本身是正确的。但是，博尔迪加同志抗议的具体内容则是不正确的、毫无意义的。我们可以拿博尔迪加同志的论据来反击他本人，因为，正是他否定了从西欧工人运动的特点中得出的结论，否定实行以西欧工人运动特征为前提条件的统一战线策略的必要性。

社会民主党的手腕

现在，我分析一下当前的形势。毫无疑问，在经历了某段时期的"风暴和进攻"之后，资产阶级得到了某种程度上的相对的加强，这种现象多少带有普遍性质。我不准备重复季诺维也夫同志讲过的关于资本主义相对稳定的观点。我们大家对形势的看法是一致的，但是，如果诺伊拉特同志在发言中说，在捷克斯洛伐克，资本主义的稳定不明显，那就不对了。要知道，稳定的对立面是革命浪潮，即革命形势的高涨。我们可以断言，目前，在捷克斯洛伐克没有这种形势。或许，诺伊拉特同志看到了这种形势，但是，很遗憾，我没有看到。资本主义的相对稳定在某种意义上标志着社会民主党和工会的某种有条件的稳定。在某个时期，我们必须和在一定程度得到巩固了的社会民主党打交道。另一方面，这种稳定的相对性表现在工人阶级的向左转以及工会内部和社会民主党内部的各种过程之中。我们认为，当前经济形势和政治形势的基本特点在整个工人运动的发展过程中得到了反映。欧洲在美国面前的退却主要表现在欧洲工人运动向左转化的全部过程中，而另一方面，美国工人阶级在向右转化。与这些转化过程相联系的是，阿姆斯特丹国际和各国社会民主党企图削弱西欧工人阶级向左转化的进程，为此，他们希望采取的手段是，把美国工会改革主义领袖吸引到阿姆斯特丹国际中来并加强他们在阿姆斯特丹国际内的影响。欧洲工人阶级日益迅速向左转化的过程反映了美国资本对欧洲的渗透。不难理解，尤其是在英国这样一个在美国面前退却表现最明显的国家里，我们看到，英国工联开始了大规模的、具有世界历史意义的激进化过程。其次，不应该忽略苏联的巩固所产生的影响，在社会主义方面，苏联的发展和壮大所带来的影响自不必说，同时，苏联的发展和壮大也为资本主义的稳定打入一个锲子。

总体形势就是这样。当然，无论是资产阶级政党，还是社会民主党都会预先采取一切可能的手段反对工人运动中对他们不利的过程。他们采取各种措施使这些进程停滞不前，不让这些过程给共产党带来好处。我认为，我们这次的全会应该特别注意左派社会民主党领袖们在这方面使用的手段。季诺维也夫同志在报告中关于这一点提出的意见非常正确。我只想指出一种完全新的趋势倾向，即奥地利社会民主党左翼的"左"的趋势。这一趋势尤其在奥托·鲍威尔的发言中得到了反映。现在，已经提出了一整套各式各样的建议，要求苏联经济机构同奥地利工人阶级的合作社联盟建立密切合作。这些建议本身也许能在一定范围内得到施行。但是，同时又产生了另外一种理论：由于争取这类措施，奥地利将不需要革命过程，就是说，可以用和平的方法，不经过任何革命，借助苏联的经济援助就可以在奥地利建立社会主义的生产组织。有人已经在说，既然奥地利工人合作社日益强大，那么，奥地利工人不需要任何革命，不需要无产阶级专政，不需要奥地利工人阶级付出任何牺牲就可以对生产实行实际的真正的监督。在一本无政府主义杂志上，我们读到了同这些方案有关的一些话：

"现在，一切取决于俄国，如果俄国确实准备帮助我们，那么，我们就有条件掌握生产的监督权。但是，苏维埃俄国对奥地利采取了同美国一样的帝国主义政策。苏维埃俄国是绊脚石，它起的是帝国主义反革命的作用。"

目前，那些真正的、头号的机会主义者们日益频繁地散布这类论点是因为机会主义者不想革命，他们一心只想靠我们的帮助和平解决革命问题。在这方面的尝试不会只是一次；社会民主党还将多次利用这一工具。从苏联回去的工人代表经常介绍我国经济生活的恢复情况。因此，机会主义集团得出了结论：苏联应该帮助进行不经过革命的革命。我们必须注意机会主义的社会民主党人及其帮手玩弄的客观上起反革命作用的这一手段。

同右派作斗争

同志们！根据对目前形势的分析，我们应该得出的结论是，我党面临着两项主要任务：第一项任务，统一战线问题；第二项任务，工会工作的任务。

指出目前这些首要任务本身已经成为老生常谈，但是，这些任务确实是我党目前面临的首要任务。决定这些任务的，是具体的形势以及在这种形势下产生的变动。

经过某段时期的"风暴和进攻"以后,伴随资本主义某种相对稳定阶段的来临,西欧工人运动当前的这些首要任务就形成了。就像一切策略步骤一样,这些任务本身也包含着产生某种危险的可能性。必须记住,早在我们实行策略转变的最初阶段,也可以说在实行我们新方针的最初阶段,共产国际就曾经对我党的右派分子给予了一系列严厉的打击。现在,人们经常忘记这一点。必须指出,反右倾的斗争是共产国际在实行统一战线策略的最初阶段采取的第一个步骤。1923年底,挪威的特兰美尔分子,即现在的挪威工人党脱离了共产国际。在共产国际第五次代表大会上,我们同德国党的右派分子,同整个布兰德勒集团,同当时的德国党的领导进行了最坚决的斗争。在第五次代表大会上,我们还同波兰党的右派进行了同样坚决的斗争。瑞典党方面,我们开除了我们过去的同志——霍格伦及其同伙,也就是说,我们并没有因为某个集团脱离瑞典共产党而停止不前。我们的俄国党开除了巴拉巴诺娃。所有这些都是不容否认的事实。这一切都是反右倾斗争的表现。在共产国际执行委员会上次扩大全会上,我们把捷克斯洛伐克党的以布勃尼克为首的整个右派集团开除出了共产国际。我们开除了法国党的右倾分子苏瓦林、罗斯默、莫纳特等人。如果你们没有忽略这些事实的话,那么,你们就不能不承认,共产国际早在重新确定策略方向的最初阶段就迅速而坚决地对右倾危险作出了反应。共产国际清除了露骨的机会主义分子,现在,已经有一些被开除的机会主义分子完全公开地投入到了我们敌人的营垒里,正如大家所知道的,甚至还建立了以巴拉巴诺娃为首的自己的国际。当然,认为巴拉巴诺娃是国际无产阶级的"领袖"那是可笑的,但是,我们一刻也不要忘记,从前在共产国际里的露骨的右翼被共产国际开除出了自己的队伍。这个斗争是否正确呢?这个斗争是绝对正确的。事实证明,共产国际采取直接把这些人开除出共产国际的方针是正确的。目前,特兰美尔分子正在猛烈地反对共产国际和苏联。正像季诺维也夫同志指出的那样，霍格伦着手编辑布兰德勒的著作，他成了一名纯粹的社会民主党的人；巴拉巴诺娃同社会革命党人沆瀣一气；苏瓦林及其拥趸目前正在进行反对我们的露骨的反革命斗争。

总之，一系列事实表明，我们的做法是正确的，在讨论我们目前首要任务的时候，我们不应该忘记共产国际的面貌在这一期间已经有所变化，现在，共产国际已经不是我们同右倾危险作斗争前的那个共产国际了。

经过这些事件以后，共产国际内还有没有右派分子和右的倾向？当然是有的。这些倾向还会在相当长的时期内存在。不管怎样，在整个时期，我们在共产国际内必须始终同左的和右的两种倾向打交道。为什么必须这样呢？因为，在工人运动中有滋生这些倾向的客观因素，而且，这些倾向会在共产国际内表现出来。我们德国党内是否有某种右的危险？有。是否要同它作斗争呢？当然需要。在某些党内，右倾危险甚至是主要的中心的危险。如果分析一下我们法国党内最近发生的一些事件，那么，很明显，该党的中心危险正是右倾危险。共产国际又收到了法国党几位党员的来信，他们同苏瓦林一起向共产国际提出了声明。这件事表明，这种右倾危险相当严重，它已经被推到台前来了。我认为，在其他党内也潜伏着右倾危险。但是，在法国，这一危险已经成为公开的威胁，它显而易见，引人注目。在其他一些党内，这一危险还不太明显，在某些党内，它只是处于隐蔽状态。但是，一旦形势发生变化，一旦反对这一危险的斗争不得力，它就会死灰复燃。例如，在德国，由于目前德国党发生了危机，一些右派分子已经表现出某种欲望，他们蓄意推翻党的领导，对我来说，这一点是毫无疑问的。因此，我们的任务就是及时注意并克服这一危险。

极左的危险

另一方面，也存在着极左的危险。这一危险的主要特征是什么呢？从它的特点来看，可以对它作这样的评定：这一危险在于不理解争取群众的问题和不理解策略任务，就是说，不理解统一战线的任务和工会中十分紧张的和忘我的工作。因为极左派通常总有某种理论，博尔迪加同志的发言就能成为这种理论的基础。博尔迪加同志根本不是辩证论者，他在整个运动中就像一个不动点。他总是发表那些一成不变的言论，总是用一成不变的论据来充实那些一成不变的言论，而不管世界历史是怎么发展过来的。极左派的主要错误和特征在于：机械地照搬过去在"风暴和进攻"时期曾是正确的斗争的方式方法；机械地照搬只有在明显具备直接革命形势的新时期的一定条件下才会是正确斗争的方式方法，并将这些方法机械地搬用于完全不同的形势。这些同志把我们从前的方法运用于没有直接革命形势的当前时期，并照旧将这些方法用于解决这样一些问题：如何对待社会民主党和社会民主党的工人，如何对待社会主义工会组织中的工人，如何对待局部的要求，等等。

可以断言，最近一个时期以来，极左情绪相当严重。许多党——不单是那些起次要作用的党——都犯了极左的错误，它们不止一次地在新形势下采用在过去形势下采用过的斗争的方式和方法。他们没有在目前形势下发现新的、独特的方法，他们不理解现在欧洲历史上发生的变化。

关于这一点，我想举几个例子。就拿德国党法兰克福代表大会时期来说。这一时期的特点是什么呢？大批工人退出了工会。正如昨天鲁特·费舍同志所讲的那样。"由于害怕群众，我们采取了不正确的策略。"鲁特·费舍同志声称，共产国际执行委员会给法兰克福代表大会的信提出了完全正确的策略,但是,不妨回想一下,正是鲁特·费舍同志当时要求《共产国际新闻通讯》的编辑不要公布这封信。在法兰克福代表大会上,出现了这样一种局面:人们当着共产国际执行委员会代表团的面公开表示不愿意共同讨论统一战线策略问题和工会问题。现在,所有的集团都承认,我们当时的干涉是完全正确的。我举这个例子是为了证明我们各党的优秀分子在说目前形势下的新现象时遇到了多么大的困难。只是在共产国际经常的压力下,我们的兄弟党才承认了我们同工人运动新情况密切联系着的策略是正确的。

我再举共产国际第五次世界代表大会的例子。当时,我们第一次在国际范围内讨论统一工会运动的问题。不能不回忆一下,当时,连我们一些优秀的党的代表团也反对俄国共产党的代表团,他们指责我们说,我们从苏联国家利益出发需要建立一个英俄团结委员会。这类反对意见是有的。我们同他们的斗争起初不大顺利,只是到后来,同志们才逐步相信我们的观点是正确的。连整个德国代表团都反对我们,他们明确地表示了意见,说我们打算为了苏维埃国家的利益而稍微背叛一下共产国际。(笑声)现在,当然所有的人,包括极左派都承认我们当时的路线是正确的,可以说,这件事是西欧工人阶级总体发展过程中很有代表性的一件事情。

我们再以波兰为例。在政治上,波兰在建立统一战线方面没有迈出一步。我们在波兰几乎完全忽视了工会工作。工会的所有阵地几乎都被佩佩埃索夫分子所占领。我们只掌握了一些工人运动中作用不大的较小的工会。由于对争取群众任务的不理解,导致错误地对待农民问题。例如,多姆斯基同志断言,波兰的农民革命运动只能是无政府运动。他似乎持国家制度的观点。党对这方面的领导出现了非常有害的趋势,这种倾向的最明显的表现就是个人恐怖的趋势。当波兰共产党的整个策略几乎都朝这一方向发展的时候,党处在走投无路和自杀的边缘。

最后，如果我们再举意大利的例子的话，那么，我们看到，凡是有博尔迪加影响的地方，人们就对党的主要任务不理解。

在总结共产国际的干预和为了纠正一些兄弟党的路线所采取的步骤时，我们看到了这样的情景：我们在英国的成绩相当大，这同工会中的左派运动的正确的策略支持有关。那么，德国党呢？德国党历史上最近一个时期以来开始的发展并不再失去党员的转折点在哪里呢？这个转折点就是接受了共产国际执行委员会的公开信。当然，我决不是说，我们德国党之所以壮大，唯一的原因是有共产国际执行委员会的公开信。这样说，就是过高评价了共产国际的干预可能产生的结果，经济形势和政治形势的改变、阶级关系的变动、德国工人阶级方针的变化等，这些都促进了德国党的壮大。但是，共产国际执行委员会的公开信无疑是促使德国党复苏的极为重要的因素。

换句话说，共产国际内部得到改善以及国际各支部取得成绩是由于正确地实行了统一战线策略，是由于进行了统一工会的运动，是由于各国工人代表团实地考察了苏联。所有这一切，都是我们取得总体发展的巨大的因素，我们应该对这些因素作出适当的评价。

极左派的"忏悔"

我来谈谈共产国际执行委员会本次全会上提出的问题。听完极左派同志在这里的发言，你会得出一个结论，他们的基本目的是要求大赦。他们都表示同意季诺维也夫同志的提纲和报告。有人说，万事大吉，没有任何危险了。在这方面，我是很怀疑的，我觉得，我的怀疑是有充分理由的。例如，就拿在这里代表整个集团的肖勒姆同志的讲话来说。肖勒姆声称，共产国际执行会的公开信和共产国际的指示是正确的，但是，共产国际的正确路线在执行过程中出现了重大错误，因此，他说他的集团不接受共产国际执行委员会的公开信。首先,我应该指出,肖勒姆同志强加给共产国际执行委员会公开信的话,在信的原件中是没有的。谁也没有说过,肖勒姆或罗森贝格是投降资产阶级的分子,简直是可笑,为什么肖勒姆和罗森贝格同志从假设出发,认为共产国际将他们看成是这种人。肖勒姆同志,您是否知道,您太低估我们了;假如我们说您投降资产阶级,您现在大概也就不会站在这个礼堂里了。

让我们从"大政策"的观点来看看这个问题。共产国际进行了干涉,它公布了大家都承认的文件。这个文件表述了整个国际的意志。肖勒姆同志说,政治路线是正确的。那么,组织路线的内容是什么呢?组织路线的内容就是党内民主。这一点是无可非议的。肖勒姆同志当然赞成这种民主,因此,组织路线也是正确的。但是,你们是否看到这个文件中有几处使肖勒姆、罗森贝格同志等人感到不痛快,所以,他们反对……反对什么呢?反对……正确的政治路线,反对正确的组织路线。共产国际执行委员会的公开信提出要考验德国党内的所有集团。德国党内的全部斗争都是按照下述路线发展的:或是支持,或是反对共产国际执行委员会的公开信。肖勒姆同志和罗森贝格同志在这场斗争中站在哪一边呢?他们追求党的领袖的称号,站在共产国际执行委员会公开信的敌人,即共产国际提出的政治路线和组织路线的敌人的一边。也许他们仅仅是不同意共产国际执行委员会这封信的某些说法。但是,要知道,他们是政治家,而不是小孩子,可以说我喜欢这句话不喜欢那句话。什么更重要?是几句话重要还是政治路线重要?而他们正是舍弃了正确的政治路线和组织路线。他们这是为了什么呢?为了维护威信还是为了别的什么呢?一个严肃的政治活动家在这种情况下眼睛怎么能只盯着两三句话而牺牲作为政党所拥有的主要的、最重要的和起决定作用的东西,即正确的政治路线和组织路线呢?难道这不可笑吗?如果这些同志真的支持这条路线,那他们的话听起来又是多么可笑呀。实际上,他们是**反**

对这一路线的，他们借口不同意共产国际执行委员会公开信中的个别话语，而反对该信中提出的整个路线。如果他们是严肃的政治工作者，那么，他们的做法只能理解为，他们在拼命反对这条路线。任何政治家都知道，党员群众和党外围的广大群众不会去分辨某个文件在个别词句上的细微差别，他们看到的只是主要的和起决定作用的东西：支持或者反对某条政治路线和组织路线。肖勒姆和罗森贝格几乎是唯一反对共产国际执行委员会公开信的人，他们是反对共产国际执行委员会所制定的路线的领头人，这一事实是毫无疑问的和无可辩驳的。

现在，我来谈谈鲁特·费舍—马斯洛夫集团。鲁特·费舍同志在发言中对这一事件是这样描写的："我读了公开信，信中谈到了各种不良现象，但是，信的总路线是正确的。我立刻在这封信上签了名并准备全力实现该信所制定的路线。"这无论如何是不符合实际情况的。共产国际执行委员会曾经同鲁特·费舍进行了顽强的斗争。一开始，她不想来。我们一封接一封地拍电报给她。在来莫斯科之前，鲁特·费舍同志组织了各种集团反对我们。最后，她来了，并利用一切力量组织反抗。我们白天黑夜地开会，结果在终审时，全体同志都赞成了我们的观点。可以说，鲁特·费舍是勇敢地投降了。（笑声）

这一斗争是这样进行的：最初，鲁特·费舍派来了第一个代表团，他们带着不承认共产国际执行委员会代表的提案，目的是想用这种方式向共产国际示威。我们说服了来到这里的那些同志，后来又让其中的一部分人返回了德国。接着，又来了第二个代表团。我们再次说服了这批同志，这样，鲁特·费舍同志就全军覆没了。而现在，鲁特·费舍在这里发言时竟说："我立即认为信是正确的。因此，立即在这封信上签了名。"不对，鲁特·费舍同志，您当时已经四面楚歌了，所以，才在这封信上签名的，既然一个人是在这样一种情况下签署文件的，那么，我们就有权对他抱几分怀疑态度。我不太知道鲁特·费舍同志写的和收到的是些什么样的文件，但是，我认为，她接受共产国际执行委员会信件的方式本身就说明，我们有几点怀疑不是完全没有理由的。要知道，在过去的实践中我们遇到过这种情况：一些同志在这里，在所有的文件上都签了名，并声明自己赞同所有的文件，而实际情况并不是这样。我们该怎么办？我们只有力求使这些同志自己从思想上彻底克服自己的错误，不然，我们就要将他们彻底击败。如果您自己彻底克服了错误——您就应该用事实向我们表明这一点。在这方面，唯一的方法就是用事实来说话。当人们声明"我们赞成一切"的时候，对此，我个人是感到很怀疑的。我希望在这方面能有某些保证。

在这里发言的一些同志断言，他们只是犯有个别的错误。例如，多姆斯基同志说，他只犯有个别的错误，但是，不是路线问题。（多姆斯基从座位上说：我有路线。）您不是放弃这条路线了吗？（多姆斯基考虑了一会儿说：是的。）多姆斯基稍稍迟疑了一会儿，经过自我分析后说："是的"。但是，这个"是的"也会引起我们的一番思考。

博尔迪加同志的错误

我仍然认为，我们在和极左派的一整套观点打交道，而唯一表现出特点的人不是多姆斯基，也不是鲁特·费舍而是博尔迪加。博尔迪加同志在我们面前发挥了一整套确实能论证这条极左路线的观点。他确实没有骑墙的习惯，他在这里真诚地捍卫自己的观点。

博尔迪加同志犯了什么错误呢？

他断言，统一战线的策略被共产国际歪曲了，遗憾的是，他没有提出论据论证这一策略被歪曲表现在什么地方。如果他提出论据，那就很有意思了，因为就这一点可以进行论战。但是，大家在这里说策略被歪曲了，可是又没有提出任何证据，那么，我们就不可能进行论战了。

接着，博尔迪加同志非常详细地谈论了季诺维也夫同志的关于布尔什维克化的纲领。他认为，全部布尔什维克化问题仅仅是组织问题。这是绝对不正确的。博尔迪加同志提出了第二个提纲，他认为，革命问题不是组织形式问题，起决定作用的不是组织而是政策，他这样提出问题也是不对的。这是把两个互相完全没有矛盾的东西对立起来了。没有组织就不可能成功地实现革命，但是，如果只有组织而不实行革命的政策，那也不可能取得革命的胜利。因此，博尔迪加同志这样提出问题是不对的；比较正确的说法是：一切取决于好的革命政策，取决于好的相应的组织形式。这两个因素是相互紧密联系着的。关于这一点，可以仔细地读一读提纲。大家请看，博尔迪加同志持有多么不合乎逻辑、非马克思主义的论据。

博尔迪加同志对共产国际的组织形式提出了批评。既然组织形式没有意义，那为，您为什么在自己的报告里用 3/4 的篇幅来谈论组织问题呢？是因为组织问题没有意义吗？

博尔迪加同志说，组织形式并不重要。然而，对意大利共产党来说，支部的组织形式是如此重要，用博尔迪加的话来说，支部的组织形式将导致党的灭亡。如果组织形式没有意义，那么，它怎么能破坏党呢？因此，根据已经被否定的前提，您就可以得出结论：组织形式是有意义的。您关于组织形式的提纲同您的报告的整个内容是相互矛盾的。

博尔迪加同志是如何批评支部的组织形式的呢？关于这一点，埃尔科利同志已经在这里说过了。既然博尔迪加同志认为对共产国际各支部来说，危险在于"工党主义"，那么，这是不对的。我们的党正在改组。因此，在博尔迪加同志看来，出现了"工党主义"和不理解共产国际政治任务这样的危险。我认为，在我们各个支部中也许存在着另外一种危险，这就是——局部的要求同我们运动的总体目标结合得不够。至今，我们还没有能够在较大程度上把群众吸引过来。博尔迪加认为，危险完全在另一方面，即在于"工党主义"。

其次，博尔迪加同志所说的"机械地把俄国经验照搬到西方"也是不对的。博尔迪加是怎么说的呢？他声称，即使俄国存在着支部，这也没有什么危险。为什么呢？因为照博尔迪加同志看来，政治任务是由历史本身提出来的。但是，难道可以让历史存在于人类历史之外吗？

沙皇制度的政治压迫如此沉重地压在工人的肩上，工人们发挥自己的创造精神提出了政治问题。博尔迪加的这些话是什么意思呢？他的话表明，博尔迪加同志完全排除了革命的前途。因为，既然我们断言，西欧的工人现在所处的形势是：政治问题、重大的生活问题和历史问题没有摆到工人阶级面前，工人阶级没有觉察或没有充分地觉察到这些问题；那么，我们就应该完全排除整个革命的前途。我认为，博尔迪加同志是用机会主义的眼光来观察当前的形势。现在，所谓的稳定已经完全不可靠了，中国发生了革命，英国工人阶级已经开始了向左转的过程，两个殖民战争已经爆发，等等，在这种时候，说工人对政治不感兴趣是完全不对的。这样说工人阶级是不好的。这样谈论工人阶级不是实话实说。在所有的国家中，最明显的一点就是，工人阶级力量的巨流汇入了积极的政治生活中。各种形式的政治问题，无论是税收问题、金融危机问题或者是苏维埃俄国问题，都是摆在工人面前的大问题。也许这些问题有各种表现形式：它们在社会民主党的工人或非党工人那里同在共产党的工人那里表现得不一样，在英国工人那里同在德国工人那里表现得又不一样，等等，等等。但是，您却断言，对这些大问题，工人阶级既不关心也不感兴趣。这样说是不对的，这完全是机会主义的论调。无论如何，我们也不能赞同这种观点，因为，只有社会民主党人才会这样说。您声称，资本主义已经得到发展，它已经进入了复苏和繁荣的新时代。您说，在这种条件下，工人得到一块较大的面包、黄油就再也不会关心重大的政治问题了，但是，这种评价不是我们的前景。这是社会民主党的前景。根据博尔迪加同志所说的这一切，只能得出这样的结论：他完全否定了我们运动的革命前景。

现在，我再谈谈党的事务，"铁和血"、纪律等问题。博尔迪加同志，在这方面，机械地照搬俄国方法是不好的；也许，在个别情况下，有机械照搬的迹象，这点我不能否认。但是，为什么我们过去和现在都在说，我们必须要有铁的党纪呢？因为我们的目标是国内战争，共产党以外的其他色彩的团体没有这种前景。他们否认这种前景。例如，革命的工团主义者认为，用总罢工的方式可以夺得政权，等等。因此，他们不需要有一个集中的党。但是，凡是以国内战争为目标的人都需要有一个有纪律的党。博尔迪加同志问，为什么纪律要用铁、钢以及其他坚硬的材料来制造呢？当然，有其他比较柔软的材料。博尔迪加同志是否想用这些柔软的材料来制造纪律呢？不过，我认为，我们不应该修订关于党的纪律的提纲。

博尔迪加对派别的观点也是不正确的。博尔迪加说："列宁主义的历史是派别的历史。因此，我们乐意遵循列宁主义的这一光荣传统，非常希望在共产国际内保留派别。"这就正是机械地把俄国的经验搬用于完全不合适的环境。要知道，列宁的派别的历史是社会民主党内派别的历史。如果我们同第二国际联合，或者如果我们加入国际联盟，那么，我们就又会造成派别了。但是，我认为这种前景完全是一种例外。在共产国际内建立派别同在孟什维克党内建立派别当然不是一回事。为什么您不考虑西欧共产主义特殊的国际形势，要在这种事情上机械地照搬俄国的经验呢？

党内民主

现在，谈一谈党内民主的问题。

现在，共产国际执行委员会已经提出了两份不同的主张民主的文件：著名的公开信和季诺维也夫同志提出的提纲，需要党内民主是为了吸引新的群众加入到党里来，是为了能进行广泛的教育工作，是为了普遍提高我党的文化政治水平，是为了避免我们党内发生各种摩擦，等等。为了这一切，绝对需要一个党内民主的方针。需要党内民主也是为了建立各国支部同共产国际之间的正确的关系。第一个提出党内民主的党，据我所知是我们的党。当然，在这方面不能操之过急。这样做是愚蠢的。

关于吸收各国支部参加共产国际领导的问题，博尔迪加说，这里需要的不是改良，而是革命。我们说，共产国际应该由我们大家一起来领导。我们提出了这一点。在我们最近的一次党代表大会的决议中就谈到，我们赞同各国政党的领导同志参加共产国际领导工作的方针。但是，博尔迪加同志，我应当告诉您，如果说这件事至今还没有实现，那么，这不是我们的过错，而是有关政党的过错。他们不能把优秀的领袖派到我们这里来。我们要求了几次，都毫无结果。如果我们在这方面施加压力，那他们就会说，这样做不民主。我们还是要施加点压力，还是要在这次全会上提出要求，所有的党都促使共产国际建立能保证国际领导的结构，因为我们大家都支持季诺维也夫同志的提纲。这是我们最热切的希望。博尔迪加同志，您对此会说些什么呢？您是否认为，我们会像鲁特·费舍同志在公开信上签名的那样通过决定吗？（笑声）

我的话快结束了。在结束讲话时，我想再强调一下，目前国际形势复杂，共产国际内部的形势复杂，在这种情况下，说我们应该只打击右派或只打击左派那是完全错误的。法国的情况同德国的情况不一样。在其他国家，情况又是另外一个样子，我们应该善于寻找每种形势下的特殊现象，并根据这一点进行活动。这就是真正的马克思主义的方法。

正如季诺维也夫同志所强调的，我们认为，我们有两个主要的据点：法国和德国。在德国，重心已经转移到同极左派作斗争的问题上。在法国则是同右派作斗争。但是，这一切都具有相对性。法国存在右倾危险，但是，不排除可能产生极左倾向的可能。同样，在德国，同极左派作斗争也不排除同反对右派分子作斗争的必要性。这里必须找到一个正确的比例。对某些同志来说，这些数量和比例的范畴根本不存在，谢天谢地，我们马克思主义者总是重视这些比例的。

然而，如果我们实行这个正确的政策的话，如果这样一来我们就能把握正确方向的话，那么，我们就能避免各国支部内部的危机，我们的共产国际就会与敌人的各种论断相反，在这次扩大的全会之后变得更加巩固，更加坚如钢铁，无论如何不会变得更加柔软。（暴风雨般的、经久不息的掌声）

向格鲁吉亚劳动群众表示祝贺

什麦拉尔建议在格鲁吉亚加盟共和国建立五周年之际向格鲁吉亚劳动群众表示祝贺：

对于格鲁吉亚劳动人民、苏联以及整个共产国际来说，今天是具有历史意义的日子。今天，是格鲁吉亚工人、农民推翻本国资产阶级、贵族政府，在国内建立苏维埃制度的五周年。他们回击了国际帝国主义资产阶级的一切蓄意侵犯的阴谋，格鲁吉亚作为苏维埃国家加入了苏联劳动人民的联盟并开始承担有计划地建设社会主义的宏大任务。苏维埃格鲁吉亚的存在和发展明显地证明，只有无产阶级革命、无产阶级苏维埃的国家形式才能使弱小民族有可能解决资产阶级制度下无法解决的民族问题。苏维埃格鲁吉亚的存在和发展是反对孟什维克主义和孟什维克第二国际的鲜明的见证。格鲁吉亚的工人和农民在争取自身解放的斗争中不仅要战胜本民族的和国际帝国主义资产阶级的反抗，而且要战胜本民族的孟什维克和第二国际的反抗。在格鲁吉亚问题上，国际孟什维主义从饶尔丹尼亚到考茨基的整个第二国际都站在国际帝国主义者一边积极地支持他们。今天，格鲁吉亚成了苏联的自由成员，它回击了侵犯格鲁吉亚社会主义宪法的阴谋，回击了要把它变为殖民地的各种企图，在列宁主义的旗帜下，在共产党的领导下，格鲁吉亚正在迎接经济文化广泛发展的民族的未来。这一事实证明了一切反革命阴谋和希望的破灭，证明了无产阶级、农民和被压迫民族争取解放的国际斗争事业取得了巨大的胜利，证明了列宁学说的胜利和世界社会革命广阔战线的真正的胜利。

值此庆祝格鲁吉亚加盟共和国建立五周年之际，我仅以共产国际执行委员会扩大全会的名义向苏维埃格鲁吉亚的劳动群众，首先是向格鲁吉亚共产党员表示衷心的祝贺。这是全体与会者的心愿。

（建议被通过）

多姆斯基和捷克代表团的声明

会议结束前宣读了以下两项声明作为速记记录的附件：

1. 多姆斯基同志的声明：

"我发言中的一句话容易引起误会。某些同志对我抱这样的看法：在敌人进攻波兰西部边界时，我认为共产党员必须参加自卫。事情恰恰相反，在边界发生武装斗争的情况下，我们应该像上西里西亚全民投票时期那样，用最无情的方式反对一国的或另一国的民族主义。但是，正是为了使这一点成为可能，我们现在就应该痛斥同帝国主义协约国及法国签订盟约的波兰资产阶级，波兰资产阶级不但把波兰人民的民族利益出卖给了资本主义列强，它还反对苏维埃，反对无产阶级运动。"

签名：多姆斯基

2. 捷克代表团的声明：

"诺伊拉特同志以捷克斯洛伐克代表团的名义作了发言。代表团无条件地赞同纲领中关于既要进行反右倾斗争，也要进行反极左倾向斗争的观点（诺伊拉特在发言中也确认了这一点）。"

（会议休会）

第九次会议

(1926年2月25日晚)

主席：季米特洛夫

讨论执行委员会的总结报告（续）

库恩·贝拉（匈牙利）：

我的发言将涉及两类问题。第一类问题谈谈在稳定的喘息时期由于美国在欧洲的政治领先地位和经济领先地位所形成的状况。第二类问题谈谈局部要求的系统化问题。因为在资本主义局部稳定和相对稳定这一时期，正是这些局部要求构成了我们统一战线策略的内容。

首先，谈谈美国与欧洲的相互关系问题。在讨论美国与欧洲的相互关系问题时，甚至许多共产党人都认为，世界上的这两个部分只是简单的地理概念，充其量不过是两个经济地理概念而已。人们承认美国在经济上的领先地位和欧洲在经济上的从属地位。然而，却很少有人注意到，在欧洲的经济和政治中美国领先地位的影响及其所带来的变化。现在，我们不能闭口不谈美国处于领先地位的这一事实。我们相信，我们能够以最好的方式来引导当前劳动人民和被压迫群众所进行的反美斗争，以便使这场斗争首先指向由于美国领先地位所导致的在欧洲经济和政治中出现的现象和与资本主义稳定的后果几乎完全吻合的现象。

在陷入悲观主义境地后，现在，战后的资产阶级思想体系已经开始了反对美国领先地位的斗争。稳定,在这种资产阶级思想体系中又重新唤起了斗志。许多想组织反美斗争的人又开始醉心于"泛欧同盟"。这种思想体系主张,克服国家的独裁,克服战后时期民族经济的特殊性,主张进行反美斗争。如果剥开这股潮流的唯心主义外壳及其"崇高的热情",将其翻译成资本主义的通用语的话,那么,所谓"泛欧同盟"运动就意味着企图恢复被战争摧毁的欧洲市场和扩大反美斗争。

这种资产阶级的现实政策在思想体系方面远不如在政治方面表现得鲜明,从"泛欧同盟"运动一开始,就表明"泛欧同盟"的意义远不如战前欧洲的意义重大,因为,战前欧洲在世界政治中曾占统治地位。当资产阶级各种不同的现实政策都争相向"泛欧同盟"的思想卖弄风骚的时候,显然,"社会主义欧洲联邦"的口号在一定程度上已经成为我们宣传的中心内容。

然而,不能把这个口号与"泛欧同盟"的口号相提并论。我们的社会主义欧洲联邦的口号仅仅是一个实现反对美国霸权地位斗争的口号,这是一个与"泛欧同盟"口号相对立的口号,可以说,"泛欧同盟"的口号只意味着最基本的要求,这个要求是由反对美国领先地位的斗争组织提出来的。

根据匈牙利共产党代表团的基本纲领,我认为,这一口号不是别的,恰恰是要依靠具体鼓动和具体行动的口号来实现的宣传性口号。我认为,应当在美国对欧洲的经济和政治发生影响的这个事实中,寻找那些能在最广大群众中进行具体鼓动的口号,寻找动员这些群众反对美国资本领先地位、反对稳定后果(这种稳定又主要是这种领先地位的后果)的口号。

美国这一领先地位和局部相对稳定的后果是什么呢?我打算虽然是笼统地,然而是有系统地阐述一下这些后果。应当回答的第一个问题是,美国想在欧洲得到什么?对于这个问题,我们可以借用美国资本主义利益的保护人之一詹姆斯·斯派尔的话来回答。他提出这样一个问题：“在美国，将给哪些国家、哪种货币以特别优惠的待遇呢？”他用下列方式回答道：

"有没有这样一个国家呢？这个国家拥有大量资本，这个国家的政府稳固，不受尖锐矛盾的困扰，因而，这个国家的政府相信自己能认真地履行自己的国际义务，而且，这个国家的政府表示，它把和平发展而绝不是'特殊的'武装看做是自身的出路；同时，这个国家的政府不因为其他一些行为而引起敌对感。这就是为什么允许一个国家的货币流入美国时，不仅要考虑该国的内部债务状况，而且还要考虑该国对外政策的原因。"

斯派尔的这一席话十分清楚地勾画出了美国利用欧洲的经济稳定和政治稳定所追求的目的。这番话也指出，这种稳定只不过是在更大的范围内加深战前就已经存在的资本主义矛盾。目前，美国的资本家在各阶级与"各国人民"之间获得了和平。

欧洲资本家以什么方式实现美国的这一纲领呢？欧洲资本家在经济和财政方面采取了以下措施：

1. 借助于美国的帮助，同时靠牺牲劳动人民的利益来使国家财政复苏。

2. 改组欧洲的经济和生产。其结果是：世界市场上的相互关系随之改组，工业托拉斯化，庞大的生产联合体出现。

3. 生产合理化。

资产阶级权威技术专家认为，在生产技术领域里正在完成着一个重大的转折。在德国、法国、甚至在保守的英国，生产技术都在美国化的过程中反映了出来。对此，不可以估计不足。生产合理化有其自身的资本主义局限性，这是完全正确的。在资本主义基础上，不可能完全使生产合理化。然而，可以指出，在生产合理化方面毕竟取得了很大的成就。为了说明生产技术领域里这一转折的结果，我不妨举出德国生活中的两个例子：

1. 德国制钾业辛迪加过去拥有22000名工人，但是，现在只拥有9000人。然而，德国制钾业辛迪加的产量却提高了50%。为了实现合理化生产，德国制钾业关闭了一批价值6亿马克的企业。

2. 在德国煤炭企业中，工人人数缩减到80000人，然而产量却提高了。

欧洲经济中的这种经济上和财政上的转折，通过下列形式反映到工人阶级身上：

1. 在企业中，对工人的剥削加重了；同样，国家财政机关也加重了对工人的剥削。

2. 失业人数在不断增加。

3. 正像不久前一个右派社会民主党人所证实的那样，社会政策同美国化绝对不能并存。这意味着，即使是在旧法律的形式不被触动的情况下，也要取消社会政策。

随之而来的是，工人立法被资产阶级取消，恢复了企业主是权力无限的"一家之主"时的那一套的旧制度。这意味着恢复了企业中的专政。

美国的领先地位和稳定对国内政策的影响表现为，用"合法手段"的斗争取代过去资产阶级的公开恐怖手段，换句话说，即表现为恐怖的系统化和合法化。

资产阶级竭力想建立像路德或白里安政府那样的纯资产阶级的政府，其次，是尽可能建立中间党派的政府或是建立资产阶级同盟。资产阶级宁愿让社会民主党人从外部支持政府，而不愿让他们直接参加政府。资产阶级的政策最终表现为竭力取消社会政策。

国际政治方面，起决定性的因素就是宣扬所谓的欧洲"和平主义"。"和平主义"反映在洛迦诺条约中，反映在竭力想在欧洲建立东南欧保证条约中，反映在解除欧洲武装的一片喧嚣声中。

此外，还有另一种企图，这种企图是想通过签订各种贸易协定建立广泛的经济—政治联合体作为自己的目的，例如，多瑙河联邦。在巴尔干半岛国家和德国之间仍有旧奥匈帝国的机构，这些机构被各种和平条约相互制约着。美国、英国的资本主义极力想在昔日帝制的废墟上建立起自己的联邦或起码是建立起海关同盟。而这个问题，由于不幸的奥地利共和国渴望与德国联合，就不仅触犯了资产阶级的利益，而且也触犯了这两个国家的很大一部分工人阶级的利益。最后，是在充当奥匈帝国继承者的国家里，而不是在处境最差的匈牙利掀起了大规模的工农运动的浪潮。现在，确实存在着向左转的迹象，而这些工农群众要求对他们面临的问题作出回答。

我认为，这些问题同样是美国资本处于领先地位的后果，同样也要求受共产国际领导的、有利害关系的党对这些问题表明自己的态度。这些有利害关系的党，即捷克斯洛伐克党、奥地利党、南斯拉夫党、匈牙利党以及保加利亚党，应当在共产国际第六次代表大会以前表明自己的态度。

现在的问题是：我们采取什么样的措施来反对美国的领先地位所带来的这些后果，反对稳定吗？那么，能否在稳定及其日趋动摇的过程中建立起当今的革命政策呢？抑或是我们应当只限于宣传和等待，等待帝国主义因其内在的资本主义规律的发展而使其稳定自行告终之日？我以为，我们应该申明，我们要在稳定中建立起当今的革命政策，并且要尝试一下，能否在有限的时期内联合起我们的局部要求。我们应当深入考虑一下季诺维也夫同志在报告中简单谈到的问题——行动纲领的问题。

当然，行动纲领应该建立在国家范围内。但是，我们以为，关于这一纲领的原则性界限，需要而且应该在国际范围内来谈。也正因为如此，在国际范围内，我们在制定这一纲领时才面临双重的危险。一种危险是会把反对稳定后果的斗争理解为暗中破坏这种稳定，理解为德国共产主义工人党在谈判"暗中破坏资本主义"时所理解的意思。

另一种危险是列宁在他的早期作品中称做经济浪漫主义的危险。这种趋势意味着我们要从资本主义的高级阶段走向低级阶段，似乎我们要用某种方式使资本主义发展的车轮倒转。在各种共产党人身上都表现出这两种危险。

主要的任务是要使这一纲领的基本问题及其部分的具体内容在此得到更透彻的研究。更需要研究的是，构成我们统一战线策略的政治内容的那些局部要求和局部行动正在遭到不幸。正像一些党在各种问题上所表现出的那样，主要弊病是，在大多数情况下，局部要求还没等到被利用，没等到与其他要求汇集到一起就销声匿迹了。法国共产党在摩洛哥问题和财政问题这两个联系甚少的问题方面进行的运动便是一个典型的例证。自然，情况发生了变化，局部要求也要随之发生变化。但是，局部要求和局部口号只有当其围绕着核心问题时，当其在既定的计划中有明确针对性的时候，它们才能产生对群众的鼓动作用，这一点同样也是毋庸置疑的。

如果这些局部要求和局部口号始终与我们的革命目标毫无联系从而只具有社会民主主义的最低的、停留在资本主义水平上的要求的性质，那么，这会成为最大的社会主义危险的根源。连最出色的运动——进行得如此成功、如此漂亮的没收德国旧王室财产的运动，也同样提出了这样的问题：这场运动之后又会怎么样呢？应该怎么样提出能与运动中的过时口号相衔接的口号呢？用什么样的方式才能不仅在政策上，而且能从组织上在社会民主党的群众中巩固和充分利用我们已经取得的成就呢？正是为了巩固已经取得的成就，我们需要有一个行动纲领，一个能够统一和集中构成我们统一战线策略政治内容的局部要求的行动纲领。

我认为，只有反对美国资本主义影响后果的斗争和反对欧洲经济与政治中的稳定后果的斗争，才是这一行动纲领的基础。

这个行动纲领要回答三类问题。而这个答案又应当回答一般认为当前已经表现出向左转趋势的群众所提出的问题。

第一类问题是：资产阶级在经济稳定方面正发挥着自己的作用，并且，他们在竭力借助美国资本并依靠牺牲工人阶级来巩固这种经济稳定，为此，在经济方面，我们应该提出什么具体要求来与资产阶级的愿望和措施进行对抗呢？这里，我指的是关于托拉斯化和辛迪加化问题以及我们应当提出什么样的要求来对抗资产阶级的这些措施的问题。

我想指出下面一点。

上面已经说过，美国与欧洲的关系不应当只看做是地理概念来理解，而必须理解为以一定的阶级力量为条件而形成的关系。美国的领先地位首先意味着美国托拉斯实力的加强和国际拉托斯的建立。另一方面，使欧洲美国化的必要性意味着大垄断者的垄断集团实力的加强；因为，只有大垄断者才有能力大规模地进行大型生产，才有能力采用美国的方法。自然，美国托拉斯占统治地位绝不能排除美国与欧洲垄断集团之间的竞争，也不能排除这两大集团与第三个垄断集团之间的竞争。反对这种垄断者的统治，反对财政资本专政，反对托拉斯的斗争，应该成为我们建立行动纲领的基石。

很显然，目前，一方面是帝国主义时代和无产阶级的革命时代交织在一起，而另一方面，直接革命时机还不成熟。在这种时候，必须特别注意我们局部要求的性质问题。不应当把我们的指示理解为像马斯洛夫断言的那样，似乎非要直接鼓动起我们过去的爱尔福特纲领的要求不可，更不应该以放弃一切社会政策要求的方式来理解这些指示。只应该保留那些与发展资产阶级民主有关的要求。值得注意的是，恰恰是所谓的极左派分子正在陷入庸俗的社会民主党人的思想方法。例如，在贸易政策问题上，罗森贝格就完全站到了民族主义的立场上了。

反对国家托拉斯的斗争也是工人阶级赖以领导其他劳动群众和被压迫阶层的基础。在俄国，实现资产阶级革命问题，摧毁封建农奴制问题是建立工农联盟的基础。而在西欧，从某种程度上说，这种基础可能是垄断者的统治，是辛迪加的价值专政。这种专政导致了所有这些阶层的破产，而且在必要的时候，会把他们推向反对资产阶级统治的反对派的立场上。然而，一方面，一些党必须认真地研究国家辛迪加化问题。另一方面，这些党必须反对社会民主主义的"经济民主"理论，并在工会方面提出一系列有关工人监督的要求。必须把这些要求提到我们行动纲领的首要地位上来。

第二类问题是：要提出什么样的要求来对抗资产阶级在国内政策中用以巩固稳定的措施和方法，换句话说，我们应当提出什么样的过渡性的要求来反对资产阶级的集中化，反对取消社会政策，反对日益加重的税收压迫，等等？现在，我们就应在那些在某段不长的时期内稳定仍发挥作用的国家里（首先是在德国和法国）制定出我们自己的政策。这样，社会民主党一旦参政，即使不遭到灭顶之灾，也一定会失去对广大工人群众的影响。

我们也同样应该更多地提炼我们在社会政策方面和税收方面的要求。在具备直接革命形势的时代，我们对社会政策关心得太少了，而且我本人就是一个典型的证明人，要想让某些左翼共产党人相信，我们提出的税收纲领绝非机会主义的举动，这不知要付出多少辛苦劳动。我们的许多同志至今还带着这种情绪，而这意味着，我们不能提出任何现实的——可以说是——具有特点的要求来，这意味着所有的要求都必须经过长时间的酝酿讨论，直到从某种程度上说这些要求过时为止。这便是在大多数国家里我们很少提出具体要求的原因之一。我们的宣传鼓动工作过分一般化，我重申一遍，这一切都因为有人担心，似乎这些局部要

求理应具有某种改革的性质。与马斯洛夫相反,我们要重申共产国际第三次代表大会就此问题表示的意见:

"在这些战斗中,各国共产党所提出的都不是最低纲领。因为,在资本主义条件下,这种纲领反而会使资本主义制度得到巩固和加强。摧毁这个制度始终是共产党人的一项基本任务。但是,为了完成这项任务,共产党就必须提出那种能满足工人阶级的迫切要求。不管这些要求是否涉及资本主义制度的存亡问题,共产党必须与群众共同进行斗争来达到这种要求。"

我以为,这便是反对形形色色机会主义的保证。

第三类问题如下:针对资产阶级和社会民主党通过国际政治行动使自己在国际政治领域里得以巩固和稳定的这种意图,我们应该提出什么要求呢?无论如何,我们不能满足于只是用宣传的方法揭露资产阶级和社会民主党人的所谓的"和平主义"。我们应当提出要求,通过这些要求在那些只是用揭露性宣传不能奏效的地方达到这种揭露的目的。还有一系列问题都与这些行动有关。去年秋季,在布鲁塞尔举行了共产党人国际议会会议。这次会议没作出明确的决议,也没消除法国共产党和德国共产党之间存在着的严重分歧就不欢而散了。共产国际也没有申明自己在这一问题上的立场。这就向我们表明,在这方面,有必要使我们的政策具体化,无疑,必须使我们的政策在国际范围内协调一致。

后来,在各个支部内讨论了我们在武装问题上的策略。我们只需要回忆一下在波兰发生的克鲁利科夫斯基事件就足够了。在波兰,关于在资产阶级军队里服役的问题,曾经引起激烈的争论。在德国,提出了是否应支持建立人民警察来对抗国际军(帝国民兵)的要求问题。在法国,近期有关武装的其他各种问题也将成为最迫切的问题。在有着所谓民主,士兵也享有选举权的捷克斯洛伐克,许多人纷纷议论起军队的民主组织来。既然我们支持群众向左转的愿望,并期望有组织地利用这种愿望进行革命斗争，就必须在我们的行动纲领中对这些问题给予答复。

使各国共产党近期对待苏联的政策的具体化问题也同样很重要。承认苏维埃俄国的时期已经过去了：几乎所有的国家都已经正式承认苏维埃俄国。问题在于，要使各国支部在对待苏维埃俄国的态度上与本国政府的政策一致的情况下，使自己的局部要求具体化。问题在于，要使季诺维也夫同志在纲领中提出的这些口号（支持苏俄工业化的口号）更具体地适应各国的条件。这也同样与我们的行动纲领有关。在各种情况下应尽量使工人群众懂得，对资产阶级稳定的趋势，对贫困和饥饿的稳定的趋势不仅必须宣传和提出欧洲联邦的口号，而且要提出局部要求和进行局部斗争。

我再就所谓右的和极左的危险问题谈谈自己的观点。但是，我不想重复布哈林同志谈过的左倾危险的问题。我只想就马斯洛夫事件，结合昨天向我们宣读的那封带有真正极左烙印的信谈点意见：我们决不要害怕这些极左分子组织什么叛乱，不必担心他们表现出某种革命的急躁情绪。每当我想起第三国际的各个委员会里进行的辩论时，就会回想起列宁同志的话。他说，右翼像"警告"一样有自己的历史生存权利。我以为，法国的一些右派分子已经起不到这种作用了。但是，列宁同志当时说，左派产生的原因在于他们对待革命的急躁情绪。然而，像马斯洛夫那样的极左派分子没有丝毫的革命急躁情绪。他们没有，也从不曾有过自己存在的历史原因。德国共产党的任务是从自己的队伍中根除一切类似马斯洛夫、类似他的理论和实践的东西。在这些极左派分子中也表现出稳定的情绪，目前，许多人都在议论的这种稳定情绪。而我们认为，这种情绪只能使人消极，使人停止宣传工作，消极等待直接革命形势的到来。针对这种稳定情绪，必须在我们的纲领中号召人们起来反对美国领先地位的后果。

上届执行委员会扩大会议使布尔什维克化的口号更加具体化了，会议肯定了稳定的事实。这届执行委员会扩大会议的任务是要提醒共产国际所有支部制定出反对稳定、反对美国资本影响的具体斗争方法和手段。现在，布尔什维克化只能在广大工人群众中进行有计划地、统一地、在国际范围内协调一致地反对稳定后果、反对贫困的稳定、反对奴役被压迫阶级和镇压民族的斗争中得到发展。

克拉拉·蔡特金（德国）：

同志们，我们的会议总是成为围绕理论与实践的问题进行激烈斗争的舞台。对此，我们大家已经习以为常了。昨天却一反常态。据我看，我们昨天的会议变成了一幕离题万里的、表演极不成功的滑稽剧。费舍同志在此扮演了一个政治上忏悔的抹大拉的马利亚的角色，费舍想用虔诚的悔过证明自己已经相当成熟，她已经能重新提出一张共产主义信徒的名单，为有罪的德国共产党和罪过更大的德国无产阶级指出道路。

同志们，凡是了解事情真相的人都会说，事情来了一个相当滑稽的转变。费舍同志的发言在辩解什么呢？这里，我列举一下事实。费舍同志把自己装扮成一副坚决捍卫共产国际执行委员会那封信及信中阐述的路线的样子。而事实呢？经过长时间的谈判，费舍同志被迫"承认"（显然，我们的语气十分缓和）共产国际执行委员会的信获得了一致的赞同。经过进一步谈判，费舍同志甚至得出应当公开发表这封信的结论。于是，她自然是凭着"最坚定的信念""从马克思主义的观点出发"同意签名的。然后，她回到德国，以坚决的派别活动的方式，企图暗中破坏那些中央委员的活动，这些中央委员实际上在努力执行共产国际执行委员会信中的路线。

费舍同志为了降一降她派别活动的温度，不得不移居到气候较为寒冷的莫斯科，这一事实雄辩地证明了她在德国进行的派别活动是有损党的利益的。我在德国时，甚至连屋顶上的麻雀也在纷纷议论，说她在这里找到了进行派别活动的方法和手段。不仅如此，费舍同志甚至企图用她自己的宗派阴谋的蛊惑宣传对俄国党内的辩论火上浇油。

接着，费舍同志最坚决地在此谴责肖勒姆和罗森贝格等一批所谓的极左派分子。然而，毫无疑问，她搞的是与他们同样的政治。稍后，她即使不是如此公开和正式地，但实际上也是在支持肖勒姆等同志在柏林内外搞的宗派活动。她对待极左派的实际态度使人想起了海涅的一段话。这段话她恰恰可以借用来对肖勒姆及其朋友们说：

"莫当人面丢我的丑，我可爱的孩子，
也别让我在街上回敬你的鞠躬。
待我们独自在家之时，
我再用温存的抚慰加倍奖赏你。"

再举一些事实。费舍同志在此是以德国共产党的历史学家的身份发言的。她扼要地叙述了德国共产党的历史，叙述得很温和，可以看做是真理和富有虚构诗意的混合物。我不想指责她对德国共产党历史的最初阶段阐述得不正确。那时，她还没有登上斗争的舞台。当时，她在维也纳研究性问题和弗洛伊德的理论——结果发表了一本很不成熟的小册子。

作为一名历史学家，费舍同志用了一个章节的篇幅来论述十月的失败，把这次失败说成是一种右倾的后果。我始终认为，这一章只能解释为党的左右倾错误的交织物，再加上一些群众能通得过的东西。从真正的历史研究的角度再现德国共产党过去的这一页是十分重要的。但是，为此必须综合阐述全部经济因素、政治因素及社会因素，并且从历史唯物主义的观点来阐明。这些先决条件对费舍同志是十分陌生的。因为，她连最起码的客观真理感都没有，我再次委婉地表达，她连那种即便在缺乏唯物主义阐述的情况下简单地描绘过去的历史文献也会具有的那种魅力和价值的真理感也没有。费舍同志对她所参加过的、起过一定作用的党史的两个阶段一带而过。而这又是极为重要的两个阶段，也就是说，越过了法兰克福代表大会和第十次柏林代表大会这两个阶段。关于法兰克福，她只说了下面一段话："我承认，我们违心地提供了伪造的表格。"这意味着什么呢？这是承认在党面前，在共产国际及群众面前最大的不诚实。

当然，我们每个人都可能犯错误。我本人也犯过不少错误，对此，我并不掩饰。但是，如果说是违背自己的观点，违心地去犯错误——在这一点上，我对自己无可责备：假如真是这样的话，那我宁可悬梁自尽也不在这里，在大家面前发言。

现在，谈谈第十次代表大会。费舍同志指责第十次代表大会压制了一系列重要问题，而没有澄清和阐述这些问题。同志们，试问有谁在这一点上能比费舍同志起过更大的促进作用呢？费舍同志在大会上作了报告，报告中丝毫没有解释和阐述党的问题。这不是报告，而是在地方群众大会上的讲演。费舍同志有意识地帮助掩盖所有问题。为了达到这一目的，她竭力阻挠共产国际的代表出席党的代表大会并制定决议，对大会亟待解决的问题进行关键性的分析，并指出解决这些问题的途径。难道这不是事实吗？请问德国代表团中与会的同志，我说的情况是否属实？

其次，费舍同志在此表现出她是一个革命传统的维护者。她十分激动地说，在汉诺威把12名工人连同疯子和无赖卡茨一起开除出党这件事上，我们违背了优良的革命传统，因为，这些工人正是革命传统的代表者。同志们，卢森堡同志的名字和著作，不仅属于德国共产党的优良光荣传统，同样也属于全世界无产阶级的优良光荣传统。列宁同志指出过他与卢森堡同志的分歧。尽管意见不一致，但他最后还是说："罗莎属于我们。"列宁把她比做一只鹰。而费舍同志把罗莎·卢森堡同志的某些思想又比做了什么呢？比作梅毒上的杆菌。我以为，这种比喻不只是趣味低级和粗鲁无礼，而是政治上的卑鄙行为。面对这种行为，坦率地说，尽管我已经上了年纪，但是，我血管里的血也在沸腾。斯巴达克团团员们的斗争和活动是德国无产阶级革命先锋队的优良传统。费舍同志不放过任何一次机会来破坏对他们的纪念活动，竭力诋毁这种纪念活动的革命意义。由于卡茨的拥护者不遵守革命传统，费舍同志很激动。然而，她自己却对同志采取了镇压措施，剥夺了他们的豁免权，从而使他们遭到德国法庭和警察的追捕。对那些不仅在战争时表现为革命战士，而且在争取慕尼黑苏维埃共和国的斗争时期表现出革命斗争优良传统的同志也采取了镇压措施。只要看看她对保尔·弗勒利希同志和恩斯特·迈耶尔同志所采取的措施就足以说明问题了。他们的唯一过错就是他们对马斯洛夫领导集团的政策持批评态度，就是在政治上需要的时候，他们提出要有一个具体的税收纲领。而后来，当时机显然已经错过的时候，这一要求又被认为是正确的。

还有，费舍同志硬说，作为一名领导人，她对优秀的革命的无产阶级分子持有非常谨慎的态度，尽管这些人没有完全意识到她的政策曾倾向于利用德国无产阶级中一部分人所表现出的一切不完全自觉的革命情绪，这些人曾经因遭受过背叛而不轻信别人，但是，他们又很有能量。与此同时，费舍同志侮辱了所有这些无产者，所有这些自觉性比较差的革命分子；她把马斯洛夫—费舍集团政策的一切错误，一切罪过，一切罪行都归咎于他们。她说，是的，我们自己十分清楚，应该采取什么样的政策。然而，因为有革命情绪的、深受共产主义工人党情绪影响的工人自觉性这样差，这样不敏感，这样消极，而另一方面，又这样醉心于叛乱活动，所以，我们当时必须违背自己的愿望而行动。不是推动无产阶级中的落后部分前进，不是从政治上教育他们，诱导他们，向他们灌输我们的思想，而是迁就他们的情绪，这算什么领袖呢？他们借口共产主义工人党内革命工人的情绪的口气便令人形象地回想起士官生借口小农的需要来达到保护自己利益目的的口气。这两者玩弄情绪和利益的把戏都是为了追求同样的目的。革命的情绪对于费舍同志及其集团来说不是别的,正是一座桥梁,他们要通过这座桥梁达到自己的目的——维持其对党的领导。这伙人对含糊不清的问题没作出任何解释,而且对这些情绪不稳定的人也没有从政治上进行教育。我敢肯定,他们这样蛊惑性地利用这些情绪,正表现出了他们对工人分子的最大鄙视,表现出了他们在政治领导上的无能。

同志们!费舍同志在此说过,她的一切错误只不过是在工会问题和统一战线策略问题上持否定态度而已。她闭口不谈共产国际执行委员会指责她和她的集团还在另外一些重要问题上的错误。共产国际执行委员会的信中指出,费舍同志及其集团由于执行了目光短浅的、强制的、阴谋家式的、建立在个人利益基础上的政策,由于采用了派性的镇压手段和缺乏最基本的监督,应对党团机构中和党内开始出现分化和腐化这种现象负全部责任。共产国际执行委员会的信进一步肯定,费舍—马斯洛夫集团不是用革命化的手段和力量去动员德国的无产阶级,而是用来搞派性政策。兄弟党的代表们也被利用来在国际范围内组成左翼以反对共产国际的政策。同志们,我开诚布公地说,共产国际信中的一部分指出了马斯洛夫—费舍领导集团政治上的十分无能,而另一部分则指出了她的不诚实,指出了她的骑墙态度,指出了她在政治上所使用的卑鄙的斗争伎俩。在费舍和她的最亲近的朋友受到了共产国际领导人的痛斥之后,费舍同志在共产国际执行委员会的信上签了名,这样就更加深了打在她身上的烙印。她只是用这一点表示了自己缺乏自尊心,而这种自尊心是一个真正的革命战士不可缺少的。在这种情况下,她的签名已不表示纪律,而只表示缺乏自尊心。后来,费舍同志回复德国阴谋反对共产国际执行委员会的信,这就更加说明了她缺乏自尊心。

同志们，费舍—马斯洛夫集团政治领导上的错误和骑墙态度的错误给德国共产党带来了灾难性的影响。我在德国逗留期间曾到过各重要的大区，通过与极左派、右派及各式各样的同志交谈，首先是通过与普通党员的交谈，都证实了这一点。党员的人数大减；我们的党几乎完全失去了与大企业的联系；工会工作几乎完全陷入停顿；我们几乎失去了工会中的所有阵地；我们脱离了广大群众，而敌人已经不把我们放在眼里，当然也就更加不尊重我们。更糟糕的是：党内从上到下对自己的力量，对无产阶级群众抱有极大的消极态度。这意味着什么呢？这意味着缺少一种最重要的，能使党变得强大、变得有活动能力，给党以斗争的意志的因素。

　　同志们，凡目睹过党的灾难性状况的人都明白，在现任领导班子的带领下，党内开始出现了尽管是缓慢的，但又是不容置疑的高潮。党正在向纵深发展、扩大。当然，过去的痕迹还沉重地压在党的领导机关头上。这还不是真正的理想的领导，但这样的领导是一朝一夕便可以形成的吗？对于这一点，领导同志自己也很清楚，只不过他们正在努力使他们的集团协调一致地工作，发展成为一个重要的、强有力的领导机关。在这种情况下，每个同志最起码的义务就是支持领导核心的工作和他们的努力，从而促进党的发展。而费舍同志又做了些什么呢？她竭力利用每一个可乘之机为领导制造困难和障碍。更有甚者，她还企图破坏这个领导核心在群众心目中的威信。

　　同志们，费舍—马斯洛夫领导集团曾经把党搞得不成样子。现在，党已经从这种混乱局面中摆脱出来并开始在这片废墟上崛起。党的干部队伍重新得到充实，党的各部分之间的联系得到加强，工会工作的意义得到重视。企业中及党的生活中的各个方面的调整工作正在向前发展。党成功地进行了反对洛迦诺条约的斗争。现在，因为房产赔偿问题，党组织了广泛的人民运动，这种规模我们还是从未有过的；而这场运动中最可喜的是：我们的党是领导者，而不是被领导者。由于在群众中工作开展得很顺利，党迫使社会民主党和工会的领袖参加了这场运动。在农民组织方面（这是最重要的方面之一），党同样认真地开始了工作。党所取得的成就不仅证明了党很清楚自己的任务，而且也证明了党坚信自己的力量，工作准备得有条不紊、按部就班、十分认真。一切能为党的利益而工作的力量，一切符合共产国际既定的原则和策略路线的力量都被吸引来与党合作。从这种意义上来讲，党及党的领导核心也得到了巩固和加强。中央正吸引一切有关的人进行合作，而不管费舍—马斯洛夫集团在派性斗争中被扣上什么帽子。因为费舍—马斯洛夫集团认为一切可以正确书写德文的人都有"右派"之嫌。现在，正在集中力量。鲁特·费舍曾主张过集中力量的必要性。同时，这并没有妨碍她企图把这种集中说成是中央、党和共产国际向右转弯。自从马斯洛夫—费舍集团以丧尽天良的中伤手段谴责和孤立党的杰出的、干练的代表塔尔海默和布兰德勒这两位同志以来，鲁特·费舍同志已经不能再用"布兰德勒来了"这样的叫喊声吓住我们了。现在，她又找到了新的恫吓我们的人——恩斯特·迈耶尔。"恩斯特·迈耶尔来了"——这便是她恫吓人的新花招。

同志们，我了解党的历史。恩斯特·迈耶尔是一个革命者，他比马斯洛夫和费舍强十倍。中央的同志不是小孩子。用"迈耶尔就在门外"这样的叫喊是吓不住他们的。现在，已经与当年罗马的主妇吓唬孩子们，让他们听话时喊的"汉尼拔就在门外"的情形不同了。不，同志们，众所周知，在德国，像恩斯特·迈耶尔这样的敌人没什么可怕的。一面违心地谈论集中，同时又发出这种喊声，因为马斯洛夫分子、费舍分子及其同伙还有那些骑墙的老手们还在共产党内。同志们，我认为，在德国党内，尽管还能听到这种愚蠢的、不诚实的喊声，但是，德国党仍会始终不渝地沿着它踏上的正确道路走下去。德国党不论从内部还是从外部都将得到巩固。拥护党，这是我们的义务。

我还要补充一点。显然，现在仍然有些同志不顾马斯洛夫—费舍的灾难性的政策，指望这些人忏悔、认错，重新回到共产党的领导队伍中来。我说，这是绝对办不到的。台尔曼同志说得对，他认为，像马斯洛夫、费舍这样的人，在政治上和道义上都已经永远死去了。可以在很多方面指责德国工人，我曾经，而且现在仍然在很多方面指责他们，然而，绝不能怀疑他们缺乏自尊心到竟会允许这种人领导自己的程度。

同志们，关于共产国际总的形势，我想再补充几句。总的来讲，一些人认为，对世界经济以及由此产生的前景问题的分析是完全正确的。我也同属这些人之列。然而，由于肯定了分析的正确性及前景的正确性，有一个事实引起我的深思。我认为，各国支部以及共产国际的领导机构应该同意我的下列观点：尽管前景正确，在最近一个时期，共产国际仍经历了德国党的劫难，遭受了爱沙尼亚、保加利亚的失败，我党在法国和挪威的处境极其困难。同志们，我认为，这个事实应该提醒我们注意一个问题，共产国际的策略路线是否贯彻得十分鲜明、十分准确？德国的情况并非如此。法国的危机表明，那里的情况也不总是这样。其他国家也是如此。我认为，为了使作为世界革命的领导者和组织者的共产国际得到健康的发展，制定出一条明确的策略路线以及贯彻执行这条路线都具有重大意义。大家知道，马克思、恩格斯在世界前景问题上也犯了相当大的错误。但是，他们的路线始终是鲜明的、准确的和正确的，他们的路线至今对无产阶级和无产阶级的解放斗争都有着自己的全部意义。与此相反，我们从共产国际看到了正确的分析、正确的前景，尽管如此，我们也看到了重大的失败。我认为，我们应该检验一下，在某种程度上说，这是否是因为我们方面的错误，是因为我们的路线可能不够鲜明，制定得不够准确、不够坚决。扪心自问，难道这一点不是各种偏差和执行这一路线不坚定、不彻底的原因吗？我十分坦率地说，例如，我就发现在共产国际第五次大会决议中，在工会统一的要求和一些政治纲领的提法上存在着某种矛盾。季诺维也夫同志在此谈到了社会民主党的性质和实质，社会民主党领袖的法西斯政策，讲得完全正确。我不仅在此签名赞同，而且是举双手赞成。我无论走到哪里都会捍卫这一观点，向社会民主党的工人们阐述这一观点。但是，又有另外一个问题，在此时，以这种方式表达出这一切是否明智，是否妥当？当然，拉萨尔的原则是好的，说真的，但是，同时总要考虑到当时的具体情况。例如，我们本可以在此好好谈谈俄国党内的辩论问题，对于这一点，可能我们谁也不会反对。尽管极左派分子对此费尽心机，但是，在这种时候，我们还是认为把俄国的辩论作为共产国际辩论的课题是不妥当的。假如我们拥有一些成熟的、训练有素的、善于根据他们内部精神而采用我们纲领的同志，那么，这种不十分完善的提法可能不会带来害处。可是，我们缺少有经验的、训练有素的同志。我们的口号提得很可笑，所以，我们的某些提法便使人怀疑我们在工会运动中的统一战线的策略是否诚恳。不仅如此，有些按职业组织起来的工人对我们的宣传持否定态度，对我们在企业中的工作持否定态度，甚至起来反对我们。我们切不可忘记，例如，在德国，按职业组织的工人在大多数情况下是社会民主党的成员。我们应当估计到这一点。我们应当了解到，社会民主党领袖与他们叛变性政策之间的区别以及与被引入歧途的群众之间的区别。我们的一些同志在企业的工作中不止一次地忘记了这种区别。纲领里的提法决定着他们的态度。工人不能理解这种两面做法：当把工人当成工会会员的时候，对他们说："到我的怀抱里来吧，无产者同志，工会的统一战线万岁。"有时却把工人当成社会民主党成员（这首先是我们的极左派同志的过错），对他们说："你是法西斯和叛徒，我要揪住你的头。"在我们德国有过一段时期，工人之间在企业中和在游行时发生冲突。那些游行丝毫没能使工会统一战线和工会斗争团结一致的思想得到巩固，而恰恰相反，这些游行给统一战线运动带来了很大的危害。因此，我以为，在我们的提法和声明中，我们应当高度警惕，不给右派和左派分子们留下曲解和修正的借口。我们的纲领应该写得像路德的圣经那样一字也不容更改。布尔什维克的一切提法都应该清清楚楚，**丝毫也不能被左右歪曲**。

同志们，我想再指出以下问题。我觉得，在执行列宁的共产主义路线的过程中，我们不应当滥用"左派"和"右派"这些派别的概念。倾向可以向这边，也可以向那边。然而，我们不应该把所有错误和一切倾向都说成是左倾或右倾。左派幼稚病很容易变成社会主义倾向。相反，机会主义错误又很容易变成极左的谬误。甚至我们的路线，"金色的中间派"的路线也不能永远保证我们不犯错误。所以，我认为，在这样慷慨地扣帽子之前，应当在各种情况下对具体的条件进行准确的分析，应当研究，如何解释这些失败，研究共产党在这个或那个国家中发展缓慢的原因，党与群众的联系如此之差的原因何在，等等。首先，必须进行详尽而又有充分根据的分析，而不要有现成的公式，只有这样，才能弄清问题，从而避免错误和偏差。我还想强调一点，依我看，这是我们今后的工作中应当注意的。对经济状况的分析，没有枉费我们最大的注意力。这是我们对待党的政策、党的工作的态度和依据。但是，我认为，与此同时，我们应当比以往更加充分地考虑到历史发展的主观因素，详细研究这种因素并予以足够的重视。毫无疑问，尽管这种主观因素是在经济基础上产生和发展的，它无论是对无产阶级，还是对资产阶级，都具有越来越大的意义。然而，从另一方面来看，这种主观因素本身又对经济基础发生影响。它是一种强大的历史力量，而且，如果有谁怀疑在适当的情况下，在团结的、有觉悟的、确信自己的道路的党的领导下，广大群众革命意志的主观因素确实可以翻倒大山的话，那他就应当研究一下俄国革命的巨大教训。我以为，由于经济的总体发展情况，我们不应该只局限于注意无产阶级的各阶层的情绪。不能这样。我们应当比以往更多地注意资产阶级和中产阶级以及在农民阶层中的情绪。同志们，正如马克思所说的，我们不仅应以人民的代言人，以一切被侮辱、被压迫和被奴役者的保护人的态度对待这些阶层，我们还应当把这些阶层看做是我们为争取政权而斗争的同盟者。我们是要革命，而且当真革命的党。在准备革命的过程中，我们应当特别注意与这些社会阶层结成联盟。大部分小资产阶级和中产阶级脱离了自己的阶级，转到无产阶级的队伍中来了；所有国家，不单是在战败国德国，而且在战胜国英国，甚至在黄金之国美国，都正在发生这种过程。另一部分小资产阶级和中产阶级，在行政机关、管理部门和企业经理那里为自己找到了安身之处，他们在一些团体中供职，成为资产阶级社会和资产阶级国家的奴仆。他们的活动对于正确地发挥这个社会的职能有着最大的意义。我们深入到这些阶层中，瓦解他们，使他们对现状感到不满，这是至关重要的。以各种方式削弱我们的敌人，这本身就意味着加强战斗的无产阶级的力量。同志们，这一点对农民也适用。我们与农民阶层的关系，与他们结合在一起具有重大的意义。不妨看一下自己的周围。到处是农业危机，甚至在工业高度发达、技术高度进步的美国，不管资产阶级已经如何使农业生产高度组织起来，但是，还是不能解决农业问题。在许多国家里，就资产阶级意义而言，农业问题也没有得到解决，对我们十分重要的是，不仅要在农民中找到争取政权而斗争的同盟者，而且要找到建设共产主义事业的合作者。我们切不可忘记，农民阶层与资产阶级不同，它不是寄生阶级。因此，农民对获得政权的态度对我们有很大的意义。假如我们以为无产阶级的世界革命实现以后，农业问题也就随之解决了的话，那么，我们就会犯致命的错误。绝不是这样。一旦我们在某些国家夺取了政权，农民问题就会全部出现在我们的面前。这是个重大而又复杂的问题。正因为如此，我们对不可阻挡的、即将来临的革命充满信心；正因为如此，我们正以全部力量和全部热情努力加速这一革命进程，确保这场革命的胜利；也正因为如此，我们必须特别注意农民问题。我们应当更加认真地研究和分析这个问题。在此，我只简略地谈谈这个问题。我们应当把这个问题作为完成我们任务的一个极为重要的内容列入我们的行动纲领中，要"面向群众"。我们应当记住列宁对我们说的话："你们不仅应该争取无产阶级的大多数，而且要争取劳动人民的大多数。"

同志们，在极左派分子中有这样一种说法，认为共产国际趋向于向右转化，并且预见了它的灭亡。再没有比这种怀疑更荒谬的了。

共产国际工作的全部意图是：采纳建议和口号形式，例如，红色无产阶级统一战线，发展左翼，组织左翼同盟。在这些意图中丝毫也没有机会主义和取消主义的情绪。恰恰相反，这些意图正是共产国际不朽的、强大的生命力的佐证。共产国际将把越来越多的群众吸引到自己的队伍中来。只有领导革命的无产阶级的先锋队是不够的。是的，共产国际要带领整个阶级，引导广大劳动群众参加运动。因此，共产国际提出了聚集、集中一切与大资本对立的社会主义阶层的口号，提出了捍卫被剥削和被压迫民族的日常生活需求的口号。

同志们，由于这个好像是"机会主义"的观点，由于这些琐碎的日常工作（极左派分子的说法），我回忆起了列宁生活中的一段小事。我以为，这段小事可作为我们领袖英明的革命政策的象征。当列宁考虑如何控制汹涌澎湃的世界社会革命的大潮并使之向前发展的时候，他却为工厂的工人们提出了开水的问题。这个象征启示了我们应该向列宁学什么：学习他考虑劳动群众的日常利益，用全部热情、全部精力捍卫他们的利益，就仿佛这个问题关系到夺取政权一样。同时，每日每时都要为夺取政权，为达到我们的最终目的——社会革命而不懈地努力。以同样的精力、同样的信心（我在此有意识地使用这些字眼是针对口头革命者的悲观主义)、同样的力量和信念,就仿佛这个最终的目的的实现不应该是在明天,也不是在后天,而就是在今天一样。我们应当在这种革命的实际政策的标志下,每日每时地开展工作和斗争,也只有在这种标志下我们才能胜利——不做第二国际的附属品,不能被融化在第二国际中,绝对不能,同志们,我们要在反对第二国际的斗争中与其针锋相对,才能取得胜利。我们与第二国际不同,我们要的不是修正和补充世界,我们要摧毁这个世界,为的是重新建立一个新世界。(暴风雨般的掌声)

多列士(法国):

同志们,法国代表团完全同意季诺维也夫同志在他的纲领中所阐述的观点,即,在当前局势下正确地实行统一战线的策略应该成为共产国际全部活动的基础。

同样,按照这种设想,我们认为,坚决地反对那些尚未弄清这一策略全部意义的极左派潮流和派别的斗争是十分必要的。法国共产党很清楚这场斗争的必要性。因为,大约两个月前,法国党代表会议纠正了自己政策和策略中的极左倾向。

同志们,在法国共产党内,也像在德国和意大利共产党内必然出现右的倾向一样,没能幸免左的倾向;然而,对于法国共产党来说,右派是最主要的危险。我们的安格尔同志在这个讲台上的发言迫使法国代表团又一次扮演了右派的角色。

同志们,两个月前,在中央扩大全会的会议上(12月1日和2日),我们纠正过自己在实行统一战线策略、对工会工作和工会运动的评价以及改组我党的事情上所犯的错误。由于我们的疏忽,早在第五次代表大会之后就形成的右派巩固了他们对有不满情绪的工人的影响。就在扩大全会的第二天,这些右派抓住党中央致全体党员的信叫喊起来:

"你们看,我们原来是正确的,是我们指出了治病的方法和出路。中央采纳了我们的纲领。"

首先要指出的是,这种公正批评的权利绝不属于右派。我们向安格尔同志指出,中央里有非常了解自己党的人。我们了解党不是在巴黎的委员会里,而是在省里,在工厂里。我们很清楚党在工作中的不足之处。右派的特点是只知道进行否定,即抨击和瓦解党。

在巴黎州的代表会议上,随着党内辩论的广泛展开,意见分歧也激化起来。起初表现在联欢问题、我们对摩洛哥战争的态度问题上,而后来则表现在统一战线等问题上。我不准备多谈这个问题。季诺维也夫同志指出,右派形成的观点实质是社会主义爱国主义的观点。我不下这样的断言。但是,我请大家去看看出自右派笔下的文件,他们以傲慢的口吻写道:

"《共产党人公报》编辑部认为,执行委员会对我党的正式政策只字未表示赞许,对反对派的政策也未表示谴责。因此,不能根据这个问题对扩大全会的态度作出判断。"

同志们,我认为,现在,事情不能只停留在对这些问题的讨论上。我们认为,全会完全同意我们的意见,并且将以适当的方式痛斥右派分子在统一战线问题和联欢问题上所持的立场。但是,在双方关系上,我们都努力改正了错误,而且,我们能够夸耀一下因此而取得的成果。我要指出的第一件事是我们工会的政策。去年,我们与工会同志之间存在着重大的分歧。无疑,这是个错误,而且,我丝毫不想为此辩解。由于年轻,我们的工作人员常常把工会工作看做是某种次要的工作。他们愿意去参与最高政治。但是,很显然,我们青年人所犯的这类错误有时恰恰是反映了那些老工会干部的不正确的观点,他们没有摆脱无政府工团主义意识,不愿意深入到工厂中去。党的年轻干部和老工会干部要进一步团结起来,这是显然易见的。但是,不是在莫纳特宣扬的工团主义的基础上团结,而是在共产国际的基础上团结。如果是这样,那么请问,我们应当做些什么呢?只要我们把迪迪利厄和蒙穆索吸收到党的政治局里来,纯粹的工团主义者们就会叫喊起来:"有人要使工会运动听命于共产党。"12月2日的代表会议指出,对我们与工会间的相互关系必须进行认真的调整。我们是否进行调整呢,是的,同志们。

首先,按照工会工作同志的意见,我们刚刚在法国提出了工会统一的问题(在此之前,这个问题一直是被束之高阁),紧密地把这个问题与工人近期的要求联系在一起;按照进入工会联合会委员会同志们的意见,上次全国工会联合会代表大会上已经确定提出这个问题了。试问,在这次工会联合代表大会上是否像去年一样感觉到了党的工作者与工会工作者之间进行着的时而隐蔽时而公开的斗争?绝对没有,我们进行的是真正意义上的合作。

自12月2日起,我们已经开始贯彻执行代表会议的决议,即提出必须接受有丰富经验的、对于夺取工人必不可少的工会工作者意见的决议。

右派又是怎样行动的呢?还像布尔日代表大会之前那段好日子时一样,他们反对共产党的监督。请听一下莫纳特说些什么:"当世界劳工联合会摆脱了国际劳工局,而法国总工会摆脱了共产党的时候,工人就能够结成工会统一战线。"

请允许我们问一问共产党员安格尔同志,他是否同意对我们党的作用以及党与工会的相互关系下这样的定义?

当然,对此,他会作出否定的答复。我们在某一方面犯了不少的错误,这便是在组织工作方面。有些支部的工人,把布尔什维克化问题看做是改组问题,这种倾向是完全可以理解的。因为这些工人理解改组问题的能力要比理解重大的政治问题的能力强。我们的安格尔同志对我们的组织工作的批评是完全正确的。早在我们在北方工作的时候，克雷姆同志在马赛，而维拉在巴黎区工作的时候，我们就批评过组织工作。很显然，改组工作进行得有些呆板。我们不愿意在建立生产支部的同时建立街道支部，这是错误的。往往在建立生产支部时，只有3—5个产业工人附带30名其他的人。迟迟不建立能在地区范围内工作的机构也是一个错误。

同志们，我们承认自己的错误，并由此得到结论：我们的工作方法必须加以完善。右派得出的结论则是：必须取消生产支部而恢复老的分部的形式。

现在，已经没有人再坚持无条件地反对以生产为基础建立支部的观点了。按照博尔迪加的说法，现在，人们对生产支部已经可以容忍了。众所周知，现在，我们党内就已经有几千名不在分部的工人了，也有一些工人曾在分部里呆过，但现在却愿意放弃分部而选择支部了。

同志们，有人说反对支部形式的主要原因是：在支部中不能对问题进行辩论。显然，我们在对共产党的作用的理解上是意见不一致的。难道所有问题都要拿到党内辩论，把党变为一种俱乐部吗？不能这样。同志们，需要工作，在工人群众中工作，在工厂里工作。而在这方面，生产支部是最强大的武器。我所在的那个支部的书记告诉我，他参加过老的组织，有时，一个月参加一次分部会议，在会上听取冗长的报告，有时一言不发。而现在，他自己领导一个生产支部，并且是个相当重要的支部。每周召开一次支部会议，出席分区和区一级的会议。很显然，现在的工作比过去分部里的工作更有价值。

博尔迪加同志认为，支部对俄国可能是适用的。因为俄国沙皇政权和企业组织之间互不通气。在那里，支部的存在所冒的危险要小得多。我们则认为，如果在现代资本主义国家中，国家机关和企业主之间存在这种相互支持的关系的话，那么，这恰恰说明一定要在工厂里开展工作。工厂是不容忽视的有重大意义的单位。

博尔迪加同志认为,敌人会在工厂支部的基础上建立反革命组织,这是不利于支部的理由。我们则认为这正是建立支部的理由。同志们,我们的敌人很周密地考虑到了革命斗争的经验,懂得在企业中开展工作的重要性,并极力在我们把工厂工人争取过来之前,在那里扎下根来。实际上,博尔迪加在这一点上与法国的右翼是一致的。

他们指出支部的危险性,然后对我们说:我们同意建立生产支部,让它们存在,但是,应该剥夺在支部里辩论的权利。如此,如此……把同志们重新安排在各支部之后,便可以自动地执行决议,便可以在各分部尽情地高谈阔论了。

我们坚决反对如此理解党的组织形式。

但是,同志们,一味地议论是不够的。需要举例说明。就以图尔铁路工人的一个支部为例。起初,那里只有几个工人共产党员,现在,已经有了80个工人共产党员,而且,他们有很大的影响。在北方地区的贝蒂讷铁路工人支部,工人共产党员人数从5人增加到了25人。这个支部领导着一个独立的、拥有450个委员的工会,并且使这个工会组织摆脱了工会秘书(一个无政府主义者)的影响。这个支部定期出厂报。还有许多其他例子。问题不只在于改组、建立生产支部,而且还在于改变党内工作方式本身。在一个支部人数仅有12名成员的小村子里,有4名党员被派到了公社管理会里面,这个支部领导着拥有80个成员的农会,支部12名成员中有9人订阅《人道报》,25人订了《农民之声》,成立了共产主义青年团,吸引了当地半数以上的青年。

我们不妨提醒一下安格尔同志,法国共产党尽管有许多失误,但它仍然在发展。

现在,我们再举一个矿井支部的例子。我指的是在罗什贝勒矿井反对摩洛哥战争的运动。从战争爆发的那一刻起,支部成员便开始讨论党的口号。每个人都在自己周围，在矿工们中间进行积极的宣传，散发《人道报》。矿上出现了反对战争的巨幅标语。当区里决定举行反战示威游行时，支部召开了同情矿工者会议并印发传单，向矿工宣讲参加示威游行的必要性。支部讨论了第二国际法国分部在公社管理会中声明反对战争但拒绝加入行动委员会的做法，发给同志们关于如何在企业中开展宣扬鼓动工作和揭穿社会主义分部立场的指示，提出在矿工出井后召开会议。一切既定的工作都是在支部委员会的领导下进行的。

在有50名非党派工人出席的同情者会议上，支部书记散发了示威游行的标语，支部成员出版了报纸并散发了400多份。

矿工出井后聚集了500多人来听我们的演讲。这个矿的工人罢工很齐心。

在支部由5人扩大到20人的圣艾蒂安同样出现了这样的情景。在利摩日也是如此，在那里，一个有29人的支部努力散发《劳动者》月刊。在企业中建立了有90名成员的莫普洛夫分部。为了开展反法西斯斗争印制了传单，传单的内容将近期的要求和反法西斯问题结合了起来。与此同时，在相邻的企业中建立了两个支部；其中一个支部的成员已经达到了23人。

同志们，不言而喻，共产党距离自身的完善还很远，工作得也不够理想，但是，要知道我们才刚刚开始改组，还有错误。我们已经考虑到这些错误，而且已经端正了自己的立场。现在，必须运用自己已经获得的经验。

安格尔同志谈到二十四小时罢工的问题。他认为二十四小时罢工是彻底失败的，这一不幸事件对工会运动造成了影响。既然这样提出问题，则必须把它说清楚。

试问，是谁提出了二十四小时罢工的口号呢？许多次工人代表大会在自己的表决中都同意纺织工人同盟和德国总工会中央委员会提出的以二十四小时罢工来反对摩洛哥战争的口号。

我们是否对罢工做了充分的准备工作呢？

很显然，关于罢工的布告公布迟了，两次代表大会之间的间隔太长了。同样，显而易见的是，在准备过程中，没有采取充分有力的实际措施；但是，在考虑到这些问题的同时，应当考虑到资产阶级政府进行的反对我们党的疯狂的斗争，应当记住，一大批党员被捕入狱。

还必须记住企业主的手腕。

同志们，罢工前夕，恰恰是安格尔工作的那个区里为装卸工人提高了工资，纺织企业提高了工资，给北方采矿工人补发了他们早就要求增加的60生丁。我还要指出另一个非常重要的情况。罢工前夕，马赛的有轨电车管理局许诺，如果电车职工不罢工就给他们增加700法郎，同时，将计划增加的一半，即350法郎在罢工的第一天发放。不能避而不谈社会民主党的领袖号召工人不参加罢工的做法。资产阶级报刊在几个月的时期内对我们不闻不问，而现在突然在罢工前夕向我们发动了疯狂的诽谤运动，这件事也不是没有影响的。在党内和工会运动中，我们的右派分子产生的消极主义也起到了一定作用。

同志们，这一切所产生的结果是什么呢？近百万人参加了罢工。如果考虑到下面这一情况，即一些最大的、我们工会影响较大的，例如，铁路工人、邮电工人、小官吏等工会没有参加这一运动的话，那么，仍然可以确定，罢工运动没有遭到失败。在法国的历史上，我们首次在战争期间发动了部分居民起来反对战争。也不应该忘记，在巴黎区罢工那天的国内战争的气氛，大批警察出动，多里奥同志遭毒打，萨巴捷同志在叙雷讷遭杀害。

有人断言，罢工运动遭到惨败，共产党和"共产主义的"法国总工会失去了自己对无产阶级群众的影响，他们忘记了几天后为萨巴捷的灵柩送葬的工人达10万之多。这是最好的回答。

为了强调运动的历史重要性，我们要提醒一下，还在战前（由于国际战争的危险）以及战争时期，巴尔干半岛国家的旧总工会就作出过二十四小时罢工的决议。当时，由总工会提出了二十四小时罢工的口号，社会主义党尽管支持，但谨小慎微。当时，还不存在任何工会分裂现象，然而，在比例数字上，罢工人数显然要比现在的罢工人数少。

我这里有一份法国总工会的几个主要联合会提交的报告。请看报告中对我们的安格尔同志工作的地区——下塞纳局势是怎样说的：

"从9月25日起，在我们区里没有进行过任何有关准备二十四小时罢工的鼓动和宣传工作。通过与抱消极情绪的工会干部的交往，我感到，尽管上次联合会代表大会一致通过了反对帝国主义、反对战争的决议，提出二十四小时总罢工，并且通过了决定让鲁昂最大的工会参加罢工的决议，但是，鲁昂最大的工会不认为执行这个决议是自己的义务，而只是局限于空喊口号。必须开展一场强大的运动，以便使他们相信，在最短期间执行上述决议是刻不容缓的。"

党的右翼绕开了各分区和区的支部进行了反共产主义宣传，从而影响了正常的工作。这一右翼影响了我们集中一切力量为罢工做准备，所以，我本人曾被迫和其他党员一起抵制过对工作有损害的右翼。

尽管如此，罢工仍是举行了：我们的安格尔同志开展工作的工会百分之百地参加了罢工。港口装卸工人也全体参加了罢工。由此可见，罢工的口号没有错。从卡尔韦同志的总结报告中可以看出，港口全体罢工，一些钢铁工厂也是百分之百地参加了罢工。例如，在温歇尔有拉佩尔什，在鲁昂有瓦尔涅；其他企业中罢工人数为30%—40%，建筑业为60%，挖土工人亦占相当大的百分比。

还能举出许多事例，但这些已经足以说明问题了。现在，我们谈谈问题的另一方面。当然，罢工后的第二天便开始了镇压。一部分同志被抛弃在街头，另一些同志被捕入狱，有人牺牲，但这说明了什么呢？难道这就能阻止我们反对摩洛哥战争的斗争吗？当然不能。因为照此类推，可以得出显而易见的结论，即宣布"不应拿起武器"。

安格尔同志说，罢工的结果使工会成员的数量减少了。从卡尔韦同志的总结报告中可以看出，恰恰相反，尽管罢工者的数量比较小，但组织工会的可能性很大。我们认为，工会成员的减少不能解释为二十四小时罢工的结果，而完全是由于另外一些原因——工会的原因。安格尔同志，请问，如果在你的工会组织里所有的人都参加了罢工，会员的来源中断了的话，显然，这里另有原因的。那么，我们将同你在工会委员会里（区委会或中央的委员会里）共同研究这些原因。

同志们，我不准备再来分析右翼中各个不同的流派，这种分析以前曾进行过。现在，我只谈谈法国右翼的派性活动。

有像代表戈蒂埃这样的右翼成员，他们完全忘记了对我们党来说宣传工作是很必要的这一因素。他们跑到各省，散布各种奇谈怪论，散发《共产党人公报》和《无产阶级革命》杂志，并收集右翼分子在报告记录上的签名。很显然，我们各区反对这些行动。

我们的安格尔同志说："要是支部里或是区里有人问我有什么意见，我的回答是：我没什么可说，请去看……"

同志们，请看……看什么？该不是看安格尔同志已经不再散发的《共产党人公报》和《无产阶级革命》杂志吧。

安格尔同志声明："因为我们赞成大多数人的意见，我们被驱逐出区委员会。"这是谎言。他们被驱逐出区委会的最初原因是，区委会成员之一巴西列尔为《共产党人公报》编辑部提供了党内生活的情报。我们建议停止他们在《共产党人公报》的编辑工作。对此，他们的答复是，他们将继续为编辑部撰稿，直到恢复苏瓦林的权利。同志们，这些人的真正目的是要恢复苏瓦林的权利。

然而，我们能区分出是谁领导着右派的派别活动，谁是暂时被右派争取到自己方面的持不满情绪的工人。直到现在，我们仍然不断收到一些来信。信中说："我们不反对大吵大闹，砸烂门窗，但是，我们不同意右派的观点。"11 名代表中已经有 8 个人与右派彻底划清了界限，尤其是在联欢这一问题上。但是，我们将全力与右派进行斗争，因为在今天这种时刻（在各种事态不断发展，持续不断的财政危机，威胁我们的工业危机，经常不断的政治危机以及左翼联盟分崩离析的形势下），由于如期实行了统一战线的策略，社会党的工人正注视着我们一方，毫无疑问，右派显然孕育着一种危险。右派可能会到工人中去向他们声明："我们不像罪恶的布尔什维克那样，我们不竭力主张建立生产支部，因为建立这种支部后，你们将被工厂赶出来；我们要努力建立完好的地方分部；进行广泛的友好团结。"这是一个很大的危险，党中央对此不能掉以轻心。我们应该怎样与右派分子进行斗争呢？很显然，在法国，就斗争的意义而言，不能把对有组织的右派的斗争与对极左分子的斗争等同看待，极左分子总是对十二月会议的全部意义估计不足；这样提出问题是错误的：与右派的斗争是头等重要的，而与左派的斗争次之。一般来说，应当指出严肃的反右斗争的重要条件，并指出纠正我们左倾错误的必要性。同志们，显而易见，我们决定通过已在党内开始了的严肃的辩论（但是要在党的纪律所允许的范围内），通过辩论的方法与右派进行斗争。我们决不允许右派经常破坏党的纪律。

我手头有一份时间标注为 2 月 4 日的最近一期文件。文件里是这样写的：

"编辑部希望本届扩大全会着手认真研究法国共产主义运动中形成的极其危险的状况，同时认为我们的义务是：在任何牺牲面前决不止步，分担运动的任务，并防止各种转移视线的活动。编辑部决定接受执行委员会提出的考验，并停止出版《共产党人公报》周刊。

可是，反对派要求，不仅要让他们发言——对他们来说，只有发言的机会是不够的；反对派还要求废除独断的决议和违反大会章程和决议的非法措施；要求恢复党内的真正秩序，即工人的民主，选举由群众授予的全权代表，干部对所有会议负责；要求机构精减到与党员人数相适应的程度，对领袖的行为进行监督，缩减财政开支；遵守通过的决议，承认事实，尊重真诚的信仰和提供服务；谴责无道德论、犬儒主义、伪善、欺骗、捏造、两面态度和阴谋倾轧；这些都是初出茅庐的'列宁主义者'的最高政策所具有的特点，这些人一向盼望列宁死去，好用他的名字来作掩护。

由一些过去在党内被开除的，但明天还得回到党内的党员组成的编辑部认为，为了自己的荣誉他们屈从于执行委员会。编辑部坚持认为，《共产党人公报》和《无产阶级革命》杂志的工作是最高层次的革命工作，认为这些杂志的批评是革命的批评，它们批评的不是党和共产国际的原则，而是批评把现在搞得毫无结果，把将来搞得令人怀疑的那些偏差。"

因此，恢复苏瓦林的党籍是右派活动的唯一宗旨。安格尔同志在自己的发言中把苏瓦林标榜为富有吸引力的磁铁。事实完全不是这样：广大工人群众根本不认识苏瓦林。他从内心深处看不起并且鄙视工人，而工人也会以此来回敬他。请听苏瓦林是怎样议论工人的：

"列宁主义的学校是什么呢？那是一帮可怜的青年，他们惯会逆来顺受，进过备受愚弄的学校。他们的脑袋里灌满了各种公式，让他们死背一些陈词滥调，掌握'顶端'。凡是被那些标榜为'列宁主义教授'的不可救药的蠢货的影响所俘虏的人，永远也不会成为共产主义者。一些人会感到厌恶而溜回家去，而另一些人则会变得野蛮起来，变为机器人，还有一些人（呜呼！）便会无忧无虑地从'列宁主义者'跳到黄色工会中去。"

苏瓦林就是这样看待工人的。

安格尔同志说，不能把苏瓦林比做弗罗萨尔。诚然，苏瓦林的变节程度与弗罗萨尔不同，但是，事实就是事实。难道不是苏瓦林在上次俄国问题的辩论中扮演了一个乐队指挥的角色，并且耐心地向《晨报》这样的大报纸发表记者谈话时用资产阶级报刊的语调来评价俄国工作人员及俄国问题吗？

请看，波里斯·苏瓦林对共产党和共产国际是这样评价的：

"大家还记得，战争爆发的第二天，奥地利共产党便被库恩·贝拉的假扮的使者们慷慨解囊的金钱所收买了。(《无产阶级革命》1925年8月号)

尽管苏维埃共和国已不再惧怕孟什维克分子，但是，在俄国，仍然还在继续逮捕他们。确实，为了进行经常性的镇压措施，已经没有别的可以采取的理由了。"

他接着写道：

"共产国际的创始人法朗吉①已被一群良心上有许多病变的人和容易被人'掌握'的人所代替。已经有人对受提拔的人和债务人提出了申诉，是什么东西促使莫斯科去调换捷克党中央的人员呢？把谁硬塞进了这个中央呢？1924年的列宁主义者：一个警察，小偷，破坏罢工的工贼，一个粗野的军人和……"

这便是苏瓦林文体的芳香。苏瓦林及其右派停止出版《公报》并在最后的几篇文章中声明：

"扩大全会可以而且应该尽快消除法国共产党内的危机。如果再拖延下去，势必会出现一个新的革命的共产主义的反对派的机构。《共产党人公报》编辑部在向共产国际作出忠诚的保证的时候，号召一切真正的共产党人提高警惕，并声明，当共产主义原则被忽略，党的决定被破坏，党的章程被践踏，革命的良心被那些身居要职的人蹂躏的时候，用革命手段违背纪律是最起码的权利和最崇

---

① 法郎吉：法国傅立叶空想社会中的1500—2000人的基本生产消费单位。——译者注

高的义务。"

同志们，他们的词句是革命的，然而，我们再次强调指出，与右派打交道时，我们能敏锐地区分出，谁是受蒙蔽的工人，而谁在处心积虑地想瓦解我们的党。我们声明，对待受骗的工人，我们要作出最大的让步，然而，对待右派决不手软。我们决心奋斗到底，直至把那些发出臭名昭著的警告、坚持认为自己有权破坏最基本纪律的人开除出党。

右派最后一份文件上有一批一年半以前被开除出党的人的签名，这些人包括：因编辑出版反共小册子被开除出党的吉尤、勒普兰斯、勒鲁瓦，被开除工会的莫利尼耶，还有苏瓦林。

安格尔同志提出了一个国际范畴的问题。他问道：你们提出什么作为恢复苏瓦林权利的条件呢？在第五次代表大会上提出了一项建议：

"授权共产国际法国支部向共产国际第六次代表大会提出重新吸收苏瓦林入党的建议，条件是，在这一段时期内他能在对待党和共产国际的态度上表现出自己的行为是忠诚的。"

同志们！苏瓦林到底是如何遵守这些条件的呢？对此，共产国际将会作出判断。而我们不怀疑，苏瓦林会赞成不久前主席团给他的答复。至于我们法共中央，我们根本不存在这个问题。

斯克雷普尼克（乌克兰）：

同志们，如果就共产国际执行委员会这次扩大全会上的发言而论，那么，可以认为，共产国际的进攻，或者更确切地说，共产国际对极左派的防御没有遇到什么对手。极左派的所有代表都声明，他们同意共产国际的纲领。正如布哈林同志说的，他们是多么同意这个纲领。只有博尔迪加一个人不同意。一切都在变化，一切都在向前发展，只有博尔迪加同志一个人没有变。博尔迪加重申了他自共产国际第二次代表大会以来所说过的话。这些话中也有某些新的内容。这些新内容便是他的声明：列宁主义是俄国具体条件的产物，列宁主义不适用于西欧国家的环境。必须彻底驳斥博尔迪加同志的声明。因为这里涉及的不单单是组织问题。除此之外，博尔迪加还声明反对以生产支部为基础的组织形式。博尔迪加关于列宁主义不能适用于西欧环境的声明是针对我们各国共产党整个路线的，既针对组织路线也针对策略路线。博尔迪加提出了以什么来代替列宁主义呢？根本问题是：什么是列宁主义？我们党所下的定义是："列宁主义是世界帝国主义和无产阶级革命开始时代的马克思主义。"难道在这个时代里博尔迪加同志还能为共产国际提出什么别的马克思主义吗？除了他自己的理论还能有什么呢？还可以建议把列宁主义换成卢森堡主义，这个建议以前就有一些同志提出过。波兰一个共产党员同志在1921年写道："列宁只是一个实践家。而为无产阶级创立了理论的罗莎·卢森堡不知要比列宁高明多少倍。"这个人便是巴宾斯基同志。我们不得不与卢森堡派打交道，共产国际驳斥了她。第五次代表大会以及随后召开的扩大全会研究了各国共产党内有影响的卢森堡倾向问题。在这个问题上，博尔迪加提出了什么呢？博尔迪加同志的这次发言有没有什么理论依据呢，用这个理论依据能否颠覆共产国际这一"金字塔"呢？他声明，似乎在共产国际内存在一种恐怖制度。

苏联最近举行的第十四次代表大会认为，活跃共产国际执行委员会的活动是很必要的，这将使所有的西欧共产党更广泛地参加共产国际的生活。但这是否意味着推翻全部路线和领导呢？绝不是这样。匈牙利党应该更活跃地参加共产国际的生活，我们乌克兰共产党（布）也是一样，我就是代表这个党出席共产国际执行委员会扩大全会的。各国共产党（西欧各国党和苏联党）共同参加共产国际的生活，这便是共产国际制定共产主义领导方针时所应当遵循的原则。不要推翻一切，不要否定已有的成就，应当坚定地走向胜利。

如果我们再去问极左派的另一位代表多姆斯基同志的话，那么，一定会看到，同样是口头上承认错误，甚至是列数错误，与此同时，却试图采取某种策略行动。一方面，多姆斯基承认错误；而另一方面，多姆斯基却说，这里有一篇以前担任波兰共产党领导人的瓦列茨基同志写的文章，多姆斯基接着说：这篇文章里有一个小地方证明了波兰共产党内存在着右倾危险。诚然，是存在着众所周知的右倾危险。但是，多姆斯基同志，您为什么要在这里谈瓦列茨基同志的文章呢？为的是用文章中提到的右倾危险来掩盖您过去和现在代表的极左危险。您忘记了您作报告的这个地方不是波兰党的第四次代表会议，而是共产国际执行委员会的全会。多姆斯基只是在这里才开始谈起他的波兰共产党的极左派领导人对工人阶级和共产国际作出的功绩。但是，多姆斯基把不属于他的东西也记在了自己的账上。尤其是，他把在西白俄罗斯进行的辉煌运动看做是极左派的功绩。请允许我不能同意您的看法。斗争的焦点在哪里呢？不在于需要不需要进行运动，在这一点上大家是一致的。（多姆斯基：不是。）极左倾向表现在他们认为必须把党的工作置于抵制的标志下，并把抵制工作作为全部斗争的基本核心。实际上，他们执行的是立即起义的路线。这一极左冒险政策，当时遇到了来自乌克兰共产党方面的坚决反对。只是在共产国际和主席团的帮助下，才得以克服了这种极左倾向的无稽之谈。但是，在这个问题上，波兰共产党第三次代表大会所通过的路线不是极左分子坚持的路线；所以，这不是波兰极左分子的功绩，而是共产国际和波兰共产党内坚定的共产主义分子的功绩，波兰党的功绩在于你们极左倾向的起义路线没有被你们的党所采纳。

第二个问题，在民族问题上取得了哪些成就？请允许我不同意您的意见并提醒您，当您开始从波兰共产党中央向共产国际和匈牙利共产党进攻的时候，当您反对德国共产党、法国共产党和保加利亚共产党并遭到西乌克兰共产党中央方面的有组织的反击的时候,您企图利用自己在波兰共产党中央里掌握的对西乌克兰组织方面的权力,诬陷西乌克兰组织在搞分裂主义,用分裂来威胁它,企图以此来掩盖您反共产国际的行为。法国有一句谚语说得对,"大胆地诽谤吧,总会捞点东西的"。(多姆斯基:您在诽谤。)波兰中央极左派的这些声明就这样露出了马脚。很遗憾,在已经散发到各位代表手中的共产国际执行委员会印发的总结报告中,我看到这样的声明:西乌克兰共产党在发展,在开展工作,而且正在**逐步地**根除自己的**分立主义**。然而,亲爱的同志们,如果这里指的是在西乌克兰共产党使自己与多姆斯基领导下的波共中央的极左派进行的反对共产国际的斗争中划清界限方面所表现出的是"分立主义"的话,那么,这种分立主义只应该受到欢迎。而我们看到,波共中央的极左派企图大喊大叫,似乎西乌克兰共产党有"分立主义",他们以此来掩盖自己的极左偏差,掩盖自己对共产国际的真正的分立主义。最近两年来,在波兰共产党内接二连三地出现危机。在所有这些危机中,共产国际都必然得到西乌克兰共产党的坚决支持。因此,在谈到西乌克兰共产党捍卫共产国际正确路线的问题时,多姆斯基和其他人关于西乌克兰共产党的"分立主义"言论已经说得够多了。

我再说两句关于波兰共产党面临的危险问题,波兰共产党面临两种危险:右倾分子和极左分子的危险,它经过很大努力才摆脱了这两个危险。在共产国际的帮助下,依靠华沙、西乌克兰等地的得力同志,波兰共产党先后克服了右的和极左的倾向。但是,这两种倾向在波兰共产党内都留下了痕迹。

现在,谈另一个问题,即有关共产国际执行委员会本届扩大全会政治委员会下属的波兰委员会或分委员会的工作和讨论对象问题。这就是民族问题。我们知道,波兰共产党已经通过并正在执行共产国际第五次代表大会的决议。后来,我们看到,波兰共产党第二次代表大会使共产国际的决议进一步具体化了。大会指出，共产国际第五次大会提出的关于国家划分出西白俄罗斯、西乌克兰并使之与苏维埃白俄罗斯和苏维埃乌克兰合并的口号，在资本主义稳定的条件下，这不是必须立即执行的口号，而更应该是宣传性的口号。此后，又召开了西白俄罗斯共产党代表会议，会议用新的支持西白俄罗斯在波兰的自治的口号来补充从民族自决权直到西白俄罗斯与苏维埃白俄罗斯分立和合并权的口号。会议声称，似乎广大人民群众都要求自治。

众所周知，共产国际第五次代表大会关于民族问题的决议完全否定了自治的口号，指出，自治是资产阶级统治民族和被压迫少数民族中较富裕阶层为反对广大劳动群众而结成同盟的途径；因此，西乌克兰共产党中央在发言中表示坚决反对自治的口号，并将这一问题提交共产国际执行委员会。与此相反，波兰共产党中央在这一问题上却与西白俄罗斯的观点一致，发言表示支持自治的口号，并提请共产国际执行委员会扩大全会解决这一原则性分歧。所以，共产国际执行委员会应当特别注意这个问题。

必须承认，情况从第五次代表大会之后发生了变化。在资本主义局部稳定的条件下，我们只得从直接的冲锋转入包抄运动，等堑壕挖好后，我们便可以一举摧毁资本主义。在民族问题上，我们同样应当立足于局部要求的基础上。只是一味重复从民族自治权直至分立权是不够的。必须让每一个党找到提出局部要求的途径：自治方面的问题、学校问题等，以便在局部要求的基础上组织群众进行反对民族压迫的斗争。局部要求的途径是必经之路。但是，自治的口号是否属于这种局部要求呢？根本不是。

当然，必须要坚决否定极左的起义路线，这种路线表现在：一旦在哪一个国家里实行自治，我们就高傲地站在革命的敌对立场上拒绝参加自治，放弃在这种自治制度内部进行斗争。为了开展斗争，我们应当像当年利用国家杜马那样利用这些自治制度。但是，这离提出自治要求和把这些要求变为自己的要求还很远。在波兰，是谁提出了自治这一口号的呢？波兰社会党第二十次会议似乎已经提出过这一要求（承认从民族自决权直至分立权和自治的口号），波兰社会党是向波兰政府妥协的妥协党、大富农党。

我认为，这一问题应当引起共产国际特别予以注意，共产国际必须专门研究这一问题。现在，这一问题不见得能在全会上得到广泛的讨论，只是在涉及个别国家，尤其是罗马尼亚和波兰的问题时，才可以在全会的委员会和分委会中提出来进行讨论。但是，这一问题必须提到共产国际的第六次大会上，在此之前，需要就这一问题展开广泛的讨论。如果说极左和右派危险有许多表现形式的话，那么，在民族问题上，他们表现得尤其充分，正是恰恰在这里，极左和右倾能够找到温床，这里有营养丰富的肉汤。共产国际面临着极左和右的倾向。这些倾向在夹杂着民族问题的地方，其危险性就更大。现在，必须把这一问题提交整个共产国际进行讨论，因为，许多共产党内的右的和左的倾向都是滋生在这块土壤上的。（掌声）

莱什琴斯基（波兰）：

同志们，首先，我要对斯克雷普尼克关于自治的问题说几句话。我要指出，我们没有提出过自治的口号，但是，我们支持实现这一口号的要求。白俄罗斯共产党在自己的代表会议上强调指出，它在民族问题上坚持原来的立场，它仍然同意从民族自决权直至分立权和与苏维埃兄弟共和国合并的口号。在这点上决不允许怀疑，似乎白俄罗斯代表会议在这个基本问题上放弃了原来的立场，这是不可能的。我应当让大家知道，根据共产国际执行委员会的倡议，正处于如此关头，也就是斯克雷普尼克谈到的：白俄罗斯共产党在坚持从民族自决权直至分立权的基本口号，并且认为这一口号的确有可能正确解决民族问题的同时，我们将支持人民群众和各个党派在西白俄罗斯自治方面的一切要求。同志们，我们认为，在贵族资产阶级波兰的条件下实现自治，当所谓的边陲地区，即在西白俄罗斯和西乌克兰，由掌握着整个国家机器的波兰地主统治的时候，要实现真正的自治是不可思议的。在对西白俄罗斯和西乌克兰关系方面的所有民族改革的许诺都不过是纸上谈兵罢了，一切改革的试图都将以惨败而告终。图古特内阁被迫辞职，因为他的所谓民族化方案，即平息边陲地区的方案，因为波兰地主的反对，没有一个能得以实现。我们认为，支持这些自治要求的做法是白俄罗斯党迈出的具有策略意义的一步。白俄罗斯党对群众说：如果你们的妥协派领袖真正打算为自治而斗争，为自治可能给广大人民群众带来的那些权力而斗争的话，那么，我们就将支持这场斗争；然而，我们要求你们能保证，不仅是在口头上，而是在实际上进行这场斗争。我们在此就可以向白俄罗斯和乌克兰人民群众证明，妥协派领袖不是在斗争，而只是在空喊自治口号，例如，波兰社会党就是这样。

同志们！为了实现统一战线策略，为了揭露妥协派领袖，我们支持这些领袖提出的局部要求，我们也可以像根据其他局部要求那样，根据自治的要求揭露他们。我们的中央全会决定通过以下方式弄清这个问题：1. 通过在党的报刊上展开广泛辩论的方式；2. 在共产国际执行委员会扩大全会的会议期间弄清这一问题。而且，我们在主席团面前坚持要召开特别委员会或是分委员会会议，以便弄清这个问题。我们希望斯克雷普尼克同志不仅在白俄罗斯代表会议上提出这个问题，而且能积极促成问题得到澄清。

现在，我来回答曾短期与我一同反对过右派危险的战友多姆斯基同志的问题。同志们：我们认为，季诺维也夫同志在纲领和发言中所提到的并经斯特凡斯基同志进一步详细阐述的波兰所处的严重状况，提出了一系列重要的任务，要求党予以解决和准备完成。党应当有十分明确的策略路线。我党的第四次代表大会和最近一次的中央全会把全部工作都集中到确定这一正确而又明确的策略路线上。我肯定地说，昨天的会议上多姆斯基所持的观点（我因病今天才得知）是在混淆我们的策略路线。这种立场与骑墙态度如出一辙。它妨碍着克服党内的极左危机，因此，应当尽快消除这种观点，揭露多姆斯基同志派别新观点的真正政治面目。这是首要的，也是最基本的任务。当季诺维也夫同志断言，极左路线导致我党灭亡的时候，多姆斯基感到委屈。因为多姆斯基执行的恰恰是这种路线。而意识到这一点又是同极左倾向决裂的基本条件。的确，多姆斯基同志说，以他为首的领导班子犯了一系列错误，他对此深感悔恨。但是，他只是忏悔说这是一系列偶然性的错误。第四次代表会议对此持另一种观点。会议肯定并证实这并非是一系列偶然性的错误，而是一条目标明确的，使党脱离群众的极左路线。仅举这里提到的五一游行一例，便足以看清这一点。党如果只把自己的党员和同情者领上街头，在这样的日子里如果不努力寻找与佩佩埃索夫群众的共同语言和联系的话，这样的党是会脱离群众的。多姆斯基同志说过，以他为首的领导班子的功绩在于，他们总算把群众领上了街头。这一点，以前的领导同志似乎都不曾做过。这是不正确的。这是明显的夸大。我们党不是第一次，也不是最后一次将群众在五一节领上街头，不是第一次也不是最后一次开展群众运动。把我们的党在五一游行时隔离于跟随波兰社会党走的工人群众作为功绩，这是不恰当的。

对工会态度的尾巴主义立场是导致脱离群众的原因。过去，以多姆斯基为首的党的领导班子多次声明，他们要为把群众吸引到工会中去而奋斗。但是，这项任务也只不过是一纸空谈。实际上，党迁就了脱离工会的群众的情绪，我们许多共产党员同志没有参加工会，不属于工会组织，这个事实便是证明。无需再举更多的例子来证明，吸引群众到工会中的这一任务并未贯彻执行。

我不准备重谈已经提到过的问题,即群众认为,把局部要求与基本政治任务相联系的做法是机械的、难以理解的以及经济上的尾巴主义的问题。这种经济上的尾巴主义,使党从前的领导错过了一系列开展政治运动的机会,例如,洛迦诺公约致使波兰受西欧资本的奴役而党没有利用这一机会开展运动。所有这些错误都是极左路线的表现。极左路线将我党推到了濒于灭亡的边缘。最后,认为暗杀内奸能唤起群众参加战斗行动的刺激性恐怖思想使党走上不正确的道路,这违背了群众斗争的基本方法。

多姆斯基同志谈到了在过去领导班子的领导下党取得的成就,并把这些成就记到了自己的功劳簿上。我肯定地说,第四次代表大会也证明了这些成就恰恰是党与多姆斯基同志的极左路线进行了斗争而取得的。(斯克雷普尼克:对!)这些成绩表明,多姆斯基及其流派不能从政治上瓦解我们党,证明我们党仍有健康的、具有无产阶级辨别力的干部,他们渴望进行大规模的行动。假如没有束缚我党手脚的极左路线,我党的成就会更大。这些成绩同样表明了党在第二次代表大会上,在农民和民族问题方面已经打下了思想基础。这个思想基础后来在第二次代表大会上进行了广泛的研究,并由党的第四次代表会议应用于当前的情况和任务。

由此可见,多姆斯基同志想回避的主要问题是,在对待党内倾向的态度上应该向哪里开火呢?当然是反对极左倾向。波兰的极左派也像德国的极左派一样,是党面临的主要的和最有威胁性的危险。如果极左路线在当前这种历史重要关头会束缚住我们的手脚,会妨碍我们解决党所面临的基本任务的话,如果这条路线会导致党脱离群众的话,那么,就应该坚决地向极左路线开火,并把它彻底纠正过来。

然而,我们也并没有忘记党内的右倾危险。这并非出于对称的美感,而是因为,这些危险确实存在于我们革命运动的客观实际之中。这些危险与我们党过渡到新的策略战线有关,这些危险不仅与机会主义残余有关,而且与极左传统有关。极左传统使党不能弄清统一战线的策略基础,最后,这些危险还与过去党的领导不同右倾危险进行思想上的、列宁主义的斗争,而只是进行机械主义的斗争有关。我们的代表会议十分明确地说明,与极左危险斗争,拨正党在这方面的路线并不意味着又回到共产国际第五次代表大会和党的第三次代表大会所谴责过的、已彻底失败了的右倾机会主义政治上来。

我再谈谈多姆斯基同志为了把注意力从极左危险上吸引开,在对待瓦列茨基的文章的态度上所采取的手段。瓦列茨基同志的文章是他个人的文章,而不是我党的正式文章。(多姆斯基:那《真理报》也是他个人的机关报吗?)瓦列茨基在致波兰代表团的信中对被认为是向我党的领导进攻的那一段进行了解释。他在信中声明,他丝毫没有破坏新领导威信的意图。相反,他认为,这个领导班子在政治上是很合适的,而他会尽力支持它。关于文章中所贯穿的路线,我可以声明,除了上面指出的那一段外,文章与党的第四次代表会议采取的已经说过的(喊声:没有说过。)路线并无相抵触之处。

最后,关于多姆斯基同志发言的基本结论。他在发言中肯定地说,共产国际执行委员会对多姆斯基派的态度是正确的。执行委员会所持的观点使我们有可能弄清党所执行的正确的策略路线。多姆斯基的讲话证明,他持骑墙态度,证明必须彻底纠正他的路线。这便是我党所面临的基本工作。

多姆斯基在此声明,他愿意在波兰共产党的队伍中工作。我们坚持党内团结的方针,以便有可能完成我们党面临的艰巨任务。因此,我们要求所有表示愿意与我们合作的同志,在对待党的第四次代表会议制定的、我们中央正在执行的路线的态度上,不应该持模棱两可的立场。

该您发言了,多姆斯基同志!(掌声)

普里乌(罗马尼亚):

同志们!我想说一下罗马尼亚党的问题。很遗憾,就这个国家的意义而言,共产国际有关这个党的消息本应该知道得更多一些。很遗憾,同志们,这个党就其现有的力量及其在共产国际的地位而言,还不能期望受到足够的重视。实际情况是,正好相反。季诺维也夫同志唯一可说的是,对罗马尼亚共产党的最主要的领袖之一克里斯泰斯库在与共产国际的关系上所持的立场表示惊讶。同志们!季诺维也夫同志和其他同志对罗马尼亚党的领袖——共产国际执行委员会的成员克里斯泰斯库的行为感到惊讶,这使我们感到奇怪:我们早就知道克里斯泰斯库同志的机会主义路线,他对统一战线的策略,对罗马尼亚正在受压迫的少数民族的自决权所持的敌视态度;知道他对和农民结成联盟,对党的地下行动和非法存在的状况持否定态度。早在三年前,克里斯泰斯库同志就作为共产党的诉讼英雄为了自身的解放在法庭上发表了爱国主义的讲演;他在法庭上的发言成为我党的一出丑剧,起初是在国内,而后是在国际范围内。而共产国际应该让这出丑剧结束了。季诺维也夫同志被迫把这件事提到全会上。同志们,大家可能知道,去年,罗马尼亚共产党上届合法中央委员会的成员,因维护自己的观点,尤其维护比萨拉比亚自决权问题的观点,被送上军事法庭,大家也知道是克里斯泰斯库同志在那里发表了爱国主义的讲演。这便是这出丑剧的开端,对这出丑剧,共产国际不能视而不见。这出丑剧的最高潮便是克里斯泰斯库同志在被社会民主党人抵制的独立工会上所作的发言,在这个发言中,克里斯泰斯库同志为了坚持与阿姆斯特丹国际联合,而反对红色工会国际,反对共产党,甚至反对英俄委员会。同志们!尽管如此,如果罗马尼亚党中央能够依靠自己的力量反对克里斯泰斯库同志所代表的机会主义潮流并克服它的话，我们是不希望把这一问题提到全会上的。遗憾的是，我们的中央并没有能力对付机会主义倾向，没有能力使党接受正确的马克思列宁主义路线，实行布尔什维克化。很遗憾，我不得不指出以下情况：当中央委员克里斯泰斯库同志公开进行反党、反红色工会国际的斗争，并开始坚决和公开要求把统一工会合并到阿姆斯特丹国际时，以书记为代表的中央同意了这些要求。我们党的书记向红色工会国际提出了投降社会民主党派和无条件地与阿姆斯特丹国际合并的要求。这次全会在工会问题上的态度很鲜明：全会承认工会问题上的正确策略是在罗马尼亚已开始相对稳定时期内争取群众的保证。显然，在当前这样的时代里，在德国，在这一问题上除了表现出来的极左错误之外还存在着陷进机会主义泥潭的极大危险。尤其是罗马尼亚党，这是一个年轻的、刚刚建立的，还在自己的幼年时期就被迫进入地下的党。它与德国共产党不同，是一个没经历过严酷斗争的党。对这样一个党来说，这种危险就更大了。大家已经听说，在一个问题上，党中央的观点竟与像克里斯泰斯库同志这样公开敌视党的分子的观点相吻合。这绝非出于偶然。很遗憾，罗马尼亚党从很早以前起就直接走向了投降道路——不仅向阿姆斯特丹分子投降，而且向不共戴天的敌人——资产阶级投降。在工会问题上，无条件地向阿姆斯特丹分子投降的要求并非第一次提出来。早在一年前，由共产党领导的统一工会的中央机关就曾直接建议阿姆斯特丹分子吸收统一工会加入阿姆斯特丹国际。问题不仅停留在计划上，而且是公开建议吸收统一工会。而且，我们的同志还提出了一定的条件："把共产党员从工会中开除出去；放弃对阿姆斯特丹分子的批评，并采纳阿姆斯特丹国际的纲领"，这完全等于是自杀。

经过长期的内部斗争和多次动摇之后，罗马尼亚党中央拒绝了这条路线。但是，现在，倾向于投降的分子在党中央内又重新转入了进攻。为了说明这些同志情绪的理论实质，我援引一下党的书记在红色工会国

际中,在论证自己关于向阿姆斯特丹分子投降的建议时所提出的理由。他说:

"……我深信,如果用揭露阿姆斯特丹国际工会领袖,强调必须统一和建立共产党党派及反对派的办法,在罗马尼亚是不能达到统一工会之目的的。同样,没有国际范围的联合,没有红色工会国际和阿姆斯特丹国际的联合,没有革命的气氛,也不可能对日常斗争进行协调一致的统一的领导。"

同志们!这是在直接否定共产国际和红色工会国际在工会问题上的整个路线。顺便应当说一下,这个同志完全忽略了争取统一的斗争。还要指出,克里斯泰斯库同志对英俄委员会持反对态度,这也绝非偶然的。因为在党的书记的那个草案中写道:

"在注意到缺少有助于实现革命统一的革命形势的同时,还要注意**完全没有导致联合的国际联合运动**……"

这样一来,由于完全忽视了工会运动中的国际联合运动,于是便像克里斯泰斯库那样,对英俄委员会持激烈的否定态度。

因为时间关系,我就不在此详谈罗马尼亚党内机会主义的发展情况了。况且也没有必要,因为我们有罗马尼亚委员会,我希望它能向全会作出报告。

但是,我要谈以下一个问题,以便向大家表明,我们党在处理工会问题和政治问题上的态度是多么令人不解。上个星期,罗马尼亚到处都在进行公社管理委员会的选举工作。党中央决定在选举中执行统一战线策略。不言而喻,这是很自然的。但是,由于对罗马尼亚的情况估计不正确(以后我会有机会谈这件事),中央决定,不仅与社会民主党人和农民党——这个党同时把广大中农、贫农群众甚至是富农联合在一起——结成统一战线,而且,完全出于其他的打算,还与资产阶级反对党直到地主党也结成统一战线，与当今罗马尼亚资产阶级政府的在野党结成统一战线。大家可能以为这是夸张，毫无疑问，共产党员不局限于采取统一战线的策略，他们用温和的资产阶级方式与罗马尼亚拜占庭协会的最反动分子签订了选举同盟，他们不仅与社会民主党人及农民党，而且与资产阶级的党、大地主党签订了同盟。这个同盟是以什么纲领为基础的呢？在有些地方是最反动分子的纲领，而在我们占绝大多数的城市里，在资产阶级分子部分"采纳"了我们最低纲领的地方，竟搞到没有把这个纲领告诉群众的地步，而是与资产阶级分子和大地主分子签订了秘密协定。而在报刊上却这样报道："我们在工人纲领的基础上达成了协议；很遗憾，暂时我们不能将这个纲领公之于众。"有时，共产党员与反动分子签订同盟来对抗社会民主党和农民党，而农民党则把我们当做左翼反对派同我们进行斗争。所有这一切事实（一方面是对待阿姆斯特丹分子的态度；另一方面，是对付罗马尼亚的统一战线的"诡计"），要求共产国际对罗马尼亚党给予密切的关注。我们请求全会听取委员会几星期以来在研究了罗马尼亚问题后形成的情况报告。这一问题必须提到全会上来。因为中央的多数同志出于十分明显的原因打算掩盖这件事。十分遗憾，因为时间关系，我不能更详细地说明这些现象之间的相互关系。但是，我想强调指出，当前，共产国际在几乎所有的共产党内都建立起了可靠的、有能力领导反左倾和反右倾斗争的领导班子，并且使党得到了一定的巩固。在这种时候，居然还有这样的一个如此重要的党，在它的队伍中反对右派分子的斗争进行得很艰难。这是因为，现在的中央委员会的成员本身就代表了一种极其恶劣的机会主义的潮流。同志们，在结束发言时，我要强调指出，给中央的批评通常是以这样的声明"结束"的：这是对中央的左的批评，我们的中央是布尔什维克的中央，所以，对他的批评是极左的。罗马尼亚的情况据说是这样的：可以与资产阶级和地主分子建立统一战线，可以向阿姆斯特丹分子投降是因为那里还存在着封建关系和恐怖。谁不明白这一点，他便是极左分子。此外，有人想借口反对派在军事法庭上能够与克里斯泰斯库同志等中央委员肩并肩地发言这种行动来责备反对派是极左派。这种"极左派"的内容是：反对派区别于克里斯泰斯库同志之处是没有发表爱国主义的讲演，而在阶级敌人面前表现得像共产党人应当表现的那样。责怪这些同志是极左派还因为：他们领导了在罗马尼亚监狱中大规模的绝食浪潮。1925年，罗马尼亚监狱中共发生了6000人次的绝食活动。这种自发的绝食浪潮反映了处于恐怖下的同志的斗争，反映了在罗马尼亚监狱中遭到极其残酷的拷打和侮辱的同志进行的绝望的斗争。一部分左派同志被捕后试图将这种斗争引向正确的轨道，并且已经取得了辉煌的成果，经过艰苦的绝食斗争和在无产阶级的积极协助下，已经有几百名同志获释。而现在看来，这是"极左的"方法。

同志们！因此，一方面，你们看清了那些人的观点，他们以现在的中央为首，把共产党变成了阿姆斯特丹派和资产阶级反对派的笑柄；另一方面，你们也看到了罗马尼亚无产阶级中有一个实力很强的派别，它坚决地反对克里斯泰斯库之流采用的手腕。我们听说，这一派已经秘密地发出了呼吁，强烈地谴责共产党中央采用的手腕。

我的话到此结束。我们期待着全会不仅能纠正罗马尼亚党的路线，而且能确保采取一些政治措施和组织措施，以便能使罗马尼亚党今后能够利用客观可能性，使自己成为一个强大的、群众性的共产主义政党。

拉杜（罗马尼亚）：

同志们！我以罗马尼亚共产党中央代表团的名义声明，我们认为，季诺维也夫同志对国际形势的估计是正确的；他指出的两种前景也是正确的：革命形势即将到来的前景以及延缓发展的可能性。我们也同意对巴尔干半岛国家局势的估计，这一地区的局势不像欧洲其他地区那样稳定。应当附带说明，罗马尼亚的局势更加不稳定。在罗马尼亚，我们有不同于其他巴尔干半岛国的特殊性，因为资产阶级民主革命在罗马尼亚还没有完成。在这种情况下，罗马尼亚现在的党中央认为，正是在我们国家里比其他任何国家都更需要采取统一战线策略，例如，在"紫菀"和"兄弟"这两个厂里，罢工时就是一直采取这一策略的。执行这条路线的正是普里乌同志在这里谈到的那个书记，普里乌却说他没有执行红色工会国际的路线。我认为，很有必要强调一点，普里乌同志应当说，迄今为止，在统一工会运动问题上，中央始终执行着正确的路线。当统一工会委员会的同志们因为同意了社会民主党人在加入阿姆斯特丹国际的基础上联合工会运动的建议而犯了错误的时候，中央选择了正确的路线，建议只在下列的基础上联合工会运动：1. 在工人群众中自由辩论；2. 在工会中有充分的工人民主；3. 所有工人不分政治信仰全部加入工会；4. 召开全体工人代表大会，在会上由工人决定，加入阿姆斯特丹国际还是加入红色工会国际，或是二者均不加入。这条路线正是党的书记所执行的路线，而普里乌同志应该谈到这一点。在罗马尼亚，采取统一战线策略，不仅对于工人和贫农很重要，而且对于中农和小资产阶级群众也很重要。因为我国的资产阶级民主革命还没有完成。

新的中央进行领导工作的时候，党的状况是怎样的呢？

当时，没有任何组织，没有任何秘密机关。中央着手建立秘密机关。1924年12月，发生了大规模的逮捕；800人被捕入狱，而后，除120人外，大部分人获释。中央不得不建立新的组织，不得不重新组建。3月份，对共产党人的诉讼结束了。中央为了给群众提出联合成统一战线的行动纲领，制定了一个由四点组成的小纲领，并把它交给当时迷失方向的劳动群众。自由派政府上台，通过了修改选举法的宪法。去年十月，政府宣布共产党为非法组织并采取了一系列诸如此类的措施。群众不承认自由派议会所通过的自由派宪法和法律。当时，中央制定了一个纲领，纲领中声明：1. 不承认自由派宪法及一切反动立法，如废除反对农民、工人和少数民族的特别法。2. 恢复和扩大城乡工人群众和少数民族的思想自由、言论自由、集会自由、发表宣言和结社的自由。3. 为了农民的利益并在农民的监督下进行广泛的土地改革。4. 实行广泛的社会立法，并由利害攸关的阶级——无产阶级来执行：八小时工作日，保证失业者的生活，国家保险，等等。

中央希望工人在反对党的会议上或是在工会会议上提出这一纲领，并号召劳动群众在这个纲领的基础上建立统一战线。我们向社会民主党人、农民党和国家党提出了这一建议。普里乌说，向大私有者的党提出了建立统一战线的建议。这种说法是不对的。七月全会的决议指出，需要同社会民主党人、农民党和国家党结成统一战线。原因何在呢？因为国家党是特兰西瓦尼亚的农民群众所参加的党；农民党在特兰西瓦尼亚没有组织，而国家党是罗马尼亚过去反对奥匈帝国统治的农民党，现在，这个党成了反对罗马尼亚寡头政治统治地位的党。

全会决定应该与国家党结成统一战线，但是，只能以这个纲领为基础。这并没有错。但是，说全会或中央同所有的党都搞统一战线，这就不对了。普里乌同志说，现在，我们看到中央在公社选举运动期间犯了什么样的错误。我说，在推行统一战线策略时，如果注意到在罗马尼亚没有马克思主义著作，那里的工人运动以前不强大，没有思想领导，如果指的是统一战线在罗马尼亚是第一次实行，那么，可能存在错误，但是，这些错误已经被中央纠正了。当我们第一次实行统一战线策略的时候，在罗马尼亚的一个城市里，我们犯了这样的错误：具体办法是，各个企业的工人都推选出自己的选举委员会，城市工人选出城市委员会；这个委员会向工人组织、小资产阶级和农民组织提出建立统一战线，于是便组成了统一战线委员会。在布加勒斯特，选出的统一战线委员会只是由四名共产党员组成——这是第一个错误。没有一个非党员或社会民主党人参加，这算什么统一战线。在另一个城市犯了另一个错误：同志们拒绝与社会民主党的代表谈判，因为那个代表是工人阶级的叛徒。于是，他到改良派工人那里劝说他们不要参加统一战线。改良派工人声明，他们将站在统一辛迪加分子的工人们一方。并且，为了说明问题，工人们要求一位党员同志与社会民主党的领袖谈判。该同志回答说，他不愿意与工人阶级的叛徒谈话。

在运用统一战线策略中，罗马尼亚党中央也曾犯过一些错误，然而，中央每次都尽力纠正这些错误。

还有一个重大的错误，即普里乌同志指出的错误。大家在报上已经看到，现在，工农民主同盟（我们的统一战线的名称）与所有的党都结成了联盟。这是怎么一回事呢？今天，我们收到了中央的来信。在来信中，中央解释说，当宣布举行公社选举时（这是1月底），中央局突然在某一个城市里被破坏了。中央局成员逃往各地，直到提出选举名单前五天才聚集到一起讨论参加选举的问题。中央局违反了原来的决定，即除非社会民主党、农民党和国家党接受上述纲领，罗马尼亚共产党才加入联合选举。中央局决定，如果反对党只接受工农民主同盟的公社纲领并下令反对本届自由派议会表决通过的法律的话，工农民主同盟将提出反对党联合候选人名单。

必须指出，所有的在野党（国家党、农民党及阿韦雷斯库党），在许多城市里都与社会民主派组成了同盟。中央局以3:2的多数通过了让工农民主联盟参与在野党联合的选举活动并提出了在野党同盟的候选人名单。两个同志（少数派）坚持要揭露想与在野党同盟结成统一战线的社会民主党人，揭露连工农民主同盟的最低纲领也不接受的在野党的领袖们，而且不同在野党联合提出候选人名单，但是，在表决时，工农群众受到指使反对自由党的名单。从我们这方面看，当我们从报上得知国内的情况时，我们写信给国内的同志们，告诉他们，在不能提出工农民主同盟名单的地方应当在表决中赞成社会民主党人的名单,如果这个名单是单独提出的话;而如果不是单独提出的名单,则赞成社会民主党和农民党的共同名单,如果连这些名单也没有的话,那么,就赞成社会民主党和农民党以及国家党的共同名单,只有在万不得已的情况下才赞成反对自由派在野党联合名单。在劳动人民十恶不赦的敌人被列入反对派联合名单的地方,则把口号填写在选票上。

从上述这一切可以看出,在我们的党内有右的和左的倾向。在中央有走共产国际路线的一派,克里斯泰斯库同志代表右派。去年,我推荐他为共产国际执行委员会的成员,他并没有接受,他没有到这里来,直到今天(喊声:为什么?)也没服从党的纪律。右倾取消派危险很大。克里斯泰斯库说,我们不需要秘密的共产党,只需要与进行专门工作的不大的秘密机关联合的合法的共产党。这正是取消主义。中央明白,要克服右倾错误,但不能诉诸行政措施,而是要用思想斗争的方法。当我们在秘密的条件下才刚刚能够印发三期党的通讯的时候,进行这种斗争是很困难的,但是,中央已经开始进行这种斗争了,并将把它正确地进行下去。

另一方面,也有左的倾向,而且左的倾向比右的倾向更危险。左的倾向表现在哪里呢?是否需要采取统一战线的策略和动员起群众?左派说,当我们处于两个革命浪潮之间的时候,这个低谷需要用领导人的尸体去填补,需要唤起群众参加革命斗争,在"不自由,毋宁死"的口号下举行绝食斗争,我们都将死在监狱里,这样,我们就能迫使群众行动起来。这不仅意味着党脱离了群众,而且也意味着领导既脱离了党,又脱离了群众。这种危险仍旧存在。因此,应当同左的倾向进行斗争,左派认为,只有我们的领袖以自己的英雄功勋才能迫使群众行动起来。这是错误的。一般说,我们认为,罗马尼亚党中央对局势的估计是非常正确的,中央认为,在肃清左右倾的同时,在全会召开之前(当时全会预定在 11 月召开）就决定派自己的代表团到共产国际去，以便向共产国际说清党内的情况，并争取共产国际从道义上和思想上给予更大的支持。根据这一理由，建立了一个有威信的委员会。至于在全会上提出问题，我们表示反对。因为我们这个委员会已经是一个有相当威信的机关，这个委员会在整整一个月内一直在开会，委员会已经基本上了解党的状况，所以，没有必要在全会上提出这个问题。

再说几句关于比萨拉比亚问题上为了反对我们而提起的公诉。1924 年，当共产党就比萨拉比亚问题在维也纳召开代表会议时，就明确指出了关于从自决权直至分立权的问题。而且党很清楚，应当每时每刻都支持少数民族的斗争，支持局部要求，支持言论自由、开办学校以及实行被自由派取消了的区域自治。我们支持在所有被占领地区进行的争取自治的斗争，这一斗争在今天具有革命的性质。

博尔迪加（意大利）：

我第一次发言谈的是共产国际面临的基本政治问题。然而，反对我们的讲演者们，不仅对我的一般性意见作了答复，而且还提出了我几乎没有涉及的意大利的其他事情。因此，我不得不扼要地谈一下这些问题。

近来，关于意大利的左翼，提出了新的理论。人们把我所持的观点看成是完全是个人性质的现象。人们谈论"博尔迪加体系"、"博尔迪加理论"、"博尔迪加形而上学"，似乎只是我一个人在捍卫自己的思想。因此，我应当再次声明，在共产国际面前，谈的不是我个人的观点，而是意大利共产主义运动中一个明确的派别的意见。尽管在不久之前，意大利左翼遭到了"正式"的失败（关于这场失败我还要谈几句），但是，把左翼蔑视为无足轻重的少数派也未必是正确的。有一位同志，他是工人，属于左翼，现在正在俄国，有一天他对我说："我们在某种程度上来说起着国际性的作用,因为意大利人不论从经济意义,还是从政治意义上说,在法西斯掌权后都是侨民。"确实,"向罗马进军"之后,我们成千上万的同志散居到全世界,参加了当地的共产党的工作。这位同志还说出了下面这个很有趣的想法:"我们像犹太人一样散居在世界各地,如果我们在意大利被击败,我们还是可以有所解释的:犹太人在巴勒斯坦没有发挥出在其他国家里的作用……"

现在,我们回到关于意大利左翼的著名理论上来。在我们代表大会的辩论期间,对我们的指责是:在关于党的作用、党与群众的联系等基本问题上,我们与共产国际之间,我们与马克思列宁主义之间存在着原则性的分歧。同时,还有材料证明,我们一方面公开承认在策略和革命战略问题上我们之间存在一系列的分歧,然而,我们却硬说,在基本纲领问题上,在党的历史作用问题和党与群众的联系方面的问题上,我们是站在完全正确的马克思主义立场上的。与此相反,我们肯定地说,恰恰是对我们的批评没有立足于马克思主义的立场。例如,埃尔科利同志在此正式代表意大利多数派说,在工厂的支部里实现了党与群众的联系。他说,群众是我们最重要的活动场所,甚至,我们的全部工作都在群众中。那么,我以为,这里便存在一种严重的倾向。在意大利问题的辩论中,我们就发现,埃尔科利同志所在的一派有不少偏差。他们认为,党的全部工作就在于实现与群众的联系,认为有了这种联系一切问题就都会迎刃而解,这是地地道道的孟什维克主义。联系群众是需要的,但是,这只完成了任务的一半,必须让群众在我们党内获得一个能够领导他们为最终的革命目标而斗争的核心。我们能举出不少实例证明,一些党有了群众,但由于本身不是真正革命的党而使群众遭到失败。不可否认,有时也会出现广大群众不愿意跟我们走的情况。在这种情况下,埃尔科利的策略就是完全走向机会主义。如果只是把争取群众作为基本原则的**出发点**,而不去努力**追求这一原则**,那么,我们面临的便是地地道道的孟什维克主义。因此，只肯定由于建立了支部我们与群众有了密切的联系（况且尚有争论），这一点是不够的，还必须使这种联系成为革命的联系。如果有人说，我们与群众的全部组织联系自然是革命化的联系。这就更好地证实了我们的思想：工厂支部的组织会导致"工党主义"。如果有人说，在党的社会基础的狭义上说，党的社会基础与它的政治性之间存在着机械的联系，说由工人阶级组成的党也就是革命的党，这就是孟什维克主义。因此，我肯定地说，不是我们在这里背离了马克思列宁主义。

布哈林同志谈到我的发言时，态度很真诚，很友好。当然，在此我无需证实，布哈林同志有出色的雄辩口才，这一次，他仍然表现得和往常一样……他总是批评我的观点，模仿那个关于博尔迪加理论的神话。其实，这个理论早已在共产国际内确定下来了。

我并不追求美貌，然而，布哈林给我画的像确实太丑陋了。他先把一些意见强加给我，然后向这些意见发起进攻并把它们全部击溃。发言结束时，布哈林同志许诺说，共产国际的内部制度要改变。然而，正是他这种论战的手腕本身就使我们对恢复内部制度这个前景极度悲观失望。他也进行鼓动，不仅在工人中和党内，甚至在共产国际执行委员会的全会上也进行鼓动。请允许我指出，在这里可能比在工人群众中搞宣传更容易些。

布哈林同志使思想过于简单化了。当然，善于把论点简单化，并把论点用几句话概括出来，这很可贵，但是，要把论点简化到不是普普通通的宣传，而是人人都参加的严肃的工作，这就太难了，我们要尽力为之。善于不带蛊惑宣传地简化——这就是革命者的重大任务。而能做到这一点的人为数甚少。毫无疑问，布哈林同志掌握了大量的材料，在这方面，他应当把这些材料利用到共产国际的工作上。然而，我总是以为，自从俄国革命的几位主要领袖发言之后，我们就很难听到那种确实不带蛊惑宣传又能解决重大任务的简化的发言了。

我曾经说过:"革命不仅仅在于组织力量这一问题",后来,我又完全从组织观点上看待布尔什维克化并提出纯组织措施,例如,将那个著名的"金字塔"倒置。于是,布哈林同志在我的讲话中发现了矛盾。这都不对。我是从历史、策略以及理论的观点上来批评布尔什维克化的。也就是说,我认为,布尔什维克化不单单是组织问题,而且也是共产国际应当解决的政策和策略问题。大家应当承认,我们所有的反对派依据的就是这些策略问题,而且就是在这些问题上,我们在几次大会上都曾提出不同于过去通过的决定的建议。很显然,为了解决目前面临的任务,只有组织措施是不够的。因此,我期待着大家拿出斗争和策略方面的证据,以便让大家相信,我们的确有了一个健康的革命的领导班子。

布哈林同志的另一个论据是:"博尔迪加反对把俄国的经验机械地搬到其他国家,但是,既然博尔迪加自己没有指出西方局势的特点何在,那他自己也犯了同样的错误。"实际上,事情完全不是这样。我只是说,俄国的各种经验都有益于我们,并且理应被我们所掌握,然而只有俄国经验是不够的。我不否定采用俄国的经验,但我认为,不能只在俄国经验中寻找对所有革命策略问题的答案。按布哈林的说法,被我忘记了的西方革命战略的特点是什么呢?主要是存在着庞大的社会民主党和联合会。然而,我谈到的也正是这个问题。我认为,在西方,有资产阶级民主的国家机器,它根深蒂固,并被许多传统所尊崇,起着很大的作用。这是在俄国的运动中所没有的。由此,同样产生出无产阶级在联合会和社会民主党影响下坠入机会主义泥淖的可能性。我正是从对西方局势的这一根本特点进行分析的。在那些仍存在自由主义传统的国家里,这种从思想上奴役工人阶级的可能性显然比在俄国大得多,正因为如此,我们在西方观察到社会民主党组织的这种发展现象。因此,布哈林同志不能说，我是在自相矛盾，我自己在机械地硬搬俄国的经验。然而，他认为，恰恰是统一战线的策略应该原封不动地从俄国搬到西方，当然，我不能同意他的观点。我认为，俄国同志们的错误就在于此。把能够对付与国家机器联系得不是那么紧密的孟什维克和社会革命党人的手段和策略方法机械地搬到西方则不能不冒风险。在试图照搬俄国经验的同时，我们又遇到了无产阶级有可能从思想上被资产阶级所俘虏的问题，于是我们立即感到绝望。为了解决所有的策略问题，简单地引用布尔什维克化或求教于布尔什维克党的历史是不够的。共产国际在世界范围内积累的经验则是必不可少的经验。

布哈林同志又提出了另一个反对意见。当我谈到俄国与西方关于工厂支部问题的提法不同时，按布哈林同志的意见，我似乎在这时肯定了夺取国家政权这个基本问题在俄国是历史的必然，而在西方，历史则不可能提出这个问题。由此，他得出结论：我得出的是消极的社会民主党人的前景。然而，我仅仅指出了，如果把工人共产党员的活动局限在工厂支部的框框里，我们会造成忘记夺取政权的基本纲领这种危险。我以为，这个问题在西方是历史本身提出来的，而共产党的作用在于给工人阶级提供完成这一任务的手段。党应当避免能拯救资产阶级的方法，应当避免自由主义，即避免受车间利益这种狭隘的框框的局限。自由主义已经好几次使资产阶级掌握了政权。

现在，我谈谈意大利问题。埃尔科利同志说，我的旨在反对建议一切反对法西斯的人组成反议会的批评是错误的，因为我没有注意到当时形成的局势，意大利中央考虑到这种局势并提出了新的策略。但是，我认为，中央对局势的分析是不正确的。有一份在意大利党代表大会上经过广泛讨论通过的文件。这就是1924年9月葛兰西同志给中央的报告（马泰奥蒂6月份被杀害）。在这个报告中对局势作出了完全错误的估计。按照这种估计，法西斯已经打败了资产阶级和小资产阶级反对派，并且将通过议会消灭君主政体。

埃尔科利（意大利）：

我们只是预见到法西斯与阿文蒂诺山反对派之间的妥协，而这种妥协果然不久就发生了。

博尔迪加（意大利）：

不对，你们预见到墨索里尼会下台。这样一来，法西斯与反动派之间的力量对比就完全提错了，而且整个分析被歪曲了。在前景问题上和党的策略问题上犯了错误。有人推测，我们前面展现着民主形势，这种对形势的主观臆断会得出绝妙的结论：如果形势是反动的，共产党则无事可做；如果形势是民主的，那么，事情又归小资产阶级党去做，共产党则应当被取缔。

埃尔科利的另一个论据是，我们的手段是正确的，因为取得了卓有成效的成绩。但是，要知道，甚至中央的同志都承认我们对抵制议会口号的批评在一定程度上是公正的。例如，他们说，我们回到议会的声明应该提得更早一些，在六月作出，而不是在议会休会之后。而我们认为，一开始就不应与资产阶级反对派一起离开议会，而应该出席议会的会议。

但是，中央的同志们却说："我们表现得很好，因为取得了成就，扩大了党的影响。"然而，总的形势是资产阶级和小资产阶级的反法西斯的在野党彻底垮了。在这种形势下，共产党应当争取发挥更大的影响，尤其是在工人阶级和农民之中的影响，而党的策略应当与党作为政治斗争的第三种独立因素的作用相适应。实际上，我们不善于利用形势为我们提供的一切优越条件。埃尔科利同志把党员人数的增加看做是我们的成就，但是，不能把政治上的成就单纯与党员人数相联系。例如，现在，我们发现党员人数减少了，然而，我们的中央相信，这种人数上的减少是会随着我们的影响的扩大而增长的。我现在谈的是把党作为一种政治因素发挥的作用。我想成为乐观主义者，但是，所有情况都证明，我们错过了对我们十分有利的形势。

谈最后一点，如何看待意大利党的内部情况。有人责备我们组织派别，筹备党的代表大会的整个过程都处在这种责备之中。我声明，在代表大会一开始时，左翼就宣布了争取大会的合法性和面向共产国际的声明。我不愿意重新挑起论战，但是，请共产国际对埃尔科利同志从这个讲台上对左翼发出的一大堆前所未闻的责难这种现象发表自己的意见。我们从未建议党的工作者离开党而到"协商委员会"中占个席位。这种事从未有过，这是个极大的错误。这种责难所依据的文件从来没有拿出来给人看过。只有一个同志的来信，他好像收到了一封类似的请柬，据说，好像确有这封邀请信，他从未向人出示过。现在，听说这封信可能放在什么地方。但是，既然问题关系到这种严肃的责难，那我们就有权要求提供证据。我敢肯定，这是个谎言。我们不谈这些了。在此，有人谈到左翼的活动，说在最大的组织中我们已被击溃，说在我们有影响的地方党削弱了。然而，实际情况与此恰恰相反。埃尔科利同志所说的组织（米兰、都灵和那不勒斯的组织）恰恰属于受左翼影响最大的组织。

谈到在筹备大会过程中所采用的方法，我只指出下面这件可笑的事。有人编造出这样的事情，似乎我本人，博尔迪加，作为党组织的成员，表决赞成中央的提纲。这究竟是怎么回事呢，我下次再讲。现在，我只想让同志们对代表大会上提出的数字的价值有一个明确的概念。我还想指出，在代表大会的辩论中，我们对"**新秩序主义**"①（中央赞成

---

① 在《新秩序》机关刊物上反映出来的一个流派。

他们的想法和政治纲领）进行了彻底的批评。关于我们必须参加中央的这个决定，我们已经作了十分明确的声明。

再谈谈关于内部制度问题，关于"金字塔"倒置问题以及派别问题。在这些问题上，我们不能在此对布哈林同志的反对意见作出回答。我们能否指望今后改变一下我们的内部关系呢？全会的这次会议是否证明了我们将走一条新的道路？就在答应我们废除内部恐怖制度的时候，我们听到了法国和意大利的同志们的共同声明，我们对他们不信任。我们期待着你们的行动。

我以为，还会有人继续热衷于所谓的派性，并且定将得到与从前同样的结果。我们从解决德国问题和其他问题的方法中看到了这一点。应该说，据我看来，人格侮辱的方法是个坏方法，甚至在这个人迁就那些本来就需要与之进行坚决斗争的政治分子的情况下，也是个坏方法。我不认为这样的同志是革命的，我认为，大多数想证明自己是正统派的人，辛辣地讥讽被追捕和失败的罪人，可能他们本身就是曾经受过羞辱的机会主义分子。我们知道，这种方法触动并将继续触动那些不仅曾有过革命的历史，而且对于我们今后的斗争仍然有用的一些个人。这种方法是妄自菲薄的狂躁症。如果我们确实把自己作为无产阶级革命斗争的领导的话，就必须摒弃这种方法。

这便是我在这次全会的会议上所表现出的情况面前不得不对共产国际内部当前的变化持消极态度的原因和反对所提出的决议案的原因。

（会议休会）

第十次会议

（1926年2月26日）

主席：格施克

弗格森作关于英国党的总结报告

在讨论英国党的立场时，首先，应当考虑英国现有的客观因素。在这次全会上已经指出了英国资本主义相对明显的崩溃。英国重工业基本部门的发展已经十分清楚地表明这种相对的崩溃：成百个煤矿倒闭，造船厂停工或是就业人数极少，炼铁厂和铸钢厂停业。在分析英国党的工作时，应该考虑到这些因素。我们应当考虑到，如果官方统计表可信的话，那么，在英国有庞大的125万人的失业大军。如果根据实际失业数字统计，失业人员则高达175万，甚至达到200万人。我们同样也应该考虑到，当前，英国的企业主日益坚决地要求降低工资和延长工作日。除了庞大的失业大军，除了其中许多人永远也找不到工作之外，还存在着一个不可否认的现实：英国企业主用进一步将工资降低到苦力的、挨饿工资的水平来威胁尚在从事生产的工人。还存在一个事实：英国资本主义已经不能再向工人让步了。起初，工人还可以得到其他国家的工人得不到的各种施舍，各种微薄的好处；过去资本家可以依靠从被剥削的殖民地掠夺的财富中给工人一些施舍。而现在，英国的情况是：企业主不仅竭力降低工资，不仅尽量延长工作日，不仅使工人的状况恶化，而且，还剥夺工人过去能得到的一切福利。他们尽力逃避用于社会机关的经费，或是在最有利的情况下缩减这种经费支出。例如，在教育方面，他们打算削减经费。在儿童保健事业中也不再让步了。毫无疑问，无论在哪方面，资本家都无力给工人以帮助。我认为，上述这一切因素，是一种十分强大的力量，这种力量是决定共产党在英国能够制定并实行自己的政治路线的客观原因。

应该谈一谈另一个已引起重视的因素，我认为，这是个很重要的因素，因为这个因素正在使英国工人阶级革命化。我指的是企业主公开建立以前在英国没有生存土壤的组织，在全国范围内公开建立庞大的工贼机构。这个机构不仅要在工人阶级举行罢工期间提供工贼，而且在实际上用恐怖手段威吓英国的工会运动和工人运动，从而剥夺工人运动以前所受的优待。

政府不仅公开建立这种组织，而且制定了有利于这些组织的法律。已经不能用似乎在法律面前工人和资本家平等这个幻想来欺骗英国工人了。我们从《每日先驱报》上得知，有人纵容法西斯分子砸毁汽车，袭击司机，可是法庭和报刊却只是赞扬他们的行动。我们掌握这样的事实，哈里·波立特同志被抢劫，抢劫犯却被宣判无罪。结合不久前共产党员被捕的事，这些事实使英国工人阶级擦亮了眼睛，使他们看清了在法律面前工人和资本家的不平等，在英国没有民主，这些事实把工人推上用一切所能采取的手段进行反对资本主义的公开斗争的道路。

我断定，由于这一点，在讨论英国共产党的总结时应当十分注意党所处的客观情况，因为这种客观情况在很大程度上决定着党的成就。

现在，谈谈党本身，而且从最一开始我就想指出，在英国共产党内不存在派别和派性。在我出席全会的这几天里，从辩论中可以看出，一些党内部的矛盾在激化。我们感到很幸运，在英国，我们有一个很健康的、稳固的中央领导。中央领导作为一个统一的整体发挥着自己的职能，并逐渐吸引所有党员去完成实际构成党的政治路线的任务。英国党中央领导在普通党员中广泛地开展工作，宣传党的政策和策略的实质。正是由于完成了这一任务和由于为这一目的而进行了斗争，我们才避免了一切类似于派性斗争的东西。

我只想举例说明英国党的中央是如何进行工作的。我们，我们党的领导机关，不得不讨论反对企业主进攻的最佳的途径和手段，我们不仅努力领导每一个单独的地区和每一个单独的地方组织，而且努力作到使指示在基层切实得到讨论，使基层明白这些指示，并在必要时提出批评意见。在制定明确的规则之前，我们召开了工会领导干部和优秀党代表会议，会上讨论了党应该如何对付资产阶级进攻的问题。提出了许多具体建议，作出了许多合理的指示。这使党的领导采取了一条比较实际的工人运动的普通成员都能理解的行动路线。除此之外，在动员整个工人运动进行反对企业主的斗争中，在动员工会进步分子和一般工人进行反对反动领袖的斗争中，我们必须非常谨慎，做到不开除一些人，也不伤害另一些人。在这次会议上，我们确信，在追求联合整个英国工人运动进行反对资本的进攻的目的时，我们遇到了困难。从这次会议的实际批评和建议中我们看到，我们必须放弃我们曾经执行过并曾在国内一个最大的工会——司机联盟中为之而奋斗的那个内部政策。全体与会者一致向我们提出了新任务这一事实，使我们站到更为正确的立场上：提出另一个更为迫切的任务，而把执行过去的路线放到更为有利的时刻。我以为，经常召开全体党员参加的公开的会议，对党的领导面临的问题进行讨论，从总体来说，这不仅有助于创建一个巩固的、坚强的没有任何意见分歧的党，而且有助于党全面地分析政治路线并执行这条路线。我们的党开始懂得了统一领导的实质。如果党强迫我们，我们可以放弃这种领导。我认为，在很大程度上，这是决定英国党在群众工作中取得成就的因素之一。

我还想谈谈英国的刊物。三年前，在决定改组党的那次会议之前，我们就有一个发行量达到18000份的周刊。这并不能使我们感到满足，这不能使任何人感到满足；发行量这样小，其原因有许多。其中之一是缺乏党的领导机关的政治监督。这个杂志的编辑可以自作主张，随心所欲。因此，杂志的路线常常不能与党的路线相吻合。我们把这一切都改变了，在英国创办了周发行量为6万多份的党的杂志，由党员专门发行。在整个英国，我们没有发行自己杂志的通讯社。下班后，党员走家串户，每周散发这6万份杂志。挨家挨户散发杂志的党员们的工作最主要的特征之一和我们党的机关取得成就的最主要的特征之一是：党的政治领导越来越注意党的杂志的内容。我想引用1926年2月11日政治局会议的记录中的几句话，以便向大家说明我们是如何对自己党的机关刊物进行监督的。每周讨论下一期杂志的内容，而且从记录中可以看出2月11日提出了下期应登载的标题：粮食的贮藏与供应；领导合作社部的决定；工党的议会活动；评托洛茨基的一本书；煤炭委员会；国际女工节；少数派会议；失业；党的生活；记者与市政工人工会的布朗和无线电报务员工会书记的谈话。由于对党的杂志经常给予关注，我们有了一个能经常生动地反映党的工作和经常关心英国工人群众的机关刊物。英国工人的要求和需要在这个杂志中得到了反映，因为杂志能清楚明确地阐述这些问题。

再谈谈有关工厂支部的问题。当前，我们正越来越坚决地着手这项工作。我们成功地建立了159个支部和70多种厂报。这在很大程度上使我们的机关在动员群众的工作方面得到加强，而且，我认为，在我们开展的活动这一方面证明党在组织上和政治上取得了巨大的成就。党与群众的联系更紧密得多了，而且在很大程度上加深并扩大了我们的影响。

我还想谈谈关于我们工会运动中的工作问题。经常与党中央共同开会的原则同样也贯彻在工会工作方面。在谈工会工作细节之前，我要举出几个布朗在关于工会工作的发言中引用过的事实。这是很重要的。问题不单单是像他所说，在组织中发发言又继续往前走，问题也不在于把工会组织看做是讲坛。在英国革命运动中，我们多年来只限于做这些事。我以为，假如党员早一些懂得什么是真正的革命活动的话，党员在工会中本来可以担任更多的要职。然而，我们曾认为，自己的全部任务只在于在讲演中唤起工会成员相信我的信仰，我们也就心安理得了。英国党在这方面取得了很大的进步。当前，每一个党员都应该不仅成为工会会员，而且成为积极的会员，应当在工会中开展工作。我本人回英国后，将要回到工会组织中去工作，与此同时，我是党中央的委员，少数派运动的中央委员和少数派机关刊物的编辑。我要作为工会组织的代表参加失业者委员会或其他别的组织或代表团。英国党奉行的原则是：从自己的党员中培养出积极的工会干部。我认为，布朗同志已经十分清楚地阐述了我们对这项工作多么重视，这项工作在我们的成就中起到了多么大的作用。我还想强调指出，越是深入地置身于工会工作，就会越多地接触到迫切需要解决的实际问题，接触到直接关系到工人的日常生活的问题和那些琐碎的、大众瞩目的、最容易触动工人的、工人最敏感的问题。我们越是密切关心这些因素，就离现实越近，离抽象概念越远。为此，我想举例说明，我们是如何为铁路工人制定纲领的。党的政治领导忙于研究制定一个能受到这一工业部门全体人员支持的铁路工人纲领。我们制定出纲领，提交铁路工人会议讨论，并非常高兴地听取了会上提出的批评和具体建议。这种情况使这一纲领做了许多修改。在辩论中出现了一系列重大的问题和建议，这是我们从未想到过的。而当我们把这些问题和建议考虑进纲领时，修改后的纲领给铁路工人们留下这样的印象：当全国铁路工人同盟最后通过这一纲领时，纲领中写进了我们的许多要求和建议。

这个纲领一开始就使全国铁路工人同盟对它恨之入骨，从那时起，全国铁路工人同盟就极力回避这个纲领。

我再举一个例子，是一位著名的英国工人政府部长，议员约翰·惠特利的话。在国内的一些地方，共产党员对独立工党早已建立起来的影响构成了真正的威胁。在两个州，尤其是在格拉斯哥，共产党人开展了一场声势浩大的运动来反对一名20多年来都是州议会中著名的工人代表的独立工党议员。这个州的工会支持共产党，而这个独立工党议员被撇在一边。独立工党召开了领导成员会议，于是人们问约翰·惠特利："这样小的共产党能受到工人运动和工会运动这样大的支持，这又如何解释呢？"惠特利回答说："共产党有政治影响的原因如下：共产党是英国唯一的贯彻生产工会政策的党，这个政策反映了每一个工人的感情和要求。只要这个党还是唯一的以这种纲领和政策为宗旨的党，那么，它就总会得到越来越广泛的支持。"他补充说："如果独立工党能够制定出像共产党的路线一样深刻反映群众生活的路线，那么，独立工党也会得到工会同样的支持。但是，迄今为止，独立工党没有执行这样一条路线。"

我认为，如果考虑到这些具体事实，而不是根据一般的报告和发言，全会会对党的工作有更好的了解。

至于纺织业的工人，三年前，我们在纺织工业中还一无所有。大概我们只有一个党支部；我们没有任何影响，而且纺织工会中的共产党员居末位。工会掌握在英国最顽固和最反动的工会官僚手中。党的宗旨是改变这种状况。我只举一个例子来说明当前纺织工业工会的状况。共产党的组织，尤其是在毛纺工会中，展开了宣传鼓动工作。经过宣传鼓动工作，纺织工人起来反对预计在1925年7月降低工资的计划。涉及25万工人的同盟歇业便是这些宣传和鼓动工作的结果。区党组织的工会部领导了这次运动，让29个工会的党团授权行动委员会进行谈判。这个行动委员会不是由工会代表组成的,而是由地方行动委员会选举产生的,而地方行动委员会又是由工厂选举产生的。这29个工会的反动的多数派否定了我们的建议,但毛纺工人却支持我们的建议。为了联合参加同盟歇业的全体工人,成立起了党的组织,各个州在罢工期间成立了地方行动委员会。这些行动委员会的活动和它们提出的关于成立毛纺和纺织工业联合委员会的要求,是工厂主不能忽视的一个重要因素。他们被迫放弃降低工资和延长工作日的打算。现在,共产党的组织想把少数派运动的全部积极分子吸收到行动委员会中来。召开了两个代表会议,会议提出的要求提纲中包括了反映纺织工人利益的特殊要求,而这两次会议都有一定的成就。许多左翼活动家都发言支持会议。

应当强调指出:对于我们来说,问题不在于只是取得胜利,只是迫使工会官僚的反动代表同意众所周知的建议和措施。对于我们来说,这是要经常不断地用在州里建立一定的组织的方式利用所取得的胜利的问题。因此,不论我们的党在英国是多么小,不论它人数多么少,我们都会争取到纺织工业工人和每一个像纺织工人这样的组织越来越多的同情。

再举一个例子。

我们在大的组织中,在南威尔士的矿业工人工会中进行了卓有成效的工作,利用了矿业工人的支持和同情,我们把这些组织争取过来了。结果,经过我们两年时间的努力,整个英国矿业工人联盟和最大的工会已经决定合并到红色工会国际中来。

我们为什么要利用这种支持呢?因为普通工人说,共产党员在失业者委员会中保护我们的利益,他们在企业里,在工会委员会中反对工厂主,他们始终不渝地在这些组织中开展工作。我们越是同工人站在一起进行斗争,他们就会越信任我们共产党人。这就使我们有可能进一步深入到这些组织中并把这些组织引导到我们希望的方向,即:团结起来,进行阶级斗争。

谈到我们在工会运动中的工作，大家一定会同意我的下述观点，即英国共产党取得的最大的成就便是组织了少数派运动。由于有了少数派运动，我们在英国首次真正地唤起了工人，不仅仅与他们建立起联系，不仅仅深入到组织中去，而且是真正地将工人阶级动员起来了。我们仅举恰恰在本周工联代表大会总委员会的分委会所通过的决议为例。从7月份起，不仅在工会外，不单是资本家，甚至连反动的工会官僚都掀起一场运动来反对去年7月31日在工会运动中取得的团结。托马斯和铁路工会的反动头目阻止了铁路工会加入工人联盟。而托马斯不止一次地指示，如果把问题看成是要工会还是要国家，如果这是工会反对整个社会的斗争问题，那么，他要声明，他首先是一个公民，其次才是工会会员。在工人运动的队伍中进行了精心的宣传，以防工会在降低工资的情况下采取一致行动。于是就在本周工联代表大会总委员会的分委会上提出，在取消补助金的情况下，应当执行以前的政策。今年五月将执行去年七月的政策，这可以用少数派运动召开全体英国工会运动积极分子代表大会这个事实来解释。而他们可以给反动分子和不坚定的动摇分子施加压力。我以为，每一个认真研究英国工人运动的人都会同意我们把英国工人运动中将要命名的"红色星期五"这一功绩归功于共产党和少数派运动要比归功于任何其他的人更为适宜（我以为，这并非过分夸张的说法）。如果大家注意看报纸，就一定会在报纸上看到有关共产主义的胜利、共产主义的政策，有关共产主义在进步，有关少数派运动在工会中掌握了领导权，而且应采取某种行动的宣言遍及全国。

"红色星期五"之后，所有的报纸都提醒英国人民提防共产党人的工人阶级团结一致的政策——必然会导致工人阶级和国家之间最残酷的斗争的政策。当矿业工人的状况暂时缓和时，连拉姆赛·麦克唐纳在自己的发言中都宣称，政府的投降显然确保了被沉着的社会主义者看做是自己死敌的那些力量的最后胜利。换句话说，麦克唐纳认为，工人现在已经开始从企业主的这次失败中认识清楚，自1921年的"黑色星期五"之后，企业主们的第一次真正失败是日益加深的不满情绪和共产党及少数派运动扎扎实实地所执行的政策的结果。少数派运动更愿意把自己的出现归于共产党，共产党员在少数派运动中进行着工作，起着少数派运动的动力作用和启蒙者的作用。虽然这样说是对的，但少数派运动也得到越来越广泛的英国非党的工会会员群众的响应。独立工党的成员、工党党员、非党工会会员和有组织的普通工人，大批地参加了少数派运动。而随着我们开始在整个工会组织中获得越来越坚实的基础，在工会中退居末位的反动分子更加负隅顽抗。如果哪个工会委员会提出加入少数派运动，那么，他们就说，我们的组织应当退出工会委员会。那些鼓吹民主的人就是这样说的。临时工工会不久前开除了43个加入格拉斯哥工会委员会的组织。格拉斯哥工会委员会表示愿意参加少数派运动而且也确实加入了少数派运动。其他工会组织中也有这种情况。交通工会的一些负责人威胁说，如果格拉斯哥工会委员会不退出少数派运动，它所属的组织将全部被开除，很有意思的是，这些组织的绝大多数成员投票赞成加入少数派运动。绝大多数普通的组织成员投票赞成我们，而官僚主义者却千方百计暗中破坏。然而，正是这些官僚在高谈阔论民主和多数人的意志。显然，当民主对他们有好处的时候，他们便赞成民主，反之，他们就践踏民主。

  同样，也很容易根据一些具体事例来评价我们的政治工作。恐怕不会有人认为，英国党属于那样一类党，它无论干什么都能一举成功，它能够领导和指引整个工人阶级，它不会遇到来自任何方面的反对派。有一大批工人在政治上是消极的，我们接近不了他们。与此同时，却存在着一个非常庞大的、组织得很出色的中央官僚机构，工党开始越来越坚决地利用这个机构。尽管我们作出了一切努力，但是，仍然存在许多我们无力争取过来的工会组织。我们应该永远记住,在我们英国党内,这个群众性的带领工人进行反对资本主义斗争的党的道路上还有很大的困难。然而,我们像一个唯一完整坚强的党那样进行着工作,显示着自己的影响,执行着反映工人生活实质的路线。因此,我们取得了某些成就。我们取得了一定的成就,但是,我们也要承认,在其他一些方面我们遭受了失败。

比如,拿去年一年中我的工作来看吧。1924年11月,党的领导通过了关于某些问题的决议,并制定出大家都知道的1925年的政治路线。中央通过了一个纲领,提出的口号是:"反对道威斯计划","反对帝国主义","反对失业者状况恶化","反对因季诺维也夫那封伪造的假信而引起的运动","为工会运动的统一而斗争"。我以为,我们应当逐个地对这些口号进行分析。因为,什么是我们能达到的,我们会看得最清楚。先说道威斯计划问题。在党开始反对专家们的计划时,党被孤立了。在工人大会上,工党政府通过的、麦克唐纳签署的道威斯计划被贬斥为异端邪说,大逆不道。当我还是议会候选人的时候,在选举工党政府卫生部长的前一周,在凯尔温格罗夫的增补选举中发生了一件事。惠特利向我声明:"我们决定不支持您的候选人资格。"当我问他为什么时,他解释说:"这有各种原因。工党委派了一个委员会调查凯尔温格罗夫选举的问题。"当我问这个工党的走狗,民族的奸细,为什么党拒绝支持我的候选人资格时,他回答说:"您在自己的鼓动文章中说您反对道威斯计划,而这是与工党政府的政策相抵触的。"在道威斯计划中,工人运动受到了阻碍。当我们开始反对这个计划时,我们还是一个集体,但最终结果又如何呢?斯卡伯勒工联大会通过了谴责道威斯计划的决议。同时在英国未必会有一个工会运动的主要领袖同意说共产党是正确的,同意说我们的路线,我们反对这一计划的斗争被证明是完全正确的。甚至在工党的利物浦会议上,麦克唐纳为道威斯辩解并答应委派委员会调查他的工作。与会者中无人敢站起来宣称，说这个如此引以为豪的，如此添枝加叶地被描绘的计划原来不是别的，它不仅恰恰是德国工人的悲剧，而且也是英国工人的悲剧。我认为，我们可以大胆地说，在这一点上，我们增加了自己在工人和工会运动中的比重，这是由于共产党（也只有共产党）第一个起来反对企业主的这一计划。企业主们现在还在利用这个计划降低英国劳动群众的工资，延长他们的工作日。

现在，我们谈谈关于帝国主义的问题。反对帝国主义的斗争，是整个英国工人运动中最复杂最艰难的斗争。在英国，我们有帝国主义已浸透到骨髓的工人运动。甚至是左翼，工人运动中的左翼也已在相当大的程度上浸透着帝国主义。在讨论这个问题的所有会议上却是振振有词地谈论什么英国在其他国家人民面前张开了兄弟怀抱。这个怀抱不是别的，正是卡住被压迫民族喉咙的铁钳，但是，对与会者说这些是没有用的，这不会留下什么印象。我们不得不同充满偏见和成见的工人一起反对帝国主义，可是在斯卡伯勒还是通过了一项不是一般地谴责帝国主义，而是专门谴责英国帝国主义的决议，而且在决议中提出了立即从中国撤军的要求。这已经说明了一定的问题。这意味着，尽管全国的资本主义报刊正在进行一场前所未有的帝国主义运动，我们还是阻止了帝国主义的洪流，而现在，我们越来越容易把工人联合起来反对企业主所要的帝国主义手腕，反对他们的"工人"傀儡。

关于季诺维也夫那封信的情况是怎样的呢？在这方面，我们给自己提出了两项任务。我们打算争取让工会运动和工人运动证实此信的虚伪性并让麦克唐纳向季诺维也夫道歉。我们达到了自己的目的：工会代表大会承认此信是伪造的；工党代表大会也默认了此信是伪造的。然而，我们还没有足够的力量使麦克唐纳向季诺维也夫道歉。但是，我认为，在全国也找不出一个有头脑的工人会公开肯定地声明，这封信是真的。这便是我们运动的结果。

下面一点非常重要。这便是工会运动国际统一的问题。同志们，如果你们记得英国工会代表团从俄国回到英国时的情况，记得英国当时是怎样的状况的话，那么，你们就一定会明白，我们开展工作是多么不容易。当代表团返回英国时，工会的领袖和工党的领袖千方百计闭口不谈代表团的俄国之行。关于威信和意见一致的问题被提了出来，而在工会中，在工会运动国际统一问题上充满着失望和绝望的气氛。工会领袖们说："我们什么也做不成，我们被捆住了手脚。我个人同情统一运动。我赞成无条件地与俄国工人一起召开代表大会，我赞成国际统一，但是，我无能为力。反动分子势力太强，我们也就只得沉默。"我们考虑到了这一点，所以，在去年1月25日召开了一次使工人运动领袖的秘密活动遭受致命打击的代表会议。少数派运动召开的代表会议是迫使领导机关打破沉默，巩固左翼分子后方，从而有可能成为比任何时候都更坚定地为工会运动的国际统一而奋斗的因素之一。现在，我们的情况是，阿姆斯特丹国际分子认为，英国的工会运动是俄国人的追随者，建立了为召开代表会议和为工会国际统一而斗争的英俄团结委员会。现在，我们可以，也愿意组织牢固的英俄工会的统一战线，以便迫使阿姆斯特丹国际方面召开代表会议或是通过反动官僚的头目召开代表会议。虽然，在此无疑表现了强有力的因素；虽然，由于企业主方面的积极性和压力而无疑形成了英国工会；但是，毫无疑问，在英国，共产党是组织少数派运动的主要动力。这一运动实际上使所有工会会员能独立自主，并迫使反动的工会领袖考虑基层的意见，同时也加强了左翼分子的力量。我认为，今后，英国工会运动也将会沿着这个方向前进。

然而，应当说，尽管我们在反对道威斯计划，在争取工会运动的国际统一，在反对关于季诺维也夫那封伪造信件的斗争中取得了巨大的成绩，但是，我们没能完成另外一些任务：我们没能阻止企业主、托马斯和其他人去说服铁路工人代表同意铁路工人的全国工资率，我们没能阻止企业主拒绝给司机提高工资，我们没能阻止企业主提出的关于建造坚固的房子而只付微薄报酬的建议。虽然我们取得了某些成就，但在其他许多方面，我们遇到了很大的困难。我们认为，全会应当考虑到这一点。

在英国，广大普通工会委员都很清楚，企业主仍然要说服他们。他们也很清楚，只要他们不同意与收入微薄的德国工人竞争，只要他们不同意为同样的工资甚至更低的工资而工作，资本家就要把他们抛到街上。很显然，现在，工人的状况只能是越来越糟，而绝不可能有所改善。工资和工作日受到威胁，我们应当考虑到下列因素：在英国，重工业和基础工业中的状况越来越糟，工人已越来越相信不可能彬彬有礼地去祈求改善自己的状况。他们开始团结在共产党周围，因为共产党不仅能够领导他们，而且能够带领他们为争取满足自己的日常要求而斗争。这便是越来越多的工人群众接近党的原因。

我党的下一个重要问题是实行统一战线的策略的问题。这不单单是与领袖们组成统一战线的问题。到领袖们或某个组织那里对他们说，我们想与他们就这一问题结成同盟，于是万事大吉，这是不够的。问题是必须让所有的工人都相信，必须在某些十分明确的问题上采取协调一致的行动。工人应当明白这一点，应当跟我们走，而各个组织一定要迫使自己的领袖跟我们走。

纲领中提到了独立工人党对第二国际和第三国际关于统一战线建议的答复。这一姿态的全部意义是，独立工党想阻止群众在最重要的问题上直接与共产党达成协议。工人们想就具有切身意义的问题进行谈判。对工人而言，最有吸引力的口号是，联合一切无产阶级的力量来对付今后在工资和工作日上的种种阴谋。其他党的领袖应当考虑到响应我们口号的群众日益增长的压力，因此，他们在国际范围内引起无休止的谈判，极力把运动引向另一条轨道。我认为，在这个与群众统一的问题上，同样也应当考虑到由于统一战线的策略而出现在我们面前的问题，考虑到由于深入群众的必要性所引起的问题。

就以伦敦为例吧。伦敦的机关和组织划分为 29 个单独的组织，由伦敦委员会管辖。在这里，我们至少有 50000 名分散在 4000 多个工会小组的有组织的工人。这个数字证明，在伦敦共产党人面前有着多么广阔的活动场所。然而，党不能充分地展开工作，因为在伦敦仅有 1400 名党员。而且，就是这 1400 人中最多也不过有 1000 人是工会会员，其他党员都是家庭主妇和失业者。我认为，如果大家考虑到摆在我们前进路上的这些困难，考虑到这 1000 名党员要在超过他们力所能及四倍的地区工作的困难的话，大家一定会明白，共产党还面临着多么重大的任务。如果大家再考虑到伦敦的中央工会机构（伦敦工会委员会及其所属的 125 个派有自己的代表出席会议的委员会）中我们有了 47 名党员这个事实的话，那大家一定会同意：由于我们不仅在 125 个委员会中扎下根，甚至还使 47 名共产党员当选为代表，我们工作得很好，取得了一定的成就。我举这个例子是想证明，目前在伦敦，我们已经有了真正的、协调一致的、组织得很好的党团工作。

我还要指出一些我们将来必须完成的任务。第一，提出动员整个工人阶级的运动反对资本主义这项总的任务。这是党所面临的第一个重要的和主要的任务。我们应尽可能多地把广大无产阶级群众争取到我们这方面来，并尽可能快地带领他们反对资本主义。

我们应当动员和组织工党中的一切进步分子并建立团结的组织以推翻独立工党的反对领袖。只争取左派同情的时候早已过去了。现在，已经是在工党中建立牢固的左翼组织并将这个左翼与工会运动的左侧（主要表现在少数派运动）联系在一起的时候了。

第二，我们面临着一项重要的任务，即继续进行我们在合作化运动方面的工作。普通工人认为，合作化运动从斗争一开始就是或应该是工人阶级为争取工会运动统一而斗争的重要支柱。我们应该把英国的合作化运动与英国的工会运动更紧密地联系在一起，不但坚持使每一个合作社都是一个工会，每一个工会都是一个合作社，而且要把合作化运动与工会运动联系得比以往更牢固。

我们也应当继续进行反对洛迦诺公约的宣传。目前，我们的处境与道威斯计划过去的处境相同。我们应当与工人中认为洛迦诺公约给工人带来益处的反动分子的观点进行斗争，直至整个工人运动和工会运动都否定洛迦诺公约。

我们应当在更大的范围内，比以往任何时候都更有力地为争取工会运动的国际统一而奋斗。

我们应当争取使阿姆斯特丹国际无条件地召开会议讨论工会运动的国际统一问题，或者是我们应当通过官僚头目来组织这样的运动。我们应当唤醒工会运动中的动摇不定的分子。我们一步也不能后退。我们应当把所有对麦克唐纳抱敌意的人都争取到我们这方面来。我们应当唤起他们公开反对麦克唐纳并参加反对麦克唐纳政策的斗争。因此，我想十分明确地说，现在，在英国工人运动中与麦克唐纳主义进行斗争的唯一可行的途径，是我们所制定的政治路线，即在利物浦会议上我们为之而奋斗的政治路线。

我还想说，我们应当对青年工人予以关注。只要能正确对待英国的青年工人运动，它就能为革命斗争提供无限的可能性。我们应当尽可能地提高青年工人的积极性，争取把他们组织到工会中来，并让他们与共青团一起前进。我要指出，英国共青团已经能够与被组织在独立工人党中的青年工人结成统一战线。我们希望进一步巩固这种联系，争取使这些组织在一定的迫切要求的纲领基础上进行工作。尽管我们可以自豪地回顾所做过的工作，但我们仍面临着许多问题。而且，在不久的将来，我们还将面临很大的困难。我认为，如果我们能够像一个有明确目标的、有组织的党那样不断前进（这也就是我们的目标），如果我们能够不怕分歧、不怕派性、不怕分裂而不断前进，如果我们忠于共产国际并不断前进；那么，我们一定能建成一个巩固的、有纪律性的、布尔什维克化的党，而且，不仅能与广大群众建立起紧密的联系，还能动员他们起来为推翻资本主义、建立苏维埃共和国而斗争。

（会议休会）

第十一次会议

(1926年3月1日)

主席：什麦拉尔

洛佐夫斯基作关于共产党人在工会运动中的最迫切任务的报告

一、工人运动的速度和规模

战后工人运动与战前工人运动的不同之处在于：战后工人运动的每一个过程、变化和进展都比资本主义整个机体的发展时期快数百倍。战前需要几年，甚至几十年才可做到的事情，现在，仅用几个星期或几个月就做到了。现在，事情变化的速度和规模完全是另一种情况。战前，数十万工人的罢工简直就是世界大事，人们在很多年内都在为它著书立说、谈论不已。而现在，即使是数十万工人参加的大规模冲突，席卷全球的冲突，也是司空见惯了。就连我们自己也已经习惯这一速度和规模了。假如，拿现在的工人运动和十年前的工人运动相比，那么，确实可以说，我们正在飞速前进。正是工人运动的这种速度和规模，每年都给我们带来许多新情况，研究这些新情况则是我们制定今后方针的一个先决条件。

自共产国际第五次代表大会以来,时间总共才过去了一年半,然而,世界工会运动已经向前迈出了一大步。在这一时期内,工会内部出现了一系列倾向,工人阶级的力量已经重新组合。因此,我们可以谈谈世界工会运动中的这些新情况。世界工会运动中的新情况有以下几点:

1. 工人阶级的政治权利在继续减少;
2. 工人群众生活水平降低;
3. 阶级合作的新形式的出现;
4. 美国劳工联合会对欧洲改良主义工会运动影响的加强;
5. 各殖民地和半殖民地国家工会运动的迅速发展;
6. 大多数改良主义工会中左翼的形成;
7. 苏联工会对世界工会运动影响的增长和各国工人代表团对苏联的向往;
8. 英俄团结委员会在组织上的形成;
9. 阿姆斯特丹国际内部斗争的尖锐化;
10. 群众对统一的要求与日俱增。

我们所经历的这一时期的最大特点是:一方面,最广大群众对团结的向往;另一方面,世界工会运动内部在这一基础上再次发生分化。现在,世界工人运动中的分化是按两条路线进行的,即按**美国**的路线和**苏联**的路线发生分化。群众以苏联为目标,改良主义首领以美国为目标。世界工会运动中的两个极端也就是苏维埃国家和亿万富翁的共和国这两个极端。

在世界政治中,美国资本主义和苏维埃俄国所起的日益增长的作用,是确定这两条路线的方向的基础。这两种相互对立、相互排斥和相互敌对的制度的比重的日益增长,对工人群众、工会组织及其领导干部产生了一定的影响,是形成上述两个方向——美国方向和苏联方向的先决条件。如同血气方刚的美帝国主义和苏维埃社会主义共和国一样，美国的工会运动和苏联的工会运动是相互敌对和相互排斥的（就策略和思想体系而言）。正因为如此，群众和改良主义首领对这两个极端等量齐观。如果我们不清楚与美国方向和苏联方向相联系着的世界工会运动所发生的这一内部过程，共产国际和各共产党就不能拟定正确的路线。

二、政治反动派的增加

近一年半时间，是在对工人阶级进一步施加压力的标志下度过的。几乎所有国家的工人阶级都处于自卫状态，他们甚至经常不能固守已有的阵地而不得不退却。资产阶级首先在政治方面施加压力。但是，当统治阶级的利益同形式上的自由相冲突时，就连一贯吹嘘遵守宪法的英国也经不住考验，为了维护特权而反对自由。越来越多的国家遭受半法西斯和反动制度的压力。最近，意大利法西斯的思想政治影响在国外大大增长。已有几百年文明的英国老牌资产阶级利用形式上的自由把工人阶级牢牢地控制住，现在，资产阶级又开始将注意力转向意大利，许多显贵勋爵正着手组织法西斯匪帮和别动队等。击溃意大利工人运动，始终是法西斯"灵活巧妙"政策的一个榜样。由于是采取反工人的政策，无论是在民主国家还是半民主国家，墨索里尼的行为都没有很大程度地扩散。

法西斯的股票在国际交易所上涨起来，这是因为意大利是唯一的一个使强大的工人运动遭到镇压、各种形式上的自由成为资产阶级利益的牺牲品、通过先发制人的反革命避免了一场革命的国家。意大利的这一先例影响着全世界的资产阶级。对布尔什维主义的恐惧促使统治阶级去效法法西斯主义。法国资产阶级中反议会情绪的增长正说明了这一点，许多国家的法西斯组织的增加也说明了这一点。

对工人阶级的政治压力在不断地持续着。在解释宪法所规定的自由时，每个国家都有各自的方式方法，但是，一个共同的现象是，在欧洲，反动派的气焰已经开始甚嚣尘上，法西斯主义的权势在国际舞台上已经猖獗起来。这影响到工人阶级的基本的自由权利，这影响到工人阶级的结社自由、出版自由等。

毫无疑问，最近一年半以来的时间是在这样的情况下度过的，其标志是：工人阶级的政治权利**被压缩**，工人阶级的政治状况在**恶化**，整个资产阶级国家机构被动员起来反对工人运动受到的布尔什维主义的"腐蚀"，资产阶级国家的一切"超阶级"法典的阶级本质被**暴露**出来。而所有这些，既具有消极意义，也具有积极意义。

三、工人阶级生活水平的降低

资产阶级在对工人运动施加政治压力的同时，还对工人运动施加了巨大的经济压力。资产阶级进攻的目的，过去是、现在仍然是要通过恶化工人群众的劳动条件和降低工人群众生活水平的办法来降低生产成本。各资本主义国家的国民经济愈是困难，美国在世界经济中开始占的地位愈是重要，欧洲资产阶级对工人阶级就愈是冷酷无情，他们极力靠牺牲劳动群众的利益来降低生产费用。

这一进攻是在哪些方面进行的呢？是在这样几个方面进行的。**降低实际工资**。大家都知道，英国社会关系极度紧张的主要原因就是在于力图降低工资，而首先力图降低采矿业的工资。在所有欧洲国家中，我们几乎都看得到这样的进攻行动，在降低工资的同时，又很顺利地向**工作日发起进攻**。现在，实际上只有很少国家和生产单位还在实行八小时工作制。对资产阶级来说，对工作日的这种进攻已经获得了卓越成果。在德国，这一点看得特别清楚。在英国，这一局势已经发展到英国资产阶级竟然直截了当地提出工作日问题的程度。由于英国资产阶级还没有足够的力量迫使英国工人阶级接受更长的工作日，英国资产阶级便提议召开国际会议来统一工作时间。如果会议主张维持原状，那么，这将是英国资产阶级反对"本国"工人的又一条理由；如果统一了工作时间，那么，这就正中英国资产阶级的下怀。

在此，我们看到英国资产阶级这样一种极特殊的"国际主义的"目的，这种目的是由英国无产阶级捍卫他们所争得的缩短了的工作日的那种顽强精神所引起的。在几年时间里，德国延长的工作日和廉价劳动以其全部压力扼杀着整个欧洲的工人运动。众所周知，第二国际和阿姆斯特丹国际所阐明的道威斯计划首先就是要延长工作日，这就不能不在其他国家引起延长工作日的连锁反应。

在向工作日发起进攻的同时，资产阶级也**向社会保险发起了进攻**：降低企业主的社会保险开支；随着失业现象的增加，降低失业者的补助金，等等。与此同时，仍在继续执行旨在把国家**开支**和**一切**战争后果的**重负转嫁**到人民中**最贫穷的阶层**身上的旧的税收政策。最近几年，战败国和战胜国的赋税负担都在大幅度增加。只要以英国、法国等国为例就足以说明问题。

此外，在**提高劳动生产率**方面资产阶级也在施加压力。现在，欧洲工人在单位时间内生产的产品比战前要多得多。这主要是采用了新的劳动组织方式方法和增加劳动本身的强度和紧张性所致。在这方面，生产方式的美国化取得了很大的成就。

如果除了**不断上涨的房费**，再加上更加高昂的煤气、电和交通费用等，那么，我们可以得出一个总的无可争辩的结论：**工人阶级生活水平下降的趋势仍在继续发展**。资产阶级国家的一切机关、企业主组织的一切力量、资产阶级报刊的一切出版能力和所谓社会舆论——所有这些，其宗旨都是通过大大削减"非生产"开支来紧缩减少工人阶级的需要和维持高利润。这种趋向已经十分明显，所不同的只是每个国家工人阶级状况恶化的程度大小而已。有些国家的工人阶级状况恶化的程度更大，有些国家的工人阶级状况恶化的程度较小，但是，现在，在欧洲（苏联除外），没有一个国家的工人群众的生活水平得到了提高或是保持在1919—1920年的水平。如果按工人经济状况恶化的程度把有些国家进行分类，那么，居首位的是意大利，其次是波兰，再次是德国。对于幻想将"本国"无产阶级德国化的英国资产阶级来说，德国工人的生活水平是一个标准。各国工人经济状况的相互依赖性，还从来没有像最近几年这样明显，如果说大多数英国工人也已经开始反对道威斯计划，那么，这是因为他们已经确信，德国所实行的道威斯计划会对英国工人的状况产生怎样的影响。

四、对工人进行经济奴役的新形式

在此，谈一下资产阶级（通过成立各种互助机关）想使一部分工人依附于自己的企业并使工人的经济斗争不可能成功的各种企图。当然，这一切都是企业主在行善和关怀"贫穷"工人及其家庭的幌子下进行的。但是，这类机关的社会政治内容却是极为明确的。在美国，这种机关的体系极其广泛。在那里，在最大的一些工业部门内，每一个企业或企业集团都有企业主组织起来束缚工人手脚的各种互助储蓄会。现在，对工人发生作用的这种形式，在欧洲，部分在法国比比皆是。到1925年年中，法国已有176个补助会，其中包括在11200个机关中供职的121万人。1925年上半年，这些补助会支付各种救济金16亿法郎。其中有婴儿补助费、产假费、哺育子女费和生病期间的补助金等。这些补助会总共不过涵盖10%的职工，况且在他们之中能得到补助的也只是为数很少的会员，然而，这种机关在削弱工人的阶级团结方面却具有相当大的作用。这些补助会之所以能吸引一部分工人依附于企业，是因为所有这些救济形式都完全取决于企业主。只有那些善良的百依百顺的好工人才可以得到补助。而这一切意味着什么，则是昭然若揭的。

利用这种补助会可以达到几个目的：一方面，把楔子打入工人群众；而另一方面，这可以使企业主摆脱用于社会保险的开支。从这个意义上说，法国企业主迄今所承担的义务比德国、英国和其他许多国家的企业主少得多。

企图通过各种机关笼络工人，当然已经不是一种新的现象。新情况在于，在所有这些补助会发生作用的那些工业部门，在削弱工人的战斗力方面，这种新的现象已开始具有相当的普遍性，并发挥了一定的作用。必须考虑到这一点，在我们为改善工人阶级状况而进行的斗争中应当看到这一点。

五、阶级合作的各种新形式

在企业主对工人阶级施加压力、用各种新形式对工人阶级进行奴役、使出各种新花招让一部分工人关心企业繁荣的同时，资产阶级又创造出一些阶级合作的新形式。以往所有的形式与这些新形式相比简直是相形见绌。阶级合作的这些新形式来自美国。现在，美国是工人同企业主实行真正合作的乐园。众所周知，在美国的重工业中甚至连龚帕斯联合会[①]都不能起作用。企业主自己在那里建立起混合工会（公司公会）。这些组织具有各种不同的性质。在有些企业里，工人选出委员会后，同样数量的企业主代表也参加进来。在另外一些企业，则建立起两院制：工人选举下院，企业主选举上院。所有这些组织有非常普遍的救济制

---

① 指美国劳工联合会。——译者注

度，有自己的报刊，这种报刊自始至终都在赞颂企业主的宽宏大量及其对本厂工人的关怀，等等。

然而现在，美国是各种新现象的活动场所，这些新现象已经开始传入欧洲。这些新现象是：工会与企业主就提高劳动生产率和工会为提高劳动生产率所承担的责任达成协定。这种协定是以所谓"巴尔的摩—俄亥俄计划"（巴尔的摩—俄亥俄计划是从最先达成这种协定的那条铁路而定名的）而驰名美国的。在此，工会简直成为驱赶性的人，起着榨取工人血汗的作用。

为了达到一定的结果，召开了许多混合"生产会议"；为了提高劳动水平，工会在这一问题上同企业主实行完全无条件的合作，从企业主的角度来看，这是更合理的劳动组织。

后来，工人银行在美国也很令人心向神往，而且这些银行常常只打出工人的牌子。在多数银行中，企业主都有巨额股票，并在董事会中起着相当大的作用。这些银行拥有许多企业，其中，经常发生这种情况，即：到这种工人银行所属的企业里来干活的却只是一些无组织的工人。他们这样做，不仅得到了工会领导者们的同意，而且还有他们的直接命令。可以想象，这是一些什么样的工人银行，他们能够执行什么样的工人政策。

不仅如此，这些与美国整个银行系统相联系的工人银行，完全起着辅助资本主义的作用。工会在这些银行的存款，可以投资于各种股票，这样一来，美国的整个经济也就"社会化"了。

从这些工人银行得到的唯一好处，就是使工会上层人物摆脱了工人群众的任何监督。工会会员在这里只起存款人的作用。他们所能做的事，就是存款。在工会还没有这种机构之前，工会上层人物一直依靠（虽然不是完全依靠）缴纳会费的会员。然而，一旦工会有了独立的资本，一旦他们干了投机性买卖并从中获取了利润，工会首领就会有足够的钱来执行他们想要执行的那种政策。工会所属的**工人银行和所有其他的财政机构使工会官僚主义的上层分子摆脱了普通会员的监督，所有这些工人银行的全部实质就在于此。**

各种企业的工人股份制在美国也很流行。这些工人股东的数量非常大，工人股东愈多，他们同企业的联系就愈广。这是一种非常精明、聪慧而又廉价的方法，它能把工人阶级分裂成有特权者和无特权者，使一部分工人反对另一部分工人，削弱劳动力出卖者的战斗力，使一部分工人关心提高企业利润并使这部分工人不仅自己工作得更好更快，而且使他们驱使其他工人也这样干。

我还没来得及详细了解这一整套制度，但是，这是很有意义的，值得认真研究的。对这一问题感兴趣的人在下述著作中将会找到有价值的材料：福斯特的《美国工会运动的新方针》，鲁宾斯坦的《改良主义的社会根源》。现在，尤为重要的是，这一新方针已经远远越出美国国界。现在，我们看到，德国已经向美国阶级合作的形式方面发生了非常重大的转变。德国改良主义者企图为自己所采纳的美国新方针奠定哲学理论基础。现在，在德国非常流行"经济民主"这个词。关于这种经济民主已经谈论了很多年，众所周知，这种民主谈论得愈多，人们所感觉到的民主就愈少。经济民主，这当然是指经济权利和政治权利保留在资产阶级手中的情况下工人在经济上的合作，资本和劳动的平等。德国工会总联合会的官方机关报《工会报》在1925年1月10日写道："在理论上，公式是非常清楚的：资本主义、帝国主义、世界大战、社会主义（把所有这些都等量齐观——洛佐夫斯基）能够鼓舞工人阶级，实际上，它们却给工人阶级带来了失望。在近期内，工会应该解决实际加强我们的经济实力的问题。"

社会主义再也不能鼓舞社会民主党人了，这是一个非常宝贵的自白……

接下来谈谈，工会应该加强德国资本主义的经济实力呢，还是加强自己的经济实力？很明显，应该加强双方的经济实力。需要加强德国资本主义的实力，同时也将增强德国工会的实力。从德国整个工会报刊为工人银行、"巴尔的摩—俄亥俄计划"和美国其他新发现所唱的颂歌中可以看出，这里所指的是些什么。

1925年5月16日，冶金工人报发表了一篇题为《工人阶级的经济解放》的文章。文章欣喜若狂地向工人银行组织祝贺并为此而写道："**这意味着从资本主义生产方式的桎梏中解放出来。**"

就是这份冶金工人报在关于"巴尔的摩—俄亥俄计划"的问题上写道："从纯工会的观点看，不能低估这种制度的积极结果。越来越多的工人去参加地方工会部门的会议。工会生活变得内容丰富并达到了光辉的（！）兴盛时期。显而易见，这是思想的财富，这是对完善生产的新方法的不断追求，**对企业主来说是一块真正的宝地**。自然，工人从中也能得到好处，因为根据合同，企业主应该同他们分红。"

因此，社会民主党人便责备俄国工会参加生产和协助改善苏联经济，责备苏联工会关心劳动生产率和工人国家的企业的生产率；社会民主党人兴高采烈地述说美国工人关心提高劳动生产率的情况，他们甚至要求在德国也采用这一计划。

整个这一新思想是如此之奇异，请允许我再从一个德国工会运动理论家的著作中引两段文字。卡尔·茨温格于1925年11月在《工会活动》上写过下面一段话："工人阶级应该抛弃这种幻觉，仿佛它凭借着自己的人数，通过夺取政治机关就可以根本改变自己的经济状况。职工不仅因为自己是组织起来和联合起来的劳动力而成为国家总体系中最重要的一个等级，而且在总体上还是一个最大的资本家。"

从整个这一篇美国的哲理中可以得出一些非常实际的政治结论。就是这位卡尔·茨温格在他的《工会运动的社会学》这部著作中表现出这样一种出色的思想："应该实现主要经济因素——资本和劳动——的平衡，而现在，在这两者之中却是前者相对于后者占优势。工会运动的理论和实践应该力求做到这样一点：确认等价因素的意义，现在也适用于劳动范畴。"

为了证明这是工人运动应该走的唯一道路，这位德国工会运动的"社会学家"得出下列令人非常吃惊的结论：**"不能不看到，工人阶级是资本主义体系的一部分。资本主义体系的灭亡将是工人阶级的灭亡。在这两个经常起作用的经济实力之间，不能进行生死搏斗。"**

我认为不必同这位"社会学家"进行争论。只需引用这几段话就足以说明：在德国，马克思主义已被龚帕斯主义偷梁换柱了。我们看清了这种新方针是什么货色。在我们面前所看到的是一套完整的资产阶级的哲学和依靠工人阶级的一部分在工人群众中进行的，使工人阶级脱离直接、具体、最重要任务的实践。同整个这种思想和实践进行斗争，是所有共产党和共产国际的一个最重要任务。

六、殖民地和半殖民地国家工会运动的迅速发展

殖民地和半殖民地国家工人工会组织的重大发展，无疑是近一年半以来的一个特点。这一点，在1925年中国无产阶级的各种活动中表现得尤为有力和明显。众所周知，中国革命开始于1911年，只是在1925年它才具有特殊的规模和特殊的性质。这是因为中国的无产阶级和它的工会组织作为积极的战士登上了舞台。中国的工会仅仅在前几年才产生。它的处境一直极端艰难。在中国，由于领导工会而被判处死刑，这在不久以前还是司空见惯的。然而，年轻的工人运动在最近几年里建立了自己的组织，加强了自己的工会，并激烈反对英、日帝国主义，结果使力量对比立即转向有利于民族解放运动方面。上海、香港和天津的大

罢工，使无产阶级的滚滚洪流涌进了中国的民族解放运动。这些大罢工证明，中国无产阶级是反对帝国主义列强最彻底、最积极主动的战士。这些行动不仅使工人阶级的敌人感到意外，老实说，在一定程度上也使中国无产阶级和中国革命的朋友们感到意外。极少数人还怀疑，究竟在中国工人阶级里蕴藏着多少革命能量和多大力量。

中国无产阶级的行动把中国民族解放运动推到了一个新阶段，这正是最近一些事件主要意义之所在。在中国，我们看到了严肃的工会运动。的确，它的处境还非常艰难。在中国，无产阶级的数量同全国总人口的数量相比并不算多。而且，中国还有广大地区仍被反动军阀所盘踞。但是，在各个重要的工业中心都有组织严密的工会。这些工会一面进行反对英、日帝国主义的斗争，一面为维持人的生存、为巩固和完善自己的组织进行激烈的斗争。

在几年以前还只有几万会员的中国工会，现在已拥有近百万会员，并且凡是在国民军得胜的地方，工会都得到了蓬勃的发展。仅举一例，就足以证实这一点。例如，国民军占领了中国的工业中心——天津，总共才几个月，但是，就在三四个月的时间里，那里已经有了近5万名组织起来的工人，出版了工会周报，等等。在中国的其他工业中心，也可以看到同样的情况。应当指出，中国工人在其反帝斗争中采取了这样一些独特的、崭新的方法：例如，香港大罢工开始时，把近10万工人从香港运往广州，因而使英帝国主义在远东的中心——香港遭到了致命的打击。

我们所看到的这个年轻的工人运动，在蓬勃地向前发展，它意识到了自己的力量，它对于世界工人运动所具有的意义是不应被低估的。应当认清这一新的运动，应当懂得，中国无产阶级的崛起是继十月革命后最重要的事件。它使世界帝国主义遭到严重打击。这意味着世界革命大军大大加强了，因而它值得引起各方面的重视。

近一两年，在其他殖民地和半殖民地国家，工人运动也在不断高涨。无疑，印度大罢工标志着这颗"英国皇冠上的明珠"的工人运动揭开了崭新的一页。去年，我们看到在突尼斯为建立革命工会而进行的激烈斗争，而这个工会竟被法国政府破坏了。在叙利亚，尽管在举行起义，而在起义最紧张的时刻，还是建立了工会。在印度尼西亚，为了维护自己的工会组织，为了扩大和巩固工会组织，工人们在不断进行顽强而激烈的斗争。

应当说，我们的报刊没有充分注意殖民地和半殖民地国家的工人革命运动。如果没有苏联报刊和苏联通讯社的报道，那么，毫无疑问，资本主义报刊会携起手来封锁住来自中国的消息。这样一来，英帝国主义就会轻而易举地扼杀中国人民了。现在，苏联报刊以及各国共产党的部分报刊，正在冲破这种对殖民地和半殖民地人民实行了很多世纪的封锁。所有的共产党都应对此给予深切的关注，并且应该记住，任何一个殖民地工人的小规模罢工、小规模冲突，以及遭受世界资本主义奴役的国家里组织起来的小工会，都要比阿姆斯特丹国际的几十个决议和各种改良主义空谈家的夸夸其谈重要得多。殖民地和半殖民地国家的革命工人运动，有权期望得到各国共产党和革命工会积极而坚决的支持。

当然，对于资产阶级控制着的殖民地的那些国家的共产党来说，尤其如此。

七、国际改良主义与中国革命

正当共产国际和红色工会国际、共产党和革命工会竭尽全力援助中国无产阶级进行斗争的时候，国际改良主义却在事件发生时明显地暴露出自己帝国主义列强帮凶的嘴脸。上海工人开展斗争以后，曾向红色工会国际和阿姆斯特丹国际发出呼吁进行求援。红色工会国际做了它所能做到的一切。不仅如此，共产国际执行委员会和红色工会国际执行局还向第二国际和阿姆斯特丹国际建议共同援助正在斗争中的中国工人。而阿姆斯特丹国际对这一建议却不予答复。几个星期以后，我们才在阿姆斯特丹国际的公报中看到下面的令人费解之词："共产国际与红色工会国际关于共同帮助中国工人的建议，由于各种理由未被采纳。"究竟是怎样的"各种理由"呢？阿姆斯特丹国际并未加以说明。我真不明白，到底是什么理由能阻碍我们共同援助战斗的工人。理由只有一个，就是不愿意援助，其他理由是没有的。问题就是如此，这在阿姆斯特丹国际通过的答复中国工会呼吁的决议（1925年6月底）中清楚地表明了。决议写道："要询问那位（谁？）了解中国工会组织情况的人，是否**愿意和可能**给予援助，以及给予多大援助。"这个回答真是妙不可言：中国工人呼吁求援，拍来电报，而阿姆斯特丹国际却怀疑是否需要援助。

在孟买纺织工人罢工期间（1925年底），阿姆斯特丹国际曾号召自己的组织援助孟买罢工工人。阿姆斯特丹国际号召书的结尾向我们讲明了它为什么突然对殖民地工人表示起同情来。号召书的结尾是这样的："最近，印度工会运动可望有巨大的发展，这会使它作为一个平等的会员加入国际工会运动。"

阿姆斯特丹国际对中国工会运动和印度工会运动持不同态度，原因是很简单的。中国工会运动已经走上了革命斗争的道路。而革命斗争从来都不合阿姆斯特丹国际的心意，所以，它认为不能帮助中国人。正是因为阿姆斯特丹国际的领导人知道中国工会靠近红色工会国际，所以暗中破坏中国革命和排斥中国工会的理由，就十分清楚了。印度则是另外一回事，印度工会是由温和派掌握的。在印度，阿姆斯特丹国际有希望用援助方法诱使印度工会归附于它，借以提高自己业已动摇了的威信。这就是阿姆斯特丹国际领导人对中国表现出空前的厚颜无耻态度的原因。凡是被其感觉到有革命迹象的地方，阿姆斯特丹国际最好的表现也就是不闻不问。

结合中国发生的事件和中国无产阶级的呼吁求援，隶属阿姆斯特丹国际的许多组织都发表了意见。大概，德国全国统一工会的发言是最精彩的了。把持德国工会的改良主义者，在关于中国事件的号召书中顺便地写着如下几句话："德国全国统一工会理事会**希望流血事件能使在中国的欧洲文明代表者感到良心上的谴责，能向他们清楚地指出他们道义上的责任是同意中国无产阶级的要求，结束这种玷污文明的劳动条件。**"还有什么能比这个向欧洲文明代表者的良心发出的号召书更为动人的呢？又有什么能比这个要帝国主义分子实现自己道义上的责任的号召更为精彩的呢？

我们可以列举出工会领导人和社会民主党领导人的几十次演说，他们在演说中完全公开地谈论中国必须实行"经济现代化"（即殖民化），他们在演说中丝毫不谴责帝国主义分子，却揭露在中国的"布尔什维克阴谋"和"中国革命的民族布尔什维克倾向"（茹奥语）。国际改良主义就是这样回答中国无产阶级的求援呼吁的。阿姆斯特丹国际及其各支部就是这样响应中国无产阶级反对"帝国主义"的斗争的。这里不妨顺便指出，阿姆斯特丹国际对摩洛哥和叙利亚的战争没有作出任何表态。它一直保持沉默，尽管它作出了一些一般反对战争的冠冕堂皇的决议。瑞士社会民主党人责问，为什么阿姆斯特丹国际默不作声？《伯尔尼每日观察报》回答说，因为阿姆斯特丹国际第一副主席茹奥不想谈论摩洛哥和叙利亚的战争。

但是，改良主义者在涉及殖民地问题上并不总是表现得这样消极。他们并不总是局限于作出决议，号召承担道义上的责任。当需要阻挠殖民地中革命思想发展的时候，当需要保护本国文明免受"落后的野蛮人"破坏的时候，他们就会表现出积极性来。在这方面最典型的，是阿姆斯特丹国际的副主席莱昂·茹奥在镇压突尼斯革命工会运动中所起的作用。突尼斯成立的左派劳动同盟在茹奥先生到那里之后就被粉碎了。这个同盟的一些领导人被投入监狱,被指控搞阴谋活动而被判刑,还有许多人被驱逐出境了。在这里,茹奥的作用是极其卑鄙的。法国改良主义工会运动的领导人,不仅在精神上而且在物质上帮助粉碎革命工会运动。

目前,英国工党领导人在劝阻印度工人运动方面发挥着巨大的积极作用。根据美国人的倡议,在印度建立了费边社。工党的许多著名人物到印度去,在那里发表演说,反对布尔什维主义,反对共产主义和一切"左"的情绪和"左"的倾向。我们看到,每当需要破坏革命工会运动,需要给资产阶级帮忙时,改良主义者都很积极。然而,每当涉及帮助殖民地劳动人民摆脱自己的剥削者时,他们就表现得相当消极。无论是从前,还是现在,殖民地的工人运动只能寄希望于共产国际和红色工会国际。

八、改良主义工会中左翼力量的形成

目前,世界工会运动的一个最突出的特点是,新的反对派的出现。在参加阿姆斯特丹国际的组织中,共产党所领导的革命反对派一直在活动着。现在,没有一个改良主义组织内部没有共产党的影响。共产国际关于必须在改良主义工会中开展工作的各项决定已造成这样的结果:共产党已经在一定程度上组成了有力的少数派,他们在各地工会运动中执行共产党的政策和策略。而现在,排除业已形成的这一革命派以外,在右派和极左派之间又产生了一个新的反对派。这个新的反对派思想成分复杂而又极不相同,它没有统一的行动纲领和统一的策略,然而它却又占领了一个又一个国家,在所有组织中建立起强有力的据点,并以英国为其战略基地。

现在，英国工人运动正经历着一个革命化的时期。英国无产阶级的这一革命化过程完全取决于英帝国经济的衰落，英国商品市场的缩小和美国日益增长的竞争，等等。使英国经济活动范围日益缩小的许多客观条件，以及由此而加剧的对工人阶级的压迫，在群众中激起强烈不满，这在上层领导中也有所反映。

过去，也出现过左派不满意右派政策的情绪。最初，这种不满情绪表现在鲁尔被占领以后和阿姆斯特丹国际对此无所作为的态度上，后来，这种不满情绪就是在英国人居于左派地位的阿姆斯特丹国际的领导机关内部也有反映。

英国工联的一名正式代表提出的新方针得到了各国的赞同，因此，我们完全能用反对派的概念把开始形成的相同派别联合起来。

所有改良主义工会中的反对派，其中包括英国工会运动的领导核心，表现出什么特征呢？它们是：

1. 认识到阿姆斯特丹国际旧方针是无所作为的；
2. 愿意同苏联工会建立统一战线；
3. 力求保持全国范围内工会运动的统一；
4. 恢复统一世界工会运动的口号；
5. 对与资产阶级的联合持不满态度；
6. 愿意同工人运动的左翼建立向左转的统一战线；
7. 反对阶级合作。

以上就是在每个反对派的**各种组织中**所找到的那些个别的因素。尽管反对派在世界范围内处于涣散的和无组织的状态，但是，现在，它却是一支相当重要的力量。一方面，它在英国工联总委员会中是多数；另一方面，在许多国家已经建立起赞成这一方针，叫做**统一派的集团**。在第二国际和阿姆斯特丹国际委员会的领导下，这些集团已经开始发行统一机关报，这两个国际的一部分成员便在这些机关报周围聚积和组织起来。已经发行出版的有这样一些机关报：英国的《工联团结报》、比利时的《团结报》、荷兰的《团结报》、德国的《团结报》等。在法国、捷克斯洛伐克、奥地利和瑞典的改良主义工会中也有类似的派别和集团，当然，在此有些是试图使已成立的反对派在思想上固定下来。正是这种反对派的性质和这些机关报的名称就已经表明，实现全国工会运动和国际工会运动的统一是所有这些反对派的中心思想。

我们应该怎样对待这个反对派运动呢？毫无疑问，反对派运动还是一种没有完全定型的运动。在其许多领导人的讲话中，还有许多许多同我们的意识形态格格不入的缺点和传统观念。但是，尽管它尚未完全定型，缺乏明确的思想性和连续性，共产党人却也没有任何理由对这些集团持敌视态度或去反对他们。恰恰相反，我们应该支持他们的工作，给他们以协助，尽一切可能使他们在吸引越来越多的群众接受统一战线和统一思想时扩大其影响。在改良主义的经济组织和政治组织中，凡是反对这些组织的整个政策的派别，都应该得到我们的支持。迄今为止，我们在这方面的错误是，我们经常向这些派别提出我们对共产党人提出的那些同样的要求。我们不应该向他们提出实现不了的要求，我们可以同他们在可行的、具体而又明确的行动纲领基础上结成联盟。在这一行动纲领中不写我们的口号（譬如：无产阶级专政、苏维埃制度等），这并不说明我们不应该达成协议同他们结盟。他们是我们的同盟者。假如我们不这样做，那么，一切关于统一战线的说法就会化为泡影。我们应该用战后的工作和我们的行动证明：我们希望建立统一战线，尤其希望同那些转向我们以及开始摆脱旧立场的那一部分改良主义组织建立统一战线。在这方面，我们不论做出什么让步都不能说是机会主义的，不能说是对我们观点的背离，不能说是向没有完全定型的政治上不成熟的反对派投降。

所有这些反对派，就其构成和思想而言是各不相同的，多种多样的。因此，我们对待它们的态度也各不相同。在有些国家里，拥护我们的人成立了单独的组织，同时他们在努力同我们的组织影响所达不到的那些反对派建立统一战线和实行统一行动。英国就是这类国家的一个例子，在那里，工会国际的拥护者从思想上和组织上领导着少数派运动，并且这个少数派运动同所有反对派分子建立起了联系并达成了协议。

瑞典的左翼，可以被看做是相互关系的另外一种类型。在那里，共产党人、社会民主党左翼分子和无党派人士——大家一起建立了这样的联盟。从下述观点的角度看，我们的相互关系的性质本身应该说是取决于每个国家的条件和局势，这种观点是：**同主张使统一战线向左转并主张统一全国工会运动和国际工会运动的所有分子建立最紧密的联系。**

九、苏联工会影响的增长和各国工人代表团对苏联的向往

改良主义工会内部的新反对派的一个特点是，为承认苏联工会而斗争以及希望同苏联无产阶级建立兄弟关系。这反映出广大工人群众对苏联的兴趣与日俱增。这种兴趣的产生，一方面是由于苏联国民经济的增长；另一方面则是由于各资本主义国家工人经济状况的不断恶化。

正是这种情况激起了各国工人代表团对苏联的热切向往。各国工人群众对苏维埃俄国工人阶级怎样生活和工会怎样工作这一点怀有浓厚的兴趣。对苏联的这种向往，促使许多国家的工人代表团前往苏联访问并就地直接了解工会运动的现状。这些代表团的情况各不相同，他们之中大多数不是官方代表团（英国人除外），因为官方中心，即阿姆斯特丹派千方百计地、拼命地阴谋破坏西方工人同苏联工人接近。

这些代表团的第二个特点就是：渴望了解俄国无产阶级用什么方式摆脱国内战争时期的艰难环境。他们主要关心我国的经济和工会现状。他们来到这里后，立即开始懂得，什么是无产阶级专政和资产阶级民主

的价值。在这里,我不打算列举参观过苏联的代表团对工人阶级现状的看法,对苏联制度、苏联经济、工会、文化工作等的评价。但是,对社会民主党对工人代表团在苏联的旅行所进行的破坏活动和对苏联的恶意中伤却值得谈一谈。所有人都知道,社会民主党对工人代表团的旅行搞了一系列阴谋破坏活动。而且,最近他们还提出条件:"如果允许我们带我们想要的翻译的话,我们就前往苏联。"而他们从俄国孟什维克中挑选翻译,其目的是使他们前往苏联的同伙合法化。我想提请你们注意,不久前,美国劳联主席威廉·格林还发表讲话反对代表团前往苏联。在美国,代表团组织委员会刚一成立,黑帮分子龚帕斯的这个受之无愧的继承人就突然发表恶毒的呼吁书,我们从中看到以下的奇谈怪论。

"我们听到了这样的消息,说各中央组织和全国各地区的地方工会都曾接到一个建议:拨出一些资金用以支付那些自称前往俄国的工人代表委员会的开支,而这些工人前往俄国的目的恰恰就是**英国共产党人委员会**(!)访问俄国并企图使全世界都相信苏联政府是人民的代表机关的目的。

共产党人及其同情者为成立这种代表团进行了鼓动工作。

在开展这种鼓动工作的同时,俄国政府的代表们却同美国银行家大吃大喝,**因此,现在,在我国首都播种下了极危险的学说的种子。**

1925年10月5—16日,美国劳联在大西洋城代表大会上一致最坚决地谴责了共产主义哲学和整个俄国专政。

派代表团到俄国去的计划,对美国雇佣工人或全美人民不利。这种计划有利于想在俄国维持政权的少数共产党人,它可以加强这种政权并在世界所有其他国家扩大这一政权的影响。这样的委员会,不代表工人运动,也不会被美国劳联所承认。组织这种委员会将有利于共产党人而不利于美国工人运动。

任何一个奉公守法的工联**也不会帮助或支持这种存心不良的计划。在任何情况下也不应该为这种不体面的事业作出牺牲。"**

值得同这种怕死的工人资本家进行争论吗？当然不值得。任何一张黄色报纸也不会说比这更好的了。

你们还要知道，无论哪一个代表所说的对苏联稍有不利的话，都会被一切资产阶级和社会民主党报刊抓住。如果有些代表回国后能按征稿人所要求的精神写出自己的观感，他们就会得到优惠的稿酬。譬如，一个回到德国的社会民主党代表古斯塔夫·米勒-福伊特马尔在《冶金工会报》上发表的长篇讽刺文章表明，为了使社会民主党人满意，这个工人才被迫非常有趣地承认：

"我们看不出德国工人和俄国工人生活情况的差别，我们只能相信，工人靠他们的工资生活得不错，但是，他们什么也得不到"。从一般逻辑观点看，很难弄明白，怎么能什么也得不到，而又"生活得不错"呢？假如您回想一下，这个社会民主人这样写是因为他的约稿人要求他写那些不好的评论，那么，他的话前后矛盾就很清楚了。后来，这同一个作者承认：在苏联到处都实行八小时工作制，而在重体力劳动生产部门的工作日还要短些，有许多设备齐全的休养所，范围广泛的社会保险，苏联政府在文化教育工作中也做了很多事情，等等。但是，这个社会民主党人突然间又想起，他是在为德国机关报写稿，于是又开始虚构："工人完全没有调动工作的自由（这是在 1925 年——洛佐夫斯基）。无论哪一个工人都无权（！）按照自己的愿望任意停止一项工作去选择另一种工作"等……他为社会民主党的政策献出了这样的贡品后，声明说："有一点是毫无疑问的：俄国政府正在不遗余力地创造一种最好的社会，除此以外，俄国共产党人同自称共产党人的德国扯谎的人相比也完全是另外一种党派。"我们从这篇文章中看到，在每一个社会民主党人士的头脑中有两种思想在斗争着：一方面，相信社会民主党人关于苏联的一些说法；另一方面，对俄国革命表示钦佩。对绝大多数社会民主党的工人来说，要通过莫斯科才能走向本国统一战线的道路。

他不相信本国的共产党人，尤其不相信极左派（在德国，这是执行鲁特·费舍政策的时期）。由此看到一个事实：柏林、伦敦和布拉格实现统一战线的道路往往要通过莫斯科。在社会民主党的工人和共产党人之间，这是一条迂回的道路，往往是一条捷径——这就是革命的影响和结果。

十、英俄团结委员会

英俄团结委员会的成立，反映了各资本主义国家工人的一切新的意愿。毋庸置疑，英俄团结委员会标志着国际工会运动发展道路上的一个特定阶段。英俄团结委员会不是一下子就产生的，并且，正是它的产生，遇到了来自英国工会运动内部反动分子尤其是第二国际与阿姆斯特丹国际方面非常激烈的反抗。

英国工联代表团刚到苏联的时候（1924年底），世界社会民主党便开始对英国代表团和苏联工会进行前所未有的诽谤。当时，在莫斯科达成的初步协议曾遭到猛烈攻击。因为，改良主义者懂得，英俄工会的这种接近对他们今后的方针将潜伏着什么样的危险。实际上，苏联工会是红色工会国际最主要的组织和基础，英国工会是阿姆斯特丹国际最重要的组织之一。如果这两个国际的两个组织能够找到达成协议的纲领；如果他们能够共同制订采取实际行动的计划；那么，为什么红色工会国际和阿姆斯特丹国际就不能为解决某些具体任务而建立统一战线呢？正是这一点才使世界社会民主党勃然大怒，好几个月以来，世界社会民主党对英国代表团和苏联工会进行诽谤，并预言，英俄委员会将一事无成。

当英国代表团发表第一个总结报告时，不是别人，正是弗里德里希·阿德勒称它为"一本不诚实的书"，英俄委员会宣言被《前进报》称为"可耻的文件"。这种评价首先证明改良主义者对业已达成的协议的惶恐心情的程度。要知道，他们曾期望在斯卡伯勒召开的英国工会代表大会不会准批初步达成的协议，并利用这个委员会的非正式性进行投机。可是，斯卡伯勒英国工会代表大会批准了这个协议，此后，反对者们采取了另外一种态度，用一切改良主义的武器向英俄委员会开火，并企图在英俄工会之间打进楔子。

与此同时，英俄委员会的成立却激起了广大群众高昂的热情。其实，许多组织（挪威、芬兰）在形式上虽未加入这个委员会，但实际上已经加入了。在所有国家，已经成立了团结小组，他们把支持英俄委员会的活动看做自己行动纲领中主要的一点。这一切都表明，英俄委员会符合时代的要求。它反映群众对团结的要求和有觉悟的工人寻找这种团结的形式以及由坐而论道变为行动的愿望。不错，现在，英俄委员会只是联合了一部分有组织的工人，可是，我们看到，英俄委员会现在已经包括了近1300万工人，它得到了共产国际和红色工会国际的积极支持，所有改良主义工会内部都有少数派，他们已赞成英俄委员会。这一切十分清楚地说明，绝大多数有组织的国际无产阶级已经站到英俄委员会一边了。

这里提出了一个问题：为什么英国工会运动首先同苏联工会达成了协议，而为什么德国工会则不能呢？难道德国无产阶级的状况比英国无产阶级的状况好吗？不是。问题在于反动的社会民主党和工会机器把德国工人运动引向了美国一边。然而，同德国官僚机器相比，英国工会运动的官僚主义机器则较少渗透到社会民主党的思想和社会民主党的实践中；英国工会更多地关心群众的要求，并同群众有更多的联系。因此，我们会看到英国工会运动和英国无产阶级的大多数领导人转向苏联，而德国工会官僚却违背德国无产阶级的意志转向了美国。

十一、阿姆斯特丹国际内部各种派别的斗争

英俄团结委员会的成立,前往苏联的工人代表团的洪流,各工会内部及反对派情绪的增长,工人阶级状况的恶化以及对新出路的探求——所有这些,在极大程度上加剧了阿姆斯特丹国际及依附于阿姆斯特丹国际的组织内部的斗争。阿姆斯特丹国际正处于经受危机、内部摩擦和争论的时期,虽然,现在这一切都被花言巧语掩盖着,然而,阿姆斯特丹国际内部却并不平静,并不安宁。

日益加剧的摩擦和分化是在哪些方面进行的呢?现在,看到的有下列几点分歧:

1. 对苏联工会的态度;
2. 对国际劳工局和国联的态度;
3. 同资产阶级搞统一战线还是同共产党搞统一战线;
4. 如何为反对经济状况的恶化而斗争和怎样打退反动派的进攻;
5. 对各殖民地人民争取自身解放的斗争的态度。

这就是阿姆斯特丹国际及其组织内部突出的几个主要问题,这些问题动摇了阿姆斯特丹国际,迫使那些最富有同情心的人们开始思索并寻求答案。工人们并不满足于官方的平静和等待政策。阿姆斯特丹国际的领导核心将自己的全部希望都寄托在国际劳工局和国联身上,并期待着各种政府召开的代表会议创造奇迹。当时,阿姆斯特丹国际曾把道威斯计划奉若神明,而现在,阿姆斯特丹却在颂扬洛迦诺。乌德格斯特大叫:"洛迦诺公约,这是建设新世界的奠基石。(而凡尔赛呢?——洛佐夫斯基)洛迦诺是建立欧洲联邦的最重要一步。洛迦诺标志着工人运动为之奋斗的新纪元的开始……"这首热情赞美白里安和张伯伦的颂歌,是对阿姆斯特丹国际领导人心情的最好写照。阿姆斯特丹国际领导

人之所以去寻找那些不存在的可喜现象,只不过是为了掩饰不景气的现实和摆脱当前工人阶级所面临的直接任务而已。

在此,我不打算叙述阿姆斯特丹国际一些领导人反对另一些领导人及其他人的斗争、暗算、争辩、摩擦和行动的波折。我只指出这样一点,即:阿姆斯特丹国际书记乌德格斯特威胁珀塞尔主席说,如果他继续执行自己的方针,就要同他绝交。这除了迎合正常关系和冠冕堂皇的平静以外,还能说明些什么。

我们不认为上层人物的各种勾结、摩擦、相互不满和辩论等有着特别大的作用。我们更关心的是普通会员群众的情绪。如果我们通过上层人物的这种平静,从上到下看一看阿姆斯特丹国际各个组织的所作所为,那么,我们就会看到,每个国家的大多数工人无疑都赞成团结,赞成同苏联工会达成协议,而这种心情尚不能表达出来,这只是因为工人群众受到社会民主党和官僚机关的压制,这种机关使工人群众脱离苏联,脱离团结。

十二、美国劳工联合会对欧洲改良主义工会运动影响的加强

随着欧洲资本的削弱以及由此产生的工人中左的情绪的增长,随着各国工人对苏联的向往和美帝国主义势力的增长,美国劳联对欧洲改良主义的影响也在增长。在红色工会国际各组织的影响和共同行动的世界列强中有关国家的影响之间进行协调,是改良主义的惯用伎俩。近几年来,美国资本主义的实力在不断增长,因此,改良主义者在很大程度上提高了对美国工会运动的兴趣。由于在欧洲掀起了相当强大的共产主义运动并产生了工人群众向左转的情况,改良主义上层开始在全世界寻找自己的靠山并仔细研究美国工会运动的领导上层争取保持自己的影响和建立自己的统治的那些方法。曾经有过这样一个时期,美国劳联在欧洲

社会民主党中没有任何威信。这一时代已经发生变化。国际社会民主党的进步在于，它背离社会主义原则愈来愈远，在摒弃社会主义理论和实践的程度上它已接近反动的美国劳联。由于英国工人运动出现左倾化，改良主义再次发现了早已被发现的新大陆，在这方面，欧洲改良主义领导人近两年来对美国的兴趣特别大。阿姆斯特丹国际的各个组织因英国运动向左转而削弱得越厉害，改良主义者对美国的向往就更加表现出热情，阿姆斯特丹国际同美国劳联的勾结业已开始，并企图把美国拉向欧洲。我们记得，在缔结和约时，和战争刚一结束，美国劳联曾相当积极地参与欧洲事务。塞缪尔·龚帕斯曾是国联工人委员会主席。他也是阿姆斯特丹国际的创始人之一，由于阿姆斯特丹国际的"革命性和左倾"，劳联退出了该组织。阿姆斯特丹国际的领导人曾徒劳地劝告龚帕斯说，他们不是革命派，不是左派，他们在决议中写的社会主义不是社会主义，对阿姆斯特丹国际的所有成员来说是不带任何强制性的，于是龚帕斯离开了欧洲。当然，这同美国政府那几年脱离欧洲事务正好巧合在一起并不是偶然的。现在，美国工会官僚再次涉足欧洲事务并对阿姆斯特丹国际领导人遭受灾难和不幸表示同情。阿姆斯特丹国际领导人直接或间接地企图把美国劳联吸收为自己的成员。为此，曾派出了特别代表团去美国。但是，尽管美国的顽固分子明显地站在欧洲的改良主义者一边，而迄今为止却什么实际结果也没有得到。除此以外，追随美国人还可作为拒绝同苏联工会进行谈判的一个理由。1925年12月，在阿姆斯特丹总委员会的一次会议上，弗朗克·奥德热斯声称：由于美国对全世界经济的影响与日俱增，美国劳联加入到阿姆斯特丹国际比苏联人承认阿姆斯特丹国际章程的意义重大得多。阿姆斯特丹国际的其他领导人在向美国人承诺享有充分自治权和各种重要的政治优惠条件时，也多次表示过这个意思……

这种向大洋彼岸寻求援助并吸引美国劳联作为仲裁者参加欧洲运动

的企图，至少证明改良主义现在已经感到自己在欧洲还不够强大，不够巩固。

十三、阿姆斯特丹人和法西斯主义

近一年半以来，还有一个现象让大家看得很清楚，即：在反动派和法西斯主义面前，改良主义完全破产。曾几何时，改良主义者曾耀武扬威地夸下海口，说他们能够以民主方式战胜法西斯主义。他们在迁就法西斯主义方面表现出预想不到的灵活性和本领。在这方面，意大利劳动总联合会领导人的政策是极有教训意义的。他们在1920年工人运动高涨时期曾同我们共同建立红色工会国际，而后来，在法西斯主义胜利的时期又开始给墨索里尼擦靴子。

意大利改良主义是如此之无能，甚至对破坏自己组织的活动都毫无办法。它徒劳地迁就、迎合法西斯分子，对共产党人采取惩戒办法。当法西斯主义干这一切肮脏的勾当时，它宣布了法西斯集团的独裁制度，并直接停止了一切改良主义组织的活动。这时，改良主义领导人分成了三派：一派主张继续迁就法西斯分子；另一派主张慷慨就义；第三派主张把中央迁到国外去。这样一来，即使为了捍卫工会的生存，在意大利改良主义之中也没有哪一派能够主张对法西斯主义进行顽强的、毫不留情的坚决斗争。

包括达拉贡纳在内的相当多的改良主义分子对法西斯主义持迁就态度。有些人则直接为法西斯主义效劳并充当某些工会的政委角色，其中，投靠法西斯分子的印刷工人书记布鲁诺在论证必须同"极为尊敬的"墨索里尼达成协议时说："必须拯救在数十年内由印刷工人创建的一整套互助制度，如果我不同意采取这一步骤，它就必然会被消灭。"其实，改良主义者不仅是迁就，而且，他们坚决而意志顽强地反对……

一般的造反，尤其是反对共产党人。在破坏工会最猖獗的时候，他们自己取消了地方劳动办事处、地方首创中心和社会力量会议，并开始开除共产党人。这样一来，现在，阿姆斯特丹人的主要敌人就不是法西斯主义，而是共产主义了。在共产党人成为（甚至连共产主义的敌人都承认）反法西斯独裁最彻底和毫不妥协的战士的时候，竟发生了这种事情。

在这一时期，我们不仅目睹了意大利改良主义在道德上和政治上的破产；在此，同样清楚地看到了阿姆斯特丹国际的破产。在法西斯刚一宣布实行独裁以后，便开始对改良主义组织进行破坏活动。红色工会国际向阿姆斯特丹国际提出了组织保卫意大利工会的联合运动的建议，大家知道，这些工会是归属于阿姆斯特丹国际的。然而，阿姆斯特丹国际对这一建议却没有作出任何回答。它独自采取了行动，这些行动包括：阿姆斯特丹国际的代表向国际劳工局提出建议，在最近一次会议上讨论关于意大利工会组织状况的问题。公正地说，他们取得了一个最大的成就。这一问题被列入了1927年国际劳工局大会的议事日程。

此外，阿姆斯特丹派还通过一项决议，提醒意大利总理注意凡尔赛和约的第十二条，按照这一条的规定，"缔约双方的最高领导均得保障工会组织的自由"。凡尔赛和约除掉其本身的直接用途外，它还是工人的自由宪章，这一提示大概给叛徒墨索里尼带来了许多不愉快。

过去，阿姆斯特国际就是如此同法西主义进行斗争的；现在，意大利改良主义就是如此同破坏他们自己组织的活动进行斗争的。难道还能想象出比这更严重的道德堕落和政治堕落吗？在我们的敌人面前，自愿放弃争取工会组织自由的斗争和自愿放弃争取工人阶级自由组织起来的斗争简直就是一种恶劣的投降行为，还有比这做得更恶劣的投降行为吗？在国际运动史上未必能找到什么比这更加无耻的行为了。

十四、全俄工会中央理事会和阿姆斯特丹

全俄工会中央理事会同阿姆斯特丹国际的相互关系已经有了相当长的历史。曾经有过一段时期，国际社会民主党和阿姆斯特丹国际领导者对苏联工会的存在一向持否定态度。在世界各国改良主义者之中有一种最流行的说法：在苏维埃俄国不存在工会，而只有叫做工会的国家机关，因此，阿姆斯特丹国际"不承认"苏联工会。这同资本主义世界不承认苏维埃俄国的做法正好不谋而合，这当然不是偶然的。但是，随着一个个资本主义国家不得不承认苏维埃俄国，随着苏联在世界政治中的作用的提高，同苏联工会的相互关系问题明确地摆在了阿姆斯特丹国际及其各个组织面前。

同苏维埃俄国的关系问题，是由英国人在1924年阿姆斯特丹国际维也纳代表大会上首次提出来的。从那时起，阿姆斯特丹国际执行委员会和政治局没有一次会议不是一而再、再而三地提出苏联工会的那个老问题（但又总是一个新问题）。

全俄工会中央理事会与阿姆斯特丹国际的相互关系绝不是单纯的俄国问题。这是一个关于阿姆斯特丹国际与各国革命工会运动之间的相互关系问题。如果在全俄工会中央理事会与阿姆斯特丹国际的相互关系上整个斗争尖锐化了的话，那么，这是因为苏联工会最鲜明地代表着各国的革命工会运动，红色工会国际和共产国际在实现统一的愿望上并不拘泥于形式，即：便红色工会国际的一个组织进行谈判，也要做到在恢复世界工会运动统一的道路上哪怕只迈出很小的一步。

正如大家所知道的，共产国际第五次代表大会和红色工会国际第三次代表大会所提出的口号是：两个国际进行**合并**，按照比例代表制召开**国际团结代表大会**。这个口号曾受到国际社会民主党和阿姆斯特丹国际

领导上层的激烈反对。他们始终力图把国际团结的问题说成是全俄工会中央理事会和阿姆斯特丹国际的相互关系问题。阿姆斯特丹派提出，以苏联加入阿姆斯特丹国际的反建议来回答关于两个国际合并的建议。国际社会民主党的所有报刊和阿姆斯特丹国际各工会的所有报刊在差不多两年的时间内都在进行题为苏联加入阿姆斯特丹国际方可解决统一问题的蛊惑宣传。大家都还记得阿姆斯特丹国际和全俄工会中央理事会之间的书信往来以及英俄委员会就这一问题所表示的态度。全俄工会中央理事会过去和现在要求的是什么呢？要求全俄工会中央理事会和阿姆斯特丹国际召开不附带任何先决条件的会议，以讨论恢复世界工会运动统一的方式和方法问题。阿姆斯特丹派的回答是什么呢？他们回答说："你们首先声明自己愿意加入阿姆斯特丹国际，然后，我们再进行对话。"全俄工会中央理事会采取的行动完全与红色工会国际一致，它愈是设法同阿姆斯特丹国际辩明什么阻碍着恢复统一的问题，阿姆斯特丹派就愈是不顾英国人的建议，坚持自己的意见，甚至不愿意同苏联代表就统一问题进行对话。与此同时，他们对美国劳工联合会做出各种让步，准备在各方面给它以协助，给它提供各种优惠条件，只求同它达成某种协议。

国际社会民主党和阿姆斯特丹派一直力图回避共产国际和红色工会国际所提出的统一问题。为了混淆事非，他们挖空心思提出了自己的反建议。并且，为了更好地欺骗工人，阿姆斯特丹国际的报刊就全俄工会中央理事会同阿姆斯特丹国际召开不附带先决条件的代表会议的动机散布了各种离奇的神话。流传最广的神话有：

1. 苏联工会退出红色工会国际；
2. 苏联想破坏他们同其他国家革命工会运动的密切联系；
3. 苏联工会想摆脱苏联共产党的影响；
4. 苏联工会有一个着手"实行欧洲化"的新方针，等等，等等。

各国孟什维克就这一问题已经谈论了一年半的时间，可是，没有一个认真的人能够稍微说清楚苏联工会是一个什么样的组织，没有一个认真的人能够认真地对待这一问题。成立红色工会国际的建议是苏联工会提出的。一切革命因素联合起来的建议也是苏联工会提出的。苏联工会在历次代表大会上多次声明承认苏联共产党的思想领导，在阿姆斯特丹国际目光短浅的政治家看来，联共（布）第十四次代表大会标志着苏联工会开始摆脱共产党的影响，其实，正是这次代表大会再次加强了苏联共产党对苏联工会在思想上和政治上的领导。

实际上，改良主义者是否真的考虑过他们所写的东西呢？在我们的敌人之中，即在企图这样解释全俄工会中央理事会愿意同阿姆斯丹国际进行谈判的人们之中有两种人：一种人是**凭良心**来判断；另一种是**毫无良心**的人。一方面是无知；另一方面是战略手腕。为了干脆避而不答所提出的关于召开**国际统一代表大会**的问题和恢复真正统一的战斗的国际的方法问题，他们围绕苏联工会问题议论纷纷，歪曲全俄工会中央理事会做出的每一个动作，暗示全俄工会中央理事会应该做什么，应该怎样做，然后，他们又假惺惺地大惊小怪：全俄工会中央理事会为何不按照他们的建议去做，等等。所有这一切实在是太露骨了，使人不能相信。我们应该清楚，苏联工会是红色工会国际的一个组成部分。苏联工会正在努力清除建立统一的包括各方面的国际的道路上的一切障碍。全俄工会中央理事会之所以准备代替红色工会国际去同阿姆斯特丹国际进行会谈，这是因为我们任何一个人都不愿意出于形式上的考虑，即不愿意为威望问题而阻碍各国工人的接近。**除红色工会国际和共产国际的政策以外，苏联过去和现在都不执行而且也不能执行任何其他一种政策。这是共产国际的朋友和敌人都应该了解的。**至于阿姆斯特丹国际右翼一贯拒绝谈判一事，这说明他们宁可同资产阶级结成统一战线而不同革命工人结成统一战线。

十五、阿姆斯特丹和红色工会国际

阿姆斯特丹国际领导人的所有发言,都力图使我们相信:阿姆斯特丹国际是唯一的世界工会组织。但是,他们的工作报告却推翻这种说法。在加入阿姆斯特丹国际的22个组织中,欧洲以外的组织只有3个(巴勒斯坦、加拿大和南非)。在欧洲以外,总共只有近15万工人加入阿姆斯特丹国际。

然而,阿姆斯特丹国际也无权叫做全欧工会联合会。因为,整个苏联工会和捷克斯洛伐克工会组织中的1/4的工人以及法国工会运动的**半数**均属于红色工会国际。罗马尼亚、南斯拉夫、保加利亚和希腊的工会运动,仅仅是由于警察恐怖才使其大多数没有加入红色工会国际。挪威和芬兰工会没有参加这两个国际,而且这两国的工会联合会都表示赞成英俄委员会,赞成支持红色工会国际所提出的实现统一的方针。此外,在阿姆斯特丹国际各组织中还有十分严肃认真的革命的少数派,如果说它们不是在组组织上,也应说它们在思想上加入了红色工会国际。众所周知,德国工会联合会的代表现在正在阿姆斯特丹国际中制定一条坚决反苏反共的政治路线。德国的工会运动是统一的。德国代表一直非常自豪地代表500万有组织的工人发言。但是,难道整个500万有组织的工人真的拥护阿姆斯特丹国际的观点吗?我们难道不知道**近1/4**有组织的工人在跟着共产党走吗?

不久以前,瑞典召开了联合了将近1/3的有组织的工人的代表会议。这次会议支持英俄团结委员会和阶级斗争等。社会民主党和瑞典工会联合会的领导人强烈反对这次代表会议,但是,此后不赞成阿姆斯特丹国际的路线的少数派继续存在。如果把阿姆斯特丹国际的所有组织都拿来分析一下的话,我们将会看到,在它的每一个组织中都有革命的少数派，它们完全拥护红色工会国际的观点。我们能够出于政治考虑而抛弃阿姆斯特丹工会联合起来的都是跟着我们走的这一部分无产阶级吗？**如果我们这样做，那么，我们争取各个工会的整个路线就将会十分荒谬了。**这就是执行我们的政策和我们在改良主义工会中开展工作的结果，争取工会的工作结果就是我们的影响扩大了。因此，在确定力量对比时，我们务必应该注意这一部分工人。就拿捷克斯洛伐克来说吧。参加红色工会的工人有20万人，可是，在最近几次选举中，共产党却得到了近百万张选票。改良主义工会联合起来的数十万工人，现在拥护共产党，拥护我们的口号，这一点难道还不清楚吗？……

现在，我不打算一国一国地详细分析。在座的有世界许多国家共产党的代表，我们每一个人都了解本国共产党的影响范围。至少有一点是清楚的：阿姆斯特丹国际既不能称做国际联合会，也不能称做全欧联合会。苏联和上述一系列其他国家没有参加的联合会能算是什么全欧联合会呢？

如果我们走出欧洲来看阿姆斯特丹国际，其处境可真是岌岌可危的了。1925年5月，整个中国工会运动在其第二次代表大会上一致赞同加入红色工会国际。日本左翼工会代表会议，如果不从形式上看（警察条件在此起很大作用），那么，在实际上它是拥护红色工会国际路线的。印度尼西亚、伊朗和许多殖民地国家的工会也加入了红色工会国际。试问：在这样的情况下，阿姆斯特丹国际领导人傲慢地称他们是"唯一的"世界组织，这话可信吗？这简直是滑稽可笑！所有这些只能说明欧洲的傲慢。对任何一个荷兰改良主义者来说，印度尼西亚工人不过是不足挂齿的人，但对我们来说，这是革命的无产者，是阶级兄弟。对他们来说，中国起不了任何作用，但对我们来说，中国的觉醒和中国无产阶级的活动则是国际工人运动和整个人类史上新的一页。如果在红色工会国际中只有苏联和中国的工会运动，而阿姆斯特丹国际中的一切进行得很顺利的话，就不会发生内部摩擦，不会产生**两个**反对派——极左派和左派；如果阿姆斯特丹国际由稍微懂得点历史事件发展进程的人来领导，那它就应该看清楚：红色工会国际是一支崭露头角的巨大力量。但是，因为领导着阿姆斯特丹国际的是一些顽固透顶的改良主义者，他们是一些眼光狭小的人，他们以傲慢态度对待殖民地国家的工人，认为欧洲是宇宙的中心，而资本主义则是永恒的牢不可破的制度；所以，他们在任何时候都不会认清年轻的工人运动将给人类带来什么，在革命的工会运动面前展现出什么样的伟大前景和未来属于谁。再过两三年，盲人也会确信：阿姆斯特丹国际正在走**下坡**路。至于我，我也相信这一点，就像相信莫斯科是苏联的首都一样。

十六、为统一的国际而奋斗

在每一个国家建立统一的工会组织和建立一个包括所有国家、所有种族和所有大陆的统一的工会国际应当成为各国党注意的中心。每一个工人，尤其是共产党员工人都应该懂得，现在，所有大陆的工人运动都在向有意识的生活方面发展，不吸收中国、日本、澳大利亚和南美工人运动参加的国际就不能叫做无所不包的国际。许多迹象表明，各个新大陆的工人的积极性已经有所提高。譬如，去年就提出了召开**泛亚洲**工会代表大会的主张。著名的日本改良主义者铃木文治也不得不提出建议，并且从他的几次谈话中可以看出：他一方面幻想成立**有色**国际同**红色**国际相对抗；另一方面，又想把国联的国际劳工局翻印成亚洲版。几个月前，铃木的一个代表来到上海，他谈到召开泛亚洲代表会议的事，应该由各国政府、工人和企业组织参加。但是，他在上海工人那里遭到冷遇后，便急急忙忙回家转了……我们看到，日本的改良主义者都幻想用这样的方法使体质衰弱的亚洲改良主义汇合起来，组织在一起。现在，日本和印度的改良主义在某种程度上已经形成，而建立这种有色国际的计划恰恰在这两个国家提出，从政治色彩上看，它同阿姆斯特丹国际没有任何区别。他们是否能建成这种国际，这我们以后会看到，但是，建立这种国际的尝试本身就表明，亚洲工人运动提出了新的要求。

至于中国工人运动，它没有提出将黄色工人和白色工人分开的任何要求，他们加入了红色工会国际，因为他们非常明白，就像费门正确指出的那样，白色工人和黄色工人的联盟将使全世界变成红色的世界。

后来，阿姆斯特丹工会理事会召开太平洋地区工会代表会议，讨论整个太平洋地区工人的所有问题。应该说，这个主张得到了各方面的注意。在近期内，太平洋地区将会变成这种战争的战场，与之相比，世界大战简直是一场儿戏，因此，整个太平洋地区的工人的联合就愈加显得及时。

大家都知道，将美国、墨西哥和中美若干小国的工会联合起来的泛美劳联已经存在多年了。这是大陆国际的雏形。龚帕斯分子领导着泛美劳联，他们把门罗主义修改为："美洲是美国人的。"如果把这翻译成更通俗的语言，这就是："整个南北美洲都是美国亿万富翁的。"然而，这个泛美劳联包括400多万工人。为了把南北美洲的海员联合在一个组织里，全美海员代表会议终于在今年三月在蒙得维的亚召开。

再加上印度、古巴、菲律宾等地开展的大规模工人运动，你们就不得不承认：在世界工会运动的现今情况下，不能把团结的口号归结为阿姆斯特丹国际与全俄工会中央理事会之间的相互关系。**这不是一个欧洲性的口号，而是一个世界性的口号。因此，为建立统一国际的斗争就是为实现联合所有国家、所有种族、所有大陆工人的思想而斗争。**

怎样做到这一点呢？我们提出一个非常简单的方法：按照阿姆斯特丹国际和红色工会国际达成的妥协，召开由加入红色工会国际和阿姆斯特丹国际以及未加入这两个国际的所有组织的代表都应该出席的世界工会代表大会。为了使大国的工人运动发生相应的影响,我们提议实行比例代表制。我们提前声明,红色工会国际将予以解散并融合在新国际里去。我们还要声明,假如我们处于少数,我们将遵守纪律并一直留在**统一的**组织里。我们建议社会民主党人也承担这样的义务。双方在同一组织里都各自保持宣传鼓动的自由。我们请问:"对任何一个民主的维护者来说,这样的建议有什么不可以接受的呢?"难道说这不是消除分裂状态的最为民主的方法吗?难道还能想出什么比这更加民主的办法不成?时至今日,我们还没有得到阿姆斯特丹国际对此作出的明确答复,因为,任何一个社会民主党人也不敢反对召开这样民主的代表大会。很难对这种建议的正确性、民主性和完全的诚心诚意提出异议。这就是为什么社会民主党人销声匿迹和把水搅浑的原因之所在。作为组建**统一的**世界工会运动的替代品,他们极力突出自己的半欧洲性的国际,并把它封之为"唯一的"、"世界性的"组织,所有这一切的目的都是为了打消群众建立一个真正统一、真正世界性的工会国际的愿望。

但是,这并不意味着我们应该容许阿姆斯特丹人把已经清楚的问题搅乱。共产国际以及所有参加共产国际的支部都应该为召开**世界统一代表大会**,为建立应该包括**所有国家**、**所有种族**和**所有大陆**的工人在内的**国际**而进行坚决的斗争。

十七、红色工会国际在中央和各地方的巩固

在统一的国际和每个国家的统一还没有建立起来之前,各国共产党应该干些什么呢?需要扩大自己的影响,需要加强我们的群众工作,在组织上把我们的政治影响固定下来,巩固我们的独立组织(法国、捷克斯洛伐克),在我们的力量所及的改良主义工会中加大压力,支持并全力巩固红色工会国际。正如大家所知,红色工会国际不只是把共产党员

工人联合起来，加入红色工会国际的有共产党员、工团主义者，也有无党派工人。我们应该注意到这一点。

当共产国际大约有 200 万成员的时候，拥护红色工会国际的人数就是它的六倍多。仅这一点，就应该使各国共产党更加认真地对待红色工会国际，认真地对待它的路线以及由它所提出的——大家都知道——始终同共产国际协同一致的建议。

在红色工会国际成立后的最初两年里，在它的内部出现了一个反对它同共产国际接近的派别。但是，这一无政府主义情绪已经消逝，被克服了。每个革命工人都清楚地懂得：共产国际和红色工会国际合作是必要的，并且是有益于工人阶级的。在社会民主党的队伍中，常常可以听到无政府主义的蛊惑宣传，说红色工会国际是一个不能独立自主的组织，说它从属于共产国际，等等。社会民主党人企图使工人们相信：阿姆斯特丹国际是一个"独立的"组织。是的，阿姆斯特丹国际执行局同第二国际执行局经常开会；他们召开各种会议、代表大会，共同制订决议。是的，阿姆斯特丹国际领导人参加国联劳工局并承担各资产阶级政府与各企业主组织的代表所作出的决议规定的义务，支持帝国主义条约和协议（道威斯计划和洛迦诺公约），而这一切却被称为"独立"。而当红色工会国际和共产国际一起组织各种运动和活动时，这却被叫做依附关系，等等。所有这些，当然是一种蛊惑宣传。每一个工人（共产党人、社会民主党人和无党派人士）应该通过我们的报刊弄明白：红色工会国际同阿姆斯特丹国际的区别是什么，共产国际和红色工会国际为什么会有这样密切的合作，我们通常向工会国际提出什么样的要求。**必须记住：我们只有在这样的情况下，即：不间断地继续执行自己的路线和巩固我们的思想政治影响与组织影响的时候，才能达到统一。各国共产党、共产国际和红色工会国际愈是强大，我们就能愈快地达到统一。**

十八、我们在执行统一战线策略中的有利条件

现在来谈统一战线和统一问题。我想，一开始就提请你们注意我们有利的条件，以便接着比较自由地谈及关于我们错误中的一个极其微妙的问题。现在，我们可以列举许多非常重大的成就。这些成就说明，共产国际始终在纠正每个党的错误，努力纠正已被歪曲了的错误路线，下达必要的指示以帮助各国党消除自己的弱点。

我们在争取实现统一的斗争中的有利条件是：**我们越来越多的党，已开始具有对待无党派工人和社会民主党员工人的本领，因为统一战线和统一的策略重点就在于此。**共产党员工人和其他派别的工人在斗争中逐渐接近的全部做法，这就是消除各派工人在统一行动道路上的种种障碍的全部方法，消除社会民主党工人和共产党员工人之间所产生的隔阂的全部做法，所有这些都引导我们在执行统一战线方针和扩大我们在群众中的影响的道路上前进。

这一策略在我们英国共产党里贯彻得极为顺利。我们记得，英国共产党有6500名党员，而受它政治思想影响的工人却有数十万。这样一个小党发生如此广泛的影响并且影响面如此之广，这应该如何理解呢？因为，这个党善于在各党之间、在同情直接革命但还不是共产党员的工人与各种左派进步分子之间建立正确的相互关系。取得成功的秘诀就在于此。当然，在一对一百的这种对比关系中也还隐藏着许多危险。要在社会激烈动荡、工人阶级不可避免地发生波荡的情况下保持住目前受其政治影响的所有群众，这个党是太小了。这个问题可以通过扩大共产党队伍的办法来解决。但是，这个党能够造成这样一种对比关系，即一个小党能影响这样一大批的工人这一事实证明：我们英国共产党走的是一条正确的道路。这就是在**实际上而不是在口头上**的真正的**布尔什维**

克化。

不久前，在瑞典闭幕的左翼工人代表会议也可以认为是统一战线策略和各派工人统一起来的成功榜样。在那里，将近1/3的工人在阶级斗争的纲领上联合了起来，因此，共产党人、社会民主党人和无党派工人为确定工人阶级所面临的最近任务而找到了共同语言。

应该指出，受到法西斯主义和改良主义打击而不得不在极其艰难的环境中进行活动的意大利共产党具有十分灵活和随机应变的本领。该党善于使各派的工人参加联合行动并成为反法西斯运动的主导人物。**这就是生气勃勃、始终积极、稳健而灵活的布尔什维主义。**

我们照例可以确定如下一点：我们愈是拉社会民主党工人和无党派工人同共产党员工人一起参加反对资产阶级的联合行动，我们就愈能成功地运用统一战线策略，我们就愈能顺利地使我们党布尔什维克化。善于确定时机、估计力量对比、探寻工人群众的最大弱点、提出迫切的实际口号并把这些口号同工人阶级的整个斗争联系起来，推动广大群众用自己的刚毅精神、坚持不懈地、忠心耿耿地为实现这些口号而斗争，不是在形式上，而是在实际上领导群众，所有这些都是行动中的列宁主义。现在，我们正在一点一点地学习，然而，远不是所有的党都已经学会了争取群众的方法。同志们，不是这样吗？

十九、我们在运用统一战线策略争取实现统一的斗争中的不利条件

我们的不利条件是什么呢？首先，并且主要的在于对这个问题的**形式主义**态度。如果把我们各国党和各组织近一年半以来在这方面所做的一切进行详细考察，那么，可以把我们的所有错误归结为如下几点：

1. **过高估计我们的力量，过低估计敌人的力量**。法国共产党关于巴黎地区工人代表大会的总结报告是过高估计我们力量的典型事例。

《人道报》报导说，120万工人的代表参加了这次代表大会。当我看到这一报道时，觉得很反感，因为这使人感到有一种战前无政府工团主义的虚张声势的气味。我们用这种"统计数字"是吓不住我们的敌人的，反而使我们自己威信扫地。其实，关于这次代表大会的**真实**情况（20万—25万工人的代表参加了这次代表大会）给人的印象已是很深刻的，并且无疑也是成功的。

这个数字也表明对社会党和改良主义工会的力量**估计不足**。其实，法国改良主义者还是有相当大影响的。诚然，在巴黎地区同我们相比，在工人中，他们居于少数，但是，如果拿巴黎地区成熟的无产者的数量和我们在各次选举中所得到的票数来说，那么，我们就会看到，还有数十万工人投票赞成社会党人和激进分子，等等。

2. **过高估计敌人的力量**。有些同志认为阿姆斯特丹国际是一个无比强大的组织。他们屈从于阿姆斯特丹国际领导人的魔力，把半欧洲性质的组织当成一个真正的世界国际。在他们看来，这个世界国际几乎是不可战胜的。对此，只能作如下回答：不应该凭领导人对此国际所写的来考察阿姆斯特丹，而应该看群众、看力量的转换和内部斗争，注意世界工人运动中所发生的那些新情况，以及看到群众中发生变动的趋向。

3. **不相信工人阶级的力量**。在一次关于统一问题的讨论会上，罗马尼亚共产党中央委员会委员兼共产国际执行委员会委员克里斯泰斯库曾声明："如果工人阶级有阶级觉悟，他们就该通过首脑人物联合起来。**但是，大多数无产者却由于胆怯和奴性而远远地站在一边……**"对于这种骇人听闻的怪论，最低限度可以说它不像共产党人说的话，而是典型的社会民主党人的言论。对这种心理状态应该进行治疗，而不应该谈论工会运动的统一问题。

4. **提出社会民主党工人所不能接受的要求作为联合行动纲领**。在所有国家都有很多这样的例子。鲁特·费舍和马斯洛夫领导中央委员会的那个时期，德国这种事例特别多。在那里，提出统一战线是为了推卸对共产国际所承担的责任。同时，发起人又唯恐建议被接受。为了免遭这种"不幸"的危险，他们特意提出使人不能接受的建议。统一战线只能建立在某些具体的行动纲领的基础上。并非所有的党都注意到了这一点。

5. **上层领导建议吸收广大群众参加统一战线**——做官样文章的方法，可以叫做敷衍了事的方法。这不是统一战线的策略，而是敷衍统一战线的策略。从捷克斯洛伐克革命工会那里可以看到这种策略，在法国等国也曾有过这种策略。其实，标准统一战线的建议对于群众来说只是一纸公文，没有通过整个组织，没有经党的基层组织和地方工会讨论的建议，是在群众中、在人民中行不通的，这样的建议只有文献意义，而没有政治意义。

6. **为了统一不惜放弃自己的观点和原则**。去年，在南斯拉夫有过这种情况，当时某些独立工会的领导人伙同社会民主党人阴谋反对共产党和大多数革命工人而不择手段地寻求实现统一，并且，借口这是恢复统一的需要。罗马尼亚也有这种情况，那里有些党员发表的言论与共产党员的言论毫无共同之处。在警察局的帮助下，社会民主党人仿照工会代表大会的做法在1923年退出了由共产党人召开的代表大会，在背离了大会的**多数派**之后，罗马尼亚工人运动发生了分裂。共产党同联合工会就统一问题进行谈判时提出了如下一些要求：（1）规定工作民主；（2）接收任何工人加入工会，不论其政治信仰如何；（3）召开罗马尼亚全国工会代表大会，为统一奠定基础。改良主义者针对上述建议，提了反建议：（1）统一工会应加入阿姆斯特丹国际；（2）把国内工会运动的领导权转交给改良主义者；（3）所有共产党的工会干部，同所有工会会员一样，凡进行共产主义宣传者，一律开除出工会。于是，就是那个共产党人（？）克里斯泰斯库不顾这个闻所未闻的挑衅性答复，建议接受罗马尼亚社会民主党的最后通牒。并且,他为自己的建议辩解说:"我认为,我们可以仿效列宁在布列斯特—里托夫斯克谈判时的立场,当时,他为了保证革命更加长远的成功曾认为必须接受德国帝国主义分子的某些(!)不合理的条件。"

这已不是取消主义,而是一种更坏得多的东西。拿布列斯特—里托夫斯克和约当借口则尤其荒谬。难道能把阿姆斯特丹工会同武装到牙齿的德国帝国主义相提并论吗?克里斯泰斯库拿列宁当借口是徒劳无益的。此事与他完全无关。这就是"不择手段求统一"的提法给人们带来的结果。

7. 以被错误理解的统一为幌子,对把共产党人从工会中开除出去持消极态度。在这方面,比利时共产党的策略可算是最光辉的榜样了,如果可以把它称之为光辉的话。在上次工会代表大会上,比利时社会民主党人就通过了把共产党员开除出工会的决定。在布鲁塞尔曾发生过这样的事情:在一次铜业工人全体大会上,提出了开除铜业工会领导人卢斯滕的建议,其理由就是因为他是共产党。在统一小组里,共产党为了维护统一建议,自己的党员和同情者在投票时投了弃权票。这种策略得到了如下结果:294人弃权投票,6人投票赞成开除,于是,共产党人卢斯滕被300人中的6票开除了。

在比利时共产党中央委员会决议的第六条中,我们找到这一出色战略的解释(向全体会议建议投弃权票的正是被开除的卢斯滕)。这一条的内容是:"当改良主义领导者采取开除手段时,党的基本的政治方针应该是,在那种情况下宁可牺牲一个或几个同志也比摆脱改良主义工会建立新的组织好。"

我们在钢业工人那里,看到了这一策略的结果。我认为,这更像**原始基督教共产主义**,而不是布尔什维主义。雅克莫特和奥弗斯特拉滕同志是会承认这一点的。如果按照这样的方针做下去,会得到统一的,但是，在工人运动中，共产党人将不复存在，而这未必有益于我们的比利时同志。同志们，少来一点基督教共产主义吧！

8. 未能充分吸收社会民主党人和无党派工人参加统一战线和统一的机关。我认为，现在，在我们为争取统一战线而进行的斗争中，可以举出许多做法不正确的例子。如果要是找的话，我们会在各个部门找到这样的例子。只要每一个与会者都回顾一下自己本党的策略，他就会承认这种错误无疑是有过的。然而，对这一问题的正确态度却往往具有决定性意义。如果我们不能使社会民主党和无党派的代表积极参加已经建立的机关的话，那又怎么样才能接近他们的工人群众呢？

9. 共产党员工人和社会民主党工人之间的敌对关系的形成。在工人运动中划分不同党派的国家里，这一点是最重要而又难于解决的。在德国，这种关系采取了特别危险的形式，许多企业里的社会民主党工人和共产党工人之间曾发生过不愉快的事，共产党人曾多次冲散社会民主党的会议，等等。这是一种**吓跑**群众而不是争取群众的策略，因此，这种策略应该受到严厉谴责。这一策略就是给资产阶级的最好献礼，谁不懂得这一点，他就不是一个共产主义者，因为，这一策略使工人阶级永远处于分裂状态，使以共产主义思想争取群众的工作变得毫无希望。

10. 在实现统一战线和统一方面的决议中存在着惰性和消极性。这是我们工作中的十分有害的东西。捷克斯洛伐克只是在现在才开始实行统一的策略。大量的宝贵时间已经被错过了。在法国，不论是政党还是统一联合会都没有抽出时间在改良主义的劳动同盟内进行组织工作，从而削弱了1925年8月出现的反对派，并分散了它的力量。在德国，尽管客观条件非常有利，但成立左翼的问题也还只是处在其刚刚开始的阶段。

11. 统一战线同自身斗争。这一提法是荒诞的，但是，很遗憾，这种情况却是存在的。这是自我孤立策略的结果。因为社会民主党工人和共产党员工人之间的鸿沟非但没有缩小，反而增大了，于是被引诱作无原则的妥协：不是同其他派别、其他组织的工人建立统一战线，而是不同组织中共产党人之间建立统一战线。可是，这远非同一个东西。或者，如果还想更确切地说的话，**这完全不是同一回事。**

12. **走向联合的急躁心情**。现在举几个例子。现在，德国正在实行（完全正确地实行着）小的独立工会加入到大的改良主义工会的方针。这种联合采用了解散独立工会的形式，而不考虑有关的工会官僚主义者会提出什么条件。这样做的结果是，譬如说，在东普鲁士 60 个独立的农业工人工会团体中只有两个转入改良主义工会，而其余 58 个团体则完全销声匿迹了。被开除的建筑工人联合会也是如此。社会民主党的建筑工人联合会为把被开除人员召回原组织，提出了挑衅性的条件。联合会的人员只能有 1/4 是共产党人。在这种情况下，不择手段求统一的口号、解散自己的工会等都不能不导致自己队伍的分裂。此外，德国的同志们能相信最近时期不再发生一系列开除的事吗？你们只要刚开始强大些，社会民主党人就会又将许多地方组织开除出去。如果我们用**这样的**方法消除在反对开除的斗争中所造成的一切，那么，同共产党人**一起**或被当做共产党人被开除的无党派工人和社会民主党工人对党会抱什么样的信任态度呢？我觉得，这太有损于我们的事业了。

13. **不考虑被联合的人们的愿望，单方面规定统一的期限。** 曾有这样的事情发生，我们的同志规定联合的日期并预先声明：如果改良主义工会不同意在这一日期进行联合，就要解散革命工会，而工会的每一个会员应该单独地加入改良主义工会。这样的策略至少是荒谬的。如果改良主义工会知道工人反正是要加入自己组织的，那么，哪个改良主义工会能认真地讨论联合问题呢？这种策略经不起任何批评，这种策略毫无用处。

14. **统一战线的建议同广大群众所关心的具体要求之间的联系不**

够。我们有过如此不能令人满意的行动吗？有过。在此，还需要举些例子吗？为了不激起与会者的不满，我最好还是不举这些例子，因为要举例的话，可以从我们各个党的实践中举出一大堆这样的例子。

15. 用全俄工会中央理事会加入阿姆斯特丹国际的口号偷换通过国际团结代表大会使红色工会国际和阿姆斯特丹国际合并的口号。在有些国家里，就是这样判断问题的。譬如，在英国共产党扩大的中央委员会决议中曾两次谈到全俄工会中央理事会合并到阿姆斯特丹国际的问题。某些共产主义报刊对这一问题谈得不够明确。这有害于我们的宣传鼓动工作，因为全俄工会中央理事会同阿姆斯特丹国际的相互关系只是有关统一的战斗的工会国际的难以解决的国际问题的一部分。我们希望，在联共（布）中央委员会发出通报信和共产国际执行委员会本次全会作出决议后，这一问题将不会再模糊不清。

16. 在具备全国革命工会中心的情况下——改良主义工会招募新会员的口号。这样可笑的建议，是由捷克斯洛伐克的个别同志提出来的。这些建议没有得到特别广泛的流传，但是，即便是为了最终埋葬这些建议，也应该指出共产党人中有这种情绪。

17. 对加入红色工会国际的各个组织，甚至对红色工会国际本身所持的取消主义情绪。譬如，在捷克斯洛伐克的个别文艺演出中曾直接谈道："各国间的工会联合取消得愈快愈好。"在共产国际第五次代表大会之后，法国立即出现了一个虽然还不完全成熟，但却是取消主义的派别。这个派别提出解散统一的劳动同盟，使统一工会加入改良主义工会的口号。对法国共产党和法国整个工人运动来说，幸运的是，这种情绪还在萌芽状态时就被共产国际克服了。

个别同志对红色工会国际产生了这种情绪，认为，为了统一，红色工会国际应该自行取消。这种取消主义情绪曾经出现过许多次，但是，一经共产国际给予密切关注时，这种情绪也就消失了……

我相信，这种情绪不能阻碍红色工会国际的生长、发展和壮大……

18. **过低估计争取统一的斗争的困难，在经受初次打击后，对能否取得统一感到失望和信心不足**。去年8月，在国际联合代表大会召开前，这种情况在法国表现得尤其明显。许多同志已经完全忘记了，这次代表大会只是由我们召集的，而改良主义者非但拒绝参加，甚至都不想搭理。但是，后来，代表大会没有召开，这不仅使许多普通工人，而且在某些领导人中引起了反响，开始传出这样的说法：法国的统一事业毫无希望。**在为统一而进行的斗争中，过分的敏感是很危险的事情**。

19. **统一战线和统一工作的间歇性和不经常化**。现在，我们看到许多国家的争取统一的斗争出现了停顿。我们的工作受到挫折。给人的印象是，每当节日发生尖锐问题时，人们才谈论起统一战线问题，而平日里则把它完全忘却了。必须永远记住，在日常斗争基础上把工人们团结起来，是一个最重要、最紧急、最迫切的任务。这应该成为我们**日常的工作和节日的休息**。

20. **对改良主义工会中形成的反对派关心不够**。有一些国家，对这种反对派没有给予应有的关心和帮助（法国）。在另外一些国家，反对派刚一开始形成，就向它提出与部分左倾分子疏远的要求，致使反对派还没有来得及形成和巩固起来就发生了分裂。帮助反对派、支持反对派、给它以协助，这是一回事；而过早地催促反对派实行政治自决，这完全是另一回事。

21. **在缔结统一战线前和达成统一战线与联合行动等的协议期间，运用同样的论战形式和斗争方法反对改良主义者**。同志们，我想请你们允许我不再举例子了。与会的各国党的代表可以回忆一下本国统一战线的一些例子，并从我在这里指出的一切错误的角度进行检验，在结成统一战线之前，尤其是在统一战线行动期间，一切进行得是否顺利。我主张，为了统一战线和我们争取统一斗争的顺利进行，各国党都必须以最认真的态度，不仅研究做什么，而且，特别研究不做什么。

22. **不善于在罢工期间建立统一战线，把罢工者中最积极的进步分子联合起来并通过实践向工人表明：党号召把斗争进行到底并尽一切努力争取胜利**。我想在这里谈一个反面的例子：这是指不久以前美国15.8万名无烟煤矿工人举行的为期3个月的罢工事件。我们美国党的任务是怎样的呢？发动与矿工有一定关系的党的一切力量，同进步矿工委员会一起商讨行动计划，围绕矿工的要求集中进行宣传鼓动，围绕将斗争进行到底的口号把罢工者中始终最坚决的分子组织起来，把在矿工中享有声望的人和在大规模经济冲突中具有领导经验的人派到罢工的地方去。可是，同志们，事实上所做的一切与此是恰恰相反的：党按照自己的口号在罢工地点采取行动，党着手为争取共产党打着共产主义旗帜举行群众集会的权利而斗争，而一些有声望的共产党员矿工却没有派到那里去；政治局委员吉特洛同志作为党的代表被派到那里去，毫无疑问，在复杂的情况中，一个职业裁缝是难于辨明方向的。此外，在罢工高潮时，吉特洛同志却在党刊上发表了一篇文章，顺便说一下，其中这样写道："无烟煤矿罢工是工会官员和煤矿企业主串通好的阴谋。而罢工只是为后者效劳的。罢工不会给矿工带来任何东西，它只能使依靠无烟煤为生的东部各州工人遭到莫大的痛苦。无烟煤矿的罢工是合作的合乎逻辑的结果。"经过3个月的罢工，工人们遭到失败，而党在这样长的时期内已经使自己在矿工中的声誉扫地。这不是罢工战略，而是一场灾难；这不是政治，而是自杀。

从大体上来看，这就是我们工作中发生的一些偏差。你们看，这些偏差总共有22条。我们认为这22条成了**不要实行统一战线和统一策略的条件**。

从我上述所列清单中可以得出一幅前途暗淡的图景。我列出了那么多偏差，我们的敌人可能利用这一点并会说：整个统一战线策略仅仅是由一些错误构成的。但是，这是一种司空见惯的煽动性地利用我们的自我批评的做法。我们用不着去看第二国际和阿姆斯特丹国际并举它们的例子：他们始终完美无缺。他们每次聚集在代表大会上，只是说说相互恭维的话，在暗地里却勾心斗角。他们从不作任何自我批评，不去评论这个或那个组织的工作，不从成就和错误中学习。**在这两个国际中都没有国际集体生活**。众所周知，只有在墓地里才是没有自我批评的地方，在那里一切都是平安宁静的。让我们的敌人幸灾乐祸地讥笑吧，每当我们严肃而真诚地揭露我们的弱点和缺点时，他们总是要这样做的。而我们都知道，只有认识、承认和纠正错误才能继续前进。改良主义的蛊惑宣传吓不住我们。为了革命的利益，过去、现在和将来我们都需要揭露自己的错误，并能纠正它们和沿着争取群众的道路继续前进。

二十、为反对开除革命工人、分裂和迫害革命工会运动而斗争

所有共产党都应该进行坚决的斗争，反对开除共产党人和准备在一系列国家分裂工会运动的活动。现在，我们看到许多说明改良主义者仍继续执行分裂政策的事实。在法西斯主义向工会运动进攻的同时，意大利改良主义者开始开除共产党人，难道这不是骇人听闻的吗？现在，比利时工会运动领导人执行着开除政策，同时，他们也最坚决地反对恢复工会运动的统一。关于美国劳工联合会没什么可说的。在大西洋城召开的美国劳工联合会上一次代表大会上，有一个代表建议通过一项承认苏联的决议（多么可怕的罪行！），很快就被工会开除了。可以设想，开除的新时期已经来到——改良主义者就是这样回答共产党人在工会运动中的高度积极性的。这决不应该使我们不安，也不应该使我们停滞不前。从工会中开除共产党人和革命工人，是对整个共产国际的打击，因此，保卫每个国家的阵地，维护工会内部的言论自由——这是整个共产

国际的事业。

现在，我们看到社会民主党打算再次进行分裂的许多阴谋。芬兰正特别露骨地做分裂的准备。在这里，我既不打算引用芬兰《社会民主党》上发表的文章，也不打算援引社会民主党人提出的最后通牒。这些，你们从报刊上都可看到了。微不足道的少数人向绝对多数人提出最后通牒，这种对基本的民主原则的污辱，不正是这些民主的维护者的特性吗？可是，人们会说，如果大多数人反对，那么，就没有分裂的危险了。并非完全如此。如果芬兰没有反对共产党人和左翼工人的警察恐怖活动，那么，社会民主党的最后通牒就只是他们软弱的表示。**因为他们不能用自己的力量争取**芬兰工会。但是，除了阿姆斯特丹国际的同情和帮助以外，社会民主党人还指望得到芬兰警察局的实际帮助。这就是社会民主党人在提出成立自己的社会民主党组织的口号时所期望的东西。这就是他们怎样为争取工人阶级的统一和工人组织内部的民主所进行的斗争。

在这个问题上，芬兰社会民主党正在走它的巴尔干各国同伙——南斯拉夫、保加利亚和罗马尼亚的社会民主党所走过的路。所有人都知道，巴尔干各国90％已经组织起来的工人支持红色工会国际，只是在残酷的迫害后，即白色恐怖和大逮捕之后，许多人的住房被警察转给社会民主党人以后，他们才成立了自己的组织，当然，这些组织是阿姆斯特丹国际的成员。在我们共产党的报刊上，对巴尔干各国工人遭受骇人听闻的迫害的消息登载得不够。对南斯拉夫、罗马尼亚、保加利亚境内警察局和社会民主党、阿姆斯特丹工会领导人之间密切的兄弟关系知道得甚少。现在，在希腊发生军事政变以后，许多事情仍朝着这一方向发展。而芬兰社会民主党人却嫉妒起来，他们想使芬兰工人运动**巴尔干化**。我们始终不怀疑芬兰无产者能给社会民主党的分裂分子以沉重打击。但是，抗议从工会中开除共产党人，抗议分裂工会组织，抗议迫害革命工会运动以及警察和改良主义者的袭击，等等，这是所有共产党、所有革命工人运动和所有不同派别的正直工人的天职。这些工人不得不在压迫和白色恐怖的极其艰苦的环境中为之斗争的事业，是整个国际的事业。同志们，更好地关心这些国家吧！应该对他们多加关注！更好地关心这些小国中必须同资产阶级和社会民主党进行艰苦卓绝斗争的英勇的无产阶级吧！要多加关注。

二十一、工会——到群众中去

同志们，在共产国际成立 6 年以后来谈工会工作的必要性，这是多么难为情的事。但是，又必须要谈，因为各国党在自己的工作报告中都谈到参加工会工作的党员人数，而这些数字说明这方面的情况还很不好。现在，我们用简洁的话说："75％ 的党员参加工会工作"，"90％ 的党员参加工会工作"，而实际上，除了英国党以外，你们找不到一个党能把党的 20％ 的力量投入到工会活动中。请你们自己看看各国党在人力、物力方面的分配，检查一下加入工会的党员人数，尤其是积极从事工会工作的党员人数，就会证实我们的工会工作**说的比实际做的多**。法国共产党有一条很好的规定，只有工会会员才可以入党，而且没有工会会员证的人不能入党。这样的决定只能受到欢迎。但是，如果你们去检查党员在工会里做了什么以及是怎样做的，那么，你们就会发现，至少有 90％ 的党员是**消极的**工会会员。想必其他国家的情况也是如此。德国共产党曾试图按地区查清党员在工会中的百分比有多大，以及积极参加工会运动的百分比有多大。结果显示，在莱茵—威斯特伐利亚工业区只有 50％ 的党员是工会会员，而有些地区的报告说，只有 5％—6％ 的党员在工会运动中积极工作。根据美国共产党最近一次代表大会的资料，32％ 的党员是工会会员。而其余的 68％ 呢？其中 26％ 的人当不了工会会员，当然，不是因为他们是亿万富翁，而是因为没有家庭主妇工会，等等。余下的42%可以加入工会，然而，他们却认为当工会会员有损于自己的共产主义的尊严，他们认为"崇高的"政治比日常粗活好。这种**共产主义的贵族作风**，或者还可以说，**共产主义的轻率作风**应该在各国党内受到严厉打击。共产国际不能容许它的每次代表大会作出的决定经常受到破坏。42%的美国共产党的党员不愿意加入工会和在工会里积极工作，这在实际上又意味着什么呢？如果这不是暗中破坏共产国际决定的行为，还能叫什么呢？

在此，有些同志大概会说，我在这里谈的是些基本的东西，向代表们讲的是共产主义的入门，但是，我请你们不要这样看问题，即认为这一切你们都知道（我从来不怀疑这一点）；而应该这样看问题，即一切共产党都要把共产主义入门教给自己的党员。如果你们这样**实际地**提出问题，那么，你们将不得不承认，在这方面还做得太少，原始的没有被组织到工会里去的共产党人的百分比（的确，原始的和共产党人这两个词的搭配有点太离奇了）甚至是太大了。

共产国际坚持参加工会运动不只是为了追求有组织的人数和定期交纳会费，而是为了**工作**和向工人们**表明**，我们在任何情况下都比社会民主党人和出卖灵魂的美国领导人更善于捍卫工人阶级的利益。先锋队的成员不想同群众在一起，不想与他们共患难，不想经常在群众的行列中进行斗争并领导战斗，等等，难道这样的先锋队是好的？至少，这证明对工会的作用、争取工会的意义还没有理解，尽管共产国际的所有代表大会一再肯定这一点，尽管列宁的文章中也多次谈到这一点。

在我看来，美国共产党内发生的这场辩论是极其危险的，因为，它把工会内的宣传鼓动同争取工会监督和组织领导的斗争对立起来。这种对比纯粹是形而上学。我们进行宣传鼓动和组织群众，应该找到自己的组织形式，否则，我们的整个工作将会化为乌有。争取工会的口号意味着为争取工会领导而斗争。有一点是清楚的:各国党都必须认真地反复研究工会工作,**要使所有共产党员,冒着被开除的危险,不仅要加入工会,而且要积极地工展工会工作。**

二十二、行动纲领·结束语

提请你们注意的行动纲领还远远不是一个全面的、包罗万象的纲领。纲领所列条款不多,主要是使其内容简要。另外,有许多条款是有意没有列进去的。譬如,反对道威斯计划的斗争,反对洛迦诺公约,等等。这是为什么呢?因为这个行动纲领应该作为动员广大群众的行动纲领,我们可以以此为基础同社会民主党员工人达成协议,因此,像道威斯计划、洛迦诺公约或者目前在殖民战争中发生的战士之间的联欢这类问题则不能作为联合行动的基础。在我们这里,不知怎么的不知不觉地发生了这样的事情:由于我们把阿尔萨斯-洛林自治直至分立的口号写进了我们召开的代表大会的纲领,阿尔萨斯-洛林统一工会和加入改良主义劳动同盟的工会之间的统一战线便分裂了。作为共产主义口号或者作为革命工会的口号,这是完全正确的,但是,这样的口号并不能把各个派别的工人都联合起来;所以,这样的口号应该从行动纲领中取消,如果各个派别的工人打算采取联合行动的话。这就是在编写行动纲领的**示范性**草案时我的一些主导想法。特别重要的是,要注意在每一个国家不仅必须有全国性的行动纲领,而且还必须有适用于每个地区、每个生产单位等的行动纲领。为了使行动纲领能在共产国际执行委员会扩大会议上通过,并以此证明我们在实际上为采取联合行动并没有向社会民主党工人提出任何**不可接受**的要求,我认为在这方面提出这样的修改意见是有益的。

在结束讲话时我要指出,我们有许多提纲和很好的决议,但是,实际工作并不总是与通过的决议相符。我确信,各国共产党都能百分之百地履行自己党在今天工会运动中所承担的义务,我们的确可以切实地、按布尔什维克的列宁的方式去争取工会,争取工人阶级的大多数,即训练工人群众去进行社会革命。

(会议休会)

第十二次会议

（1926 年 3 月 2 日）

主席：塞马尔

讨论洛佐夫斯基的报告

托姆斯基（苏联）：

同志们！由于时断时续的互译已经使你们疲惫不堪，为了不致拖延会议，我想尽可能简短地论及三个问题：争取统一斗争的状况问题、党在工会中的工作问题和共产党人在工会运动中的工作方法问题。第一个问题是关于争取工会统一的斗争状况，据我看来，目前具有极为持久的性质，这是因为，在全苏工会中央理事会和阿姆斯特丹国际之间就应该成为统一斗争运动新时期起点的任何谈判显然在近期内都不会出现。之所以不会出现，是因为同改良主义者通信的整个过程、谈判的整个过程都证明，他们千方百计地将这个问题拖到 1927 年，即拖到阿姆斯特丹国际即将召开的下一次代表大会。另一方面，在最近的几个月里，英俄委员会的全部力量和全部注意力，至少以英国同志为代表的该委员会的一半人数将主要的注意力和力量不是集中在国际问题上，而是集中在同他们在煤炭工业中所面临的战斗攸关的英国内部事务上。这样，统一斗争不仅具有长期性（过去我们也知道，这一斗争是长期的，这要求极为耐心、冷静和忍耐），而且，这一斗争目前时期面临拖延一个较长时间的危险。我们同阿姆斯特丹国际的谈判已经走进死胡同，到了这样的时刻：阿姆斯特丹国际一方不愿前进，而红色工会国际一方，或确切地讲，作为红色工会国际一部分的俄国工会却不能前进。之所以不能前进，是因为它已在自己方面做了相当大的让步。实际上，我们在自己方面，不拘形式地作了相当大的妥协，建议阿姆斯特丹国际进行非对等的，即不是国际对国际——阿姆斯特丹国际对红色工会国际——而是对红色工会国际的一部分，即对俄国工会的谈判。我们将此视为妥协，并毫不隐瞒这是我们方面作出的相当大的让步。就这一点，我代表苏联工会在英俄伦敦会议上作了报告，也是就这一点，我代表苏联工会在英国工联斯卡伯勒代表大会上作了报告。我在那里指出，我们已经打破了任何一个国际向加入该国际的组织所提出的形式上的条条框框，当然，我们所做的这一点，是取得红色工会国际完全同意和赞同的。我们曾在上次红色工会国际代表大会上就这一问题进行了讨论，并达成了全体一致，认为应该作这一让步。不仅如此，在英俄委员会同英国同志共同工作的过程中，为了迁就我们在英俄委员会的同盟者——英国的同志们，我们作了第二个让步，这一让步是应英国同志们的请求作的。我们缓和了我们同阿姆斯特丹国际进行论战的方式。缓和这一方式尽管不是实质性的，而是形式上的，但却进行了相当大的缓和。应该承认，在英俄委员会会议上，在我们苏联工会的代表中初次出现了急躁的语气。在这次会议上，我们向英国同志们直截了当地提出了一个问题：我们究竟要忍耐多久？我们根据英国同志们的愿望（因为适当的谈话要用适当的语调）被迫在自己的一切论战中，在自己对阿姆斯特丹国际所作所为的一切评判中选择最具体的形式，并对某人某事不指名道姓。我们已经忍无可忍，我们都是血气方刚的人。正因如此，我们直截了当地提出了一个问题：我们究竟要忍耐多久？因为现在我们的忍耐已经达到顶点，所以我们才提出了我们应该彻底改变我们同阿姆斯特丹国际的论战方法，便对一切直言不讳。英国同志设法说服我们再等待、再忍耐,他们说采用较强的语调说话,较为强硬的言辞会把工作搞糟,会使我们的拥护者误入迷途,只能带来危害。这一点在记者采访和英俄委员会一致提出的共同声明中得到反映。在这个声明中指出,英俄委员会以及加入该委员会的组织,面对敌方对该委员会的攻击,不会置若罔闻,但是,它们仍将为维护这些组织所固有的尊严和礼节进行斗争。

我们将这一问题视为妥协。我们能否继续进行妥协?在斯卡伯勒代表大会和英俄会议上,我代表苏联工会向英国同志阐明,目前,我们不会作出更大的让步。在这两次讲话中(第一次是对英国运动的全权代表;第二次是对英国运动的最高全权力机构——代表大会),我曾指出,我们并非把统一看成片面的、单方的统一,不是要使我们苏联工会抛弃和遗忘把我们同其他国家的革命工会联系起来的一切而去对胜利者——阿姆斯特丹国际俯首帖耳,乞求恩宠。无论是在这两次发言里,还是在私人谈话中,我都不止一次地指出,假若我们将自己建立起来的国际弃之不顾,听之任之,英国人首先便会失去对我们的尊敬,我们欲吸收加入这一国际的工会组织也将声称我们对它们漠不关心,从而便会加入阿姆斯特丹国际。阿姆斯特丹国际向我们建议的正式承认这个事实本身就是事实上脱离红色工会国际——尚未加入一个国际,便同另一个国际断绝关系。如果没有红色工会国际中同我们息息相关的其他国家的工会组织参加,而由苏联工会加入阿姆斯特丹国际,这一事实本身将会是对这些工会的背叛行径。我们无论何时何地对此都开诚布公,一向不加隐瞒。现在,我们正处在这样一个阶段:我们不能再作让步,而对方又不愿作让步。也正是在这个时期,在这毫无进展的时刻,我觉得,由于阿姆斯特丹国际的努力,我们不得不停滞不前。也许在这里,即在这条战线上,我们将不得不在消极的状态中逗留相当长的时期。如何看待这一情况呢?我想,当然应该在一定程度上把这一情况看做是阿姆斯特丹国际的局部胜利。因为，再好的事业中出现任何停滞时期总是危险的，这是由于它会造成对我们为之进行斗争的事业产生失望和怀疑。因此，这一时期要求一切统一的拥护者，特别是一切共产党要具备特别坚忍不拔的精神、特别贯彻始终的毅力和特别沉着冷静的态度。这就要求对我们自己的力量进行一定的动员和组织。如果我们说，我们争取和平，我们争取统一，我们不是口头上、而是实际地争取统一，那么，这还并不意味着我们应该解散自己的一切组织，让它们摇摆不定，期待对方在通向统一的道路上会采取任何步骤。我们同阿姆斯特丹国际通信的经过已使我们有理由指出对方不想采取这些步骤，并要千方百计地阻止统一事业取得哪怕是微乎其微的进展。这一斗争的情形，这一运动发展的全部经过并不在于我们愿意统一，而另一方不愿意统一；而在于尽管他们不愿意统一，但我们正在迫使他们并应该迫使他们做到这一点。这一斗争的发展经过和情形就在于此。我说过，就这个可能出现停滞的时期而论（也许不至于如此，但有可能出现停滞），据我看来，对我们和我们的拥护者，特别是对共产党来说，在这条战线上近期内最首要的是要求对我们所进行事业的全部重要性有一个明确的和清楚的认识。如果有人告诉我这种认识业已存在，那么，我将十分高兴。如果能证明在兄弟的共产党及其党员中对这场斗争中我们所面临任务的认识是明确的、认真的和清楚的，我也将十分高兴。我将对此感到十分高兴，并要事先对那些将要证明这一点的人表示感谢。但是，我担心，并非所有的人都具备这一点，直到现在，某些人仍把争取统一的斗争看做是一种旨在揭露改良主义者的鼓动性的手段（就这个词的贬意而言），即我们使改良主义者落入政治圈套的一种手段，因为我们明知他们事实上是反对统一的，却运用这一手段在群众面前揭露他们。如果谁有这种认识，就需尽快将其抛弃。

实际上，我们在这里提出了在国际范围内，即在世界范围内，共产党联系和领导非党工人的方法问题。在这里，我们又回到了关于工人工会运动重要性和必要性的老问题上来了。这个问题我在后面将作较为详细的论述。由于这里经常使用"手段"这一词眼，所以应该考察一下"手段"一词的含义。如果我们要从这个词的广义，即它的阶级含义而言，那么，这个词就是各国共产党及其国际在反对它们的阶级敌人——反对资产阶级时所采取的重大的战略策略，即旨在使无产阶级的力量团结起来，重新提出领导国际工人运动问题的策略。据我看来，对于这一思想，每个人至关重要的不仅仅是清楚明确地加以思考，而且要清楚明确地加以掌握；否则，就无法理解无论多么困难和复杂，建立统一的工会国际，即使同改良主义者携手共建也仍不愧是一项伟大任务的重要性。这项任务的艰巨性和复杂性要求我们不止进行一年的工作。但它的完成却意味着取得最巨大、最辉煌的成就，正如我在联共（布）第十四次代表大会上说过的那样，这意味着在国际范围内把反对资本家阶级的雇佣工人阶级组织起来了。总的说来，这一斗争有时会在某一段战线上带来悲观失望的情绪；有时在某一国家会觉得对这一共同任务不加考虑也能取得某些胜利。假若确能如此，那么，正如谚语所说的：不要以金易铜，否则带着沉重。不要用不致滑向改良主义的微不足道的任务替代大任务，因为这也正是改良主义策略的实质所在。他们在实际生活中用一些也许立即能取得小小成就的微不足道的任务，替代不是口头上，而是事实上把工人阶级从资本的桎梏中解放出来，替代实现社会主义的宏伟任务。

选举权的微小改进，议会中一票的赢得，这就是令他们舍弃一项大的共同任务的成就。而如果我们共产党人在统一问题上只着眼于那些微小的具体的任务，只着眼于某一工会中的暂时胜利；那么，这将使整个这一项伟大的工作毁于一旦，这将意味着我们误入了改良主义者策略的迷途。

关于统一国际的问题就是通过群众性的非党工人组织，即通过工会争取对国际工人运动进行领导的问题。这并不是终止同改良主义的斗争，这是提出采用能够保证共产党在广大工人群众中最正确、最合理地取得胜利的其他方法、其他手段同改良主义进行斗争的问题。

这一时期的第二项任务无疑是我们要有组织地进行动员工作。在这里，我所指的不仅是加强我们现有的组织，而且要使他们中的某些组织得到发展。譬如说，在我们了解了工业化大国中工会运动的状况，看到在那些有平行组织的地方有组织的工人的数字时，即使是在全部平行组织中有组织的工人人数共达工人总数5%、7%乃至10%的法国和捷克斯洛伐克，我们总觉得（如果我们错了，请向我们指出和说明）在这些国家中，我们共产党人所进行的吸收未被组织起来的非党工人参加由我们掌握的组织的工作开展得不力。如果我们说，要为争取统一而斗争的话，这决不意味着我们要解散自己的组织。只要存在红色工会国际，它就应当也将要为加强自己的组织而斗争。我们对统一的真正追求，绝非意味着我们去对改良主义者俯首听命，同意签订他们为接受我们参加其工会所提出的条款，于是乎统一问题便会轻而易举地得到解决。而实际上，这个问题在于，要在保证共产党人有可能在工会运动中进行工作，而不是在消灭共产党人的条件下达到统一。只要我们还存在自己的国际组织，即红色工会国际，每一个共产党人的任务就是要加强、发展和扩大这一国际，因为我们不应忘记，我们愈是强大，我们就愈能受尊重，我们就愈能使那些不乐意的人走向统一。我觉得，我们所有的拥护者都应进行统一的工作，以使他们的言行不致脱节。宁可少承担些义务，但要百分之百地完成；宁可少高谈阔论，但要多干实事。那些以为能把这项工作变为一场鼓动运动的人，他们是大错特错了。遗憾的是，有时我们会发现，在某些地方，这一切都仅仅变成了一场鼓动运动和形成了各种决议。能提出使工人群众明确、通俗易懂的积极客观的建议，表达出善良的愿望和在每一位非党工人面前都能加以阐述和捍卫的公正的建议，这是一条组织我们的拥护者，不是在口头上，而是事实上宣传国际工人运动统一思想的最正确的途径。

近期，我们在这方面所面临的另一项任务是对统一拥护者的力量进行动员。我觉得也就是在这方面，我们无疑正在犯着一些极大的错误。当我们谈及统一的拥护者时，我们应该记住，他们首先是由我们，由共产党人组成的；其次是由左派，即由社会民主党中最正直的成员，工会运动中的工作人员和直接来自企业的工人组成的；其三是由理解并掌握了统一思想，而生活每天又在教育他们必须进行统一的非党工人组成的。只要看一看最近对英国煤炭工人造成威胁的冲突，这一必要性也就显而易见了。实际上，假如在英国工会运动身后屹立着紧密团结在一起的阶级的工会国际，而且这一国际享有不仅足以动员各国工人的社会舆论，而且能够号召全世界的工人勇于献身的威望；那么，煤炭工业中的冲突对英国工人运动而言就不致如此可怕和严重。而且，假如英国矿工是在他们的身后不仅有英国工会运动，而且有整个国际工人运动的条件下开始斗争，那么，英国矿工成功的可能也许就会完全两样。因为，如此规模宏大的罢工单靠一个工会的力量要坚持下来当然是非常困难的，而当它的身后有整个国际工会运动时，要坚持下来就是轻而易举的了。但是，这一条件并不存在，而这样的教训每天都将使工人们理解实现国际工人运动统一的合理性。这样的成员正在形成工会运动统一的拥护者的一翼，它每时每刻都在不断扩大。关于它的扩大，有这样一个事实可以证明：所有访问苏联的工人代表团，在了解了我们的工会运动，参观了我们的工厂，确信我们要求国际工会运动统一的愿望是真诚无私的之后，在离开苏联时，已经成为国际工会运动统一的衷心的拥护者。要把这些力量动员起来，就要求各国共产党具备特别的能力、特别的耐心以及特别的注意力。在这个问题中存在着两种危险：或把这些多半是直接来自工人之中（正如我们这里所说的来自车床的工人）的统一拥护者置之不理，不给他们任何支持；或是开始对他们进行**过分的支持**。

德国工人代表团在德国做了大量的工作，现在仍在进行工作，他们创办了《统一》杂志，通过组织发行杂志的机构把统一拥护者的力量团结在该杂志周围。德国的这一经验使这些代表团在统一斗争中所发挥的作用得到了证明。而如果站在产生于工人群众中的报刊之首及其周围的是依然同工厂群众紧密联系的刚刚离开车床的工人（不是以共产党人的身份出现），那么，这将保证整个事业的扩大和巩固。

对统一拥护者的力量进行动员，要求采取一种特别的策略，特别仔细认真，特别深思熟虑。在这里，共产党人同志们往往会产生这样一个愿望——尽快利用有利局面。花儿刚刚开放，花蕊刚刚露出，仅仅有可能结果时，就已经打算吃果子了。在德国，我们看到了另外一种方法，这是一种更为正确、更为谨慎的态度。我们看到，到过苏联的工人代表团和那个同自己的杂志、同自己的小小工人出版社、同企业有紧密联系的工人们写的小册子联系在一起并在德国的各个城市拥有自己拥护者分社和支部的组织，不仅在过去给德国工人运动带来了果实，而且现在和将来也要带来果实。

在这个问题上，性急和焦躁是最为危险、最为有害的，因为，统一的拥护者进行动员的实质是把工人的社会舆论组织起来，这是围绕着我们一贯坚持捍卫的正确思想进行的。我们看到，在为这一思想而斗争的过程中（我们在英国和法国看到这一点），起初仅仅是这样一个概念，即统一的思想对人们来说是通俗易懂的，而在为这一思想而斗争的过程中人们才逐渐地恍然大悟起来。一切无用的东西，一切腐朽的东西，一切口是心非的社会民主党上层人物以及改良主义的其他一切不好的方面都逐渐让他们明白起来。因此，对广大群众来说，这是进行阶级政治教育的一个过渡阶段，这也是性急在这里是最危险和有害的原因所在。

我提出，整个这一斗争是针对群众进行领导，争取群众和领导群众的斗争采取的一种独特的态度。这里我们正在研究一个普遍性的问题，即党和工会的相互关系问题。因为，无论这多么令人感到奇怪，但我还是读过一些文件，并从中清楚地看出并非所有地方、并非所有的共产党人至今仍然深信不疑：党不可能只通过某一条途径、某一种方法来保证对群众的领导。而且，许多人正在忘却作为无产阶级政党的共产党对群众的领导和争取工作不能仅仅局限于文字宣传鼓动活动。只要指出弗拉基米尔·伊里奇的一系列讲话也就够了，他极为通俗地将这一思想阐述为党通往群众的纽带。他指出，工会是现成的工人组织，即雇佣工人的组织，也正是那些要为社会主义而奋斗的人们的组织。离开这一组织，不懂得它的涵义和意义，这就意味着尾随改良主义者。改良主义者声称工会是在资本主义社会的范围内担负维护工人经济利益的组织，而某些共产党人在对待工会的作用和实质问题时，声称"工会，这是一个为一文钱而奋斗的组织"。讲这种话的人实际上是在重复改良主义者的论调，认为改良主义者给工会下的定义是对的。而我们认为，过去和将来也都认为，工会是雇佣工人的组织，是一个阶级组织。由于改良主义者对它的歪曲，有时它被贬低到仅是为一文钱而奋斗的组织。而实际上，工会是这样一个维护工人经济利益的工人组织：工人们为进行更为自觉的阶级斗争而在这个组织中团结起来，共产党人也有义务使之具有反对资本家国家，推翻资本主义制度的斗争性质。而且，正如我们从我国革命的经验中所看到的，这一组织在工人们推翻资本家政权之后不仅没有丧失，反而获得了新的意义。

这就是工会的含义。共产党人是否会低估工会的作用和工作呢？坦率地说，对于那些擅长就某些世界上至关重要问题的抽象题目大做华丽文章的作家，对于那些认为在盛大的群众集会上发表演说、雷鸣般的掌声和关于世界性任务发表高谈阔论是唯一重要的事的鼓动家来说，工会所进行的工作有时是为了给工人增加五个或七个戈比的薪金而斗争或是坚持要求开水，对他们来说这些问题好像都是平淡无奇的日常工作。让革命战士把搞懂五个戈比作为重要的事情——真不值得玷污自己的手！你们是否记得，无产阶级最伟大的领袖弗·伊·列宁在他早期的一部著作中写道，列宁格勒某一工厂提出过开水、洗脸池等要求。这就是对群众的态度，这就是一位从一开始就知道应该如何对待群众的人。列宁较其他任何人都更多地指出过，不要把群众看做是完美无缺的，也不要把工人们看做是完美无缺的。这不仅在对工人的关系上，而且在对工会的关系上也是正确的。无论资本主义国家中的工人是好是坏，我们要按他们的本来面目来看他们，不要加以丝毫不切实际的理想化；不是把工人想象成"取材于工人生活"的非常精彩的知识分子小说中所描绘的那样，而是按工人本来的带有资本主义社会的生活习惯和生活方式赋予他们的一切罪孽、一切缺点的面目来看他们。而工会则是一个应该争取他们，按他们的本来面目掌握他们的经济组织。当然，假如我，一个共产党人，来到工会，目睹工会中的一切混乱现象、为一文钱而斗争，等等，便立即就能把它们改造成为共产主义奋斗的极为完善的组织，那就简单多了。然而，要知道这是不可能的。这样的共产党人通常是要被赶出工会的，这种驱逐有时采取较为严厉的形式，有时则颇为委婉，说：请不要妨碍我们做事。大家想一想，在我们工会运动工作史上，我们是否有过这样的经历呢？有过。的确，在1907年和1908年间，伦敦代表大会之后我们曾经有过一个短暂的时期，当时许多布尔什维克被赶出了工会。这是因为我们没有弄懂伦敦代表大会的决议，来到工会开口便问："伦敦代表大会的决议你们接受不接受？"而他们却说："我们不谈伦敦代表大会的决议，而要谈谈我们这些干粗活的工人可不可以争取提高五个戈比的薪水？"我们答道："这是鸡毛蒜皮的小事。还是谈谈伦敦代表大会的决议怎么样？""我们不讨论决议。""我们要求你们讨论决议。"他们对我们说:"那么,你们到门外讨论去吧。"这事发生在1907—1908年,当时,许多狂热的青年人抱着这一决议直接奔向工人。而到1909年底,莫斯科和列宁格勒相当部分的工会理事会中已经坐进了布尔什维克。他们为此做了些什么呢?他们不是去讨论伦敦代表大会的决议,而是在实际中加以贯彻。我担心我们的共产党人和某些地方的中央组织在对待工会的态度上会有类似我们在1907年底—1908年所持的态度。他们来到工会是为了提出这一问题:"我们来讨论一下摩洛哥战争或道威斯计划吧。""这也许很重要,但我们这里正在增加十戈比的薪水,我们这里没有实行计件工资",等等。"啊!计件工资,当我们站在几百万人死亡的边缘时,这是件分文不值的小事。"……对此工人们会说:"几百万人的死亡不定是何时的事,而这计件工资则是今天的问题,这关系到我的孩子们有没有饭吃。"这就是对工人们至关重要的事。应该按工会的本来面目来对待他们,并善于在他们中间进行工作。现在,最有害、最危险的遗毒在于某些同志正在做这样的推论:他们说,在工会中工作的共产党人,老实地讲,这是二等的共产党人,而要说真正的共产党人,则是写一手好文章,发表演说大谈立即举行起义的必要性,大谈驱逐改良主义者等的人。而从事工会运动的人,而且实际上还知道什么是工资等级表和集体合同的人,这是二等的共产党人。领导他们还行,但要把他们当成享有同等权利的人——则是万万不能的。在有的地方拒绝把他们当成这样的人,这是最有害、最危险的遗毒。这是一种最坏的幼稚病。工会以其本来的面目出现,这样便向我们提出一个问题:要善于利用它们,使自己的工作方法适合于这些现存的组织,以便使这些组织适合于工人阶级争取共产主义的斗争。任务就在于此。要使自己的工作方法首先适合于今后对这些组织进行根本改造和重新教育,使它们适合于另外一个更加崇高的任务。这就是问题之所在。

实现党对非党群众的领导应该并可以不单采用某一种方法：报纸、鼓动、宣传，而是通过工会这种最合适的组织，通过在我们许多兄弟党内似乎完全忽视在其中进行工作的合作社，以及通过即使仅有五名工人的工人组织。我想从俄国1907年底的经验中举出一个小小的例子。1907年底，在弗拉基米尔·伊里奇的主持下，我们布尔什维克在布尔什维克的中心泰里约基对我们在工会中进行工作的行动纲领问题进行了讨论。在那里出现了争论。弗拉基米尔·伊里奇比我们大家都更清楚地看到反动时期正在到来，这要求相应地对力量进行重新配置。我们讨论了在工会组织和其他非党工人组织中进行工作，利用一切合法机会等问题。再说，当时我是一名相当正统的工会工作人员，虽能忍受一切，但对我们这些布尔什维克到被我看做是不值得我们关心的极端机会主义组织的互助储金会去工作却感到无法忍受了。工会，这是能够在其中进行工作的工人的阶级组织，我们还要对它进行建设，至于互助储金会简直是胡闹。我当时年轻无知，作为反驳弗拉基米尔·伊里奇的一个论据，提出了下面的问题："您是怎么了，您还打算推荐我们到三弦琴小组去工作吗？"弗拉基米尔·伊里奇说道："**如果这是工人的三弦琴小组，哪怕那里仅有三到五名工人，我也推荐你们去。如果他们用三弦琴演奏《上帝啊，保佑沙皇吧！》，那么，你们就教会他们《马赛曲》作为首次演奏。**"这就是对群众工作的态度，在这里就体现了整个列宁和他对群众工作态度的理解。凡是有两名工人的地方，布尔什维克，共产党人就应该是第三个人。将来，如果我们对工会采取这样的态度，那么，工会工作问题也就会轻而易举地得到解决。需要指出，在争论党对工会的领导方法时，许多正统的同志有时会提出这样的理由："我们主张独立。"我们来磋商一下，对我们布尔什维克来说，恰如不可能存在中立问题一样，也不可能存在独立问题。当然，有时一些人进行不正确的领导，认为领导是一种束缚人的制度，而另一些人为抗议这一束缚，便开始固执地反对各种领导,这种情况就是彼此互不了解。本质上讲,工会的独立是不存在的。而如果改良主义者就这一问题向我们进攻,指出我们这里似乎存在着工会对政党的依赖,那么,我们便总能从工人运动的发展史,特别是现阶段的发展史证明,从本质上讲,工会的独立是不存在的。工会可以受教权主义的影响。有受社会民主党人影响的工会,有受共产党人影响的工会(令人遗憾的是,这种工会太少了,应该更多一些)。而问题仅仅在于一个术语:一些人称之为"影响",而我们布尔什维克以自己固有的坦率和直言不讳的特点,将其称为"领导"。何为对工会施加影响呢?这就意味着指导它们的行动;而指导它们的行动,这就意味着进行领导,而不是别的。什么是教权主义的工会?是谁在领导它们?是神父,教权主义在进行领导。还有民族工会,是谁在领导它们?领导它们的是所谓的国社党——一个小资产阶级的民族主义政党。你们哪怕给我指出一个按这一界限无法加以划分的工会也行。存在着所谓的自由主义工会。但是,从本质上讲,独立的工会是不存在的,而且也不可能存在。我们布尔什维克的基本任务,按改良主义者的术语,就是把工会置于共产党的影响之下;而按我们的术语,则是置于共产党的领导之下,因为党是工人运动的最高形式,是无产阶级最彻底的阶级代表者,它领导着各种形式的工人运动,它的领导地位是毋庸置疑的。至于如何实现这种领导地位,则是另一回事。这里,我们所要研究的,是党采取哪些措施领导工会,党采取哪些方法实现它对工人阶级、对非党工人群众的领导的问题。党不是采取发号施令的方法,而是采取说服的方法来实现这一领导,而所有那些企图通过发号施令、琐碎监督来领导工会及其他广大非党工人组织的人,过去和将来总是会得到悲惨的结局。领导方法只有一种。在目前情况下,这便是通过自己的党员对工会内部有组织的团体实行领导的方法。我党显著区别于西欧各党:我党和我们工会运动的特点在于,我党在其还是社会民主党的时候就把工会建立起来了。先有党的存在，其后才出现了工会。党是工会的母亲，这样便产生了许多条件：工会的建设者们一开始就占据了工会中的领导地位。这样，从历史上就形成了工会与我党的关系。我们的工会诞生于革命时期。1905年以前，还是一些零散的、小块的工会组织。而作为一种运动的工会运动则是在1904年——阶级斗争最尖锐的时刻产生出来的。这就决定了这一运动的整个步调和整个进程。而如果说在我党和工会的历史上我们都要一再向我们的一切组织提出这样的口号：你们对工会实行领导要格外谨慎小心，丝毫不能发号施令，因为这里比其他任何地方都更难以容忍发号施令、琐碎监督和乱加搅扰，那么，对其他政党我们又能说些什么呢？我们的方法是否适用于他们？我们能否原封不动地把这些方法向西欧各党推荐？我是不会这么讲的。我想，在英国应当有某些不同的相互关系。不顾面临的不同客观条件、不同的环境和工人对党的不同态度，不顾在另外一种环境下成长发展起来的工会，不顾党本身的不同地位，而要把我们这里的条件全部照搬到西欧的土地上，而且还要加以发挥，使它增长百分之几十，这就意味着要把最美好的事业葬送掉。领导的普遍原则应该就是领导原则本身。弗拉基米尔·伊里奇不止一次地指出过工会工作的艰巨性和复杂性。他不止一次地指出，共产党人在工会中的工作是异常艰巨复杂的，在工会中工作的共产党人一定要既了解工会的原则，又了解工作的方式方法，等等；光了解这些还不够，还需要具有特别的策略、特别的态度、特别的关心、特别的谨慎。在这些条件下，如果高居上层干大事的人们从所有这些问题着手，对那些不得不从事诸如要争取增加五至七戈比的工资、是否要在今天或三个月后把加薪确定下来、集体合同该如何签订等极其平凡的日常工作的人们进行领导的话；如果党要着手在这一工作中进行领导，并直至插手一些琐事、直至人员的选择；那么，这是不会有什么好结果的。党应该致力于选拔、推荐和派遣最优秀、最坚定的同志去从事工会工作，因为，这是一个复杂的工作环境；此外，还因为那些当选出任非党工人群众领导人的共产党人，也会不知不觉地同他们混熟了，有时会流露出非党工人的情绪，并有可能轻易地误入歧途。形势是险恶的，因此，就需要把最坚定、最刚强、最能保证党的领导的人派往那里。

我想就责任问题说几句话。在我们这里，在我们的工会运动中，过去的情况总是这样：即便是在孟什维克在工会中影响很大的时候，工会运动的领导权在绝大多数情况下是属于孟什维克的时候，我们的工人也乐于把党员选进管理委员会，选进工会领导机关。各方面情况都在证明这一点。当有人提名非党人员做候选人的时候，我们的工人便提出了这样的问题："谁了解他？谁给他担保？"党推荐党员，党就对他负责，而又有谁为非党分子负责呢？他自己。这是我们工人们的心理状态。当你们派一名共产党人去工会中工作的时候，党便在非党分子面前对他负责，而他的成功或失败，就是党的部分的成功或失败。正因为如此，这就使共产党人担负起最重要的责任，要求他们对其在工会运动中所从事的工作持严肃认真的态度。我拿我们1907年伦敦代表大会之后的经验来向你们举例说明这一点。我想这一经验现在在一些共产党人——西欧工会运动工作者中依然存在。我觉得，我们在工会运动中的失误相当程度上是由于我们的工作人员或是从摩洛哥战争，或是从道威斯计划，或是从法西斯问题起才开始在工会运动中出现的。共产党人要在工会中着手工作，要赢得工人群众的信任和尊敬，就只有去熟悉工会的实际工作。同志们，莫非你们认为，假如我们没有几十位精通工会运动问题的人士，我们苏联共产党人能够如此牢固地掌握工会，不会在新的反攻中把工会交给对手吗？因为在这里，在工会中，你不仅要了解道威斯计划的内容和实质，除此之外，你还应该了解自己工会的章程，你还应该了解该工会的建设情况，它最适当的形式。与此同时，还要善于不仅做一名工人阶级利益最鲜明的代表者，而且还要做一名最优秀、最实干、最认真忠实以及对整个工会工作问题最在行的工会工作人员。为此,需要学习。共产党人中那些鄙视这些枯燥琐碎的日常工作,认为无需考虑工会是什么,这些琐碎问题是什么,不愿耐心地研究劳动法、保险法等的人,最好不要被派到工会中去,因为这既会使党的名誉受到损害,也会使别人的名誉受到损害。我们不能把自己与改良主义相提并论,我们是共产党人,因为以前经常出现这种情况:他是一位很好的共产党人,一位很好的青年;有时可以采纳他的政治路线,但是,要把工会的领导工作托付给他则是不行的。非党工人经常这样议论我们,这样一来,我们的影响虽然还在,但领导工作却将落入改良主义者手中。我曾经读到过,有的地方对我们是否需要在这些工会理事会中赢得多数持怀疑态度。我想,同志们,这个问题完全用不着争论。当改良主义者把理事会的权柄掌握在自己手中的时候,你们去试试,争取一下德国的工会;在他们稳坐下来正在进行领导的时候,你们去试一试,去把他们那里的群众拽过来。这就意味着坐进工会进行领导。你们的路线很好,对你们的同情也将很多,但领导群众的工作将掌握在另一些人——改良主义者手中。而那些能够坐稳并向工人群众证明自己具有领导才能、忠诚、有学识和有耐心的人,任何改良主义者都无法将之赶出工会。我给你们举一个小小的例子,你们试一试,去把布尔什维克赶出俄国工会。(笑声)你们赶不走他们。如果代表大会赋予全苏工会中央理事会主席团解散任何一个奉行错误路线的工会,任用组织委员会替代工会理事会的权利;如果代表大会赋予我们罢免全部领导人,废除或批准一切决议,在必要或需要时把资金从一个银行汇入另一个银行的权利;那么,你们去试试看,争取一下我这里的工会,尝试一下对它们进行领导,而我则只按章程工作。这将毫无结果。因此,在那里要想掌握工会,就需要有极大的耐心。工会中的共产党人应该这样进行宣传,因为可能得出结论,说托姆斯基建议你们去搞鸡毛蒜皮的事,拒绝进行任何宣传。我不会建议这样做。我们这里既有总结，又有报告，遗憾的是，西欧的同志们对这些材料了解甚少。的确，我想我们所有的人都在患同样一种疾病：对我们来说，说比读易——这是令人甚为厌烦的事。我们苏联有句俗语：读书无人，写作人人。

毫无办法。需要，有时需要看一看。我们在这个问题上有相当明确的看法。工会工作的实质和困难在于，一个好的工作人员能把工会工作中的每一个问题，无论它多么枯燥、多么特殊，都能把这一枯燥、这一特殊的问题同无产阶级的总问题、总任务，同工人阶级的最终目标联系在一起。如果你善于从事实际工作，如果你精通组织问题，能够坚持集体合同，能够进行合理的罢工并能把工会所作所为的每一个问题同工人阶级的总任务联系在一起——如果你能做到这一切，那么，任何一个工会你都能掌握住。可见，任务并非如此简单，把二等共产党人派到工会中去就行了。不，那里要求有极其丰富的专业知识。我认为，关于我们在工会中的工作责任问题，这是一个非常重要的问题，并且不要把这个问题当做偶尔到工会中去开开会、讲讲话，就像我们这里所讲的"理解"一下决议，随后给自己的中央写份报告，说这便是成绩。然后呢？会议一散，改良主义者便笑嘻嘻地坐进自己的办公室，说什么"这个空谈家昨天大谈了一通便走掉了"，接着，改良主义者便按自己的需要又重新主持起工会的事务了。

如果我们的确想认认真真地到工会中去，那么，我们就应该提出责任问题。我们应该知道共产党人所建议的是能够确确实实地得以实现，而且，共产党人也能使之得以实现的东西。当然，错误是难免的，但不能对工会工作采取这种态度，即，如果改良主义者说：我们要坚持增加10个戈比的工资，而共产党员却走过来说：不，不是10个戈比，而是半个卢布①。之后工人们就会对共产党人说:"你们什么也没能争取到,改良主义者答应10个戈比,就给了10个戈比,而你们答应50个戈比,却什么也没给。"这样,等你们下次再来,他们就会对你们说:"空谈家们,就会说大话,一点用也没有。"共产党人所建议的应该符合实际情况,并且应该有使之得以实现的可能。为此,应该进行学习。需要学习在工会中如何进行工作。我们就是这样争取工会的。

在工会工作中,即在党对工会的领导中,对这一领导加以突出、炫耀和强调是一种最危险的情况。党在工会中的工作应该是少就领导工作发号施令,多去实际进行这一领导工作。如果我们公开地进行辩论,讨论我们应该如何争取工会,这对西欧党来说是十分危险的,这意味着我们告诉改良主义者:"我们要向你们进攻了,小心一点,准备一下,我们要从左的方面向你们进攻了",等等。让我们少说一点多做一点吧。对此加以突出、炫耀和争论,就工会的独立和工会归共产党领导所进行的争论,特别是在报纸上进行这些争论是十分有害的。让我们先服从吧,我们这里对此是可以进行争论的,到我们这里来吧,秋天将召开工会代表大会——一次国际性的代表大会。在我们这里,你们见不到改良主义者的党团,我们这里可以对此进行争论,还可以就如何掌握工会进行争论。但是,在那些我们还没有把工会掌握住的地方则要少说:跳不过去之前,就不要说跳。让我们先跳过去,多数人坐进工会机构,从改良主义者手中夺过领导工作之后,那时就能够进行争论了。要向工会运动的工作人员提出一些要求。这里有弗拉基米尔·伊里奇的教导,这是他在第十一次代表大会的决议中提出的某些要求:"工会组织及其机关从下级到最上级,应当培养出一批负责同志,并在多年的实践中加以考察,这些负责同志不一定都是共产党员,他们应当生活在工人群众之

---

① 1卢布折合100戈比。——译者注

中，非常熟悉他们的生活；能够在任何时候任何问题上正确无误地判断群众的情绪，判断他们真正的需要、愿望和想法；能够不带半点虚假拔高成分来确定群众的觉悟程度，确定这样那样的旧偏见和旧残余对他们的影响有多大；能够用同志的态度对待群众、关心满足群众的要求，以此赢得群众的无限信任。"①

这是一项非常艰巨的任务，是一项非常艰巨的工作。共产党人需要学会进行工作，此外，共产党人在还没有完成这些要求之前，永远不能在一个地方停滞不前，不能满足于已经取得的成果。如果向每一个在工会运动中工作的共产党人提出这些要求，那么，没有一个人会百分之百地符合这一规定、符合这一形式。弗拉基米尔·伊里奇经常说：在工会运动中进行工作，要求具有特别的分寸、特别的态度、特别的能力、特别的敏锐和特别的合乎实际的机敏，而绝不是随便派遣一个人，即便是一位不错的作家，对他说，去掌握工会吧。他所能做的至多不过是去执行决议，但是，他却不能争取到群众。这需要了解工人群众，不惧怕他们的偏见，不惧怕他们的遗毒，不惧怕他们的缺点，并能够日复一日地耐心地做他们的教育工作。这不仅在一国范围内是正确的，在国际范围内也是正确的。因此，我们在统一的斗争中应该特别耐心，当统一斗争在某一段战线上出现某种程度的停滞现象时，我们就应该动员起一切力量；而如果在某一段战线上我们或许要停滞一段时间的话，我们就去耐心地寻觅能够更有力地开展进攻的另一地段。如果阿姆斯特丹国际对我们建议的真实性置之不理，不打算在工人阶级面前同我们一起讨论如何共同实现工会运动的统一问题，那么，我们就要迫使阿姆斯特丹国际做到这一点。或者没有他们我们自己也能做到，或者，既然我们能使统一问题变成工人群众相当普遍的问题，并能把工人阶级建立反对资本斗争

---

① 《列宁全集》中文第 2 版第 42 卷第 371—372 页。——编者注

的工人运动统一组织的必要性灌输到他们的思想、他们的头脑中去；倘若我们又能动员我们本身的力量去进行工会运动的工作，那么，无论有没有阿姆斯特丹国际，我们的事业都能得到保证。我们一定会使工人群众的运动达到统一，实现统一。

哈迪（英国）：

同志们！谈到工会问题，我首先应该指出，我们工会工作所采取的共产国际的路线是正确的。但是，在我们的一些党中，我们还注意到一种倾向：自我们过于接近工会运动中的右翼反动分子以来，有人认为，共产国际的工会路线会冲淡我们的革命原则和取消我们的革命政策。我想，可以平心静气地说，现在，我们并没有受到来自这方面的任何危险的威胁，因为工会领导人（我们可以根据英国的经验声明这一点）在我们还没有将基层群众组织起来参加左翼反对派之前，当然不会着手同共产党或工会运动的左翼成员建立统一战线。这样一来，正如季诺维也夫同志所言，问题并不在于我们是否准备自上而下或自下而上地建立统一战线，而在于要根据我们一贯提出的原则来组织统一战线。共产国际在英国工会运动中所采取的政治路线是完全正确的，因为我们成功地将工会推向了左转。

但是，我们运动的任务是不轻松的。在我们工会运动中还存在着许多分歧，因此，在没有认清工会运动的这些各式各样的倾向之前，我们就无法开始进行我们的工作。如果我们不理解、认清这些倾向，它们就会成为我们道路上的障碍，阻碍我们执行我们的政策。

在英国工会运动中存在着许多分歧。我们在分析这一状况的同时要使我们所掌握的力量能与有组织的资本家阶级的力量相抗衡。例如，在英国有1135个各式各样的工会。我们看到，英国工联大会总理事会没有可以对参加自己组织的工人群众进行领导和管理的足够力量，故而造成我们在各工会中央机关之间的许多冲突。这些机关至今依然互相争夺工人，彼此竞争，竭力加强自己的组织，尽管这会损害工人阶级的共同团结。由于这些冲突，在那些各使某一范围的工人联合起来的工会之间经常发生争吵。所有这些倾向给工人运动造成严重的影响。少数派运动和我党考虑到所有这些情况，正在为建立工会中的左翼运动而斗争。

我们还要懂得工人阶级是如何看待这些倾向的。在本届全会上，我非常高兴地听到，有人建议我们的同志不要仅仅把过问大政治看做是自己神圣的责任，不要把自己凌驾于工会普通成员之上，不要认为工会组织中的工作对共产党人和"革命家"来说是不屑一顾的。实际上，只有意识到自己在工会运动中肩负的任务，我们才能赢得在群众中的影响；只有使我们的同志做好担任工会中最无足轻重职务的思想准备，我们才能够指望有所收获或使我党同群众的关系密切到足以赢得我们必不可少的影响的程度。

使工会运动的力量与资本家的力量旗鼓相当是十分必要的。在许多国家，我们看到资本主义已经不能养活它的居民，而这便证明了资本主义制度正处于崩溃之中。

尽管这一点已经十分明了，但是，我们依然看到，资本家们作为一个组织自己的力量反对工会运动和革命的工人阶级的阶级，不仅没有削弱，反而得到了加强。尽管资本主义正在衰落，企业主们仍有力量加强自己的战斗组织，建立反对工人阶级日益增长着的实力的新的特别机构。这就是为什么我说我们应该一方面研究资本主义的力量，但另一方面又要研究工人阶级的力量。你们也许觉得这一点是人所共知的，但这在我们建立或准备建立左翼组织时，对我们来说却是非常非常必要的。

现在，我来谈谈党在工会中组织左翼运动这一迫切任务。首先，在我们的很多政党中，我们发现一些同志对工会运动有袖手旁观的倾向。因为他们自视为党的脑力工作者，因而，他们认为，工会工作应该由作为工会会员的普通党员去做。这是不正确的观点。在英国，我们已经把这种倾向（凡是存在这种倾向的地方）引向了它的反面，而不是让我们党内的知识分子逃避工会运动。我们在党内创造了一种气氛：党员只有具备工会工作的资历才能成为好的共产党人。正因如此，我们的知识分子曾努力争取参加工会的许可，并取得了这一许可。每一个组织左翼运动的政党都应给自己提出这一任务，这是完全必要的。而且我还认为，我们过去坚持这一点并不为错。我们认为，一切政党中的全体党员都要记住这一点，最终要使所有的党员都百分之百参加到工会中去。

我们一刻也不能设想共产党要求自己的党员仅仅在中央委员会中坐观工会运动，这样就会制定出正确的口号和正确的纲领。我们首先应该了解工人阶级的情绪，了解工人阶级在想什么，而不是共产党人要让工人们想什么。这对我们来说是至关重要的。只要我们还没有准确地知道工人们要干什么，我们就不能更好地在工会运动中接近工人组织，当然，我们应该首先寻找接近工人的正确态度。我们有些同志，他们不是去同工人们交谈，而是在谈论工人。这种状况应该结束了，因为这将为我们树立反对派。我们应该撤掉那些自视为地球中轴的工作人员，共产党不应允许在自己的队伍中存在这种想法，它只能妨碍在工会中开展工作。英国共产党人主张，只有解决了我们最基本的任务，我们才能找到工会运动的正确前景，才能制定出正确的口号和纲领。应该让所有的同志相信他们是正确的。

我们应该争取到工会运动中有影响的岗位。但是，有些同志（我们英国也不除外）存在着一种从在工会中工作的党员身上挑毛病的倾向。对于这一问题，存在着两种观点：一方面，我们的党努力把左翼工作人员——非党分子吸引到自己方面来，千方百计地帮助他们，极力地说服他们；另一方面，一旦我们的党员成为工会的工作人员，就让他们在每个细节问题上都去执行我们的政策。同志们，这样要求共产党的工会工作人员是不能容忍的。不要使同志们陷入这种令人难堪的处境，否则，我们就将失去我们业已取得的阵地。为了使担任工会负责人的同志的影响能给我们带来哪怕是微乎其微的实际好处，工会工作人员都应脚踏实地地进行实际工作。他应该从事工人们要做的事情，并诱导他们，正像我们要用共产主义的思想去影响左派工会工作人员一样，工会工作人员也应该采取实际的方法去影响工会的普通会员。我们的政策应该异常灵活，我们应该耐下心来，因为并非所有工人的想法都一样。工人还不是共产党人，尽管他们也打算选举共产党人到政府中就职。对于那些陷入琐碎事务甚至从而使他们偏离党的路线的共产党的工会工作人员，不要仅凭这一点就把他们当做不可救药的右翼拥护者。

　　这也同样地关系到各种文件和纲领的制定。只有了解工人们在想什么才能发挥作用，而他们所想的是略微提高一下工资、缩短工作时间，等等。但是，仅仅把这些要求在文件上记录下来并加以提出还是不够的。我们应该同工人们进行协商，在制定纲领方面，我们从普通的工会会员——非党分子——那里学到了许多东西。我们不止一次地证实，工人们在各次会议上提出了许多切合实际的建议，等等。

　　我们知道，如果说到完善符合群众意愿的要求的纲要，共产党人能够从有组织的普通工人那里得到许多有益的东西。正因为如此，至少在纲领还没有得到左翼代表的赞同之前，暂且不要提出来。普通的工人应该感到他们在这场运动中起着积极的作用，我们这些共产党人为他们制定纲领时又完全相信他们，等等。我再说一遍，这是问题最基本的方面，但又必须牢记。当然，许多问题取决于我们的组织。只要找到在工会中进行工作的正确观点，我们就会看到，在我们面前紧接着就会提出关于组织、关于力量对比的问题。在工会中建立左翼时，无论如何不要把什么都混为一谈。而要建立一个能使工人既能保卫自己，又能在必要时进行退让的组织，但与此同时，我们应该一面在英国建立组织，一面努力扩大自己的影响。当然，我们的组织并没有一蹴而就，我们不得不进行许多争论，甚至没有这些大的争论，我们就难以有所成就。但是，我们不允许让我们之间在组织问题上的分歧导致我们队伍中的分裂。第一，我们应该善于在组织方面吸收跟我们走的人。第二，单独的工会组织应该感到他们同我们运动的胜利息息相关，我们应该努力使他们跟我们走。第三，我们应该准备打好组织基础，以便使我们将来能按生产的原则建立组织。

在全国范围内，我们将那些本身感到需要加入我们运动的个别的工会会员吸收进来，参加了少数派运动。对于这些工会会员，我们欢迎这些会员并个别地吸收他们。在许多工会中我们有足够的影响，我们的同志（拥护者和同情者）都努力为左翼和少数派运动做些事情。可我们对这些同志说些什么呢？我们是否要说："每个赞同我们的人都可以参加到我们这方面来？"不，我们要说："如果你们在你们的组织中有足够的影响，如果你们认为你们的组织准备加入我们的运动，那么，你们就把你们的组织同少数派运动联合起来并缴纳适当的会费吧。"其次，我们明白，我们也许会总结出欧洲大陆上的同志们已经总结出的经验。

我们清楚地知道，少数派运动还组织得相当薄弱，而右翼反动派又准备向我们发动进攻，因此，我们应该保持我们的三种组织形式。首先，我们有个别加入的会员；其次，正如我所说的那样，一些工会的分会集体加入我们的组织；第三种形式则是在企业共产党支部周围组织起来的我们的少数派小组，这些小组通过建立少数派组织日益扩大和加强我们在工厂中的地位。

在这次全会上，我不想说我们已经组织了许多少数派运动工厂支部。不，这仅仅是我们要做到的事情，这也是我们所面临的问题，而且我们也知道，这是十分必要的，因为我们迟早会看到，托马斯、克莱因斯和许多其他反动分子开始反对加入到我们方面的组织。我们将采取什么立场呢？我们将采取的立场是，宁可使这些组织脱离我们，也不要使工会运动造成分裂，因为在工会内部我们有自己的少数派小组，并且在工厂里也将有这样的小组。这表明我们没有孤注一掷，而我认为，这一点在工会工作中是至关重要的。

我还想强调一点，我说过，我们的组织应该是机动灵活的。这里，我们指的是，我们不要把自己的工作集中在中央委员会，仅限于指派地区委员会的同志们去干这干那；不，我们应该给他们下达指示，与此同时，在执行我们从中央下达的这些指示的过程中，还要给他们某些自主权。无论如何，我们不要坚持口号都必须是地地道道的共产主义的，不必谈论无产阶级专政。没有必要在工人们加入我们的队伍并学会在左翼中开展工作之前告诉他们让他们准备起来捍卫无产阶级专政。这只能意味着把工人从自己身边推开。要知道，我们的任务是把他们吸引到我们方面并建立积极地进行战斗的组织。

我们来谈谈问题的另一个方面。资产阶级的组织情况如何？战后，我们看到些什么？正如我已经说过的，战后，资本家阶级作为一个反对工人的机构，正在加强和巩固。战后的资本集中正朝两个方向进行：横向——资本家的总同盟；纵向——工业资本为了捍卫自己的利益和垄断而实行托拉斯化。我们的少数派运动对此进行了极其仔细的考察，为使我们有一个正确的观点，我们的党正在密切地注视着这一情况。因此，总的说来，可以把少数派运动同资本的横向集中相比较，因为我们谈的是工会运动内部的政治问题。与此同时，我们也发展了自己的纵向组织——工会工作部，它们要致力于工人阶级在工业领域的日常斗争中所提出的经济要求。而我们认为这一方针是正确的。我们认为，如果能够通过自己的少数派运动组织将政治问题提请某些工会进行讨论，那么，我们就能对越来越广泛的工人群众施加影响。

在工会各部中，在解决我们的政治问题方面还存在着另外一个问题。我们怎样理解呢？我们是否仅仅是指政治任务或政治问题？例如，各国工人阶级的眼界受到很大的限制；工人们不懂得在中国发生的事件会牵动全世界的无产阶级；在我们没有谈到道威斯计划时他们对此就不假思索。而这些都是对工人日常生活造成影响的极其重要的问题。要解决某些问题，我们就得千方百计地努力摆脱学究气。我们应该使每一个问题同工人们的经济状况联系起来，我们还应该使它同我国的经济状况联系起来，为了我们党的利益，我们要善于利用每一个事件。

现在，我来谈谈殖民地问题。但是，我还打算指出，共产党，我们的党，首先让工人们注意到了上海罢工的意义。英国的少数派运动首先使英国工人阶级注意到了上海事件的意义，我们不仅告诉工人们，支持中国的无产阶级是他们的义务，我们还告诉他们，中国的工厂，例如利华兄弟肥皂厂，每天只给工人发10个便士，这不仅损害了阳光港①工人的利益，而且也损害了全体英国工人的利益；我们告诉他们，每天挣10个便士和挣1个先令的纱厂工人损害了兰开夏郡工人的利益。这就是为什么工人们要弄清中国问题，要懂得中国问题不仅仅是中国的问题，而且也是英国工会的问题。英国工会应该帮助中国工人提高他们的生活水准。在这方面，我们的党也在进行工作，努力改变我们工人们的闭塞心理，开阔他们的视野，使他们去研究国际形势和现实的政治。

我认为，我们还应该讨论另一个问题——罢工问题。我们也曾经相当闭塞。为了确定在举行某次罢工的情况下我们应该采取什么样的立场，就必须事先清楚地了解全国的形势。我所指的是非正式的自发的罢工。我们的党应该密切注意那些没有得到工会正式支持的罢工。在英国，我们认为这个问题极其重要。我们首先应该指出，非正式的罢工通

---

① 1899—1914年间，联合利华公司创始人利华爵士为利华工厂工人建造的集体居住城市，1978年被英国政府作为世界遗产申报联合国。——编者注

常都是由于工会的官僚们不愿对工人的要求作出反应而产生的。官僚主义者给那些希望努力实现自己正当要求的工人们设置各式各样的障碍，因此，非正式的罢工一旦出现，对共产党人来说，选择要站在哪一方是毋庸置疑的，不管罢工得到正式支持与否，共产党人都应同工人们在一起。但是，为了加强自己的影响，我们应该始终把责任算在反动分子身上，并努力削弱工会的官僚主义。在工人们提出要求时，共产党人当然不应每次都使这些要求加深和尖锐化，以便引起工人们举行非正式的罢工。经常举行非正式罢工是有害的。这些罢工仅在它们具有政治意义的时候才是有益的。英国海员的罢工是有益的，因为它具有一定的政治意义。

去年7月，当矿工们进行反对矿主的斗争时，英国工会运动的厚颜无耻的叛徒哈夫洛克·威尔逊在降低工资的协定上签了字，而这恰恰发生在工会决定采取最坚决的斗争以反对任何降低工资做法的时候。当海员们起来反对威尔逊的时候，共产党毫无选择，因为这具有政治意义，因为工人们是在为反对降低工资而斗争。我们当时要参与，我们将来也永远会参与类似的冲突，尽管它具有非正式的性质。但是，如果我们的党员因为任何一些毫无意义的缘由就带领工人进行非正式罢工，使这些要求尖锐到工人们不得不宣布进行毫无胜利希望的罢工，那么，他们就将丧失自己的威信。我们的任务是在同反动右翼的领袖进行斗争时，迫使他们在任何可能的情况下宣布正式罢工，赢得工会中的影响。

在我们的运动中，还存在着形形色色的倾向，存在着某些工团主义的派别。一些同志还声称："要是共产党，要是共产国际实行工会政策就好了，这样，工团主义分子过去就是正确的了，因为他们也说过：我们应该组织起来，到工会中去进行革命，于是我们也就不需要共产党了。"为了把工团主义分子引到我们方面，向他们阐明我党的职能是十分必要的，因为，较之那些袖手旁观、摇摆不定、犹豫不决、不参加工人运动、把工会机构留在右翼分子手中的工人而言，革命的产业工人毕竟是最优秀的材料。我们应该把这些人吸收到我党中来，使他们相信共产党对工人来说是重要的，共产党能教会他们进行革命运动的方法，而这种方法是他们在工会中无法学到的。我们这里存在着许多同革命的"工业主义者"（工团主义分子）接触的渠道，我们应该向他们证明共产党是完全必要的。

在反对工团主义运动中，我们还应考虑到一点，即在仔细研究了企业主组织之后，我们应该得出什么样的结论？我们在英国有一个居于首要地位的组织——英国工业主同盟。有成千上万的工团主义者甚至不知道资本家阶级在议会中拥有自己的各种附属组织和各种经济团体。英国工业主同盟有一个大的集团，它在议会形成了党团组织，该党团敏锐地注视着政府的所作所为并以某种方式对政府施加影响。在所有关系到工人的问题上，这个集团作为议会的党团，立即制定出一定的政治路线，它总是对议会施加影响，加强议会反对工人的立场。但是，许多工人不懂得议会中工人阶级革命党的组织的必要性，这种议会党团可以赢得一定的影响，并为争取工人阶级的利益所利用。我想，如果工团主义分子能够从这一方面看待共产党人在议会中的工作，无论什么其他因素也就不会妨碍把它们吸引到共产党和共产国际的方面来了。

我们深信，右翼工人把"工人和企业主联盟"看做是某种无害的东西，因为，非革命的工人认为，工会负责人同企业主共同讨论整个社会所面临的问题，捍卫着社会的利益。但是，通过更为详尽的考察，我们就会确信，这一同盟，即这个工人和企业主联盟同英国工业主同盟有着紧密的联系。我们应该指出，工人的代表作为这个组织的成员，通过企业主联盟可以对工会运动施加影响。这迟早会引起对工人官僚主义分子和这种联盟的反对。

目前，在英国，我们殖民地的工作比几年前轻松了一些，这也是由于某些原因造成的。首先，殖民地正在进行工业化，帝国主义政策如此迅猛地扩展，以致来自印度、中国等地的竞争已经成为英国工人阶级运动中的一个重要的经常性的因素。我们在英国的历史上第一次在支持孟买罢工的纺织工人中使英国工人团结起来了，因为，英国工人懂得，如果他们不去帮助印度工人，那么，这些印度工人就将造成对他们自身状况的威胁。我们认为，在不远的将来，我们会在殖民地成功地将这项工作搞好，会使印度工人同英国工人更加接近；并且，我们不断地重复这一点，只有经常不断地向深受殖民地无产阶级竞争之害的英国工人们提醒这一点，我们才能在这些工人工作的生产企业和工厂中取得成果。

殖民地问题还有另一面，在英国对此已经开始有十分明确的认识，这就是英国资产阶级对一切工会运动加以反对。目前，一切有组织的资本主义的力量正在准备5月的进攻，这次进攻唯一的目的就是：不仅要使资本主义制度得到局部的稳定，而且还要始终保持这一局部的稳定。因此，他们不可避免地要降低工资，英国资本家在对工人阶级的5月进攻中也是出于这种考虑。

这样一来，我们就把在低水平上稳定英国工人工资的问题与殖民地问题，以及德国工人和整个欧洲工人工资的低水平问题联系在一起了。我们这样做的目的是打算使工人们懂得，他们的斗争不仅是一国的斗争，而且是国际范围的斗争，是为了维持所需生活水平的斗争。因为，如果他们不维持所需生活水平，那么，这将对全世界的工会运动产生影响。

我们的运动还有对英国工人异常重要的另外一个方面——这就是合作化运动。不久前，我们在英国对资本主义全部力量的动员进行了观察。我们看到，资本家建立了一个名曰"保障供应组织"的机构——一个保障供应的组织。我们把这个组织看做是一个庞大的工贼机构。与此同时，英国资本家命令全国一切自治机关建立可以在出现罢工时从事社会工作的专门的技术机构,以及特别警察机构。这个机构掌握在政府不久前任命的十位专制委员的手中。这个机构的建立旨在反对定将起来捍卫自己目前所需生活水平的工人。我们应该做些什么呢？英国工会运动应该起来反对资本家的这些手段,因此,合作化运动对我们恰恰具有巨大意义。我们坚决主张使一切有组织的英国工人都参加到合作社中来。为了对合作化施加影响,促使它同工会运动团结一致地行动,我们号召一切工人阶级的地方的、全国的和中央机关都要参加合作化运动,因此,我们要争取利用这一武器来反对企业主。我们应该参加合作社,以便使合作社在工会运动进行斗争时提供贷款。

现在,我们面前出现了一个问题：少数派运动对"保障供应组织"和对居民供应问题持何种态度？我们已经看到,总理事会企图拖延斗争,其他组织因为担心承担责任也都平息下来,声称斗争规模很大了,太大了；另一方面,我们有准备进行斗争的左翼,左翼也是犹豫不决、动摇不定。我们面临着二者择一：我们应该向工人们提出切合实际的建议,告诉他们,我们把对工人们的粮食供应作为自己的任务,并且,我们已经开始在工会中进行宣传鼓动,以使工人阶级通过从合作社取得贷款,自己组织自己的供给。

现在,我们再来谈谈国际工会运动统一问题,这个问题对全会来说是最为重要的。我同意托姆斯基所说的我们走进死胡同的提法。但是,我觉得事情还并没有这么可悲,因为,我们在全世界进行的争取国际工会运动统一的声势浩大的鼓动工作,对阿姆斯特丹国际的工人产生了如此大的影响,以致在他们中产生了无法遏制的不满情绪。我敢确信,现在出现的许多迹象可以证明要求统一的意愿——也就是至少在阿姆斯特丹国际本身的队伍中甚至也存在着某些不满的表示。我们更加重视有利于国际工会运动统一,有利于统一战线的政治总路线的实际工作。共产国际和各国共产党对工会运动国际统一的政治方面有完全清楚的了解。

我们需要有利于革命的统一，而这对我党一切党员来说都是清楚的。但是，该如何实现统一呢？该怎样进行工作呢？我们应该把这一工作同工人的斗争结合起来，而不是同他们去谈论抽象的事。如果你们到地方组织中去，如果你们将在地方工会组织中工作，并向这里的工人表明，由于他们没有统一，他们将会在国际范围内被有组织的资本击败，那么，让工人们懂得统一的必要性是可以达到的。

在英国，我们看到，目前的工资水平比1900年还低（我说的是**实际工资**，它低于1900年的水平），同时，我们在自己争取国际统一的斗争中还指出，工资不仅仅是在英国降低了。因此，提高工资不仅是一国范围的问题，而是国际范围的问题。例如，德国工人所生产的煤炭，作为换取工资的实物，是以比英国输出的煤炭还低的价格输出的。只要我们还没有实现国际工会运动的统一，只要在英国还不准备帮助其他工人（也得到他们的帮助），我们就无法维持目前所需的生活水平。换句话说，我们应该向工人阐明欧洲大陆的状况，或者在英国，或者在东方，都将对其他所有国家的状况产生影响。我们期待在不远的将来我们能够借助红色工会国际，靠自己的宣传鼓动把召开国际会议的问题推向前进。在英国，我们已经就这一思想进行鼓动，以便至少准备在工人们遭到资本家的猛烈进攻时对他们加以保护。我们知道，已经到了也要采取另一实际步骤的时候了。我们要制止国际工贼活动，英国的工人也要起来捍卫自己所必需的生活水平。就这一国际统一问题，我们在英国所有的工会组织中作了宣传，并取得了巨大成就。工联代表大会总理事会之所以要建立英俄委员会，不仅仅是由于总理事会要求统一。建立英俄委员会的思想并不是在工联大会的左翼那里产生的。英俄委员会存在的重要原因之一，是我们在英国工联的一切地方组织中进行了争取国际工会运动统一的鼓动工作。我们向工联大会总理事会提出了一些特别的要求，我们成就的意义可以从下列事实中看到：我们召开了工会运动问题的国际会议，出席会议的代表团代表着60多万名英国工人。在会议进行过程中，大批左翼工会工作人员乐意倾听我们的意见，同我们进行争论，甚至在我们的会议上致了贺词。他们甚至在会后还写了一些文章。依我看来，这是一个十分重要的事实，它本身就令人信服地证明，只要支持基层群众，支持工会的普通会员，我们就可以达到使工会组织的负责人员在我们所期望的方面进行工作。

的确，他们十分坦率地表示（英国许多工会负责人员都将证实这一点）："我同意你们，但是，要知道，我们不能比基层群众走得更远。"这就是事实，他们不愿意再往前走了。而只是由于在国际工会运动统一的问题上少数派运动的所作所为，才说明这一问题在工联大会总理事看来是十迫切的。也只有今后在这一方面继续前进，我们才能把工联大会引向前进。

此外，我们还有另一个卓越的成就：工人代表团。我认为，有必要使访苏工会代表团比现在多得多，因为他们对苏联的访问会加强我们的工作，会对国际工会运动统一有利。其次，据我看来，这也是我们在每一个国家中的最重要的任务之一，必须立即设法使各国家的机关把那些在国际工会运动统一问题上赞同我们的左翼演说家和活动家派去参加全国性的代表大会，以便能把这一问题提上代表大会的议事日程。我们应该注意让同情国际工会统一事业的人，让可能同起来反对国际统一的右翼反动分子作斗争的人参加一切代表大会。

我还想简单地谈谈少数派运动的成就。首先，我想指出，我们的任务并不轻松，我们不得不同那些诡诈之极的政客们打交道。我想，在英国，反动的工人运动中的外交家比其他任何一个国家都要多。我们还有完全缺乏政治觉悟的对一切都漠不关心的工人群众；我们在工会运动中也存在着许许多多的问题，存在着把工人同工会联系起来的一切经济束缚：五花八门的保险计划、各式各样的补助金，等等。所有这一切都是少数派运动中存在的问题。但是，我们可以高兴地指出，英国工人已经开始摆脱自己的闭塞心理，并开始面向自己殖民地的兄弟们和其他国家的工人。这是由工会的财政状况正在恶化，保险计划正在破产造成的。工人只有在同其他人联合起来，只有同企业主阶级进行斗争才能自助，这就是现在英国工人阶级队伍中出现联合一切力量进行斗争的趋势的原因。从经验中，工人们理解到，仅仅依靠工会组织的财政是完全不可能赢得任何东西的。许多工人还对代议制抱有幻想，他们相信通过代议制，用和平方法可以争取到某些让步，甚至争取到革命。连那些所谓的革命工人都相信，可以通过扩大工人党在议会的地位的途径达到革命。这一切都是障碍，这一切都是我党的任务。我还想指出，少数派运动没能将其造成的情绪巩固下来并在组织上表达出来。假如我们全会的代表团成员对这一点产生误解，那也是令人遗憾的。我们已经能对广大的英国工人群众施加影响，已经能把工人的某些阶层组织起来。我们有优秀的领导者，我们纲领的鼓动作用在于自然而然地为我们打下基础，并使工人们逐渐向我们靠拢。我们迫切的任务是动员起我们在工会中唤起的情绪，并赋予它们一定的组织形式。来自其他各党的同志可以从我们的经验中学到东西。

  为了赢得影响，我们应该首先使我党的全体成员加入工会。只有当我们的报刊比现在更多地反映工会的利益时，我们才能做到这一点。冗长的理论文章固然也很好，但它们是一种危险，它们占满了我们整个报刊或报刊的大部分版面。关于工人生活的文章，关于工会运动问题的文章最能引起无产阶级的兴趣。首先，要把非党工人吸引过来。关于道威斯计划和洛迦诺公约的理论争论是我党成员所感兴趣的，但却不能使工会普通会员产生兴趣。首先是面包加黄油，而后才是高深的政治，这是一种必须采取的方法。生产联盟对我们来说是必要的。我们没有建立固定的特别组织与工联大会抗衡。我党和少数派运动所做的工作使在英国实现生产联盟成为可能。这是如何取得的呢？两年以前，在英国存在着一个规模不大的左派组织，当时我们所面临的最重要的问题是我在上面谈过的那一问题，即在我们运动中存在着许多分歧。自然，在这些分歧存在的情况下，采取共同行动是不可能的。行动苏维埃是为了某种目的而建立的。它们在一切可能的地方建立起来，以自下而上团结工人阶级为目的，以在各种工会的共同行动中团结工人阶级为目的。当在这些地区站稳脚跟之后，便自然而然合乎逻辑地把这个行动苏维埃扩展成了全国联盟。只是经过了长时期的鼓动工作，生产联盟才在英国建立起来。这是掌握在我们手中的一个有力的工具，但是，它不能代替工联大会。我们在自己的鼓动工作中极为小心翼翼，以不使工人有理由认为我们正在建立一个特别的组织。我们强调指出，生产联盟是在紧急时刻建立起来的临时性组织。我可以对你们讲，工联大会非常虚弱，它甚至连现在在某个组织中宣布罢工的力量都不够；而生产联盟则是这样一个机构，我们曾借助它使相当数量的工人行动起来，并带领他们去同企业主进行斗争。这便导致了两种结果，一方面，这使工会的章程需要修改，以便能够动员工会，使之参加生产联盟组织的罢工。这是朝着修改英国工会章程，朝着使工会服从总理事会中央领导的方向迈出的第一步，为的是在反对资本主义制度的斗争中，能够把利用工会作为革命战斗的力量。我们一步一步地向前迈进，最终目的在于："一切权力归总理事会。"为此，我们受到批评。在这里，德国同志曾对我们争取把一切权力交给总理事会的斗争表示反对，而这又是至关重要的一点。他们说：如果你们把一切权力交给反动派的话，那么，他们就会利用工人运动做有利于帝国主义的事。但问题是，我们给自己提出了建立一个强大的革命组织的任务，因此，我们也就并不害怕把全权交给总理事会。为什么呢？其原因在于，"一切权力归总理事会"的口号不是由工联大会提出的。把一切权力交给总理事会是一个战斗口号，多年来一直在激起斗争。共产党在历次代表大会上都通过自己的决议，但只是在两年前，在赫尔，我们才在这方面取得某些让步；并由于我们的运动工作，工人阶级才认清了把全权交给总理事会的必要性，认清了把一切权力交给中央一级组织的必要性，这可以使中央组织能够领导群众进行反对企业主的斗争。现实的实际工作、鼓动和宣传工作总有一天将导致一切权力归总理事会。如果总理事会利用这些权力损害了工人阶级，那也没有什么，在我们面前又提出了一个新的任务：我们应该迫使理事会把必须要把握的方向把准。

我来谈谈铁路上最近发生的危机问题。当然，在英国，我们已经渡过了铁路危机。我想指出，在全国铁路工人工会内有史以来第一次全体铁路工人一致投票反对托马斯。过去也存在过对托马斯的不满，工人也曾奋起反对他的政治路线，他也曾面临辞职等危险。但是，在最近召开的一次群众大会上，我们通过了反对托马斯的决议，并使大会一致否决了由托马斯签署的工资协议。遗憾的是，我们的胜利并不是彻底的胜利——最终还是托马斯取得了胜利。诡计多端并以最后通牒的方式提出问题，结果他以五票的微弱多数使国家工资局的决定得以实施。至于我们，这次非常会议作出的决议对我们来说并不十分重要，更重要的是我们已经把这个问题同火车司机和矿工们所关心的问题联系起来了。现在，这些问题依然摆在我们面前。不久前，工联大会通过的协助矿工的决议对英国工会运动来说具有重要意义，它意味着英国工会运动的左倾化。工联大会之所以能通过我们关于帝国主义的决议，仅仅是由于共产党进行了卓有成效的鼓动工作和动员了我党党员在工会队伍中执行某些指示。经过数月的鼓动工作，我们在通过了道威斯计划、工厂委员会、国际工会运动统一等问题的决议的同时，也通过了这一决议。它的成功也是由于普通工会会员施加了压力，这一压力使这些问题列入了代表大会的议事日程。

工会组织的分裂状态和分散性，他们争夺新成员所造成的竞争，理所当然地会妨碍他们在生产原则基础上进行联合和改组。

至于我们共产党支部的工作，我们以应有的认真态度加以对待。这一工作是我党的一大任务。我们清楚地知道，党团工作是何等重要。我们不能满足于工会的现状，为加强我们在工会中的党团，我们还要做大量工作。但是，我们在最近召开的工联大会上所通过的关于工厂委员会的决议中已经具备从事这一工作的基础。我们争取到使工联大会正式公开地确定了英国工会运动应该建立在工厂委员会的基础上。因此，我们又面临着一项值得认真注意的新任务：我们应该动员我们党的党员，因为他们自己已经成为现存的工厂委员会的坚强骨干。我们的左翼应该在我们所建立的少数派小组周围组织起来。他们应该在共同的工厂委员会中工作，以便帮助我们铲除英国工会运动到处都存在的车间组织的种种障碍。这将促使生产组织成为事实。

最后，我想指出，鉴于面临的斗争，我们还要召开一次全国会议。我们希望，这次全国会议带来的成就将不亚于以前的历次会议。应该向你们阐明，同志们，当少数派运动开始形成时，尽管它处于萌芽状态，我们仍顺利地召开了全国代表大会，当然，这一成功是由于我们党事先进行了大量的工作。在这次大会上，我们在英国工人运动史上有史以来第一次成功地在牢固的组织基础上使左翼得到确立和联合。代表20万名工人的270名代表团成员出席了第一次会议。在第二次代表大会，即国际统一大会上，我们已经有代表60万名工人的600名代表出席。在我们最近召开的全国代表大会上，有683名代表聚集一堂，他们代表着70万名地方工会组织成员和普通工人。

我们召开全国会议的目的有两个：第一，是为了在共同的纲领基础上把工会的普通成员团结起来，以便使他们有可能讨论自己的迫切问题和同日益迫近的资本进攻进行斗争的方法。他们还将讨论如何顶住来自资本家的压力和如何捍卫工会的权利问题。我们有 12 位英国同志——两位少数派运动的领导人和 10 位其他领导人——正在狱中坐牢。他们被捕入监狱是由于他们成功地组织了这几次会议,是由于他们使工会运动活跃起来。任何人也不会对此产生怀疑。召开新的全国会议,即召开工人行动会议也是对逮捕这些同志的回击。当资本家组织对革命工人进攻时,革命的工人和共产党能够并应该动员工人进行反击,因为对工人的进攻就是对一个阶级的进攻,我们把这几次会议当做是反进攻,这将是对支持政府的反动派的进攻,对麦克唐纳及其在工会问题上优柔寡断政策的进攻。我们正在捍卫言论自由,我们正在动员工人去捍卫言论自由。这就是我们的任务。我们正在准备采取行动。我们应该制定反击进攻的计划,即左翼同资本主义的进攻进行斗争的计划。我们清楚地知道,政府不能永远资助矿主;我们清楚地知道,当大会号召矿工团结起来,而矿工又对这一号召作出了响应时,鲍德温政府便向工联大会和矿工们投降了。鲍德温是在玩弄伎俩,以便使自己得到喘息,以便对资本主义的力量进行动员。一个工业部门对另一个部门永久性的资助是违背资本主义的原则和精神的,这是不会实现的。革命形势将不可避免地出现。工人们应该联合起来,而我们应该使他们联合起来。我们在准备行动。我们组织起来是为了要反对资本的进攻和挽救工会运动。这是一场带有革命目的的真正的工会斗争,唤起群众政治觉悟的斗争。

最后,我希望,全世界的各国共产党懂得英国工人运动需要这些共产党的支持,而我们也将争取得到这种支持。

我们作为少数派运动,正在千方百计地努力把青年吸收到我们的组织中来。但是,我们不能把吸收青年看做是一个机械的过程。我们应该格外小心谨慎,以使青年同少数派运动同时发展。我们建议青年把他们的代表派到我们的组织中来,他们可以在我们认为他们有必要参加的一切工作领域同我们一起工作。

工会运动应该是包罗万象的。工会理事会应当成为阶级斗争的地方机关，工会运动的全国机关将成为阶级斗争的机关，同样也应该成为阶级斗争的地方机关。这些机关应该包括合作社、工厂委员会、失业工人组织，等等。

我曾打算在自己的发言中把我们工作的一切至关重要的方面都包括进来。我们期望全会将帮助我们做出更多的成绩。

（会议休会）

第十三次会议

(1926 年 3 月 3 日)

主席：格施克

格施克代表德国代表团就克拉拉·蔡特金的讲话发表声明

在讨论各项议程之前，我以德国代表团的名义作如下声明：

"德国代表团就克拉拉·蔡特金同志的讲话声明如下：

1. 我们不同意克拉拉·蔡特金同志在 1923 年十月事件及其相关问题上所持的立场，也不同意由这些事件得出的策略上的经验教训的立场。

2. 德国代表团在评价 1923 年十月事件的问题上仍旧坚持共产国际作出的并具体表现在第五次世界代表大会有关决议中的批评立场。

3. 德国代表团同意克拉拉·蔡特金同志对马斯洛夫—鲁特·费舍集团所作批评的基本观点。"

讨论洛佐夫斯基的报告（续）

雅克莫特（比利时）：

同志们！在讨论洛佐夫斯基同志报告的发言中，我不打算像许多同志在讨论季诺维也夫同志的报告时那样深入地探讨某些细节。这些同志中的多数人是从各国的观点出发看待某一问题的，而没有全面地理解这些问题。

但是，要全面地说明问题，比利时代表团就很难不针对洛佐夫斯基同志对政策的解释进行辩论。这个政策是我们在斗争中用来反对改良主义分子所采用的开除手段。

同志们，现在，我们正在召开扩大全会，而有时事情会让人出现这样的幻觉：仿佛我们置身于一间扩大的忏悔室中，许多在作忏悔的罪人从我们面前一个个地闪过，他们身披粗毛长袍，颈戴枷锁，口中念念有词："我有罪"。许多同志承认了自己的错误，而我们却在拒绝洛佐夫斯基同志向我们提出的指责，并认为需要对他向我们发动的进攻给予回击，尽管这一进攻具有友好的性质。因为，据我们看来，这一进攻是由于对共产国际第五次代表大会和红色工会国际第三次代表大会的决议的错误解释造成的。实际上，洛佐夫斯基同志建议我们修正共产国际和红色工会国际所采取的策略，而正因为如此，我决不认为需要摆出一副在作忏悔的罪人的姿势。

在这里，洛佐夫斯基同志讲了些什么呢？他说，不仅在德国，而且在比利时，已经造成了大错：在那里执行的政策实际上束缚着共产党的手脚，并使我们的行动服从于社会民主党的要求。为了表示自己的指责有根有据，洛佐夫斯基声称："你们甚至没有投票反对开除。"

同志们，在这里，洛佐夫斯基宣读了我们决议中所说的在目前这一历史阶段中政策的制订应能保证同群众的联系这一段，依我看，这证明了采取统一战线政策是极为重要的。统一战线不仅在某个暂时的"资本主义稳定"的时期是必要的，它在无产阶级反对资产阶级的斗争时期也是极为必要的。而洛佐夫斯基却恰恰是在比利时的形势对比利时共产党的发展极为有利的时刻建议我们修正统一战线策略的。大家回忆一下，德国的形势是如何形成的：起初是接连不断的灾难性萧条，接着是一定的稳定，而后便是这一稳定的动摇。在比利时和法国，即在战胜国则是这样一番景象：在法国是萧条，在比利时是萧条的暂时停止，但这也给工人阶级带来了同样致命的后果。

我不打算深入全面地谈我的看法，但还是想说明一下比利时的财政经济状况。

现在，比利时的外债比战前增长了8倍。1926年度的预算为53亿法郎，其中，70%的预算被用于偿还债息和发动新的帝国主义战争。

同志们，十分清楚，在一个把70%以上的预算支出用于偿还债息和日后发动帝国主义战争的国家中，社会改革政策是绝不可能进行的。没有一个苏①能够用于满足工人的要求，没有资金用来满足哪怕是工人群众最迫切的要求。

普莱—王德威尔得政府掌握政权时就形成了这样的局面。这个资产阶级民主政府正在实施由美国资本家制定的货币稳定计划，政府正式声明：社会改革是绝对不可能进行的，换言之，稳定的全部重负都将落在无产阶级的肩上。这在无产阶级中引起了强烈不满，并使有组织的工会群众中的反对派得到加强。这个反对派还很薄弱，但正在日益增强。改良主义的领袖们极力阻挠共产党人开展工作。在改良主义者千方百计地离间我们，而我们又必须坚定地捍卫现存的工人组织的时刻，不应退出改良主义的中央联盟，不应建立平行的组织；在改良主义者向我们发动进攻的时刻，我们不得不采取一切手段以便在这些组织中站稳脚跟；洛佐夫斯基同志却声称我们应该同开除的行为进行针锋相对的斗争，并同改良主义者并肩建立工会，把怀有不满情绪的人团结在这些工会之中。采用这种策略，我们完全有可能建立起革命的劳工总联盟，并将六七万名成员团结在该联盟中。这当然是可能的。

---

① 货币单位，20苏等于1法郎。——译者注

洛佐夫斯基（苏联）：

这并非如此简单。

雅克莫特（比利时）：

这非常容易，况且已经存在着一股有利于建立这种劳工总联盟的潮流，只要顺着这股潮流跟着怀有不满情绪的人声称："我们不想再向改良主义组织缴会费了，我们要建立与改良主义工会并存的新的工会"，就可以了。只要走这条道路，我们在比利时就将出现革命的工会组织——洛佐夫斯基同志也建议我们采取这一策略。

组织一个像样的工会反对派要困难得多：它的领袖们要对这一反对派的作用有一个清楚的认识。要领导反对派单靠怀有不满情绪是不够的，还需要对这一反对派存在的必要性以及对在改良主义的组织内部同社会民主党人进行斗争的方法有一个清楚的理解。

向我们党发动过进攻的洛佐夫斯基同志所鼓吹的政策是一种阻力最小的政策，它会把我们引入死胡同。我们宁愿采用复杂得多，富有建设性但却使我们有可能在比利时工会内部建立一个像样的反对派的政策。

我们对洛佐夫斯基同志的答复应该是明确的。问题的实质在哪里呢？

大家知道，根据梅尔滕斯建议所通过的决议，在工会组织中不能给共产党人委以责任重大的权力。这一决议实际上贯彻得如何呢？很不得力。这是因为我们采取了灵活的政策。例如，在一个组织里，中央理事会曾要求剥夺所有共产党人掌握的重大权力，由于我们所采取的政策，我们最后做到实际上仅使一名共产党人的委任书被取消了。

在1925年11月各州的选举中，一名共产党人被提名作为共产党的候选人。改良主义的中央理事会指责他违反了纪律，要求将他开除。艰苦的斗争持续了几个月，红色工会国际在我们的报纸和工作报告中对这一斗争进行了评论。中央理事会抓住一个有利的时机,违背青铜制品工人分部大多数人的意志,开除了一位同志。洛佐夫斯基同志说:"这就是进行斗争、进行战斗的好时机;这就是你们进行鼓动的行动纲领,等等。需要进行战斗。"这可能会导致什么样的结果呢?中央理事会可能会建立一个新的分部,它会拒绝承认旧的分部,离间我们的拥护者,只消半年时间,青铜制品工人分部就会无影无踪了。大家要相信,如果地方分部的一位同志被开除,他不必把全部的革命少数派带走,相反,我们的同志们应该留在分部,以便在那里进行工作。当出现问题涉及中央理事会时,你们为什么不采取这一原则呢?十分清楚,不屈服的分部会遭到上述分部同样的命运,它将被开除。

同志们,委员会需要搞清这一问题,应该十分明确地指出:我们是对还是不对?

我不想从季诺维也夫和洛佐夫斯基两位同志关于德国人在工会问题上所采取的策略的讲话中,引用大量的话来作为为我们的立场辩解的理由。洛佐夫斯基好像说过:"在比利时,人们千方百计寻求统一。"季诺维也夫也说过:"列宁主义要求千方百计地达到统一。"这是否意味着我们赞同把共产党溶解在改良主义的中央同盟之中呢?绝非如此。

但是,洛佐夫斯基同志实际上应该证实,这一政策正在使共产党在群众中的影响受到削弱。

你们赞赏英国共产党在工会中的工作,然而,英国共产党所取得的成就毫无疑问要归功于它的极为灵活的政策。面对开除和开除的威胁,我们的同志声明:"假如我们的统一分部受到开除的威胁,如果它们不得不解散,我们也会同意他们解散,因为我们已经拥有善于在改良主义组织中进行工作的少数派。而洛佐夫斯基在自己的报告中的发言却截然相反。他说,当分部受到开除的威胁时,分部应该一直战斗到被开除为止。"

同志们，我认为，我们在比利时执行的政策是完全正确的。据我看，在某一时刻，牺牲一些同志要比战斗到直至把整个分部开除，从而给我们的运动造成阻碍要好。

比利时的工会问题完全有别于法国的工会问题：在法国，在具有1200万名工人的情况下，有组织的工人总共仅有75万；而在工业无产阶级为1500万人的比利时，有60万人组织在比利时工会委员会周围，约有20万人参加基督教工会。我坚信，假如执行委员会赞成我们的策略，那么，在近期内我们将取得像英国那样巨大的成就。

改良主义的领袖们十分了解我们策略的正确性，我们必须保持冷静，但洛佐夫斯基同志显然是不够冷静的。

如果我们没有投票表示反对开除，那么，在这种情况下，我们就会这样想：只要我们对自己的分部说："投票反对开除吧"，这样，整个分部会被开除并带来各种后果。如果不得不在两种毁灭中作出抉择的话，就要选择最小的毁灭。而洛佐夫斯基同志却鼓吹同中央理事会进行斗争，即反对个别地开除党员，尽管这要以开除整个分部为代价。我们不认为这是胜利，相反，我们认为这是一种失败，而且是一种最惨重的失败。

我不想列举大量的引语，但我坚信，我们的策略完全符合红色工会国际的决议：从内部争取工会，即通过在改良主义中央同盟中建立反对派，进行艰苦卓绝的工作来争取工会。我认为，我的责任是坚持这一点以使全会持有明确的立场。

我知道，我的时间就要到了，但我还要请同志们注意一个问题。这就是关于提纲中谈到的在殖民地国家中工会发展的问题。洛佐夫斯基同志指出，工会的发展成为阿姆斯特丹国际加强自己反动活动的借口。我请大家注意，阿姆斯特丹国际和第二国际在对待殖民地国家的工作中所表现出的兴趣。

不久前，王德威尔得在沙勒罗瓦召开的原社会党人前线战士会议上讨论洛迦诺的讲话中，论及了在殖民地人民中开展工作的问题。他说：

"在地球上居住的17亿人口中，有5.5亿白人和11.5亿有色人种：5亿黄种人，4.5亿棕种人，1.5亿黑人和4000万美洲印第安人。

昨天，这些有色群众还萎靡不振，俯首听命，而如今，愤怒和不满的浪潮席卷了整个世界。这就是为什么在墨西哥、秘鲁和赤道地区掀起革命，在非洲伊斯兰教广收新教徒，印度发动抵制运动，中国4亿人口掀起民族运动以及各地掀起的（在摩洛哥、突尼斯、叙利亚、埃及、印度、摩苏尔、康登岛和墨西哥）反对盎格鲁-撒克逊的资本主义、反对一切国家的殖民奴役者、反对石油和黄金拥有者的运动，布尔什维克的宣传遍及各地。苏维埃俄国正在力求起到一个先锋者和一切被压迫人种的庇护者的作用。

显然，这些革命和全世界布尔什维克化的企图，打碎资本主义列强以便为种族运动铺平道路的企图，同共产主义毫无共同之处，它们是对世界和平和现代文明的严重威胁，这是显而易见的。"

在王德威尔得看来，俄国革命和捍卫殖民地人民的共产主义的斗争，是导致战争的斗争。同志们，毫无疑问，阿姆斯特丹国际和第二国际赞同这一观点，他们要极力掌握殖民地人民的工会运动，以便把这一运动纳入改良主义的轨道；或者，他们企图鼓动白种工人反对有色人种工会，因为后者将不屈不挠地捍卫革命路线。这二者同样都是危险的，共产国际和红色工会国际都应对旨在反对殖民地革命工会运动的图谋给予坚决的反击。我们还将用委员会的指示补充这一看法。

最后，我想表示我的愿望，希望洛佐夫斯基同志能承认他操之过急了，毋庸置疑，他对我们所执行的政策缺乏应有的了解，他不认为这一政策是共产国际和红色工会国际的政策。我恳请扩大全会对此加以注意，并把自己的决议表达得清楚准确，因为不这样做，我们可能有为已经出现的有利于建立新的组织的潮流效劳的危险。因此，我请求在这个问题上能采取明确的立场。

科恩（捷克斯洛伐克）：

资产阶级继续对捷克斯洛伐克的无产阶级发动进攻，并进行顽固的经济斗争，至今已经有若干年了。资产阶级的这次进攻与资产阶级在捷克斯洛伐克的整个政策，并首先与通货紧缩的政策紧密联系。在这场实质上不过是财政资本和工业资本之间争夺霸权的斗争中，金融资本，特别是作为康采恩的工艺银行取得了完全的胜利。金融资本推动工业主进行经济斗争，甚至在那些暂时处于有利形势的工业部门，甚至在工业家关心的生产经常发挥职能作用的地方，金融资本也极力推动他们发生冲突。不久以前，在东波希米亚的纺织工业中，由于工资问题发生了激烈的冲突，由于企业主有大宗订货，所以他们根本不愿进行斗争，但金融资本却迫使他们对无产阶级发动总进攻的战斗。

所有的工业主进行了大的联合，建立了联合组织，并以统一战线的形式进行活动。对无产阶级生活水平的进攻，首先表现为对工资的侵犯。目前，捷克斯洛伐克的工资水平比战前降低了40%—50%。根据国际联盟国际劳工局的统计，捷克斯洛伐克工人的实际工资在一系列国家中居于第14位。按照国际联盟劳工局公布的下列指数，如果以英国工人的工资为100，那么，各个国家实际工资的对比状况如下：

费城	198
悉尼	151
伦敦	100
哥本哈根	94
阿姆斯特丹	84
斯德哥尔摩	74
巴黎	66

柏林……………………………………	64
布鲁塞尔…………………………………	56
马德里……………………………………	54
布拉格……………………………………	50
罗马………………………………………	47
华沙………………………………………	47
米兰………………………………………	47
维也纳……………………………………	46
里斯本……………………………………	44

这意味着尽管在捷克斯洛伐克没有直接受到道威斯计划的影响，但工人们却生活得更坏，例如，比德国工人生活得更坏，可是，要知道德国工人的生活状况也是够恶劣的了。捷克斯洛伐克只是靠出口为生，仅仅通过降低捷克斯洛伐克无产阶级的工资和生活水平，便提高了工业竞争能力，并达到了局部的巩固和稳定。与此同时，令工人们难以忍受的税负在那里自然也大大地增强了，而日用品的价格也大大地暴涨了。目前，价格又出现了上涨的趋势，善于利用失业的资本家打算迫使工人采取美国式的劳动方法，因为这更便于榨取他们的血汗，拼命地提高劳动生产率。例如，在摩拉维亚的俄斯特拉发，在战前，每班工人采煤8—8.5公担，而战后仅为5公担，现在产量增加到11公担，即比战前提高了，但就连那里的工资也下降了50%。

我来谈谈工会。工会没能对这一进攻给予相应的反击，不仅是由于工会在改良主义分子的领导之下对资本奴颜婢膝，而且还由于工会极为分散。在捷克有11个工会中心和450个工会，它们中的某些组织没有加入任何一个中央同盟。然而，主张阶级斗争的（尽管是在理论上）却只有四个中央同盟：社会民主德意志中心，社会民主捷克中心、在捷克社会党领导下工作的社会主义捷克中心以及在社会民主捷克工会中心分裂之后产生的革命的国际总联盟。虽然存在着300万工人,但目前,由工会组织起来的工人仅有100万人。另100万人没有被工会吸收,还有100万人在革命之后参加了工会,而后又退出了工会。85万工人组织在四个势均力敌的大规模割据的工会中心周围。

近一年来,在改良主义工会会员群众中出现了不甚明显的左倾化倾向,这一点在洛佐夫斯基同志的报告中已经谈到。我们利用无产阶级中的这一倾向,在工厂委员会中央机关的协助下,展开了有利于工会联合和统一的宣传。国际总联盟不止一次地谋求使其他工会中心联合起来。在我们的影响下,群众开始在这方面向工会中心施加压力,而群众的这些压力又产生了一些新的现象,关于这些现象我将详细地加以阐述,因为它们具有国际意义。当社会民主党人看到工人群众越来越坚决地要求同革命工会建立统一战线的时候,改良主义工会便在今年开始进行挑衅活动,极力逼迫我们同他们一同进行斗争,然后以自己的背叛斗争并以由此带来的失败来诋毁统一战线的声誉。

我国的社会民主党人首先采取这种方法:过去,他们总是反对进行斗争,仅仅在几个月前,在摩拉维亚的俄斯特拉发爆发的矿工罢工中,在工人的压力之下才改变了自己的策略。为了广泛开展有利于摩拉维亚的俄斯特拉发采矿工业区工会统一的运动,我们充分利用了工人们的这一压力。由于我们开展了宣传,97%的煤矿工人表示,不论属于哪个工会组织,都要齐心协力进行斗争。考虑到矿业工人工会在行动中所表现出的这种情绪,社会民主党人无论在中央工会机关,还是在社会民主党的报刊上都开始表示要进行斗争。他们声称:共产党人要进行斗争,好吧,让他们去领导斗争吧,我们答应同他们共同进行斗争。他们采取了先发制人的挑衅方法。

而矿工们宣布举行罢工时,改良主义分子做了他们所能做的一切,以便从背后打击我们,破坏斗争可能取得的胜利。在我们有近3000名共产党人和14000名矿业工人在革命工会中被组织起来的摩拉维亚的俄斯特拉发举行的大罢工中，我们不仅成功地把这14000名矿业工人，而且把分属不同工会的全部50000名矿业工人引上了斗争道路。他们始终继续斗争，直到恐怖手段迫使矿业工人停止斗争。考虑到这一点，我们在一个星期之后便战斗秩序井然地作出了让步，建议工人复工。在斗争中，我们造成许多失误，对此应该公开地加以声明。我们在某种程度上过高地估计了我们在摩拉维亚的俄斯特拉发的力量：我们曾指望我们能使冶金工业工厂，首先是维特科夫冶金工业工厂参加罢工，但我们没有做到一点。可见，我们过高估计了自己的力量。

我们还过高估计了摩拉维亚的俄斯特拉发矿业工人的力量，因为我们满足于企业中关于罢工问题的表决。由于没有党团组织，我们未能把这一问题提交各工会表决，结果工会的负责人员便会以此为借口声明：这事与企业有什么关系？改良主义工会没有对这一问题进行表决。由于在改良主义工会中没有党团组织，我们在罢工中付出了惨重的代价。

不仅在这里，而且在其他所有地区的部分地方，我们都过高地估计了自己的力量。我们曾以为克拉德诺地区会宣布联合罢工，这时便暴露了克拉德诺同志们的弱点；正像洛佐夫斯基对此描述的那样，他们对无产阶级中的尚未显示的力量持怀疑态度，他们不相信这些力量。除此之外，这还是在派别斗争的紧张时刻，而且这些同志所依据的消息是从向摩拉维亚的俄斯特拉发发号施令的人那里得到的。他们之中甚至还有一个叛徒，现在，这个叛徒已经在社会民主党的行列中了。这就是科诺特。

这就是我们在这一斗争时期的弱点。我提请大家注意这一斗争，是因为在这次斗争过程中，社会民主党人先发制人地采取挑衅的方法把我们推上了斗争的道路。当然，这一斗争教会了我们许多东西。我们学会了更加谨慎小心，确实，我们也学会了不是回避斗争，而是很好地估计自己的力量，估计胜利的可能性；一句话，尽一切努力使其他工人参加这一斗争，但是，也要对这一可能性有所估计。

类似的挑衅方法后来又采用过。我们曾在北波希米亚举行五金工人的罢工，在这次改良主义者领导的罢工中，我们没能使我们所预期的那么多工人跟我们走，尽管在赖兴贝格的金属工业工厂的所有五金工人，不论属于哪个工会，都表示要采取协调行动，并要求建立统一战线。但在维特科夫和布拉格的金属工业工厂中我们没能做到这一点。

后来斗争依然继续：在中波希米亚和东波希米亚举行了纺织工人的罢工，对此，我上面已经提到。工业主不愿发生冲突，但工业主联盟迫使他们这样做。在这种情况下，我们犯一个错误：尽管同改良主义者一同建立了行动委员会，但我们没有把它置于工人群众的密切监督之下，这便为改良主义者出卖斗争提供了可能。后来发生了新的斗争——北波希米亚即所谓的尼德兰纺织工人的斗争。这一斗争就发生在选举之前，当时，资产阶级最关心的是最小的一点让步都不给我们，因为我们最小的胜利也会在政治上对他们造成危害。整个捷克工业主联盟跟着德意志工业主走。工业主寸步不让。社会民主党人企图在这里玩弄在俄斯特拉发玩弄过的把戏，他们宣布自己实行联合并发动挑衅性的斗争，因为我们将以一个最大的组织的身份来对这一斗争进行领导。紧接着他们不仅开始暗中破坏罢工，而且还着手同企业主进行直接谈判，以便扼杀并出卖罢工。在这次罢工中，我们小心谨慎地行动；我们恰当地估计自己的力量，严格地限制了斗争的范围，因此，一切挑衅活动都枉费心机。我们得到了很多东西——不仅是在数量方面，而是工业主不得不作出让步，尽管起初他们决心寸步不让。给决心不作让步的企业主的原则以沉重打击是很重要的，因为任何让步都是极为有害的。在这次罢工中，在最近一年所举行的这些经济行动中，工人们联合的愿望极大地增强了。联合的愿望如此强烈，以致改良主义者不得不重视起来，使自己的整个鼓动工作都要适应这一点。但是，事情还不仅如此。在我们宣传鼓动工作的影响下，工人中开始出现了提高工资的愿望，这一愿望如此强烈，以至使得半年前还公开表示反对任何提高工资要求的改良主义者和社会民主党人现在也不得不表示要求提高工资了，这是一个最新出现的现象。当然，在这种情况下社会民主党人暴露出了两面性。例如，1月1日，在捷克社会民主党中央机关报《人民权利报》上出现了前部长斯尔布的一篇主张提高工资的文章，但是，在同一期中也出现了另一篇文章——在一个捷克斯洛伐克工业主集团中任职的财政部长恩利希的文章。这个恩利希反对提高工资，因为据说这将妨碍国家的团结。这种两面性本身就证明了在群众中存在着越来越强烈的提高工资的愿望。洛佐夫斯基同志指出，我们展开的争取工会统一的有步骤的宣传鼓动不够迅速——这是完全正确的。由于工作拖延，我们错过了宝贵的时间，但回过头来看，也不得不承认，我们一天也没有袖手旁观，而是在为近几个月来所发生的行动进行完全必要的准备工作。现在，在我们中间要求统一的愿望非常强烈，但在半年和一年以前，这一愿望还相当微弱。不仅在工人改良主义分子中间，而且在受我们影响的工人中间，都存在极深的工会议会主义传统。这一传统如此之深，以致在我们自己的队伍中，在我们拥护者的队伍中都需要数月时间才能使它们得以消除，只有那时，才能着手开展争取工会统一的有步骤的宣传鼓动工作。加入捷克斯洛伐克的各国的历史就足以说明这些议会主义的传统。在先前的奥匈帝国中，无产阶级中的每个民族部分都极力想组织自己的工会。这一传统甚至在我们同志们中也深深地扎下了根。长期以来，我们不得不反复克服自己同志间的对抗情绪。在我们的工会中，也不得不碰到某些截然相反的观点：我们许多同志把争取统一的斗争看做是某种手腕，而绝不是要真正达到这一目的的斗争。我们只好去解释我们的立场同我们整个思想体系的关系，并就党在工会方面的作用问题进行长时间的讨论。只是在不久以前，我们的同志才根除了这一观点，这在国际总联盟代表大会的决议中是显而易见的。但是，直到现在，仍有许多同志认为党和工会是两个意义相同的组织。只是经过围绕这一问题的长期斗争，这些同志才认清了党对工会的领导作用。

不仅如此，长期以来，我们对任何党团工作都极不信任，十分警惕，在党的历次代表大会上都表明，我们积极的工会工作者无论如何都不想从事党团工作。如果说最终同意在改良主义工会中从事这一工作的话，那么，无论如何也认为在革命工会中从事党团工作是多余的。于是，只好一连数月为争取一条正确路线而斗争。要知道，没有党团就无法工作，因为没有在工会中的党团工作和没有我们一切积极的工会工作者的帮助，任何有利于工会统一有步骤的宣传鼓动工作都是不可能的。在这方面，我们碰到了极大的困难，但在工会宣传工作的帮助下，在半年前，我们终于创造了有利于统一的气氛。这又是改良主义者中的一个新的因素：他们同意进行谈判，然而他们过去曾经拒绝过。他们把我们说成是根本不是在认真地争取工会统一的人，他们以此来败坏我们的名誉。进行了关于五金工人、铁路工人、建筑工人和木器工人联合问题的谈判。在所有这些谈判中，改良主义者都坚持他们在国际范围内坚持的那条路线，他们对我们说阿姆斯特丹分子对俄国同志说过的那些话。他们说：只有在你们加入捷克改良主义工会中心并拒绝进行任何党团工作的条件下，联合才是可能的。我们坚决坚持权利平等和少数服从多数，取消过去存在的一切组织并在同资本斗争的基础上建立统一的组织。改良主义者中断了谈判，声称不打算继续进行谈判了。同时，我们之间没有摩擦也是不可能的。过去，我们没有使一切工会联合起来的真正的思想基础，因为我们连革命的工会都没能联合起来。在我们的革命工会中，没有党团组织已经对我们危害至深。由于在革命的工会中没有党团组织，我们没能达到自己的目的，一切都取决于某个随心所欲的同志的善良意愿。同志们,在这方面,党有一个很大的教训。在最近的几个月中,党不仅有可能,而且有必要弥补失去的东西。红色工会国际完全正确地要求结束革命工会内部的不正常的状况,并让所有这些工会加入国际总联盟,并在该联盟中有组织地联合起来。领导独立的工会的那些同志起来反对这一点,但是,当事情发展到要进行坚决的搏斗时,发现这些工会的主席,例如建筑工人工会主席特滕卡和木匠工会主席捷希卡是隐藏的改良主义分子。这一次,他们公开承认自己是这种人,并跑到敌人的阵营里去了。这时,所有同志才领悟到建立党团的必要性,才懂得了不能依赖某些个人。必须开足马力去弥补失去的东西。当时,应该在建筑工人中建立党团组织。的确,在那里的理事会中有 12 名共产党人,但其中 8 人跟着特滕卡走,开除这些同志无济于事,当时应当在党团内部展开斗争。在这一斗争过程中我们成功地起初把 5 位同志,而后把 6 位同志争取到理事会中我们这一边来。这样一来,6 位同志便开始反对另外的 5 个人——以特滕卡为首的 5 个人。改良主义分子并没有感到为难,特滕卡解散了理事会,并在他没能把一位同志再度拉到自己方面并重新掌握多数之前不再召开理事会。但是,这对他也无济于事。他未经会议讨论就把其中一位同志开除了。这位同志出席了会议,于是斗争激化了。事情一直发展到特滕卡亲自罢免了理事会的多数成员、监察委员会以及仲裁委员会主席,因为他担心这些被开除的人会向该委员会上诉。与此同时,他向党发起了猛攻。假面具被揭开了。我们没有袖手旁观,我们千方百计地要努力弥补失去的东西,加快党团组织的成熟。我们已经做到了这一点:工会压倒多数的会员跟我们走,我们也正在开展宣传鼓动工作,以便召开一次工会代表大会来讨论,同意或反对特滕卡,因为工会的多数成员已经提出这一要求。

同志们,这样一来,我们明确地向同志们证明了党团组织存在的必要性。你们知道,建筑工人中的情绪有了多么大的转变,这本身已经明显地证明了党团工作的必要性。现在，改良主义者正在考虑借助反手腕欺骗我们。特滕卡看到我们在为争取一切工会联合起来进行鼓动。但是，他在做些什么呢？他召来了建筑者国际汉堡书记，后者在特滕卡的帮助下建立了一个所谓的所有建筑工人工会行动委员会，其中最大的一个是特滕卡的建筑者工会，这一工会就其成员来说是革命的，就其数量来说同小的建筑者工会并无两样。这以后，特滕卡声称：建筑工人的统一已经有了，现在轮到了共产党人，让他们过来吧。这些工人也并未考虑要在地方和省的范围内成立行动委员会，对他们来说，只有一点是重要的——让特滕卡主持。我们向工人表明，这还不是工会联合，甚至不是通向这一联合的途径。改良主义者企图在全国范围内对一切工会都采取这一做法。例如，他们表演了一出德意志工会中心和捷克工会中心联合的闹剧。我们看到了工人中要求统一的意愿是何等强烈，而那些多年来不愿相互了解，在议会领域彼此进行最强烈斗争的人们忽然召来了乌德格斯特，并同他达成了在4月再度碰头的协议，以便讨论能否建立凌驾于两个工会中心之上的机构，并郑重宣布这是通向联合的真正途径。实际上，他们仅仅迈出了很小的一步，他们这样做或是出于群众的压力，或仅仅是为了使群众不提出真正统一的要求。

当然，这些人的所作所为不会得逞。我们已经充分利用了向苏联派工人代表团来开展工会统一运动。昨天，托姆斯基同志指责我们，说这个工人代表团是我们凭空想出来的，说这个代表团带有党的印记，因此，它也就不可能得到充分利用。

同志们，我们对此作出回答：我们，确切地讲，不是我们，而是派遣这个工人化的工厂委员会中央机关充分利用它进行宣传。的确，可以说，代表团的共产主义的实质损害了她的声誉，而我们对此又毫无办法。工人代表团的成员所说的称赞苏联的每一句话，在我们存在敌对政党的情况下，都会被看做是共产党人的言辞。但应该承认，如果说我们在宣传方面充分利用了工人代表团的话，那么，在组织方面就利用得太少了。这是由于我们只能派遣那些在工会中，在我们的组织中没有享有足够声望的人。虽然在宣传方面他们给予我们极其宝贵的帮助，但如果我们再要派遣代表团的话，那么，我们就要关心让那些德高望重的人参加进来，因为这样也可以在组织方面对他们加以更好地利用。

同志们，加强我们在改良主义工会中的地位对统一具有重大意义。当然，国际总联盟这个革命组织也应该得到加强，党代表大会的决议对此毫不怀疑。应该把非党人员组织起来加入国际总联盟，应该开展一场招募运动。洛佐夫斯基同志指出了在这一方面存在的某些缺点：说什么有人建议组织非党人员加入改良主义工会或建议事先取消革命工会。

洛佐夫斯基（从座位上说）：

我说了，党没有这样做。

科恩（捷克斯洛伐克）：

洛佐夫斯基同志指出，党没有这样做。应该说，党不仅没有这样做，而且与之进行了最坚决的斗争。

洛佐夫斯基（苏联）：

完全正确。

科恩（捷克斯洛伐克）：

凡是出现取消国际总联盟倾向的地方，党都同这一倾向进行了斗争。例如，在特普利采，有一位同志开始坚持类似的观点，我被派去那里作了发言，向同志们讲清了情况，并告诉他们不应这样对待这一运动。

但是，从另一方面看，必须大力加强我们在改良主义工会中的阵地，否则，我们就不能在联合运动中取得真正的胜利。我已经指出，长时间以来，我们曾努力说服我们自己的同志相信这一点。只是在不久前，在国际总联盟的代表大会上，我们顺利地制定了统一路线。但是，这并不意味着同志们在形式上同意了这一路线后在内心深处没有不同的观点：还是不执行这一路线为好。在我们中，这种情况该结束了：如果像国际总联盟的同志们幸好向我们许诺的那样，我们所有的人齐心协力地努力加强改良主义工会中的反对派，那么，我们就能达到自己的目的。

另一方面，还应该指出，就在几星期前举行的有许多人参加的布拉格全会会议上，一个革命工会的代表表示反对党团工作。可见，直到今天，我们还不得不在这方面克服所出现的障碍。

在改良主义工会中，我们的阵地相当薄弱，多数工人、党员和同情分子都加入了国际总联盟。我们在改良主义工会中的阵地如此薄弱，甚至在充分利用在那里开展党团工作的所有同志条件下，我们的力量也显得单薄。我们提出一个口号："在选举成功后要发展5万名新会员入党。"与此同时，我们要求：目前，被我们发展和组织起来加入改良主义工会的所有同志，无论如何要在那里坚持下去，根据党的指示，在那里工作和建立党团组织。

这样一来，同志们，在一定程度上通过对革命工会国际总联盟的加强，便自然会出现一条通向工会联合的道路。我们认为，这个联盟不仅过去是需要的，而且现在也是需要的。应该吸收大批非党人员参加进来，使之得到加强。另一方面，我们不会掩盖这样一个事实，即：这个联盟同独立的革命工会加在一起共有23万工人，然而，在以阶级斗争为基础的四个工会中心周围由工会组织起来的工人总数已经达到85万人。但是，我们打算同他们手拉手地实行统一战线的策略，为争取工会的联合而斗争。我们在这场斗争中的口号是:"加强国际联盟",与此同时,加强我们在改良主义工会中心的阵地和反对派成分。

蒙穆索(法国):

同志们!我认为,两个总工会的并存是目前法国工会状况的主要特点,因此,便自然而然地产生了与其他国家工会统一运动完全不同的任务。

但是,问题不仅仅在于有两个总工会。在确定了我们在工会中的任务时,这两个总工会之间的力量对比又产生了一些新的问题。这些问题需要同经济和政治事件的进程联系起来加以考察。

谈到这两个总工会的力量对比问题,我认为需要作一些详细的说明,以便搞清我们真正的影响范围,并为我们的分析奠定坚实的基础。

我来谈谈极为重要的两点:

1. 各联合会中的总的状况;

2. 个别地区的状况。

铁路员工联合会一向是法国工会运动的支柱,从人数上看,它是最强大的。这个工会的工人组成的特点是固定性,因此,我们便能够把它的人数保持在一个固定的水平上。对两个铁路员工组织,即统一组织和改良主义组织在数量上加以比较,我们发现,目前,统一联合会按期缴纳会费的会员有9万人;如果按会员证总数来看,则已超过10万会员。至于改良主义的联合会,至多有万会员证和不超过4.5万—5万名正式会员。

其次,如果我们对大的战略中心估计一下,我们就会看到,像巴黎这样的中心,统一的组织非常强大,而改良主义者则没有任何影响。只是指出巴黎铁路员工最近举行的一次示威游行就足够了。在这里,统一联合会成功地组织了一次像1919年那样声势浩大的游行示威。在里昂,一切力量都在我们的掌握之中。相反，改良主义工会在北方则相当强大。在北方，诸如亚眠、布洛涅、加来、圣奥梅尔等重要的中心地区都在它们手中。在南方和在二流公司所经营的铁路线上，它们也拥有相当的力量。

总而言之，这两个联合会之间的力量对比明显地对我们有利。有必要指出我们在重要战略地区的优势，例如在巴黎区，最新资料显示，目前，我们的工会联盟拥有13万名会员，而改良主义在那里却不超过6万名会员。除此之外，改良主义者没有表现出任何积极性，我们从没见到过他们组织的示威游行。

在五金工人、建筑工人和铁路员工中，我们也掌握了相当的力量优势，改良主义者仅在大商店和商业部门职员中力量强大，他们在郊外的煤气工厂中也有势力，因为市政当局掌握在他们手中，这是他们招募会员的一个非常重要的依靠力量。

这是在巴黎区。相反，北方各省是社会民主党人和改良主义者的可依靠力量。在那里，我们只能在1/3的工人中产生影响，我们工会的数量也只等于改良主义工会的1/3。在加来海峡省才仅有1/4的工人受我们的影响，但在这个省中运动处于分裂状态，而那里的社会民主党人和某种程度上接近工联主义的在巴利的运动却很强大。整个这一地区是改良主义者的一座堡垒。

因此，如果根据这个最起码的分析，那么，可以说，力量对比显然对统一总工会比对劳工会更为有利。

1925年1月，改良主义者在某些地方取得了一定的成绩，例如，他们在"左派联盟"的拥护者之中找到了搞组织工作的干部，并把约有9万名成员的所有国家官员组织团结在该联盟的周围。但同时，还应指出，在这些组织内部愈益表现出来向左转的运动，自1920—1921年起，国家官员联合会多半还是改良主义的组织，但现在已经显现出强烈的向左转倾向,而且可以说,现在,近 1/3 的联合会倾向于统一总工会。

两个总工会的并存使统一的问题大大地复杂化了。还必须考虑到 1925 年工会运动中出现的非常特殊的情况,这就是在改良主义总司令部和资产阶级之间建立了愈益紧密的联系。总工会正式派遣茹奥参加国际联盟的会议,是这一接近最明显的表现。需要指出茹奥在国际联盟中所起的作用。在共产党和统一总工会正在进行反对摩洛哥战争的运动时,甚至在社会民主党内也出现了反对军国主义的反对派时,茹奥不是多少反映一下已出现的这一反对派的情绪,而是全然闭口不谈这一战争,他的行径表明,他已经完全同资产阶级沆瀣一气了。总工会不仅成为了社会民主党的右翼,而且成为了资产阶级的左翼。

总工会加入国家经济委员会是另一个特殊的情况,这个委员会是专门为总工会而建立起来的。这个委员会的章程被列入了总工会的纲领,这个委员会似乎成了国中之国,凌驾于政权之上,似乎可以使工人阶级有可能在解决国家所面临的政治、经济基本问题中显示自己的影响。"左派联盟"的参政使总工会十分满意,但不是从这个蛊惑人心的纲领的观点出发,而是指加强了总工会同资产阶级的合作。这个国家委员会的组成本身就证明这一紧密合作愈益得到了加强,一方面,是大工业、托拉斯、银行、铁路、矿场等的代表参加进来;另一方面,是一些主要联合会的代表参加进来。在那里不讨论工人们所关心的政治问题。资产阶级的目的同总工会一样,不仅是要使这种合作具有某种形式,而且还要把这种合作扩展到国家行政当局。可能想象,在一切地方都将建立这种国家和工人组织间的联系。

我们还要指出一个重要的情况——改良主义工会内部的"左派联盟"对工人阶级许愿很多。只是在 1925 年初,当政府中已经出现了动荡而群众看不到摆脱既成局面的出路时,"左派联盟"的破产才渐渐被意识到。在这一时期，改良主义队伍中向左转的倾向开始显露出来。去年春天，在总工会中形成了左翼，并找到三四位改良主义者作为自己的领袖。其中有默尔特－摩泽尔省代表无政府工团主义派别的雅克曼和安贝尔，另一方面有在布洛涅铁路员工中有很大影响的社会民主党人卡尔庞捷。

我们仅仅在开完共产国际执行委员会全会回来之后，才开始广泛进行争取统一的运动，开展支持这一左翼的工作。我们组织了地方性的统一代表会议，同许多积极的改良主义分子和改良主义群众建立了关系，可以说，统一的口号受到欢迎。我们对改良主义领袖们的不少手腕进行了揭露，使其不能得逞，并深入到群众之中，努力表现自己，把统一的问题同迫切的要求联系在一起。当时，我们提出了召开八月代表大会的口号，在全国范围内采用了红色工会国际的提法，因为我们认为形势是比较适宜的。

据说，总工会代表大会对我们来说是一个失败。我反对这种说法，不能说代表大会一败涂地。为什么这么说呢？是因为我们原来也没打算这次代表大会能胜利结束并实现统一。认为大会是一个失败，这就意味着认为这种设想是可能实现的，意味着低估了政治方面的困难。

同志们，你们是否认为，当改良主义者看到我们正在开始一场运动时，他们会让我们进行工作呢？当然不会，他们没有袖手旁观，他们有我们无法与之相比的强大的机关；他们有印数达数十万份的报刊；他们把持着市政府、行政当局，此外还有占据着劳动介绍所的老的工会干部。所有这些都为他们创造了坚实可靠的支柱。一旦我们出现在某个地方，改良主义领袖们就都会随之出现，他们举行工会理事会新的会议，全面地破坏我们所做的一切工作。我们就是在这种条件下出席代表大会的。

那里发生了什么事？首先，我们要指出具有非常重要意义的第一种情况：我们有意把我们的代表大会确定在同改良主义分子的代表大会同一天举行。于是，他们便将其代表大会提前一个月举行，而我们也把我们的代表大会提前了一个月，尽管这干扰了我们开展工作。

我们在统一代表大会上做了些什么工作呢？大会开幕之后，我们立即通过了关于派遣代表团去参加改良主义代表大会的决议。茹奥和他的总指挥部声称他们不打算接受统一代表团，这在该总指挥部的人们中引起了意见分歧，因此关于听取统一代表团成员意见的投票是茹奥的第一个失败。解释这次有利于我们的投票的理由是不难找到的。一方面，这是一种手腕；其次，不过是一些没有任何确定思想只是为了来听一听而投票的好奇的人，不过是出于好奇而已。此外，还有一部分人也投票赞成听取统一代表团的意见是为了达到某种目的，这就是左派集团。

在改良主义代表大会上出现的第二次示威游行也是同样重要的。向代表大会建议表示要参加联合大会，整个总指挥部表示坚决反对参加这次代表大会，但300多个工会投票反对茹奥赞成参加代表大会。这是我们政策的第二个胜利。但改良主义领袖们保持了警惕，他们在代表大会上采取了一切可能的手腕，设置种种圈套，用关于纪律的决议来镇压这300个工会中的少数派，并向他们宣布：所有参加联合大会的工会都要被开除。于是，我们眼看着运动的领导人雅克曼和安贝尔向这些领袖们表示屈服，停止了斗争。少数派首领们的这一让步给主张统一的群众造成了极坏的印象，这一退让使地方上的工作人员情绪沮丧。在这次会议上，力量对比是怎样的呢？只要考察一下它的结果就可以说，力量是微不足道的，那里仅有23名改良主义代表团成员，其中还包括卡尔庞捷，他们代表着30个工会。

为了不致把他们从组织中开除，为了不使改良主义代表团成员融合在我们全体代表团成员之中，我们决定把联合大会变为两个总工会有同等数量代表参加的统一大会。在这次会议上，统一联合会简直是惊慌失措了，官员中的皮克马尔和自治工会的两名成员担任了主席。应该承认，这一策略是完全正确的。这次会议有什么意义呢？首先，应该强调指出它的政治重要性，因为：1. 改良主义代表团的成员敢于破坏总工会形式上的纪律同我们交往；2. 改良主义代表团的成员赞同我们不把亚眠宪章作为讨论统一的基础，这是极为重要的。提出了一些迫切的要求作为基础。此外，制定的纲领必定会引起同资产阶级的斗争。这就是对会议的评价。

改良主义左翼的第三号首领——我们的卡尔庞捷同志也退出了这次统一会议。

改良主义首领拒绝参加统一运动，造成了什么后果呢？

必须考虑到一些事实。我们根据亲身经验已经知道，这种领袖们的退出大会都意味着什么。我们不止一次地看到，他们如何巧妙地躲来躲去，我们知道战胜改良主义领袖们不能在一天内成功。可以把争取统一的斗争和左翼运动的发展同我们在1914—1921年所进行的反对改良主义领袖的斗争相比较。只要回想一下1918年时梅尔黑姆和迪莫兰的立场就足够了。当时，我们在坚决地同联合会执行局进行斗争，他们却在决定性的时刻联合起来给我们的少数派制造了混乱。可以期待这一历史也会在阿姆斯特丹左派身上重演。自代表大会以来，安贝尔和雅克曼没有做过更多的有利于统一的事，而卡尔庞捷则向统一总工会宣了战。但是，应该指出，争取统一的工作毕竟没有白费，乍看起来，好像他们完全吸引着他们的工会，但这仅仅是表面现象而已，因为在这些组织内部已经形成了相当可观的少数派，如果我们去做些工作，就可以发展这些基层组织，并使它们受到我们的影响。但不要忘记，改良主义领袖将会竭尽全力同我们进行斗争。

我认为，同志们，在法国，阶级关系泾渭分明，我们过去同改良主义总指挥部由于两个总工会并存所进行的斗争绝非偶然现象。在法国，不断兴起的、争取统一的运动中的所有这些表现，这一切都可以用来确定国际范围内斗争的主要特点。这些看法将有助于我们讨论左翼运动和统一运动的前景，并将为我们考虑所面临的困难提供可能，以便使我们能够更具体地确定那些能引导我们走向统一战线和工会统一的途径。我认为，法国领袖们的社会民主主义思想体系即使不是整个的，至少也是在一定程度上在其他国家中得到再现，并在夺取政权时会直接表现出来。我们不能说出链条会在哪个地方断裂，但我们知道，在那些将一贯忠诚的人们和那些将调转身去同资产阶级同流合污的人们之间会出现分裂。

对领袖们和工人群众来说，统一问题具有各种各样的形式。应该认清形势以便准确地制定策略。

八月大会之后的形势是怎样的呢？我们首先要指出，1925年以前，在总工会内部没有出现任何对统一有利的运动，总工会当时是一个严密的、坚固的和统一的机体。但是，在1925年期间的6个月当中，左翼形成并发展起来了，左翼并不强大，但它存在的事实本身就已经具有了重要的意义。

在我们向广大工会工作人员提出统一问题时，他们中是什么人最热衷于统一呢？当然是那些革命者，他们知道自己应该走什么道路，他们要求统一的心情比改良主义分子强烈得多。改良主义者满怀着社会民主主义的幻想，他们把希望寄托在政府身上，他们提出的直接斗争的问题也因此远远没有统一分子提出的尖锐。

八月代表大会有什么样的结果和意义呢？

我们所取得的第一个胜利使我们可以指望出现好的结果，但后来，我们遭遇了一些失败。起初表示拥护统一的有300张选票，但当后来表决关于纪律的决议时，这一决议仅以有118张反对票而通过，即票数已大大地降低了。最后，仅有25名代表团成员出席了我们的联合代表大会。这就是浇在我们头上的三瓢凉水。八月代表大会之后的形势是怎样的呢？人们中出现了两种情绪，一些同志由于没有我们的斗争经验，把所有的问题都从统一、必须统一的角度来考虑，认为在没有达到统一之前不能为争取任何要求而斗争，他们陷入了极为危险的情绪之中。当代表大会上明确了不能达到统一时，他们便灰心丧气，出现了由取消主义形式表现的彻底的失败主义。

与此相反，另外一些人由于熟悉我们过去的斗争并依然处在关于积极的少数派理论影响之下，他们说："够了，不要再跟我们讲统一了，我们将只在统一总工会中做我们的工作。"

这就是人们的心情。好的方面在哪里呢？这就是在总工会中建立了左翼，但另一方面，我们开始在我们队伍中发现了怀疑主义，因此，应该在这一方面纠正我们的路线。

当然，同志们，存在着一定数量的困难，但不要对它们估计过高。你们是否认为总工会的总指挥部会赏识参加我们统一会议的这25名代表团成员呢？他们甚为了解形势，并采用一些手段来妨碍我们的工作。他们做了一些什么呢？他们展开了一场在自己队伍中恢复纪律的广泛运动。直到现在，在一定程度上，他们还对我们的组织表示尊重。这是由于他们寄希望于"左派联盟"，指望当局接受他们的要求，因此，他们有些忽视实际工作，并在长时间内让我们在鼓动、斗争、罢工等方面取得了垄断地位。因此，统一总工会可以对高达90％的地方所举行的罢工加以领导，但是，他们局限于保险等大的改革这类一般问题，而不去从事为迫切要求而进行的实际斗争。可以说，在1925年以前，改良主义领袖们置身于这一斗争之外。

但是，我们处在资本主义危机，即财政危机的时期。我们看到，政府无法找到摆脱这一局面的出路。在工厂和工人们面前提出的所有这些关于赞成还是反对强迫要求的斗争的问题变得更尖锐了。我们看到，自八月代表大会以来，罢工的次数增加了一倍，1926年上半年，罢工次数又进一步得到增加。现在看来，工厂主和政府已经开始明白应该扔掉包袱了。我们进行了十分广泛的运动，我们制定了迫切要求的纲领，号召建立领导斗争的混合委员会，等等。另一方面，我们看到，法西斯主义正在提出工人阶级的具体要求。所有这一切清楚地向工厂主表明，如果他们不给工人阶级一点小恩小惠，他们就不能应付下去。

因此，过去曾对洛迦诺想入非非的改良主义分子，他们极不愿意再把争取迫切要求的斗争让共产党人掌握，于是，他们便着手在这方面进行工作。在所有我们有工会组织的地方，在所有改良主义者能够找到三名靠得住的人的地方，他们都在建立工会，并不间断地进行这一工作。那时，我们这里发生了什么事？在各地出现了反对这一策略的残酷无情的反动势力，改良主义分子的这种挑衅行径得逞了。我们的同志说：这是怎么了，我们尊重他们的组织，而他们又做了些什么呢？我们应该以其人之道，还治其人之身。当时需要消除这种情绪，而这也花费了不少时间。

但是，在这里不仅需要看到改良主义分子对我们统一的策略的阻挠，还要看到另一个方面。改良主义分子主张迫切的要求，他们打算把对工人阶级斗争的领导权掌握在自己手中，以便把这一斗争纳入某种轨道。可以很容易地把这解释为工厂主的一种手腕，他们懂得自己不得不做出一定的让步，但是，他们却不想让共产党人来掌握这一运动，因为这将会促进阶级组织的发展。

例如，我们看一下法国大工业主科蒂。工厂主们为工会组织而进行的招募活动具有特别重要的意义。例如，科蒂使参加统一总工会和共产党的工人遭受同盟歇业，同时，又建议那些他打算与之达成协议的人参加能够保障其绝对安全的改良主义的工会组织。同样，我们也看到，反动的工厂主是如何为法西斯工会招募会员的，而作为"左派联盟"拥护者的企业主不仅在法国工人中，而且主要是在外籍工人中为总工会进行招募活动。在这里，工厂主和政府是完全一致的，它们对有组织的工人们说："你们或者参加总工会，或者将被开除。"我还要指出一个小小的细节，哪里我们的工会强大，那里的工厂主们就不能摆脱我们的工作人员；但哪里我们的工会薄弱，那里的工厂主就解雇我们的同志，以此来破坏我们的组织。

同样应该指出，这一斗争不仅是为了反对统一工会，而且也是反对那些表示争取统一的改良主义工会。工厂主们千方百计地使我们的组织无人领导，并有计划地对我们的工作人员进行镇压。

我向大家指出这些事实是为了对我们工作中出现的困难加以强调。

现在，我还要说明一下统一总工会在日常斗争中的立场、作用及其意义。

我已经指出，分裂不是人为的，而确实是具有深刻的根源的。的确，必须承认，统一总工会包括了1914—1921年同领袖们进行斗争中一切满怀阶级意识的分子，而且，统一总工会在工人们的眼里是阶级斗争的真正旗帜。

统一总工会是战前阶级斗争的革命传统的继承者，它所走过的道路使这一称号得到证明。

由此可见，我们应该按照同时为争取迫切要求和统一的斗争的计划进行我们的工作。

现在，在法国，这个问题是怎样的呢？在我们工作中犯了许多错误，我不想叙述这些错误的详细情形。曾经存在着某种要求搞"高深政治"的倾向，而且，很多搞这种"高深政治"——战争问题、道威斯计划、洛迦诺计划——的人步入了歧途，忘记了工会工作，也忘记了迫切的要求与广泛的政治问题之间的联系。

一方面，这促使我们会员中的政治观点更成熟；但另一方面，工会工作的这一缺点导致在一定程度上脱离了那些较为倾向于行会主义的分子，使迫切的要求同总的前景割裂开来。

当然，现在可以对总工会进行严厉的批评。我们还有许多缺点，但我们又不得不走过一条相当艰难的道路。我们是否失去了许多时间？不是，因为应该看到，我们的斗争是异常艰巨的。首先，我们同分裂并占多数的无政府工团主义分子进行了斗争。从1922年到布尔日大会，我们没能提出关于迫切的要求的问题，因为做不到这一点，因为我们在这种无政府工团主义的气氛中喘不过气来。只是在布尔日大会以后，我们才能考虑我们工作的积极方面，即考虑迫切的要求问题。

我还想就统一战线对大家说几句，并举几个例子，这会比一切理论推断更有益。现在，统一战线问题具有非常重要的意义，因为统一战线问题已经渡过了宣传时期，进入了具体实现的时期。另一方面，必须对目前在各种工人中存在的迫切要求的问题引起注意。

我认为，统一战线问题的产生是由于以各种不同方式对某些工人造成影响的经济事件的发展而引起的。不能要求我们能够使统一战线在全国范围内和一切地方同样得到实现，也不能使群众在同一时刻结成统一战线。

不，统一战线的实现要适应不断发展的事态以及它们对群众造成的影响。我们有实现统一战线的经验可以借鉴。

要求的问题首先在各种国家官员面前，特别是在铁路员工面前极为尖锐地提出来了，也正是在这个联盟中首先出现了分裂，从而产生了统一战线问题，并得到了解决。由此，我们可以得出几点有关社会民主党中左翼发展的政治结论。

在12月份或在不久前的1月份，极为尖锐地提出了迫切的要求的问题，我们做了些什么呢？在这一时刻，我们事实上组织了统一战线。发生了什么事呢？令人奇怪的是：改良主义者拒绝了，而天主教徒却走向我们。在这个社团中，改良主义者和统一派分子之间一向进行着极为严酷的斗争，而在社会民主党和共和党领袖之间的关系中不仅表现出阶级感情，而且还表现出党派憎恶。但是，当改良主义领袖看到自己已经被孤立时，他们感到极其为难，于是加入了混合委员会。我们在混合委员会中以及群众面前同时提出了迫切要求的问题。我们的会议不是秘密进行，我们的会议是公开的。出现了许多争论。自然，改良主义者对我们的口号提出了异议。我们对改良主义者作出了各种让步。我们的口号是：哪怕只能为工人弄到十个生丁，我们就坚持统一战线。但是，每一次作出让步时，都要向群众说明，我为什么要作出让步。在这些谈判期间，群众只是跟在我们后面走。在许多中心，铁路员工组成了统一战线。工人们说："既然领袖们忙于进行谈判，那么，我们也来干吧。"

要求纲领制定以后，本应制定行动纲领，但是，改良主义者声称："我们完成了自己的工作，现在该离开了。"

但是，工人改良主义者表示不满足于此，他们在已经建成的统一战线的组织中留了下来。尽管不是在所有地方，但在许多地方，改良主义工会都反对自己的领袖。

这一经验对我们来说非常宝贵，它给我们提出了一条正确的道路。而我们积极的工作人员证明，统一战线，这不是恋爱结婚，而是盘算好的联盟，其目的是与工人们一同进行争取迫切要求的实际斗争。

我想谈的第二个问题，这就是10月12日的罢工，我想对那些硬说10月12日罢工是一个失败的人们说几句话。

同志们，不能在共产党和统一总工会之间划任何界限，应该指出，参加这次罢工的有各个工会组织，而且，罢工迅速地对这些组织产生了比对党的组织更大的反响。

我认为，我们应该承认10月12日罢工不仅对于法国无产阶级，不仅对于统一总工会，而且对于整个国家运动都是一个政治大胜利。

同志们，不应忘记，1914年在法国，像在他国家一样，社会党、工团主义和无政府主义的领袖们拥护战争，而自1914年至今，我们所进行的一切斗争始终还带有反对他们的这一伟大运动的印迹。我们反对社会党人、改良主义者和无政府主义者的斗争向工人们提出了一个问题，假如爆发了战争，我们是否像其他所有的人一样参加进去。

我们向工人们证明，党和统一总工会会赞成再发生1914年的投降行为。摩洛哥战争是一次战争，我们明确提出了，在军事行动最激烈的时候同这一战争进行斗争的问题。

应该向殖民地人民表明，不仅向那些参加斗争的人民，而且要向所有被压迫的人民表明，在反对帝国主义的斗争中，我们同他们团结一致。应该特别强调指出，在共产国际的一切分部中，存在着可以支持殖民地人民的钢铁般的队伍。

当然，可以对罢工的准备工作提出批评，说并非数百万工人都参加了这次罢工。但是，可以对此作出回答：假如我们能为这一斗争动员数百万名工人的话，那么，我们就能举行革命了。我们就这样坚决而明确地证明，我们是一个善于在工人阶级的斗争中捍卫他们利益的组织，并向殖民地人民表明，我们能够履行自己的诺言。

同志们，我只需再谈一下党与工会的关系问题。我不想引起争论。我认为，我们应该从下列看法出发，提出这一问题：不应该把这个问题像在俄国、德国、比利时、英国那样提出。这些国家中的工会运动彼此不同，而在法国，这一问题则是迥然不同的。

为了确立党和工会的相互关系、为了领导共产党人在工会中的工作、为了建立同群众的联系、为了建立统一战线，为了做好这一切，首先，我们应该记住，在法国存在着1906年甚至更早些时候出现的工会传统；而且，革命的工团主义少数派在共产党和社会党内左翼形成之前就已出现了。这意味着共产党在革命的工团主义少数派形成之后才在思想上形成起来。进行评价的第三个因素，这就是在法国有两个总工会并存。

同志们，我认为，如果不对这三点看法加以考虑，就不能在法国确定组织任务和实际工作任务。我相信，你们是会记住这些意见的。

格施克宣读多姆斯基的声明

我要宣读下列声明：

"在已发表的布哈林同志在共产国际扩大全会上讲话的速记记录中，我在座位上说的'在它们（波兰中央的错误）中推行了某条路线'一句记录得不对，这句话被写成了'由我推行了某条路线'。这给人这样一种印象，似乎我放弃了我在波兰共产党第三次代表大会上所提出的路线。当然，根本就不是谈的这一点。我所说的仅是一种倾向，临近我们工作结束时已被部分纠正的极左错误就是这一倾向的表现。

多姆斯基
1926 年 3 月 1 日"

（会议休会）

图书在版编目(CIP)数据

共产国际执行委员会第六次扩大全会文献（1）/吕瑞林，戴隆斌主编.
—北京：中央编译出版社，2013.12
（国际共产主义运动历史文献/王学东主编；41）
ISBN 978-7-5117-1947-8

Ⅰ.①共…
Ⅱ.①吕…②戴…
Ⅲ.①共产国际-扩大会议-会议文献
Ⅳ.①D165

中国版本图书馆 CIP 数据核字（2013）第 292009 号

共产国际执行委员会第六次扩大全会文献（1）

出 版 人	刘明清
出版统筹	薛晓源
责任编辑	薛迎春
责任印制	尹 珺
装帧设计	田晗工作室
出版发行	中央编译出版社
地　　址	北京西城区车公庄大街乙 5 号鸿儒大厦 B 座（100044）
电　　话	（010）52612345（总编室）　（010）52612336（编辑室）
	（010）52612316（发行部）　（010）52612315（网络销售）
	（010）52612346（馆配部）　（010）66509618（读者服务部）
传　　真	（010）66515838
经　　销	全国新华书店
印　　刷	北京印刷一厂
开　　本	787 毫米×960 毫米　1/16
字　　数	414 千字
印　　张	32
版　　次	2013 年 12 月第 1 版第 1 次印刷
定　　价	190.00 元

网　　址	www.cctphome.com　　邮　箱：cctp@cctphome.com
新浪微博	@中央编译出版社　　　　微　信：中央编译出版社（ID：cctphome）

本社常年法律顾问：北京市吴栾赵阎律师事务所律师　闫军　梁勤
凡有印装质量问题，本社负责调换，电话：（010）66509618